二十一世纪普通高等院校实用规划教材　经济管理系列

管理心理学

刘　宏　高丽君　主　编

张世杰　敖丽红　张　永　副主编

清华大学出版社

北　京

内 容 简 介

本书是作者在多年从事管理心理学教学的基础上编写而成。内容主要包括管理心理学的研究对象和研究方法，认知差异与管理，个性差异与管理，需要、动机与管理，激励理论与管理，态度与管理，创新与管理，团体行为与管理，领导行为与管理，组织行为与管理，压力与管理。

全书围绕管理心理学的专业知识展开，涵盖了管理心理学通常研究的四大部分知识内容，即个体心理研究、团体心理研究、组织心理研究和领导心理研究，并增加了创新管理和压力管理的内容，还在教材中穿插了一些经典的管理心理学方面的教学案例。这些知识和案例对于初学者更好地理解和掌握教材内容是非常有借鉴意义的。

本书论述精深、内容丰富、以例论理、结构新颖，适合作为全日制普通院校和职业院校管理专业的本专科教材，也可作为企业培训的参考读物。

图书在版编目(CIP)数据

管理心理学/刘宏，高丽君主编. 张世杰，敖丽红，张永副主编. --北京：清华大学出版社，2011 (2021.1 重印)
(二十一世纪普通高等院校实用规划教材　经济管理系列)
ISBN 978-7-302-26010-3

Ⅰ. ①管… Ⅱ. ①刘… ②高… ③张… ④敖… ⑤张… Ⅲ. ①管理心理学—高等学校—教材 Ⅳ. ①C93-05

中国版本图书馆 CIP 数据核字(2011)第 123990 号

责任编辑： 彭　欣　桑任松
封面设计： 杨玉兰
版式设计： 北京东方人华科技有限公司
责任校对： 周剑云
责任印制： 吴佳雯
出版发行： 清华大学出版社
　网　　址： http://www.tup.com.cn, http://www.wqbook.com
　地　　址： 北京清华大学学研大厦 A 座　　**邮　　编：** 100084
　社 总 机： 010-62770175　　**邮　　购：** 010-62786544
　投稿与读者服务： 010-62776969, c-service@tup.tsinghua.edu.cn
　质量反馈： 010-62772015, zhiliang@tup.tsinghua.edu.cn
　课件下载： http://www.tup.com.cn, 010-62791865
印 装 者： 三河市龙大印装有限公司
经　　销： 全国新华书店
开　　本： 185mm×230mm　　**印　张：** 23.25　　**字　数：** 503 千字
版　　次： 2011 年 8 月第 1 版　　**印　次：** 2021 年 1 月第 8 次印刷
定　　价： 58.00 元

产品编号：037239-02

前言

管理心理学是心理科学的一个分支，是研究组织管理中人的心理活动规律的一门学科。作为一个在企业管理的改革与发展实践基础上产生的年轻学科，其主要任务是探索改进管理工作的心理依据，寻求激励人心理和行为的各种途径和方法，以最大限度地提高劳动生产率。其研究重点是组织管理中具体的社会心理现象，以及个体、群体、组织、领导中的具体心理活动的规律性。

随着科学技术的进步和社会经济的发展，在企业管理中，人们越来越强调要“以人为本”。因为员工是企业管理中最重要的资源，员工的工作效率的提高，既有其外在的环境因素的影响，也离不开其内在的心理因素的制约。作为管理者，对待员工一定要考虑到员工的需要、动机、兴趣、爱好、个性、认知水平和态度观念，通过人性化管理来调动员工的积极性、主动性和创造性。可以说，管理心理学理论是以人为基础产生和发展起来的管理理论。

管理心理学之所以关注人的心理活动，以人的心理活动规律性为研究对象，主要原因有以下几个方面。

首先，“企业就是人”。企业要靠人来实现企业的目标。即使是未来社会的管理，最主要的仍然是对人的管理。因此，研究人的行为和心理活动规律必然成为管理心理学研究的重要内容。其次，人是企业的首要资源。在现代企业管理中，企业资源包括人、财、物等，而人力资源是企业资源的重中之重，随着现代科学技术的发展，重视人的因素，发挥人的主动精神，挖掘人的潜在能力显得更重要。再次，人是企业管理的主体。现代企业管理强调以人为中心，科学技术越发展，就越要重视人的因素，建立以人为中心的管理制度。因此，管理心理学着重研究人的心理活动的规律性，将有助于在科学分析的基础上，了解人的心理活动规律，采取科学的管理方法，促使企业管理取得最佳的成绩。

人的任何行为都与其心理活动紧密联系，心理活动直接影响着工作、学习和劳动的绩效。因此，研究管理活动中人的心理现象和规律对于提高管理绩效有着特别重要的意义。正因为如此，在学科形成上，管理心理学是在一般意义上的管理科学和心理学的基础上产生和发展的一门学科，它既是心理学的一个重要分支，又是管理科学的一个重要组成部分。“管理心理学”是现代管理科学的一门核心课程。

本书汲取了西方管理学和中国传统管理思想的精华，结合中国现代企业管理过程中的实践，通过创新发展，构筑了有中国特色的“管理心理学”内容体系。本书介绍了管理心理学的基本含义、基本研究方法、基本框架等管理心理学中最基本和最重要的内容。系统地阐述了管理心理学的经典理论以及应用研究的最新成果。重点强调了认知心理、个性差异、需要、行为和动机、态度、创新、压力、团体行为、领导行为和组织行为等的含义与特征及其与管理的联系，并结合管理实践提出了应用方法。全书共分为11章，主要内容包括管理心理学的研究对象和研究方法，认知差异与管理，个性差异与管理，需要、动机与管理，激励理论与管理，态度与管理，创新与管理，团体行为与管理，领导行为与管理，组织行为与管理，压力与管理。每章的内容辅以较多的与管理心理学有关的案例，用以帮助学生进一步理解和掌握所学内容，提高应用能力。结尾的案例分析思考题，适应了广大读者的学习需要，具有较强的启发性和实践性。

本书以创新精神作为研究和撰写的基本宗旨，配以新视觉、新观点、新材料来阐释企业管理中员工的心理现象及规律，集理论、体例结构、操作指导于一体。本书论述精深，内容丰富，结构新颖，适合作为全日制普通院校和职业院校管理专业的本专科教材，也可作为企业培训的参考读物。

本书由渤海大学刘宏老师和高丽君老师主编，负责总体设计、拟定大纲、统稿定稿、组织协调，并参与部分章节的编写，由几位多年从事管理心理学教学的教授、博士和讲师配合撰写，具体分工如下：刘宏老师编写第一章；高丽君老师编写第三、四、五章；张世杰老师编写第九、十、十一章；敖丽红老师编写第六、八章；张永老师编写第二、七章。

由于编者水平有限，书中难免有不妥之处，敬请同行专家、学者及广大读者批评指正。

编　者

目　录

第一章　管理心理学的研究对象和研究方法

【学习目标】

了解管理心理学的含义及意义，掌握管理心理学的研究对象和研究方法。

【关键概念】

管理(management)　管理心理学(management psychology)　研究对象(research object)　研究方法(research methods)　研究意义(research significance)

第一节　管理心理学的研究对象概述

管理心理学以企业中的人作为特定的研究对象，重点研究企业经营管理中人的社会心理系统，在一定的成本控制条件下，最大限度地调动人们的积极性、主动性和创造性，以提高企业效率。

一、管理概述

关于管理，经常会出现这样一种现象：同样的工作由于不同的人去管理会产生不同的效果。于是便有了会管理的人每天游刃有余、工作效率高、人际关系好；不会管理的人每天疲于应付、工作效率低、人际关系差。

栾润峰在其《精确管理》一书中指出，管理并不是管员工、卡员工的手段，应该将管理一词拆为两个字：“管”与“理”。

“管”应该是协调不同员工的工作，让大家心往一处想、劲往一处使。

“理”应该有两层含义：第一层含义是对员工的心理进行梳理，能让员工始终保持一份好的心情；第二层含义是对员工从事的工作进行梳理，保证员工对其所从事的工作思路清晰、有条不紊。应当说，栾润峰对管理的理解还是很深刻的，有其独到之处。

美国著名管理学家哈罗德·孔茨(Harold Koontz，1908—1984)等在1955年出版的《管理学》一书中说：“管理学是一门不精确的科学”，“管理是一门科学，是一种手段，还是一种艺术，是人们经常争论的问题。”这说明，管理的内涵是很深奥的，并不是懂得管理学知识就会管理。那么究竟如何理解管理的含义呢？

法国古典管理理论的创始人、被称为“现代经营管理理论之父”的法约尔(Henry Fayol，1841—1925)，在1916年出版的《工业管理和一般管理》一书中首次指出：“管理活动，指的是计划、组织、指挥、协调、控制。”这个理论一直被认为是对管理的权威定义，而且许多教科书都沿用这个定义。如1984年出版的《中国企业管理百科全书》对企业管理的定义为：“企业管理，就是对企业生产经营活动进行计划、组织、指挥、协调和控制等一系列管理活动的总称。”1983年出版的《经济大辞典》认为：“企业管理是企业生产经营活动中各项管理工作的总称。内容包括：组织管理、计划管理、生产管理、技术管理、新产品试制管理、质量管理、设备与工具管理、劳动管理、工资管理、物资管理、销售管理、财务管理等。”《管理知识手册》认为，科学管理是不依靠经验，而是借助各种事先制定的科学程序的标准对工业生产、分配过程进行控制和调节，用经济的方法来维持生产秩序的管理。应当说，几位管理学家对管理的解释都很有道理。斯蒂芬·P.罗宾斯(Stephen Robbins)和玛丽·库尔塔(Mary Coultar)于1996年对管理下的定义是：“管理这一术语指的是和其他人一起并且通过其他人来切实有效完成活动的过程。”这一定义把管理看做过程，它既强调了人的因素，又强调了管理的双重目标。

综合以上几位管理学家的观点，现代人对管理的含义进行了概括总结。给管理下定义，应当包括以下几项内容：管理的主体、管理的客体、管理的职能、管理的目标。这样看，所谓管理就是管理者通过对组织的一切资源(人、财、物)进行优化配置，充分发挥计划、组织、指挥、协调和控制的职能以完成组织的管理目标，进而实现组织的经济效益和社会效益。当然，这个管理的含义是广义的。狭义的管理的含义指的是生产经营活动中的经济管理或企业管理。而管理心理学的理论内容主要是针对企业来论述的。

二、管理心理学的研究对象

(一)管理心理学的含义

管理心理学是心理科学的一个分支，是研究组织管理中人的心理活动与行为规律的一门科学，通过研究人的心理和行为，满足员工需要，协调人际关系，调动人的积极性、主动性和创造性，以提高管理效能。

管理心理学也可称为组织管理心理学、组织心理学或行为管理学、组织行为学，它是一门研究组织中人的行为与心理活动规律的综合性科学。它是应用心理学、管理学、行为学、社会学、生理学、伦理学、人类学等学科的原理，来研究组织管理中具体的社会心理现象，以及个体、团体、领导、组织的心理活动，以调动人的积极性、主动性和创造性的一门科学。

(二)研究对象

管理心理学以组织中的人作为特定的研究对象，重点在于对企业管理中人的社会心理

系统的研究，通过成本控制，尽可能地调动人的积极性、主动性和创造性，以提高企业的经济效益和社会效益。管理心理学强调人本管理思想。它有助于调动人的积极性，改善组织结构和领导绩效，强化工作、学习和生活质量，建立健康、和谐、文明的人际关系，达到提高管理水平和实现企业生产的目标。

管理心理学的研究对象具有其独特性，主要表现在以下几个方面。

1．现代企业管理特点决定了企业管理要以人为本

生产力三要素包括劳动者、劳动对象、劳动手段。其中起决定作用、具有主动性的是劳动者。劳动对象和劳动手段是生产力中物的要素，必须被人掌握并进入生产过程才能成为生产力。生产工具的制造、操作和改进，以及劳动对象的利用和革新都是通过劳动者实现的，所以，列宁说："全人类首要的生产力是工人，即劳动者。"不调动劳动者的积极性就谈不上生产力的提高与发展。因此，在管理中提出以人为本就是抓住了管理的根本。

2．管理心理学着重研究企业内部的社会心理系统

企业内部的社会心理系统即人际关系系统。在企业管理中，人际关系决定着企业的劳动效率和生产效益，良好的人际关系强调的是个人与集体、上级与下级以及平级之间的主动配合，从而优化地实现预期的管理目标。企业在管理生产中应当努力建立平等、互助、和谐、温暖的人际关系，使企业有一个团结、和谐、友好相处的生产工作环境，这对调动人的生产积极性非常重要。随着员工思想的变化，生产中的人际关系也会经常发生变化，因而协调人际关系，提高企业的凝聚力和向心力是管理中一项经常性的工作。所以，企业要加强以人为本的管理，促使生产关系更适合生产力的发展，提高企业的经济效益。

管理心理学就是把人和人当做一个企业内部心理系统(即人际关系系统)来研究，以探讨用什么管理方法可以最大限度地调动人的积极性、主动性和创造性，最终达到提高企业劳动生产效率的目的。

3．管理心理学着重研究企业中人才的核心作用

美国著名的管理学家彼得·德鲁克(Peter F. Drucker，也译作彼得·杜拉克，1909—2005)认为：一方面人才能充分利用现代科学技术知识提高工作的效率，另一方面人才本身具备较强的学习知识和创新知识的能力。所以，人才兼具知识性、创造性、灵活性等方面的特征。加拿大著名的学者弗朗西斯· 赫瑞(Frances Horibe)认为："简而言之，人才就是那些创造财富时用脑多于用手的人们。他们通过自己的创意、分析、判断、综合、设计给产品带来附加价值。"资料显示：在企业中，往往是20%的人才创造了80%的效益。毫无疑问，这20%的人才算得上是企业的核心人才。在产品、技术、渠道等竞争因素趋于同质化的情况下，人才成为企业之间差异化竞争的焦点，而创造了企业80%效益的核心人才，更是成为企业竞争的灵魂。由此可见人才已经日益成为左右企业战略目标实现的关键因素。

【案例 1-1】 海尔集团首席执行官张瑞敏

张瑞敏，海尔集团党委书记、董事局主席、首席执行官，毕业于中国科技大学。历任班组长、车间主任、厂长、家电公司副经理。1984 年受命，接手青岛电冰箱厂，在琴岛利勃海尔、琴岛海尔，至今海尔共 17 年，与员工共同缔造了今日海尔集团。有写日记的习惯，爱读书、善用书，写得一手好文章，逻辑严谨。座右铭是："做大事，不做大官。"松下幸之助和杰克·韦尔奇(Jack Welch)是其推崇的人物。

1984 年，张瑞敏由青岛市原家电公司副经理出任青岛电冰箱总厂厂长。他确立了"名牌战略"，带领员工抓住机遇，加快发展，创造了从无到有、从小到大、从弱到强的发展奇迹。26 年来，海尔集团已由一个亏空 147 万元的集体小厂，发展成为 2007 年全球营业额 1180 亿元的中国家电第一品牌，并在全世界获得越来越高的美誉度。2008 年 3 月，海尔第二次入选英国《金融时报》评选的"中国十大世界级品牌"。

在管理实践中，张瑞敏将中国传统文化精髓与西方现代管理思想融会贯通，"兼收并蓄、创新发展、自成一家"，创造了富有中国特色、充满竞争力的海尔文化。从"日事日毕、日清日高"的 OEC(Overall(全方位)，Everyone, Everything&Everyday(每人、每件事、每天)，Control&Clear(控制与清理))管理模式，到每个人都面向市场的市场链管理，到"人单合一"的发展模式，再到卓越运营的商业模式，张瑞敏在企业管理上的不断创新赢得了世界管理界的高度评价。到 2009 年为止先后有美国的哈佛大学和南加州大学、瑞士洛桑国际管理学院、法国的欧洲管理学院、日本神户大学等商学院为海尔共做了 16 个案例，涉及企业兼并、财务管理、企业文化等方面，特别是颇具权威的瑞士洛桑国际管理学院为海尔做的"市场链"案例已被纳入欧盟案例库。信息化时代，海尔开始了信息化流程再造，着力打造卓越运营的商业模式，被管理界称为"海尔的信息化革命"。

资料来源：http://baike.baidu.com/view/28167.htm

4．管理心理学着重研究企业中纯粹的人的心理因素

企业核心的资源是员工，而企业员工的心理需求是激发其行为的原始动力，满足员工的心理需求，是调动其积极性和创造性的重要手段。现代管理的人性化回归是人本管理的最终诠释，以员工尊严、员工追求、员工发展、员工情感为出发点的管理，其本质特征就是考虑到员工是一个个体的人。员工个体的行为表现无不由他的个体心理和内在感受支配和决定，企业员工心理管理就是通过科学地测量和分析，准确了解和把握不同员工、不同时期的心理状态，正确地进行人力的配置和优化，更重要的是解决激烈的市场竞争带来的员工心理问题，帮助员工缓解心理压力，促进员工心理健康。

这种充满人文关怀的员工心理管理，能够减少员工对组织的抱怨，树立良好企业形象；增强员工对企业的认同，促进各部门、各层次员工间的沟通；提高员工士气，改善组织气氛，降低员工的缺勤、离职率；降低企业运营成本，提高企业经营绩效。

【案例 1-2】 必须尊重个人

必须尊重个人——这是老托马斯· 沃森(Thomas Watson，1874—1956)在 1914 年创办 IBM 公司时设立的“行为准则”。

沃森家族都知道，公司最重要的资产不是金钱或其他东西，而是员工，自从 IBM 公司创立以来，就一直推行此行动。每一个人都可以使公司变成不同的样子，所以每位员工都认为自己是公司的一分子，公司也试着去创造小型企业的气氛。分公司永保小型编制，公司一直很成功地把握一个主管管辖 12 个员工的效率。每位经理人员都了解工作成绩的尺度，也了解要不断地激励员工士气。有优异成绩的员工就应当获得表扬、晋升、奖金。在 IBM 公司里没有自动晋升与调薪这回事。晋升调薪靠工作成绩而定。一位新进入公司的市场代表有可能拿的薪水比一位在公司工作多年的员工要高。每位员工以他对公司所贡献的成绩来核定薪水，绝非以资历而论。有特殊表现的员工，也将得到特别的报酬。

自从 IBM 公司创业以来，公司就有一套完备的人事运用传统，直到今天依然不变。拥有 40 多万员工的今日与只有数百员工的昔日，完全一样。任何一位有能力的员工都有一份有意义的工作。在将近 50 年的时间里，没有任何一位正规聘用的员工因为裁员而失去 1 小时的工作。IBM 公司如同其他公司一样也曾遭受过不景气的时候，但 IBM 都能很好地计划并安排所有员工不致失业。也许 IBM 成功的安排方式是再培训，而后调整新工作。例如在 1969—1972 年经济大萧条时，IBM 有 1.2 万名员工，由萧条的生产工厂、实验室、总部调整到需要他们的地方。有 5000 名员工接受再培训后从事销售工作、设备维修、外勤行政工作与企划工作。大部分人反而因此调到了一个较满意的岗位。

有能力的员工应该给予具有挑战性的工作，好让他们回到家中，回想一下他们做了哪些有价值的事。当他们工作时能够体会到公司对他们的关怀，都愿意为公司的成长贡献一技之长。IBM 公司晋升时永远在自己公司员工中挑选。如果一有空缺就由外界找人来担任，对那些有干劲的员工将是一种打击。IBM 公司有许多方法让员工知道，每一个人都可使公司变成不同的样子，在纽约州阿蒙克的 IBM 公司里，每间办公室，每张桌子上都没有任何头衔字样，洗手间也没有写着什么长官使用，停车场也没有为长官预留位置，没有主管专用餐厅，总而言之，那是一个非常民主的环境，每个人都同样受人尊敬。

资料来源：http://www.cer.net，2002-08-06，中国教育在线

三、管理心理学研究的意义

管理心理学的研究意义重大。实践证明，重视管理心理学的研究和应用，对于改进管理工作和提高管理水平，对于培养和选拔各级管理人才，改进领导作风和提高领导水平，对于提高工作绩效，对于改进干群关系，调动广大员工的积极性、主动性和创造性，增强组织的活力和提高社会生产力，都具有重要的意义。

1．强化以人为本的企业管理理念

在现代企业生产经营活动中，人是生产经营的关键环节，如何推动生产经营与管理这两个“轮子”前进，是现代企业管理工作的核心。

在现代企业管理中，抓住了以人为中心的管理就抓住了管理的纲领，也就抓住了管理工作的核心，牵住了企业管理这个牛鼻子，这样企业管理工作才能得到全面提高。

邓小平同志指出：“科学技术是第一生产力。”生产力是具有劳动能力的人，跟生产资料相结合而构成的征服、改造自然的能力。人是生产力诸要素中具有决定性的因素，是核心要素。美国钢铁大王卡内基(Andrew Carnegie，1835—1919)说过：“把我所有的工厂、设备、市场资金全部夺去，只要保留我的人员，4 年后，我将仍然是一个钢铁大王。”由此可以看出人在企业生存中的重要性和必要性。

所以，现代企业管理中，发挥人的主导地位，就要充分重视人、唤醒人、解放人、理解人、关心人，全面提高人的素质，增强人的主体意识，发挥人的主动性、积极性和创造性。

【案例 1-3】 人为本、争第一、零起点

广西玉柴机器集团公司，是国内最大的内燃机制造基地。它的前身是广西玉林柴油机厂，1984 年，2000 人的工厂，1000 台柴油机的产量，年利税 96 万元，是当时玉柴的“历史最高水平”。当时玉柴在国内同行中排名第 173 位。

1985 年，玉柴出炉了玉柴人称之为“灵魂”的玉柴精神：“顽强进取、刻意求实、竭诚服务、致力文明”。很快实现了 3010 台的生产计划，完成了玉柴历史上的一次大跳跃。

当年年底，玉柴“跳”过了“在国内拿第一”的目标，直接提出要“跻身国际内燃机强手之林”。伴随着目标追求，诞生了危机哲学：零起点！1994 年公司在纽约上市，美国的投资银行、律师事务所在撰写募股说明书时，问及玉柴的管理哲学，董事长王建明回答了 9 个字：“人为本、争第一、零起点”。

1985 年玉柴突破 3000 台大关时，告诫自己“零起点”；10 年后，玉柴在中国内燃机行业的主要经济技术指标排名终于跃居第一位时，仍然提“零起点”；进入新世纪，2002 年玉柴已经月生产 2 万台发动机，还是告诫自己“零起点”。当视质量为生命的玉柴实现了柴油机可靠性运行目标达到 3 万公里不出故障时，是“零起点”；达到 10 万公里不出故障时，是“零起点”；达到国际标准 30 万公里不出故障时，还是“零起点”，玉柴称其为“三级跳”。于是，2002 年玉柴正式提出：5 年内，玉柴要打入国际前 4 强，闯进半决赛！要想争第一，就永远是“零起点”！

永远零起点的玉柴需要不寻常的人才发挥。玉柴的育人方针是：为每一个岗位的发展创造机会，为每一个层级的攀登创造条件。玉柴的用人方针是：尊重、爱护、发挥、发展。

尊重员工的主体利益，玉柴的人本思想体现为：“人本方针”，侧重的是育人、用人；“人本保障”，侧重的是对责任的公正分配。具体落实在以下两方面。

(1) 干部十字要求：民主、开朗、顽强、竭诚、约束。

(2) 干部六项基本功：①要对职工说清楚要求——目标机制；②要使绝大多数职工愿意达到要求——民主机制；③要使每一个岗位的职工懂得如何达到要求——教育机制；④使每一个岗位的职工能够达到要求——投入机制；⑤使每一个岗位的职工必须达到要求——责任分配机制；⑥集思广益、反复检讨、周而复始、完善要求——反馈机制。

今天玉柴已经成为中国最大的内燃机生产基地，其内燃机生产能力在世界上排行第二位。

资料来源：http://www.100guanli.com/detail.aspx?id=224097

2．提高企业人才识别和人才使用的能力

《淮南子·兵略训》中写到："若乃人尽其才，悉用其力。"企业中有不同能力的员工，就像"发动机"和"螺丝钉"一样，我们的企业虽然需要能对企业产生变革性影响的"发动机"型人才，也离不开兢兢业业为企业奉献的"螺丝钉"型的员工。

"让腰粗的人背土——不伤力；让腿粗的人挖土——有劲；让驼背人垫土——弯腰不吃力；让独眼龙看准绳——不分散注意力。"企业管理者的一个重要职能就是开发员工的潜能，重要的机制就是个人与岗位相匹配，通过岗位匹配达到开发潜能的理想效果。

企业员工与岗位相匹配，蕴涵着相互对应的关系：一是每个岗位都有特定要求与相应的报酬；二是员工想胜任某一岗位，就应具备相应的才能与动力；三是工作报酬与个人动力相匹配。岗位匹配可使企业增强对员工的吸引力，迫使员工提高工作业绩，达到员工对岗位的满意度，开发员工的潜能，使企业形成一个充满活力的系统。

【案例 1-4】 精挑细选，不让最优秀的人才"漏网"

在当今这个跳槽普遍盛行的时代，为什么微软能够"生产"数以千计的百万富翁，且对公司忠心耿耿？其原因就是微软建立了一套网罗顶尖人才，珍惜顶尖人才的机制，建立了一种"宁缺毋滥，人尽其才"的选人用人模式。难怪盖茨坦言："如果把我们公司顶尖的 20 个人才挖走，那么我告诉你，微软会变成一家无足轻重的公司。"也许，这就是微软成功的秘诀所在。

根据微软的记录，公司每年接到来自全世界各地的求职申请达 12 万份。面对如此众多的求职者，比尔·盖茨(Bill Gates)并不满足，他认为许多令人满意的人才没有注意到微软，因而会使微软漏掉一些最优秀的人。于是，在微软的发展史上曾发生了许多较比尔·盖茨的财产快速增长更加激动人心的寻找人才的故事。据说，不论世界上哪个角落有盖茨满意的人才，他都不惜任何代价将其弄到微软公司。他安排的很多"面试"，不是在考人家，而是在求人家。用微软研究院副院长杰克·巴利斯(Jack Balis)的话说，是在进行"推销式面试"。有趣的是，微软"考官"们"求人家"的时候所迸发出来的那种兴奋感，甚至还要超过"考人家"。他们知道谁是值得他们"恳求"的人，其"恳求"的方式常常会出人预料。在西方记者撰写的关于微软的书籍中，多次提到一件事情：加州"硅谷"的两位计算机奇才吉姆·格雷(Jim Gray)和戈登·贝尔(Gordon Bell)，在微软千方百计的说服下终于同

意为微软工作，但他们不喜欢微软总部雷德蒙冬季的霏霏阴雨。比尔·盖茨说，这好办，就在硅谷为他们建立了一个研究院。

资料来源：http://www.people258.com/Newsdetail-24000.html

3．促使企业人际关系的融洽，提高群体的凝聚力和向心力

戴尔·卡耐基(Dale Carnegie，1888—1955)认为：一个人事业的成功，只有15%是由于他的专业技术，另外的85%要靠人际关系、处世技巧。所以心理学家研究表明：谁若能自控情绪、战胜情绪，把握情绪，利用情绪，则他具有特别的智慧，就能高人一筹。而这种智慧的获得并不是与生俱来的，在很大程度上是由后天的培养和学习而具备的一种素质和修养。

“现代管理就是意见沟通的世界。”意见沟通一旦中止，这个组织无形中也就宣告寿终。所以，一个组织要善于与上级、与下属、与周边意见的沟通，做到从大处着眼、合情合理、积极开明。学会协调人际关系和掌握为人处世技巧，决不是用来操纵和控制他人，而是通过融和、顺畅、贯通多种人际关系后，显现出自己的亲信度和影响力，就能更精练、更鲜活、更具竞争力地管理好各种人才，激发出周边人的热情和活力，就会使企业具有高度的向心力与凝聚力，提高工作效率。波特拉奇公司总裁约翰·理查兹(John Richards)说过：“如果你努力创造出一种环境，使人们受到正确的对待，他们就会总是尽最大努力去工作。”这就是人际关系之中协调、沟通、融洽、知人善用的艺术化管理决策技巧。

4．提高领导水平，改善领导者和被领导者之间的关系

处理好识人与识己的关系可以提高领导和员工和谐共事本领。《道德经》云：“知人者智，自知者明。”企业领导者要正确地识人识己，既要有知己之明，又要有知人之智。对自己，要保持头脑清醒，客观认识自己的长处和不足，在谋事干事中注意扬长避短，克服刚愎自用；对别人，要明白“金无足赤，人无完人”，多看别人的优点，少看别人的不足，做到虚心学习、见贤思齐，用人之长、容人之短。如果总拿自己的优点和长处去比别人的缺点和短处，久而久之就会影响自己的判断，影响到谋事，影响到决策，进而影响到班子的团结和谐。懂团结是大智慧，会团结是大本事。尤其是作为企业“一把手”，要有海纳百川的胸怀、容人容事的雅量、推功揽过的气度，不要刚愎自用，不要小家子气。工作中，凡事多商量、常沟通、勤交流。多商量比少商量好，遇事早商量比晚商量好。“一把手”要多一些民主意识，做到总揽而不包揽，协调而不代替，充分发挥班子成员的聪明才智，充分调动各方面的积极性；班子成员要多一点集中的意识，维护班长权威、促进班子团结，大家坦诚相见，互相包容，和谐共事，以班子和谐促进事业发展。

5．推动组织变革和组织发展

企业的发展离不开组织变革，内外部环境的变化，企业资源的不断整合与变动，都给企业带来了机遇与挑战，这就要求企业关注组织变革。

组织变革是指运用行为科学和相关管理方法，对组织的权力结构、组织规模、沟通渠道、角色设定、组织与其他组织之间的关系，以及对组织成员的观念、态度和行为、成员之间的合作精神等进行有目的的、系统的调整和革新，以适应组织所处的内外环境、技术特征和组织任务等方面的变化，提高组织效能。

组织想要维持和发展，必须不断调整与完善自身的结构和功能，提高在变化的背景下生存、维持和发展的灵活性和适应能力，即不断地对组织进行变革。企业和组织不是孤立存在的封闭性组织，它是与周围环境有着密切联系的开放性系统。客观环境在不断变化，企业和组织需要不断变革才能适应新的情况和要求。

四、管理心理学的研究内容

1. 人性假设与管理理论

人性假设理论，是管理科学学者根据自己对人性问题的探索研究的结果，对管理活动中的“人”的本质特征所作的理论假定。这些理论假定，是进一步决定人们的管理思想、管理制度、管理方式和管理方法的根据和前提。正如美国管理心理学家麦克雷戈(Douglas McGregor，1906—1964)在《企业中的人性方面》一书中指出的：“每项管理的决策与措施，都是依据有关人性与其行为的假设”。与经济人假设相对应的管理理论是 X 理论；与社会人假设对应的管理理论是人际关系理论；与自动人假设对应的管理理论是 Y 理论；与复杂人假设对应的管理理论是超 Y 理论。人性理论的重要作用，主要是通过对管理理论的形成和管理实践发生影响来实现的，在各种管理理论的形成中，在各种各样的管理实践中，管理科学家和实际管理工作者对人性问题所持的基本观点，从根本上影响着他们确立什么样的管理理论和管理思想，实行什么样的管理制度和管理原则，选择什么样的管理方式和管理方法。因而，有人认为，科学的人性理论是现代管理心理学理论的基石。

2. 关于个体心理研究

个体心理指每个人依据自己的认识、情感、意志所表现的相对独立的心理。每个人要能动地认识世界，这便是“知”；认识客观事物总会产生一定的感情，这便是“情”；人为实现目的必须克服困难，这便是“志”。知、情、志三种心理密不可分，彼此联系制约构成了个人的一般心理过程。

个体是构成一个组织群体的分子，个体心理素质的好坏与组织群体的整个生产和工作效率的高低有着直接的关系。管理心理学研究个体心理，主要是从两个角度展开，一是研究个体心理的差异性，二是研究其差异性与工作效率间的关系。

3. 关于团体心理研究

团体是由于某些社会原因而产生的心理状态和心理倾向，并以特定的相互关系和方式组合起来进行活动的人群或共同体。团体心理主要研究两方面的内容：一是个人在其独处时与在团体相处时的心理差异；二是团体对个体的心理影响，比如，团体规范、人际关系、团体内聚力、团体规模、意见沟通等特点对个人的心理行为以及组织心理气氛的影响。团体是由个体集合而成的，团体的人际关系等心理因素对个体的情绪以及积极性的影响作用是非常大的。

4. 关于组织心理研究

组织心理是指整体动态变化过程中所表现出来的心理现象。组织是一个较大的系统，组织是个体和团体实现某种目标的工具，组织状况影响个体与团体的工作效率。诸如组织结构、组织设计、组织变革与发展等都是组织心理研究的重要课题。因为组织是由两个或多个不同层次、不同职能的团体，为实现组织目标组合而成的大系统。因此，它不同于普通团体，而是有层次机构的设置、有管理的范围和职级、有责权的分配等问题，故构成了管理心理学中独立的课题。

5. 关于领导心理研究

领导心理学处于心理学和领导学的交叉区域，强调把心理学原理同领导原理和实践结合起来，应用于领导过程之中，具有较强的实践性、应用性、综合性。因此，领导心理学是一门综合性很强的交叉应用学科。

领导心理学基本内容包括三个部分。

一是领导过程中的心理学原理研究。揭示领导过程中的一般心理规律，如领导的心理功能，领导的心理学原则，领导需要理论、思维理论、激励理论、挫折理论等。领导心理学的这些原理为领导提供了基本的心理学理论和依据。

二是领导者与工作对象的心理研究。揭示领导者心理品质及其自我完善、自我修养的途径和方法，提示领导者的影响力和威信的形成及巩固的途径与方法，找出工作对象逆反心理的预防与消除的措施。

三是领导心理学方法论研究。一方面要研究领导方法中的心理学问题，另一方面要研究收集和分析心理信息的一般方法和艺术，从而为领导提供科学的方法和锐利的武器。

第二节　管理心理学的研究任务

管理心理学既是管理科学的一个重要组成部分，同时又是心理科学中的一个重要的应用分支。它的基本任务可以概括为：通过研究管理活动中个体心理、群体心理、组织心理和领导心理的规律性，使管理者充分意识到人在企业管理中的核心作用，通过调动人的积极性、主动性和创造性以提高工作效率或生产效率，增进管理效能，从而提高管理效益。

一、积极开发人力资源优势

人才是科技的载体，是科技的发明创造者，是先进科技的运用者和传播者。人才不仅是再生性资源、可持续资源，而且是资本性资源。在现代企业和经济发展中，人才是一种无法估量的资本，一种能给企业带来巨大效益的资本。人才作为资源进行开发与管理是经济发展的必然。企业只有依靠人才智力因素的创新与变革，依靠科技进步，进行有计划的人力资源开发和管理，把人的智慧能力作为一种巨大的资源进行挖掘和利用，才能达到科技进步和经济腾飞。企业必须加强人力资源管理，创造一个适合吸引人才、培养人才的良好环境，建立凭德才上岗、凭业绩取酬、按需要培训的人才资源开发机制，吸引人才，留住人才，满足企业经济发展和竞争对人才的需要，从而实现企业经济快速发展。

企业核心竞争力和竞争优势的根基在于企业人力资源管理过程中的人力开发。离开了企业人力资源的开发，企业核心竞争力便会成为无源之水、无本之木，企业的竞争优势就难以为继。对人力资源的开发，在很大程度上已经成为企业成功与否的关键。

从管理心理学角度讲，要开发人力资源的优势，就要尊重员工个性，了解员工需要，培养员工对待工作的积极态度，帮助员工缓解工作压力、改善工作情绪，增强员工自信心、使其有效处理同事关系、客户关系，迅速适应新的环境，克服不良嗜好等，使企业在节省招聘费用、节省培训开支、减少错误解聘、提高组织的公众形象、改善组织气氛、提高员工士气、改进生产管理等方面取得巨大收益。

二、注重高素质员工的培养

员工的素质包括思想政治素质、科学文化素质、技术业务素质和健康卫生素质等。企业贯彻落实科学发展观，走依靠科技进步和自主创新求发展的道路，需要高素质的员工队伍；企业领导要求提高决策层驾驭力、管理层执行力、员工层操作力，也需要高素质的员工队伍。提高员工素质是一个系统工程，建设一支高素质的员工队伍也不可能一蹴而就。

在我国社会主义条件下，高素质员工应该通过研究管理中人的心理活动的规律，科学有效地进行教育和培养。通过教育和培养使员工具有较高的思想政治觉悟和正确的价值观，从而在实际工作中形成追求事业成功的需要和较强的为社会主义发展贡献力量的工作动机。比如，加强对员工心态的培训可以帮助员工拓展观念、调适心态，有助于企业目标的实现。“态度决定一切”，米卢教练的这句话，特别强调了心态调适的重要性。拿破仑·希尔(Napoleon Hill，1883—1969)曾风趣地说：“我们每个人都佩带着隐形护身符，护身符的一面刻着积极的心态，一面刻着消极的心态。”企业心理培训的目的就是协助员工建立积极的心态，拥有愉快的心境，去有效工作、创造财富，追求健康、快乐和成功。所以，在我国目前的条件下，帮助管理者有效地提高组织成员的思想素质和个性品质，就必然地成为管理心理学的一项重要任务。

【案例 1-5】 吴士宏的成功

吴士宏曾是IBM(中国)公司的总经理。许多年前，吴士宏还只是一个护士，她渴望着自己职业的转换。1985 年，中国改革开放如火如荼，电子行业飞速发展，人才紧缺。她决定到 IBM 去应聘。当时，IBM 的招聘地点在长城饭店，这是一个五星级的饭店。在长城饭店门口，她足足徘徊了五分钟，呆呆地看着那些各种肤色的人从容地迈上台阶，简简单单地进入另一个世界。她的内心深处无法丈量自己与这道门之间的距离。

经过一番思考，她鼓足了勇气，迈着稳健的步伐，穿过威严的旋转门，顺应内心的召唤，走进了世界上最大的信息产业公司 IBM 公司的北京办事处。她的确是一个人才，顺利地通过两轮笔试和一轮口试，最后到了主考官面前，眼看就要大功告成了。俗话说，阎王好见，小鬼难缠。现在已经见到了阎王，她，什么也不怕了。主考官没有提出什么难的问题，只是随口问她会不会打字。她本来不会打字，但是本能告诉她，到了这个地步，不能有不会的。于是，她点点头，只说了一个字："会！""一分钟可以打多少个字？""您的要求是多少？""每分钟 120 字。"她不经意地环视了一下四周，考场里没有发现一台打字机，她马上就回答："没问题！"主考官说："好，下次录取时再加试打字！"

实际上，吴士宏从来没有摸过打字机。面试结束，她就飞快地跑去找一个朋友借 170 元钱买了一台打字机，然后没日没夜地练习了一个星期，居然达到了专业打字员的水平。她被录取了，成了这家世界著名企业的一名员工。吴士宏每天除了工作时间就是学习，寻找自己的最佳出路。最终，在与她一起进 IBM 的雇员中，她第一个做了业务代表；她第一批成为本土的经理；她成为第一批赴美国进行战略研究的人；她第一个成为 IBM 华南地区总经理——也就是人们常说的"南天王"。最后吴士宏登上了 IBM(中国)公司总经理的宝座。

资料来源：http://baike.baidu.com/view/109007.html

三、为管理者自身素质的提高提供理论依据

凡是成功的企业都有自己的法宝，要么是靠科技，要么是靠管理。20 世纪强调的是"科技是第一生产力"，而 21 世纪还要加上"管理出生产力"。有些企业团队领导者本身就是企业的一面旗帜，是团队的榜样，他们把不断思考、不断进取、不懈追求的理念，注入企业文化，把企业塑造成一支优秀的团队。

团队领导者作用对于企业来说非常重要，一方面领袖的魅力、预见力和洞察力是企业成长、变革和再生最为关键的因素之一，另一方面领导人物的不当好恶、低下素质、拙劣决策也时常使企业陷入困境。

由于市场经济体制日趋形成，现代企业制度逐步建立，给企业的生存和发展带来了转机。实践证明，经济的发展离不开企业，企业的发展离不开企业的领导者。切实加强企业领导班子建设，造就一个在激烈的市场竞争中能打硬仗的企业领导者群体，对于促进经济

健康发展至关重要。作为企业的领导者是人才中的精英，除了必须具有常人的素质外，还必须具有驾驭市场的战略眼光、敢于搏击的风险意识、凝聚团队的人格力量以及知人善任的智慧和能力。这样才能带领一班人协同作战，正确决策，在竞争中立于不败之地。

四、完善管理心理学理论体系

管理心理学作为一门独立学科只有几十年的历史。这对一门学科来说，还是一个十分短暂的发展期。因而，它需要不断丰富自身的理论，提高学科的科学性，提高、完善学科的研究方法，进行大量的实验以验证已有的理论，并进一步丰富和发展管理心理学理论。西方国家、美国、俄罗斯等国家都在努力完善和建立自己的管理心理学的理论体系。当前，我国正面临着深入改革开放、经济全面复苏、经济增长率迅速加快的大好形势，如何根据我国的具体国情，建设一套具有中国现代化特色的管理心理学体系，已是一个必须解决、刻不容缓的任务。

具有中国现代化特色的管理心理学的研究成果必将促进中国心理学理论的发展。管理心理学的理论来自普通心理学，管理心理学的研究成果也必将极大地丰富和促进普通心理学理论的发展。

第三节　管理心理学与其他学科的关系

管理心理学与其他几个学科关系非常密切，具体如下。

一、管理心理学与心理科学

管理心理学是心理科学的一个分支，是属于心理学应用学科。它是心理学在组织管理中的应用，因此，管理心理学的基础理论就是普通心理学。

普通心理学是研究人的心理现象及其规律的科学。它包括两方面内容。一方面是人的心理活动过程：感觉、知觉、记忆、思维、想象、情感情绪、意志等(概括地说，即是知、情、意)；另一方面是人的个性心理。个性心理是个体身上带有一定倾向性的心理特点的总和，它包括了个性心理特征和个性倾向性。个性心理特征就是个体在其心理活动中经常地、稳定地表现出来的特征，主要表现在人的能力、气质和性格等方面；个性倾向性就是推动人进行活动的动力系统，是个性结构中最活跃的因素，决定着人对周围世界认识和态度的选择，决定人追求什么。包括需要、动机、兴趣、爱好、态度、理想、信仰和价值观。

管理心理学是研究组织管理中的人的心理行为及其规律的科学。管理的核心就是“管人”。管理中至关重要的问题，就是管理者如何采用科学的管理方法，最大限度地调动人的积极性、主动性和创造性。而人的工作积极性、主动性和创造性的调动主要受制于两个因素：一是心理因素，二是社会因素。相对来说，心理因素更重要。原因在于，人的行为和心理总是联系在一起的，无论任何人工作积极性的高低，都是源于人的心理因素。因此，管理心理学就是试图用普通心理学理论来分析人的工作行为：决定人的工作效率的心理因素是什么？如何正确处理组织中团体的人际关系？阻碍组织改革的员工个人的心理阻力有哪些？等等，这些问题都是普通心理学中关于心理过程和个性心理的理论在管理实践中的具体反映。所以说，普通心理学与管理心理学是主干与分支的关系。

【案例 1-6】 监狱的奇迹

艾尔·史密斯(Alfred Smith，1873—1944)曾任美国纽约州长。他曾成功地使用好胜心创造了一个奇迹。一次，史密斯需要一位强有力的铁腕人物去管理魔鬼岛以西最臭名昭著的辛辛监狱，因那里缺一名看守长。这可是件棘手的事。经过几番斟酌，史密斯选定了新汉普顿的刘易斯·劳斯。“去管理辛辛监狱怎么样？”史密斯轻松地问被召见的劳斯(Lewis Lawes)，“那里需要一个有经验的人去做看守长。”劳斯大吃一惊，他知道这项任务的艰巨。这是一项政治任命，他不得不考虑自己的前途，考虑是否值得冒险。史密斯见他犹豫不决，便往椅背上一靠笑道：“害怕了，年轻人？我不怪你，这本就是个困难的岗位，它需要一个重要人物来挑起担子干下去！”这句话挑起了劳斯的好胜心，他接受了挑战，并在辛辛监狱待了下去。后来，他对监狱进行了改革，帮助罪犯重新做人，成了当时最负盛名的看守长。他创造了奇迹。

资料来源：http://www.xxdoc.com

二、管理心理学与管理科学

管理心理学是管理科学中的一门重要的学科。

管理科学从 20 世纪 50 年代的现代管理理论发展到 70 年代以后的系统管理理论，一改过去近代管理理论只是注重生产过程的分析和组织控制的研究，只是关注技术因素而忽视社会因素和心理因素的做法，特别重视研究人群关系和分析系统工程。并开始强调人的因素在管理中的地位和作用，而且强调组织中任何一个个体都不是孤立的，应该重视社会和心理对他们的影响，激发他们的积极性、主动性和创造性，并用运筹学和其他科学的研究方法，对与管理对象有关的所有方面进行系统的、全面的分析。

随着现代管理到系统管理对人的因素的重视，管理心理学应运而生。它最早以管理理论中的美国心理学家闵斯特伯格(H.Munsterberg，1863—1916)的心理技术学理论、梅奥(E. Mayo，也有的资料将其拼写为 Meyao，1880—1949)的人际关系理论、德国心理学家勒温(K. Lewin，1890—1947)的群体动力理论、美国心理学家马斯洛(A. H. Maclow，1908—1970)的需要层次理论作为其理论基础，于 20 世纪 50 年代开始在管理中逐渐发展成为一门重要的基础学科。

由此可见，管理心理学是管理科学中的一部分，是管理科学中侧重研究如何将劳动者作为管理的核心与动力来进行有效管理的那一部分。

三、管理心理学与行为科学

行为科学是一个更广泛的概念，是一个综合的学科群。按照美国管理百科全书的定义："行为科学是运用自然科学的实验和观察方法，研究自然和社会环境中人的行为以及低级动物行为的科学，已经确认的学科包括心理学、社会学、社会人类学和其他学科类似的观点和方法。"

狭义的行为科学是指研究工作环境中个人和群体的行为的一门科学。指的是在人群关系学说的基础上形成的管理科学中的一门学科，又称组织行为学，它着眼于一定组织中的人的行为研究，重视人际关系、人的需要、人的作用和人力资源的开发利用。这一学科的出现对管理科学的发展产生了重要的影响，使其由以"事"与"物"为中心的管理发展到以"人"为中心的管理；由靠监督与纪律的管理发展到动机激发、行为引导的管理；由独裁式管理发展到参与式管理，它的应用成果得到了普遍的重视。

【案例 1-7】 人性激励法

生产部经理耷拉着头来找总经理。他唉声叹气地说："我们的产量和别的厂家简直没法比，员工们连他们分内的任务都完不成，要不要采用开除手段或者加薪奖励？"总经理沉吟片刻说："没有不好的员工，只有不好的领导，说好话和说狠话是不起什么作用的。我去看看。"

总经理来到厂房，当时上白班的要下班了，夜班就要开始。总经理径直上前问出来的工人："你们今天完成了几件产品？"

"12 件。"员工不安地回答。

总经理没有说话，在门上用红色粉笔写下了一个 12，描得粗粗的，赫然醒目。他什么也没有说就走了。夜班工人们正好看到了，心里想：不就是 12 件吗？第二天，白班工人看见门上有个大大的 14。他们也不甘示弱，下班的时候，把他们的生产数量"16 "写在门上。生产部经理来了，看到门上的数字，欣慰地笑了。因为他明显地感受到了弥漫在厂房里的工作热情。不久，工厂的产量一再连创新高。

资料来源：陈书凯. 101 个给青年商人的忠告. 北京：中国民航出版社，2004

组织行为学和管理心理学都是管理科学中的行为科学学派专门用于企业管理的分支学科。它们都是研究组织管理中的个人和团体的心理行为，其特点都是既注意个人因素，又注意组织的因素，强调完成组织目标与实现个人目标的一致性；其理论基础都是心理学与管理科学的综合，因此，这二者之间的联系是再密切不过了。所以，从早在 20 世纪 60 年代初期美国出现的系统的工业社会心理学、组织行为学、组织心理学和管理心理学的专著来看，名称虽然不同，但其内容基本相同，事实上，两者的研究在这时已经趋向一致。从这个角度说，管理心理学是构成行为科学的一个组成部分，即组织行为学部分。

第四节 管理心理学的研究方法

一、管理心理学的研究原则

辩证唯物主义是管理心理学研究的理论基础，因而辩证唯物主义关于实事求是的原则，是管理心理学研究所应遵循的基本原则。但是管理心理学的研究对象是一定组织中人的心理现象的规律，而人的心理是一种内在体验，不能直接进行观察，也不能应用望远镜、显微镜等工具进行定性或定量的分析，只能通过人的言论、表情、交往，以及产品的数量、质量等外在行为和行为结果进行间接的测量和分析。因此，进行管理心理学的研究，必须遵循以下几个原则。

1. 客观性原则

管理领域中的一切心理现象都是一种客观存在的事实，它是与活动的外部条件和内部条件互相联系的。因此，在管理心理学的研究中，必须贯彻客观性原则，也就是尊重客观事实，从客观实际出发，如实地揭示事情的本来面目。即管理心理学工作者在研究员工的各种心理活动时，要从可以观察到的现象中去研究，从可以检查的活动中去研究。人的心理活动尽管十分复杂，而且由于某些特定原因，人们在表现心理时会做出种种假象和掩饰，使内在心理与外在行为之间出现不一致的情况。但是，一个人的心理在具体活动中总是有所表现的，在其内部的生理机制上也是有所反映的。这就要求研究者如实地记录对被试者的外部刺激、被试者的自我表现和被试者的内部反应，对于实验方案或调查方案的设计、材料的收集整理、实验或调查结论的得出，都必须在掌握事实的基础上，进行全面的分析，严密地处理；特别是对待一些前后矛盾的现象，不能只作简单的肯定，或简单的否定，而要以客观的实验结果或调查材料去加以证实。

2. 联系性原则

社会存在决定社会意识，人们生活在一个复杂的社会、自然环境里，任何心理现象的产生和发展，都会受到环境中的种种因素的影响和制约。不仅如此，人们还要受到内部生理和心理的影响，人的心理状况，往往是许多因素共同作用的结果。因此，管理心理学的研究，不能只是简单孤立地考察个别现象和个别因素，必须遵循联系性原则，从整个系统中各因素的相互作用去认识整体，以联系的观点去分析人的心理现象，这样才能正确地认识人的心理全貌。

3. 发展性原则

世界上的万事万物都处在运动与发展变化之中，作为人脑对客观现实反映的心理活动

也在发展变化之中。所以，管理心理学的研究也要贯彻发展性原则。在考察员工的心理活动时，要把员工心理作为一个发展过程进行动态的考察。要特别注意员工的需要、动机、态度、行为、思想情感、人际关系等在一定条件下的发展变化，这样才能准确地认识和预测员工的心理。同时，企业管理工作者掌握了有关这些方面的心理活动的规律，就可以引导员工的行为向着有利于提高企业的生产效率和工作效率，有利于开展社会主义精神文明的方向发展。

4. 实践性原则

管理心理学是一门应用性科学，具有很强的实践性，尤其是目前我国正处在经济体制改革的大潮之中，管理心理学的研究必须与我国当前社会主义建设的实践紧密结合起来，要有利于加强企事业的思想政治工作，有利于增强企事业活力，充分调动员工的积极性，有利于厂长负责制、企业承包制和多种形式的经济责任制的贯彻实施。因此，它的研究除在实验室条件下进行之外，更重要的应该在实践活动中进行，在实践活动中不断总结经验，上升为理论，反过来进一步指导实践。

二、管理心理学的研究方法概述

任何学科的发展和进步都离不开方法的推动，正如前苏联心理学家巴甫洛夫所说：“科学是随着方法学上获得的成就而不断前进的。研究方法每前进一步，我们便仿佛上升了一级阶梯，于是，我们就展开更广阔的眼界，看见从未见过的事物。”管理心理学的研究对象是人，人的心理和行为的复杂性决定了管理心理学的研究方法也是多种多样的。

(一)行为观察法

观察法是指研究者根据一定的研究目的、研究提纲或观察表，用自己的感官和辅助工具去直接观察被研究对象在一定条件下的言语、行为、表情等反应，从而通过获取资料分析其心理活动和行为规律的一种研究方法。科学的观察具有目的性和计划性、系统性和可重复性。观察一般利用眼睛、耳朵等感觉器官去感知被观察对象。由于人的感觉器官具有一定的局限性，观察者往往要借助各种现代化的仪器和手段，如照相机、录音机、显微录像机等来辅助观察以提高观察效果。

1. 自然观察法

自然观察法是指调查人员在一个自然环境中，比如员工工作现场观察被调查对象的行为和举止。适用于个案分析。

【案例 1-8】 福西的自然观察法

福西(Fossey)于 1972 年采用自然观察法对山地大猩猩的观测研究为管理心理学的研究

提供了一个很好的例子。山地大猩猩一般都生活在中非地区的热带雨林中，福西要了解大猩猩自然状态下的行为举止，不得不采取参与性观察的方法。为了取得大猩猩的信任，福西尽量模仿大猩猩的行为举止与之接近，比如吃食、修饰、神秘地喊叫等。正如她自己所说："我就像傻瓜一样，有节奏地拍打自己的胸脯，或坐在那儿装模作样地大嚼野芹菜的茎，仿佛它是世界上最好的美味佳肴。终于大猩猩们做出了善意的回报。"福西花费了几个月的时间终于赢得了大猩猩的信任，后来她始终与山地大猩猩生活在一起使用参与性观察技术做研究，直至1986 年去世。

资料来源：http://jpkc.ecnu.edu.cn/0502/BBS/discuss/1.1.pdf

2．设计观察法

设计观察法是指调查机构事先设计模拟一种场景，调查人员在一个已经设计好的并接近自然的环境中观察被调查对象的行为和举止。所设置的场景越接近自然，被观察者的行为就越接近真实。

3．掩饰观察法

众所周知，如果被观察人知道自己被观察，其行为可能会有所不同，观察的结果也就不一样，调查所获得的数据也会出现偏差。掩饰观察法就是在不为被观察人、物或者事件所知的情况下监视其行为过程。

4．机器观察法

在某些情况下，用机器观察取代人员观察是可能的甚至是所希望的。在一些特定的环境中，机器可能比人员更便宜、更精确和更容易完成工作。

【案例 1-9】 机器观察法

美国最大的市场调查公司——A. C. 尼尔逊曾采用尼尔逊电视指数系统评估全国的电视收视情况。尼尔逊电视指数系统代替了传统的调查小组日记的方法。尼尔逊公司抽样挑出2000 户有代表性的家庭为调查对象，并为这 2000 户家庭各安装上一个收视计数器。当被调查者打开电视时，计数器自动提醒收视者输入收视时间、收视人数、收看频道和节目等数据。所输入的数据通过电话线传到公司的电脑中心，再由尼尔逊公司的调查人员对电脑记录的数据进行整理和分析。

资料来源：百度文库，http://wenku.baidu.com

观察法的优点是目的明确，简易方便，所得资料比较系统真实。其缺点是，研究难以深入，所观察到的多为表面现象，取得的资料也较为肤浅，难以进行数量化的统计分析。鉴于此，在实际研究过程中，应把观察法与其他方法配合使用，以取得更佳的研究效果。

(二)实验法

实验法是有目的地控制一定的条件或情境，以引起被试者一定的心理反应的研究方法。运用实验法不但能说明“是什么”的问题，而且能够进一步解释“为什么”的问题。以实验法进行心理学研究的目的，是要搞清楚在有控制的条件下，影响一系列心理变化的因素，即变量。其中有些变量是由实验者控制的实验条件，称为自变量或实验变量；有些变量叫因变量或依从变量，它们是实验者所要测定的行为和心理活动。用实验法研究心理问题必须设立实验组和对照组，并使这两个组在无关变量方面大致相同，然后对实验组施加自变量(实验变量)的影响，对照组则不施加影响，以这样的方法来考察并比较这两组的反应是否相同，确定自变量的实验效果。实验法的关键是对变量的控制。必须精细地设计并控制影响实验结果的三种变化因素(变量)：自变量、因变量和无关变量。同时，要以数学的方法分析处理实验数据在统计学上的差异水平，从而得出科学的结论。

1．实验室实验

实验室实验是在心理实验室里使用仪器设备进行的有控制的观察。它可以提供精确的实验结果，常用于对感知、记忆、思维、动作和生理机制方面的研究。

2．自然实验

自然实验是在被试的原有环境中进行的有控制的观察。例如在教室里不影响课堂教学的条件下，研究教师的语调对学生注意力的影响；在运动场上研究学生在体育活动中的互助行为等。

(三)社会调查法

1．问卷法

问卷法是研究者根据一定的调查目的，以严格设计的问卷为工具向研究对象收集研究资料和数据的一种调查方法。由于问卷具有高度的统一性，标准化程度高，所以通过问卷调查获得的资料非常适合定量分析。适用范围包括满意度、需要、动机、价值观、态度与个人行为等。问卷法是管理心理学研究常用的一种方法。常用的问卷形式有三种：是非式、选择式和等级排列式。

- 是非式：采用只有“是”与“非”两种答案的问卷，让被试者根据自己的情况对每个题目做出“是”与“非”的回答，不能模棱两可，也不能不回答。
- 选择式：要求被试者从并列的多种(两种以上)答案中按个人的实际情况选取一种或几种答案。
- 等级排列式：在问卷中列出可供选择的多种答案，要求被试者按其重要程度的次序给以排列。

问卷法的优点是可以在较短时间内取得大量的材料，而且对调查结果采用统计方法进行处理分析，因此得出的研究结论更有普遍意义；缺点在于所得到的材料一般较难进行质化(qualitative methodology，是与量化方法区分的一种分析方法)分析，不易把结论与被试的实际行为做比较。

2．访谈法

访谈法又称晤谈法，是指通过访员和受访人面对面地交谈来了解受访人的心理和行为的心理学基本研究方法。访谈法运用面广，能够通过简单的叙述收集多方面的工作分析资料，因而深受人们的青睐。

访谈法是研究者通过口头谈话的方式从被研究者那里收集第一手资料，了解被研究者心理与行为规律的一种研究方法。就研究者对访谈结构的控制程度而言，访谈可以分为三类：结构化访谈、无结构化访谈和半结构化访谈。

结构化访谈的特点是按定向的标准程序进行，通常是采用问卷或调查表；无结构化访谈是指没有定向标准化程序的自由交谈。

作为心理学研究手段的访谈法，还可以分为访谈检测法和访谈调查法。访谈检测法是指在心理学研究过程中，一边访谈，一边观察受访人，对实验、测验、诊断中观察到的有关心理学问题进行检验。访谈调查法是对许多受访人一个个地进行访谈，进行社会心理学调查、舆论调查和态度调查等。以特定问题为焦点进行详细的访谈称为集中访谈。这种访谈多用于一般性调查结果的整理之后对特定问题的调查。为了追寻受访人更深层的东西(如无意识动机或遭受过的挫折等)还可作投射法访谈，这种深入到受访人自我深层的访谈称为深层访谈，深层访谈在临床心理学中有广泛的应用。

访谈法的优点是简单易行，便于迅速取得第一手资料，因而使用范围较为广泛。其缺点是仅凭受访者的口头回答而做出的结论往往缺乏可靠性和真实性，因此，这种方法一般不单独使用，应把它与其他研究方法结合起来运用。

(四)心理测量法

心理测量法即心理测验，是研究人员根据测量目的和需要，选择测量用的量表，让被测量者根据量表中提出的各种问题进行回答。主试者在事后对测量结果进行分析、评定，以判断人的个性、动机和态度的一种方法。量表是心理测验常用的研究工具，目前流行的测验量表种类繁多，大致有以下几种分类：按测验的内容可分为智力测验、个性测验、态度测验和能力测验等；按测验的方式可分为文字测验与非文字测验；按测验的方法可分为问卷测验、操作测验和投射测验三大类。

【案例 1-10】 心理案例分析之“树木人格测量法”

准备好了吗？如果对“树木人格测量法”有兴趣，不妨就从自己开始。准备好一张 A4 的白纸、4B 铅笔一枝和橡皮一块。然后在纸上画一棵带果实的树(参见图 1-1)，注意不能画

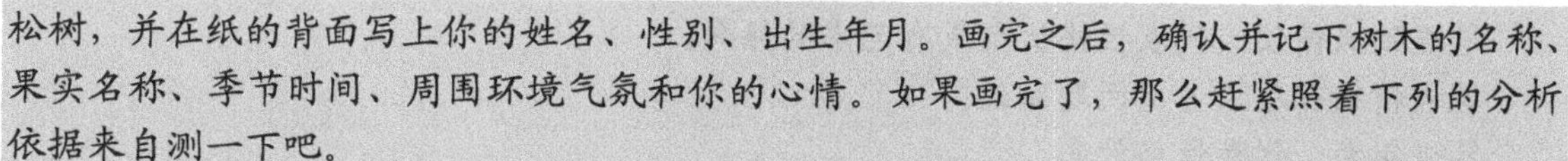

松树，并在纸的背面写上你的姓名、性别、出生年月。画完之后，确认并记下树木的名称、果实名称、季节时间、周围环境气氛和你的心情。如果画完了，那么赶紧照着下列的分析依据来自测一下吧。

上半区域：代表精神、意识等。

下半区域：代表物质、无意识等。

左半部分：代表母性，并对过去的日子有所依恋。

图 1-1　案例 1-10 中要求绘制的树示例

右半部分：代表父性和对于未来的求知欲。

树干：代表现实生活。

树冠：代表精神、意识和理想。

树根：代表本能、生存和发展等(无树根表示人生尚未扎根，树根完美者表示精神的成熟)。

树枝的多少：代表精神分泌力的强弱。

树枝缩于一角：代表自信力不足。

“个”或 T 字树形：表示对现状不满、攻击性强。

站立、开放型树形：表示性格外向。

树枝被折断：可能精神受创伤。

树的伤痕：表示精神受伤。

伤痕上有新芽：表示精神成熟，找到了新的方向。

太阳居于画面左侧：可能对女性、母性的印象较好。

太阳居于画面右侧：可能对男性、父性的印象较好。

地平线：代表了人生观的确立、个体的精神成熟。

大地：阴影沉重的话代表压力大，是受抑制或控制的象征。

树上的果实：代表报酬、成就感和野心。

笔迹细弱：代表性格忧郁。

笔迹细微精致：代表性格忧郁或有艺术的倾向。

笔迹精细有序：考虑问题细致。

笔迹粗大：代表性格外向。

笔迹过于粗重：攻击性强。

笔迹柔婉曲折：内心丰富，但缺乏自信。

竖向构图：多数人的使用方法。

横向构图：反映出个体的逆反、独创性。

附加成分：山代表了所依附的事物；路是通道和途径；家表示渴望归属的地方，房屋形象一般代表作画者的家或理想之家，也代表身体、精神家园；如果出现人物，常表示作画者与家庭的关系，或内心世界与外在世界的关联状态。

资料来源：http://xlzx.zjnu.net.cn/2006/show.aspx?page=2&id=2850

在管理心理学研究中，测验法常常作为人员测评的一种工具。例如，用智力量表测定组织成员的一般和特殊能力状况；用个性量表测定组织成员和领导者的性格特征等。测验法的最大优点是简便易行，测验内容广泛，具有较强的科学性，能够对研究的心理现象进行定量的分析。但测验法也存在一些问题，如心理测验的运用有一定难度，测验者必须经过专门的训练。另外，量表的设计、取样技术等都有较高要求，使用时若有不慎，就会使测验结果产生很大误差。

测量法心理测验也并非十全十美，也会产生一些错误。

(1) 信息提供不全面。测量法心理测验采用的是既定心理量表，由于心理量表往往只包括一个方面的内容，如人格、智力、能力等。因此，每个测验的结果都不能提供受试者的全部信息。

(2) 受试者说谎。有些受试者由于某种原因，在心理测验时说谎，若没有效度量表，则测量结果有时难辨真伪，影响心理评估和临床诊断。

(3) 主试者的态度、测量的环境、受试者当时的心情都可以影响测量结果。

因此，应用测量法进行心理测验时应正确选择测量量表，并可与观察法等结合使用，以获得较准确的信息。

(五)个案法

个案法就是对某一个体或群体组织在较长时间内(几个月、几年乃至更长时间)连续进行调查、了解，收集全面的资料，从而研究其心理发展变化的全过程的方法。例如，研究者在某企业中的某一先进班组通过较长时间的直接观察(体验生活、参加劳动等)，掌握了整个班组的人员状况(生产状况、智力结构、领导特性、关键事件等)，并在此基础上进行深入分析，整理出能反映该先进班组特点的详细材料。这份材料就是该班组的个案。个案产生的全过程就称个案研究过程。

个案法的优点是呈现的内容丰富，有助于人们发现新问题，为研究者发现和提出新的理论假设奠定良好的基础。其缺点在于，这种研究一般都是描述性的，不容易在较短时间内做出有关因果关系的推论。此外，个案研究一般取样比较小，这就大大限制了研究结果的可应用性和普遍意义，而且得出的研究结论很难进行重复验证。

(六)宏观和微观的环境条件分析法

宏观和微观的环境条件分析法是管理心理学的一个特殊分析方法。这是由管理心理学的对象的特异性所决定的。

任何人都生活在一个微观和宏观相结合的环境中。所谓宏观环境是指整个社会、社会准则、科学和文化、意识形态等。所谓微观环境是指人们所直接生活在其中的环境，如企业、家庭、学校、街道等。

宏观环境对人仅起间接的影响作用，而微观环境则对人起直接的影响作用。宏观环境是通过微观环境反映出来的，微观环境好比一面镜子，通过这面镜子人们可以直接接触到、认识到、体验到宏观环境的间接影响作用，虽然宏观环境的作用是间接的，但是它却决定个人身上形成的一切准则、观点和目标。

例如，一个人是通过微观环境(企业、父母、教师、朋友)的中介而掌握了道德观念标准的，而个人对道德观念标准的个体意识就是对宏观环境的主观反映。

在企业管理中，对人的道德标准、思想、行为的理解既要放在宏观环境中，也要放在微观环境中才能得到全面的解释。

(七)信息论、控制论、系统论和先进管理技术、管理手段的应用

目前，在管理心理学的研究中，已逐步采用了先进的技术手段，如录音、录像、摄影、电子计算机及现代化通信技术的采用等，从而使管理心理学研究在质和量的分析上统一起来，有助于揭示企业内部的社会心理规律，提高管理效果。

信息论、系统论、控制论三种理论的指导，也有助于推动管理心理学研究的深入。

信息论是一门运用数量统计方法研究、描述和度量信息，以及传递、处理信息的科学理论。信息论中的主要内容是信息系统，信息系统的技术手段有手工、机械、电子计算机技术三种。信息工作流程可促进科学研究和信息管理。

系统论的核心是系统观念。系统论运用于科研与管理的基本方法有运筹学方法、系统分析的方法、系统模拟方法。

控制论中最基本的原理是信息、系统的反馈原理。信息、系统、控制、反馈是密不可分的。控制方法运用于科研与管理上的基本类型有：稳定控制、程序控制、跟踪控制、择优控制。

系统工程正是在系统论、信息论、控制论基础上，把行为科学和管理科学结合起来，

而被创立的一种现代管理理论和方法。这种方法的运用，有利于提高管理水平。

本章小结

管理心理学的研究对象和研究方法是管理心理学教材的基础内容。管理心理学的研究对象主要介绍了管理和管理心理学的含义；管理心理学的研究对象主要侧重在树立以人为本的管理理念，企业内部的社会心理系统重视人才的核心作用，特别注意人的心理因素对企业管理的影响，管理心理学的研究意义重大，强化了人本管理意识，提高了人才识别和使用的能力，以及企业员工的凝聚力和向心力，改善了领导和下属的关系，推动了组织变革。管理心理学的研究内容主要包括：人性假设与管理理论，个体心理研究，团体心理研究，组织心理研究和领导心理研究。管理心理学的研究任务强调了人力资源的开发、员工素质的培养、领导素质的改进和管理心理学理论体系的完善。管理心理学与其他学科关系紧密。其是心理学的一个分支，还是管理科学中的一门重要学科，管理心理学与行为科学联系密切，是行为科学的一个组成部分。管理心理学的研究必须采用正确的研究方法，其研究方法多种多样。主要有行为观察法、实验法、社会调查法、心理测量法、个案法、宏观和微观环境条件分析法以及信息论、系统论、控制论和先进技术、管理手段的综合运用。

复习思考题

一、问答题

1. 简述管理心理学的含义及其研究对象。
2. 管理心理学的主要研究内容是什么。
3. 简述管理心理学与其他学科的关系。
4. 如何理解管理心理学的研究原则及研究方法？

二、分析题

从小职员到大老板

恰科年轻的时候，到一家很有名的银行去求职。他找到董事长，请求被雇用，然而没说几句话就被拒绝了。当他沮丧地走出董事长办公室宽敞的大门时，发现大门前的地面上有一个图钉。他弯腰把图钉拾了起来，以免图钉伤害别人。第二天，恰科出乎意料地接到银行录用他的通知书。原来，就在他弯腰拾图钉的时候，被董事长看到了。董事长见微知著，认为如此精细小心、不因善小而不为的人，非常适合在银行工作，于是改变主意录用了他。果然不出所料，恰科在银行里样样工作干得非常出色。后来恰科成为法国的银行

大王。

阿基勃特(Agybert)的成长与恰科的成长有相似之处，也是因小事而引起大老板的关注。阿基勃特年轻的时候，只是美国标准石油公司的一个小职员。他不在乎人微言轻，只要出差在外住旅馆，总是在自己签名的下面，写上“每桶 4 美元的标准石油”的字样，在书信和收据上也从不例外。只要有他的签名，就一定写上那几个字。因此，他被同事们戏称为“每桶 4 美元”。久而久之，他的真名反而没有人叫了。公司董事长洛克菲勒(John D. Rockefeller，1839—1937)得知了这个情况后，很有感慨地说：“竟有如此努力地宣扬公司声誉的职员，我一定要见见他。”于是，洛克菲勒邀请阿基勃特共进了晚餐。后来，公司董事长洛克菲勒卸任，阿基勃特便成了美国标准石油公司的第二任董事长。

资料来源：http://www.cckc.gov.cn/cckc/rcgz/news_view.php?id=8

(1) 谈谈你看到本案例的感受。
(2) 如何培养员工的素质？
(3) 谈谈员工获得成功的基本条件。

用人与留人：发展空间就是根本

Lycos 中国隶属于全球第二大网络公司 Terra Lycos，是曼联俱乐部的全球合作伙伴。Lycos 中国的知名栏目黄金书屋、多来觅友、曼联(中国)官方网站等在国内极具人气，主页空间、搜索引擎、无线业务等增值服务也蒸蒸日上，其已经成为中国最受欢迎的综合性网站之一。

Lycos 是一个搜索引擎技术，它来源于拉丁文 Lycosadae，译为狼蜘蛛。

早期的网络搜索引擎统称为蜘蛛，狼蜘蛛是一种夜行动物，它不是被动地等待落入其网中之物，而是主动猎食。在 Lycos 中国的企业文化里就深深渗透了这一点，每一个职位的设定虽然都是以工作要求而定的，但从员工加入 Lycos 中国的第一天，员工就可以体会到这一点，员工的职责设定除了简单的工作内容外，还包括一个清晰的职责设定、工作效果设定。

在互联网的世界里，每个企业面临的最大挑战就是变化的挑战，在公司的创办人 Bob Davis 的回忆录《速度就是生命》一书中，你能很深刻地感受到 Lycos 能有今天的辉煌成就与它不断调整变化的速度有着密切的关系。Lycos 中国的人力资源部在职位设定方面为员工提供了更广阔的发展空间，每位员工的发展路径分为横向和纵向两种。Lycos 中国容许员工申请公司公开招聘的各个职位，可以是跨部门的调动，也可以是跨级别的升迁。这样的空间不仅适用于在公司工作一年以上的员工，同样适用于试用期的员工。2002 年 10 月，Lycos 中国内容部新招聘了一个频道制作人，经过两个月的努力工作，没有表现出公司期望的工作效果，当时正值公司无线业务部门招聘产品编辑，人力资源部及该业务总监都很认可该员工的工作态度，建议将其调整工作部门，经和她本人的沟通，该员工被调整到无线业务部门。实践证明，这个调整是非常成功的，她的加盟使得公司的无线业务出现了突飞猛进的发展，不到一年时间，该员工已荣升为无线业务产品部经理。

Lycos 中国深信，员工认可公司企业文化的前提是要认同他的工作或职业。Lycos 中国认为，每家公司的人力资源政策都应该具备一定的弹性和韧性。这里的弹性是指公司能够提供给员工积极创新和自我发现的舞台；韧性是指作为公司的管理层能够有力地控制、协调由于种种变化而引起的新事物、新现象，使得任何一种变化向有利于公司发展的方向迈进。

如何为员工营造更愉快的工作氛围，如何为员工提供更全面的发展空间，这是许多企业人力资源工作永恒的两个课题。Lycos 中国用具有前瞻性和实用性的人才建设方案，将每一位人才都打造成公司的“人财”，在人力资源增值的过程中实现公司自身的增值，真正实现了人力资源的有效利用和开发。

资料来源：http://www.jobif.com/readingroom_168.htm

Lycos 中国人力资源有效利用和开发的措施表现在哪些方面？结合中国企业人力资源管理情况进行说明。

第二章 认知差异与管理

【学习目标】

了解知觉的一般过程、知觉概念和特征、影响知觉的因素。理解并掌握社会知觉和自我知觉的概念、特征及种类，社会知觉的影响因素及社会认知障碍的克服。

【关键概念】

知觉(perception) 社会知觉(social perception) 自我知觉(self perception) 人际知觉(interpersonal perception) 角色知觉(role perception)

第一节 知觉的一般过程

认知过程通常是指人对客观世界的认识和观察，包括感觉、知觉、注意、记忆、思维、语言等心理活动。人们认识世界是从感觉和知觉开始的，人们感知事物时需要以注意为前提，并从众多信息中将有用的信息筛检过滤，储存到记忆系统内，继而形成表象和概念。人们在认识事物时会观察和探寻这些事物的内外部规律，这种认识需要抽象思维过程。所以人类的思维具有高度的概括性和间接性。人类在进化过程中发展出独特的语言功能，通过它来进行思想交流和沟通，思维也借助语言来进行。

一、感觉的含义及种类

感觉是人脑对直接作用于感觉器官的客观事物的个别属性的反映。

人对客观事物的认识是从感觉开始的，它是最简单的认识形式。比如，当芒果作用于我们的感觉器官时，我们通过视觉可以反映它的颜色；通过味觉可以反映它的酸甜味；通过嗅觉可以反映它的清香气味；同时，通过触觉可以反映它的表皮的光滑。人类通过对客观事物的各种感觉认识到事物的各种属性。

感觉不仅反映客观事物的个别属性，而且也反映我们身体各部分的运动和状态。例如，我们可以感觉到双腿在跃起，感觉到身体在平卧，以及感觉到肠胃在剧烈蠕动等。

感觉包括视觉、听觉、嗅觉、味觉、皮肤触压觉、冷温觉、机体运动觉、平衡觉及内脏感觉等 9 种。感觉虽然是一种非常简单的心理过程，可是感觉在我们的日常生活、学习、工作中具有重要的意义。有了感觉，就可以分辨外界各种事物的属性，能够分辨色彩、声音、味道、气味、大小、长短、轻重、温差等；有了感觉，就能了解身体各部分的位置、功能、特征、姿势；有了感觉，就能知道饥饿、干渴、疼痛、困乏、心跳；有了感觉，就能进行更加复杂的认识过程。没有感觉，就没法分辨客观事物的属性和自己身体的目前状态。因此，可以说，感觉是各种复杂的心理过程(如知觉、记忆、思维)的基础，从这个角度来说，感觉是人关于客观世界的一切知识的源泉。

二、知觉的含义及种类

知觉是人脑对直接作用于感觉器官的客观事物的整体属性的反映。

知觉是人在实践活动过程中逐步形成和发展起来的。知觉的形成离不开过去的知识和经验。而语言在知觉的形成和发展过程中起着重要的作用。知觉受到诸多心理特点的影响和制约。

人的知觉活动是一个较复杂的过程。该过程一般有以下几个环节：①从感觉资料(即背景和线索)中选择知觉对象；②对局部资料或不完整的线索、信息进行回忆补充；③对信息与线索进行加工并组织构成完整的对象；④对知觉对象作出适当解释并用名称标志它。

知觉包括以下几类。

(1) 空间知觉：是人脑对物体的形状、大小、远近、方位等空间特性的知觉。空间知觉是多种分析器协同活动的产物，视知觉、听知觉、运动知觉、平衡觉都参加活动。空间知觉包括形状知觉、大小知觉、距离知觉、深度知觉、立体知觉、方位知觉等。空间知觉是在人的后天实践中形成、发展和完善起来的。

(2) 时间知觉：时间是物质现象延续性和顺序性发展的表现，时间知觉就是人对这种延续性和顺序性的反映。自然界周期性的变化向人们提供了时间知觉的信息，比如太阳升落、月亮圆缺、昼夜交替、四季变化等都为人们判断时间提供了参数。不仅如此，人体自身的呼吸、脉搏、消化以及生物节律等也是判断时间的依据。由于年龄、生活经验和职业训练的不同，人与人之间在时间知觉方面存在着明显的差异。某些职业活动的训练会使人形成精确的“时间感”。例如，有经验的运动员能准确地掌握动作的时间节奏，有经验的教师能正确地估计一节课的时间。

(3) 运动知觉：运动知觉是人对空间物体运动特性的知觉。运动知觉与人类的日常生活和工作有密切关系。正确估计物体运动的速度，是生产操作、交通航行、体育运动及军事射击等的重要条件。运动知觉包括对物体真正运动的知觉和似动。真正运动，即物体按特定速度或加速度从一处向另一处作连续的位移，由此引起的知觉就是对“真正运动的知觉”。似动是指在一定的时间和空间条件下，人们把静止的物体看成运动的。

(4) 错觉：指人们对客观事物错误的知觉。一般而言，当感官提供给大脑的信号减少，各分析器的信号相互矛盾，大脑皮层对外界刺激物的分析综合就发生困难而产生错觉。依据错觉发生的原因可把错觉分为：①感受性错觉，如视力差的人易看错，耳聋的人易听错等；②情绪性错觉，如“草木皆兵”；③想象性错觉，如“风吹花影动，疑是玉人来”。

各种感觉系统都可出现错觉，如错视、错听、错嗅、错触等，通过验证可纠正的错觉是正常现象，不可纠正的错觉是病理现象。如图 2-1～图 2-6 所示为错视的几种示例。

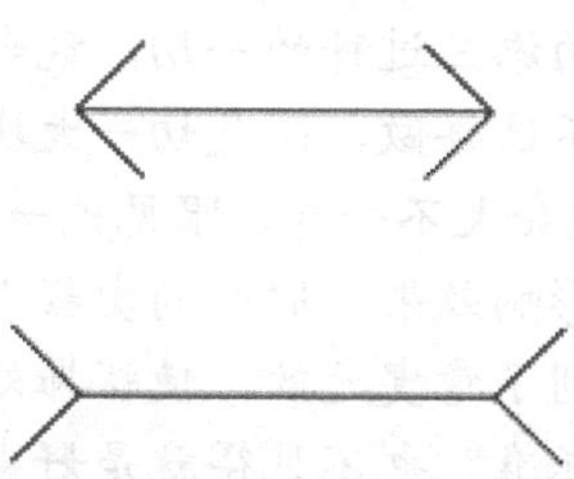

图 2-1　缪勒-莱伊尔长短错觉(两条直线一样长)

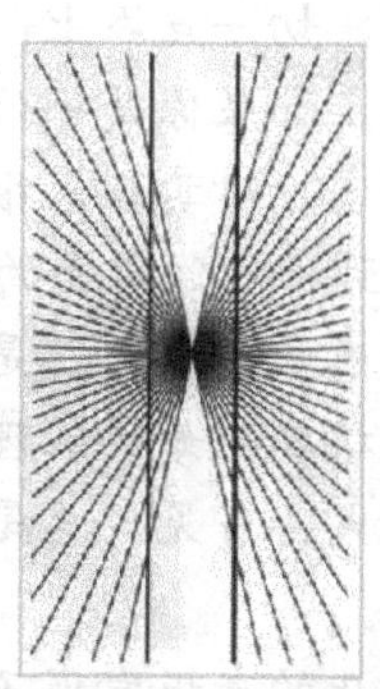

图 2-2　赫林光学错觉(两条黑线是笔直而平行的)

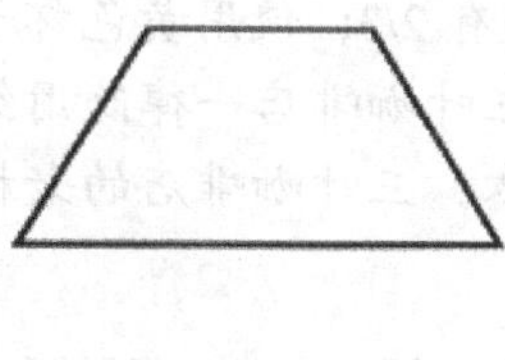

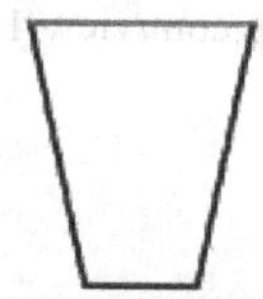

图 2-3　梯形错觉(两个梯形上边长一样)

图 2-4　长度与透视(AB 与 CD 一样长)

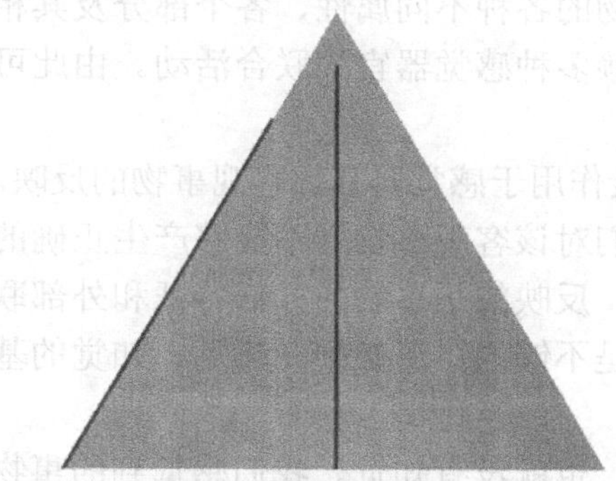

图 2-5　三角形错觉(左斜线和中直线一样长)

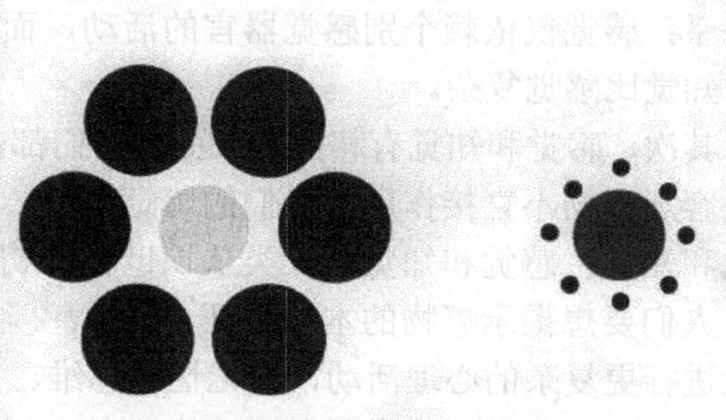

图 2-6　埃冰斯错觉(两个内部中心圆大小一样)

资料来源：http://baike.baidu.com/view/1213245.htm

【案例 2-1】 利用运动和颜色错觉，调整服务手段

浙江黄岩市长潭水库大坝的码头附近有一家切糕摊，店老板卖糕时，故意少切一点儿，过秤后见分量不足，切一点添上，再称一下，还是分量不足，又切下一点添上，最终使秤杆尾巴翘得高高的。如果你是一位顾客，亲眼见到这两添三过秤的一切，就会感到确实量足秤实，心中也踏实，对卖糕人很信任。如果卖糕人不这样做，而是切一大块上秤，再一下二下往下切，直到秤足你所要的分量时，你的感觉就会大不一样，眼见被一再切小的糕，总会有一种吃亏的感觉——这就是运动错觉对顾客的影响效果。聪明的卖糕人正是巧妙地利用了顾客的这种极其微妙的心理，并实实在在地做到了童叟无欺，使糕摊处地利、人和之优而终日生意红火。可见，总是"一刀准"、"一抓准"也不见得就是好事，不见得就是良好服务的标志。

日本三叶咖啡店的老板发现不同颜色会使人产生不同的感觉，但选用什么颜色的咖啡杯最好呢？于是他做了一个有趣的实验：邀请了 30 多人，每人各喝 4 杯浓度相同的咖啡，4 个咖啡杯分别是红色、咖啡色、黄色和青色。最后得出结论：几乎所有的人都认为使用红色杯子的咖啡调得太浓了；使用咖啡色杯子的认为太浓的人数约有 2/3；使用黄色杯子的感觉是浓度正好；而使用青色杯子的都觉得太淡了。从此以后，三叶咖啡店一律改用红色杯子盛咖啡，既节约了成本，又使顾客对咖啡质量和口味感到满意。三叶咖啡店的老板利用颜色对比错觉，提高了经济效益。

资料来源：http://baike.baidu.com/view/1790.htm%232

三、感觉和知觉的区别与联系

感觉和知觉具有如下区别和联系。

首先，感觉和知觉反映的是两种截然不同的心理过程，感觉反映的是客观事物的个别属性，知觉反映的是客观事物的整体属性，即客观事物的各种不同属性、各个部分及其相互关系；感觉仅依赖个别感觉器官的活动，而知觉依赖多种感觉器官的联合活动。由此可见，知觉比感觉复杂。

其次，感觉和知觉有相同的一面。它们都是对直接作用于感觉器官的客观事物的反映。如果客观事物不直接作用于我们的感觉器官，那么我们对该客观事物就不能够产生正确的感觉和知觉。感觉和知觉是人类认识世界的初级形式，反映的是事物的外部特征和外部联系。人们要想揭示事物的本质特征，光靠感觉和知觉是不够的，还必须在感觉、知觉的基础上进行更复杂的心理活动，如记忆、思维、想象等。

最后，知觉是在感觉的基础上产生的，没有感觉，也就没有知觉。我们感觉到的事物的个别属性越多、越丰富，对事物的知觉也就越准确、越完整，但知觉并不是感觉的简单相加，因为在知觉过程中还有人的主观经验在起作用，人们应当借助已有的经验去解释所

获得的当前事物的感觉信息，从而对当前事物作出识别。

知觉与感觉通常是无法完全区分的，感觉是信息的初步加工，知觉是信息的深入加工。现在的趋势是把感觉和知觉放在一起论述，统称为感知觉。把信息加工过程分为感觉、组织、知觉与辨认三个阶段。

四、知觉的特征

(一)知觉的选择性

主体优先把知觉对象从背景中区分出来的特性叫知觉的选择性。客观对象是多种多样的。在某一时段内，客观对象作用于人的感觉器官的刺激也是多种多样的，但人们不可能对同时作用于其感觉器官的刺激完全、彻底、清楚地感知到，人们也不可能对所有外界的刺激都做出相应的反应。在同一时刻内，人们总是对少数外界的刺激知觉得格外清楚，而对其余的刺激知觉得比较模糊。主体优先把知觉对象从背景中区分出来的特性，就是知觉的选择性。知觉得特别清楚的那部分客观对象称为知觉的对象，知觉得比较模糊的那部分客观对象称为知觉的背景。

知觉中对象和背景的关系并不是固定不变的。它依一定的主客观条件经常转换。如图2-7所示，当把黑色作为背景时，就可以看到一个白色的花瓶；如果背景是白色，则看到两个黑色侧面人像。除非恍惚使知觉选择中心模糊，我们不能够同时既看到一个白色花瓶，又看到两个黑色侧面人像。

在知觉过程中，强度大的、对比明显的刺激容易成为知觉的对象。在空间上接近、连续，形状上相似的刺激也容易成为知觉的对象(参见图 2-8)。在相对静止的背景上，运动的物体容易成为知觉的对象。刺激的多维变化比单维变化更容易成为知觉的对象。此外，凡是与人的需要、愿望、任务及以往经验联系密切的刺激，都容易成为知觉的对象。

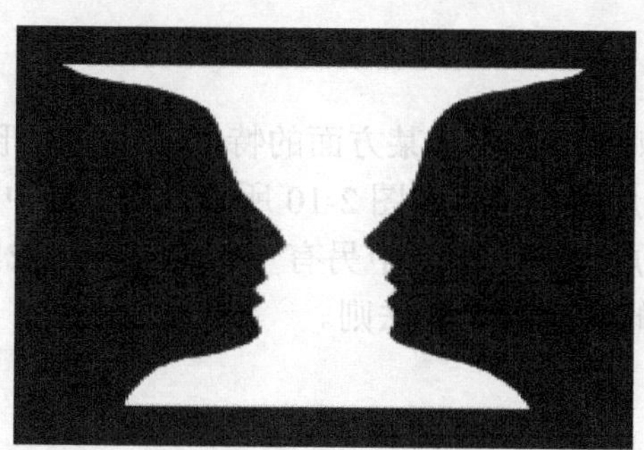

图 2-7　知觉的选择性(1)

图 2-8　知觉的选择性(2)

资料来源：刘玉梅. 管理心理学理论与实践. 上海：复旦大学出版社，2009，第 32 页

(二)知觉的整体性

客观事物的个别部分或个别属性作用于人的感官时，人们根据知识经验把它知觉为一个整体，称为知觉的整体性。

知觉的对象是由不同的部分、不同的属性构成的。人们在知觉客观对象过程中，并不是孤立地、片面地、个别地反映这些客观对象，而是把它们系统地、有机地结合成整体进行分析判断。如图 2-9 所示，这是由两个三角形重叠，而后又覆盖在三个黑色方块上所形成的。

图 2-9　知觉的整体性

资料来源：http://www.xwyx.cn/Article_Print.asp?ArticleID=6652

(三)知觉的组织性

在感觉资料转化为心理性的知觉经验过程中，显然是要对这些资料经过一番主观的选择处理，这种主观的选择处理过程是有组织性的、系统的、合乎逻辑的，而不是紊乱的。因此，在心理学中，将此种由感觉转化到知觉的选择处理历程称为知觉组织。心理学的格式塔理论(Gestalt theory)认为，知觉组织法则主要有如下 4 种。(参见张春兴编著的《现代心理学》，上海人民出版社 1994 年版，第 130 页)。

1．相似法则

在知觉场地中有多种刺激物同时存在时，各刺激物之间在某方面的特征(如大小、形状、颜色等)如有相似之处，在知觉上即倾向于将之归属于一类。如图 2-10 所示，在方阵中，圆点与斜叉各自相似，很明显地被看成是由斜叉组成的大方阵当中另有一个由圆点组成的方阵。此种按刺激物相似特征组成知觉经验的心理倾向称为相似法则。

2．接近法则

有时候，知觉场地中刺激物的特征并不十分清楚，甚至在各刺激物之间也找不出足以辨别的特征。在此种情境之下，常根据以往经验，主观地寻找刺激物之间的关系，借以增加其特征，从而获得有意义的或合乎逻辑的知觉经验。如图 2-11 所示，A 图与 B 图同样是由 20 个圆点组成的方阵，如单就各个圆点去看，它们之间不容易找出可供分类组织的特征。

但如仔细观察，两图中点与点之间的间隔距离不尽相等：A 图中两点之间的上下距离较其左右间隔为接近，故而看起来，20 个点自动组成 4 个纵列；B 图中两点之间的左右间隔较其上下距离为接近，故而看起来是 20 个点自动组成 4 行。此种按刺激物间距离关系而组成知觉经验的心理倾向称为接近法则。

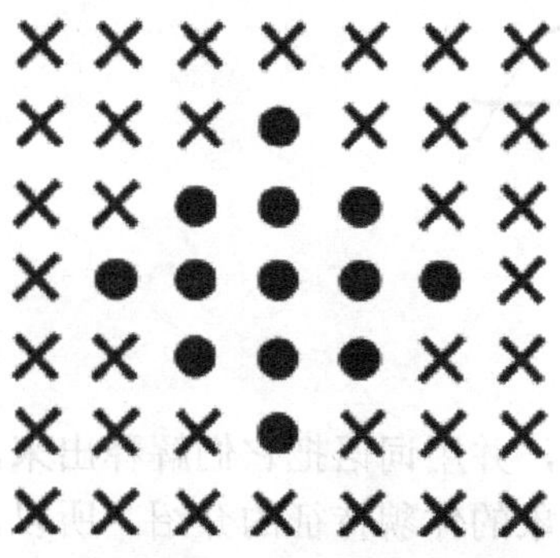

图 2-10　知觉的相似法则

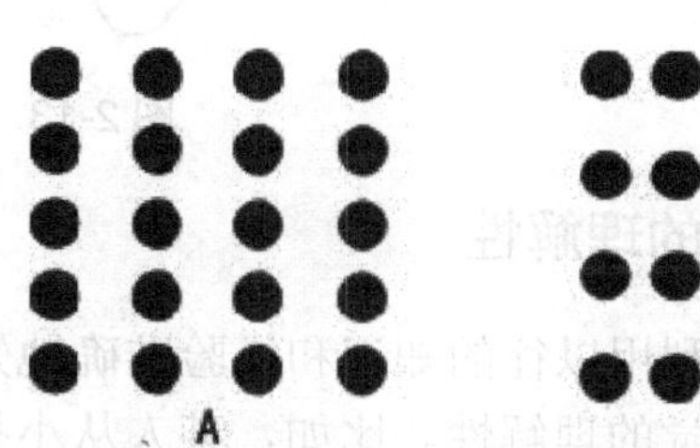

图 2-11　接近法则

3．闭合法则

如果知觉场地的刺激物表面看来虽各有其可供辨别的特征，但如仅凭此等特征，仍不能确定刺激物之间的关系。此时，观察者常运用自己的经验，主动地为之补充(或减少)刺激物之间的关系，从而增加它们的特征，以便有助于获得有意义的或合乎于逻辑的知觉经验。如图 2-12 所示，乍看之下，图中只是有些不规则的黑色碎片和一些只有部分连接的白色线条。但如仔细观察，就会觉得，那是一个白色立方体和一些黑色圆盘；也可能觉得，那是白色立方体的每一拐角上有一个黑色圆盘。假如你的知觉经验确是如此，那你的知觉心理倾向就符合闭合法则。在这里，知觉刺激物本身的条件并不闭合，也不连接，是观察者把不闭合的三块黑色、无规则的图片看成一个完整的黑色的圆盘；同时把很多不闭合、不连接的白色线条在心理上连起来，闭合而成一个白色立方体。事实上，八个黑色圆盘也好，一个白色立方体也好，在实际的图形中根本是不存在的，只有在观察者的知觉经验中存在，而此种存在是根据闭合法则建立起来的。

图 2-12　闭合法则

4．连续法则

与闭合法则类似的是连续法则。如图 2-13 所示，一般人总是将它看成一条直线与一条曲线多次相交会而成；没有人会看成是多个不连接的弧形与一横线构成。由此可知，知觉上的连续法则所指的“连续”，未必指事实上的连续，而是指心理上的连续。知觉上的连续法则在绘画艺术、建筑艺术以及服装设计上早已广泛应用。以实物形象上的不连续使观察者产生心理上的连续知觉，从而形成更多的线条或色彩的变化，借以增加美的表达。听知觉也会有连续心理组织倾向。多人一起合唱，或多种乐器合奏，有音乐修养的人，不会把不同声音混而为一，而是能分辨出每一种声音的前后连续。

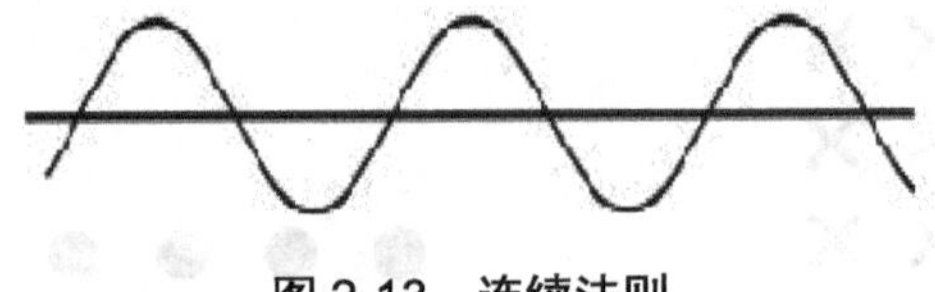

图 2-13　连续法则

(四)知觉的理解性

人们能够利用以往的知识和经验准确地知觉客观对象，并用词语把它们解释出来，这种特性称为知觉的理解性。比如，某人从小接受过关于大象的体貌特征的介绍，所以，当他看到眼前的大象时，他就会准确地做出判断，并详细地向人们进行说明。经验非常重要，有经验的心理学家可以从一个人的眼神、动作、言语知道他心里想的是什么。此外，知觉的理解性还会受到情绪、意向、价值观和定势等心理因素的影响。

知觉的理解性需要语言的提示和思维的帮助。一块形如骏马的石头，也许开始你会看不出来，但如果有人提醒，就会越看越像。很多旅游风景也是如此。知觉的理解性使人的知觉更为深刻、精确和迅速。图 2-14 中，我们看到的是一些黑色斑点，一下子分辨不出是什么，当有人说出这是一条“狗”，马上这些斑点便显示成一条“狗”的轮廓。

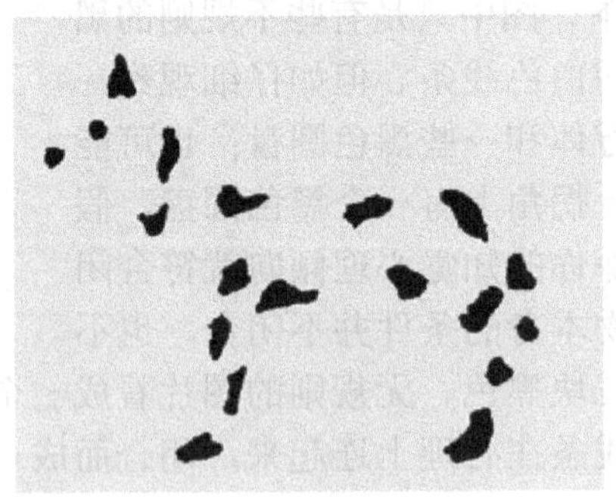

图 2-14　知觉的理解性

资料来源：http://amuseum.cdstm.cn/AMuseum/perceptive/page_1_organ/page_1_5d.htm

(五)知觉的恒常性

知觉的客观对象在一定范围内条件发生了变化，人们对该客观对象的知觉依然保持相对不变的特性叫知觉的恒常性。

视知觉的恒常性表现得特别明显。例如，小巨人姚明站在离我们或远或近的一定不相等的距离外，他在我们视网膜上的空间大小是不一样的，但是我们总是把他知觉为一个小巨人。一块花岗岩，无论我们在什么地方看到它，我们会始终知觉它具有坚硬的特征。在强光下煤块反射的亮度远远大于暗处粉笔所反射的亮度，但这并不妨碍我们知觉煤块是黑色、粉笔是白色。知觉的恒常性还普遍存在于其他各类知觉中，像听知觉、味知觉、嗅知觉和皮肤知觉等。

在视觉范围内，恒常性有如下几种。

1．形状恒常性

当从不同角度观察同一物体时，物体在视网膜上投射的形状是不断变化的。但是，知觉到的物体形状并没有显出很大的变化，称为形状的恒常性。

2．大小恒常性

当从不同距离观看同一物体时物体在视网膜上成像的大小是有变化的。距离远，它在视网膜上成像较小；距离近，它在视网膜上成像较大。但是在实际生活中，人们看到的对象大小的变化，并不和视网膜映像大小的变化相吻合。

3．明度恒常性

在照明条件改变时，物体的相对明度或视亮度保持不变，叫明度或视亮度恒常性。看到的物体明度或视亮度，并不取决于照明的条件，而是取决于物体表面的反射系数。明度或视亮度恒常性也处于完全恒常性与无恒常性之间。

4．颜色恒常性

一个有颜色的物体在色光照明下，它的表面颜色并不受色光照明的严重影响，而是保持相对不变，就是颜色恒常性。

五、影响知觉的因素

现实中，人的知觉往往不准确、不符合实际情况，甚至产生错觉。“风声鹤唳，草木皆兵”就是典型的例子。知觉的偏差会影响人的认识，导致决策的失误，误导人的行为，给工作造成损失。因此，在企业管理活动中，必须研究影响知觉准确性的因素，减少偏差和失误。

影响知觉准确性的因素可以大致归为三个方面：知觉者自身的因素、知觉对象的特征、知觉环境的特点。

(一)影响知觉的主观因素

知觉者主观因素的不同会导致知觉者的个体差异。即对同一事物，不同的人知觉不同。这些因素主要有以下几个方面。

1. 兴趣和爱好

兴趣和爱好的个体差异性能够影响知觉的选择性。就是说，人们最感兴趣的事物往往最容易被知觉到，并对自己感兴趣的客观对象予以极大的关注。比如，两个人在看体育节目，一个网球爱好者对网球明星手中拿的网球拍、脚上穿的网球鞋和四大网球公开赛情有独钟；而一个橄榄球爱好者则对橄榄球明星投掷的橄榄球、身上穿的运动衫和美国橄榄球比赛青睐有加。他们两人根本没有注意到足球或篮球比赛。

2. 需要和动机

需要和动机的个体差异性也决定着人们知觉的选择性。一般说来，凡是能够满足人的某种需要、激发其动机的客观对象，容易成为知觉的对象；反之，则容易被人忽略而不被知觉到。例如：一个异常饥饿的人对食品甚为敏感；一个干渴的人对饮料特别关注；一个感冒的人对药品非常注意；一个想靠股票发家的人将注意力更多地集中在书店里的股票投资技巧之类的书籍上面。他们对眼前的其他事物则视而不见、听而不闻。

3. 知识和经验

知识和经验的个体差异性对于知觉的理解性影响也很大。常言道："内行看门道，外行看热闹。"比如，一年一度的 CCTV 模特电视大赛，作为观众评委更多的是从感觉方面进行打分，而专家评委则充分利用其专业知识和工作经验对模特表现进行评判。专家评委打分时要考虑模特的体态条件、感知能力、表现能力三个方面，其中参赛选手体态条件主要从身高、上下身比例、三围比例、头围与肩宽的比例、五官比例等几个方面评价。感知能力主要从以下方面评价：视觉——造型艺术基础；听觉——音乐艺术基础；综合——舞台表现。选手的表现能力主要从对作品的情感理解、对作品的风格表现和对时尚潮流的把握三个方面进行考察。正因为受先前的知识和经验的影响，造成有的观众评委与专家评委打分有较大差别。

4. 个性特征

个性特征的差异性也会影响到知觉的整体性。比如，不同气质类型的人在知觉的深度和广度上存在着明显的差异。一般来讲，多血质的人知觉速度快、范围广，但不细致；黏液质的人知觉速度慢、范围窄，但比较深入细致。不同能力的人想象力和创造力有所差别，分析和判断能力也不一样。如红军长征过程中，最初按照李德的指挥部署，红军经常打败仗，而遵义会议后，按照毛泽东的指挥部署，红军经常打胜仗。

此外，个人的价值观、身体状况、自身条件等因素也会影响知觉的选择性。由主观因素造成的个体知觉差异性，使人的知觉世界各有千秋。虽然知觉反映了客体的本质属性，但在具体的反映形式和结果上，却体现着个人风格，形成了选择性知觉。

(二)影响知觉的客观因素

知觉对象的特征是影响知觉的重要因素。知觉对象的色彩、强度、对比性、运动状态、新奇性和重复性等因素都会影响知觉的效果。

1．知觉对象的色彩

颜色能够引起知觉差异，比如司机和行人对马路十字路口的红绿灯比较敏感。绿灯时人们通过；而红灯时，人们就要等待。现在还出现了一些企业采取色彩差异进行管理的经营方式。

2．知觉对象的强度

知觉对象的强度也可以理解成刺激物的强度。刺激物的强度对人的知觉影响很大，刺激物强度太强或太弱都不利于人的知觉。刺激太强，人虽能知觉到，但这种知觉不能保持持久，而且容易使人产生疲劳；刺激太弱，在阈限值以下，人不能产生知觉。

3．知觉对象的对比性

两种刺激同时或接连出现时，由于彼此影响，能够加强两种刺激之间的差异的知觉强度。鹤立鸡群就是这个意思。

4．知觉对象的运动状态

运动的对象比静止的对象更容易被人所知觉。如同样的一个人在照片中和在 DV 中出现相同的动作，人们更容易知觉到 DV 中的他或她。再如夜空中的飞机、商场中的动态的橱窗广告、人造卫星等。

5．知觉对象的新奇性

知觉对象越新颖、越奇特、越与众不同，越容易为人所知觉。中国台湾电视广告中的巨型汽车轮胎、北京某商场门口的巨型皮鞋广告、青岛啤酒集团巨型啤酒瓶等常常为人津津乐道。

6．知觉对象的重复性

知觉对象多次重复出现，会使知觉印象深刻而又清晰。如中央电视台春节联欢晚会中的有些歌曲，人们听第一遍时，并没有觉得好听，但是听过两遍或三遍后越听越好听，越听越爱听，直到学会唱为止。

(三)影响知觉的情境因素

知觉的情境因素通过影响人的感受性而改变知觉的效果，所谓感受性就是人的感觉灵敏度，即人对外界刺激物的感觉能力。人的感受性在环境作用下发生的变化，表现为下列现象。

1．适应

刺激对感觉器官的持续作用而引起感受性变化的现象叫适应。它可以表现为感受性的提高，也可以表现为感受性的降低。例如，白天进入熄灯的电影院，开始觉得一片漆黑，慢慢会辨别出周围物体的轮廓，这是视觉的适应现象；“入芝兰之室，久而不闻其香；入鲍鱼之肆，久而不闻其臭”，这是嗅觉的适应现象；臭豆腐刚品尝第一口时，觉得并不好吃，吃过几块后，越吃越上瘾，这是味觉的适应现象；冬泳刚下水时觉得很冷，几分钟后感觉不那么冷，这是皮肤对温度的适应现象。

2．对比

同一感觉器官接受不同的刺激而使感受性发生变化的现象称为对比。例如，吃了糖以后接着吃广柑，觉得广柑很酸，这种情况为先后对比。

同时对比，也称为对象与背景的对比，对感受性和知觉的影响很大。同一事物在不同的背景下，可以使人产生不同的知觉。比如，同一个人穿横条纹的衣服会显得胖些，穿竖条纹的衣服会显得瘦些。事物与其背景的反差越大，事物越容易从背景中区别出来，“万绿丛中一点红”会使人感到格外鲜艳；反之，则难以区分。

3．敏感化

在某些因素影响下，感受性暂时提高的现象称为敏感化。它与适应不同，适应会使感受性提高或降低；而敏感化则都是感受性的提高，由不同的适应的原因引起。例如，感觉的相互作用、人的心理活动的变化、兴奋性药物刺激等都能提高敏感性，加深人对某一事物、活动的知觉。

4．感受性降低

感受性降低与适应引起的感受性变化不同，它是由其他因素引起的。如感觉的相互作用、人的生物因素和心理因素、不良嗜好(如吸烟)的作用以及某些药物的刺激等都会引起感受性降低。如“欢娱嫌夜短，寂寞恨更长”就是由于心理因素、情趣不同产生的时间错觉。

综上所述，人的知觉是知觉主体、知觉对象与外界环境因素相互作用、相互影响的结果，是一个主观反映客观的过程，它一般包括观察感觉、理解选择、组织、解释和反应等环节。由于任何知觉者自身必然具有这样或那样的局限性，知觉对象的特征也会千奇百怪、参差不一，知觉环境不断转换，这些因素作用于人知觉过程，就会使人们知觉产生偏差，

以至形成错觉。在学习、生活和实际工作中必须引起注意，提高认识，努力克服。

第二节　社 会 知 觉

一、社会知觉的含义及特征

(一)社会知觉的含义

社会知觉是主体对社会客体的感知和认识过程，与对自然客体的感知和认识过程相对应。包括对他人、对群体和对组织的知觉。

(二)社会知觉的特征

1．认知对象的特殊性

人能体验其内心世界，而动物不能，所以社会知觉的主体有可能同时还是社会知觉的对象。简单地说，社会知觉的对象是有意识的人、复杂的社会环境和人际关系，而人们对这些对象的知觉必须通过一些特殊的表现形式进行。比如，通过他人的言谈举止、表情、态度等来认识、判断。但是，无论是知觉的主体，还是知觉的对象，都会掩饰自己的内在动机。所以，人们的社会知觉判断有时可能是不正确的。

2．社会知觉的利益性

社会知觉的主客体能够理解彼此间的行为对对方的利害关系，于是知觉者和被知觉者都可以有意识地操纵和利用彼此。当个体能够预测他人可能做出的行动时，他自己便可以预先计划自己的行动。因此相互间的期望会影响彼此的知觉。

3．社会知觉加工过程的特殊性

正确的社会知觉需要经过对知觉对象的各种信息进行组织和加工过程，社会知觉的过程不仅包括依据主体的社会经验对有关的信息、线索进行选择和识别的知觉活动，还包括分析、比较、归纳、概括、判断、推理等思维活动。社会知觉是人的更复杂的认知活动。

4．社会知觉的复杂性

客观世界是纷繁复杂的，社会环境也是千变万化的。生活在一定地区的人们由于宗教信仰、民族文化、种族差异致使人们的社会知觉判断出现失误。此外，社会知觉的主体和客体可以不直接接触，可以通过第三者的口头描述，使主体对客体进行认知。但第三者的描述会受他的需要、态度等的影响，从而使主体不能如实地感知客体。

学习社会知觉知识的意义在于：培养人们正确认知社会，认知他人，认知群体和组织，建立良好的人际关系，建立和谐的社会，使组织内部更加融洽，凝聚力更强，确保组织的工作效率的提高，促进组织经济效益和社会效益的提高。

二、社会知觉的种类

(一)对他人的认知

对他人的认知是指主体对他人的感情、动机、意向、个性等心理活动和个性心理特征的知觉。

(二)对他人认知的种类

1．对他人感情的认知

感情，是人的各种感觉、思想和行为的一种综合的心理和生理状态，是对外界刺激所产生的心理反应，以及附带的生理反应，如喜、怒、哀、乐等。感情是个人的主观体验和感受，常跟心情、气质、性格和性情有关。感是思维概念，是感觉。情是依托依赖。思想的相互依赖就是感情。一般情况下，人心理活动总是通过他的外部行为表现出来，内心和外表是统一的。如一个人高兴时表现为欢呼雀跃、笑逐颜开、乐不可支、欣喜若狂等；一个人悲伤时表现为痛不欲生、痛心疾首、悲痛欲绝、欲哭无泪。可以说，喜怒哀乐是人内心世界的晴雨表。

2．对他人情绪的认知

对人的情绪认知包括对心境、激情和应激三种心理行为的认知。通常主要是对人心境进行认知。心境，是一种微弱、平静而持久的情绪状态。往往在一段长时间内影响人的言行和情绪。工作成败、生活条件、健康状况等会对心境发生不同程度的影响。当人处于不顺心、不愉快，或者沮丧、悲伤、疑惑等状态时，尤其需要他人的关心与帮助，温暖人心的话犹如雪中送炭。对他人的感受熟视无睹，必然要付出代价。具有同情心的人能从细微的信息察觉他人的需求，进而根据他人的需求行事，就能得到他人的认可和欢迎。在人际交往中，认知他人的情绪并顺应他人的情绪对维系良好的人际关系起着至关重要的作用。所以，换位思考、感情移入是认知他人情绪的常用技巧。

3．对他人能力的认知

能力指人适应社会的本领或本事。人的能力有多种内容，如思维能力、学习能力、工作能力、组织能力、生活能力、交际能力、创造能力、应变能力等。

能力属于那种人：他完成了多数人认为根本不可能完成的任务；他完成了无章可循、全新的任务；他完成了要求的标准超高、技术含量高的任务；他完成了没有足够的权力，

其他单位又不配合，又需要其他单位配合才能完成的任务；他完成了难度不高，但工作繁杂，无趣又艰苦的工作。

【案例 2-2】 智者创造机会

有一个人，在沙漠中行进了数日，身上所带的水已经喝完了，口渴得直冒烟。当他快要走出沙漠时，刚好遇到了一位推销员，劝他买一条领带。他十分生气地对推销员说："你行行好吧，我渴得连衬衣都想撕开了，还买什么领带！"推销员讨了个没趣便走开了。

这个可怜人总算在沙漠边上的一个小镇上找到了一家酒吧，他急不可待地要冲进去，对门口的侍者说："快给我点什么喝的吧！"他的喉咙都哑了。"对不起，先生，不打领带者是不许进入的。"这个侍者很有礼貌地拒绝了他的要求……

资料来源：http://cn.jokes.yahoo.com/061201/55/27e03.html

机遇与我们的人生事业休戚相关。在人的一生当中，有时候一个偶然的机遇可能让你走上一条康庄大道，从此平步青云，财源滚滚。然而，现实中的人们却又总是感叹："为什么别人有那么好的机会，而我没有？"

培根说过："智者创造机会。"机会是等不来的，它必须靠我们平时的勤奋经营和努力创造才能获得；机会也是平等的，关键看你是否懂得如何去寻求机会，并且将它变成人生成功的垫脚石。如果你没有准备好"领带"，别人让你"进门"才怪呢。

4．对他人意向的认知

意向包括对人的需要、动机、兴趣、理想、信念与价值观的认知。社会交往中需要对个人倾向作出认知的判断是很多的，未必能兼顾到各个方面，大多只是其中的一部分。如自我实现或社会化使人产生交往欲望，交往是有一定动机的，这种动机是真诚的、友善的，还是虚假的、权宜的？是来求助的，还是来交流的？彼此交往要有共同的兴趣，所谓趣味相投就是说没有共同爱好就无法深入交往，如集邮迷、戏迷就易谈在一起。兴趣也要作出判断与认知，如是短期兴趣还是长期兴趣？是真兴趣还是假兴趣？是专业兴趣还是业余兴趣等？人的理想、信念与世界观代表了一个人的精神寄托和事业追求。理想、信念与世界观不同的人，也可以在一定条件下互相交往、互相理解。

5．对他人个性特征的认知

个性主要包括能力、气质和性格。这些心理特征在个性发展过程中较早形成，并且不同程度上受生理因素的影响。个性特征的形成与环境、教育、社会和遗传因素有着密切的关系。一个人的个性特征对其心理特点和行为方式有很大的影响。如一个性格外向的人会表现出主动与人交往、善于交际、热情、友好等方面的心理和行为特点；一个富于创造性的人会表现出想象力丰富，思维具有跳跃性，经常有新颖的想法、观点和看法，或是新颖的解决问题的思路、方法和策略等；一个内向和高聪慧性的人会表现出不善于与人打交道、沉默寡言、孤僻，同时又表现出乐于钻研、反应灵敏、善于发现问题和解决问题等心理和行为特点，对科学研究很可能表现出浓厚的兴趣，等等。

【案例 2-3】 懦弱还是勇敢

有一对情侣，男的非常懦弱，做什么事情之前都让女友先试。女友对此十分不满。一次，两人出海，返航时，飓风将小艇摧毁，幸亏女友抓住了一块木板才保住了两人的性命。女友问男朋友："你怕吗？"男友从怀中掏出一把水果刀，说："怕，但有鲨鱼来，我就用这个对付它。"女友只是摇头苦笑。不久，一艘货轮发现了他们，正当他们欣喜若狂时，一群鲨鱼出现了，女友大叫："我们一起用力游，会没事的！"男友却突然用力将女友推进海里，独立扒着木板朝货轮游过去了，并喊道："这次我先试！"女友惊呆了，望着男友的背影，感到非常绝望。鲨鱼正在靠近，可对女友不感兴趣而径直向男友游去，男友被鲨鱼凶猛地撕咬着，他发疯似的冲女友喊道："我爱你！"女友获救了，甲板上的人都在默哀，船长坐到女友身边说："小姐，他是我见过最勇敢的人，我们为他祈祷！""不，他是个胆小鬼！"女友冷冷地说。"您怎么这样说呢？刚才我一直用望远镜观察你们，我清楚地看到他把你推开后用刀子割破了自己的手腕。鲨鱼对血腥味很敏感，如果他不这样做来争取时间，恐怕你永远不会出现在这艘船上……

资料来源：http://joy.pps.tv/g194/133615.html

影响对他人的认知因素包括：①主体因素(个性、态度、价值观、文化程度、民族、种族等)；②客体因素(地位、角色、水平、接纳与排斥等)；③情境因素(交互关系、组织层次、简繁程度、稳定性等)；④认知与评估条件(标准和图示等)。

(三)认知他人的方法、八观、六验、六戚、四隐

1. 认知他人的方法

认知他人可以采用以下方法。

(1) 知人非相。《荀子》中有一篇叫《非相》，意思说交往中不要以貌取人，晕轮作用会使判断出错误。荀子认为，观看一个人的容貌体态，不如研究他的思想，研究他的思想，不如看他选择的思想方法。人的品德高下与高矮、胖瘦、容貌体态无关。所以，"形(体态)相(容貌)虽恶而心术善，无害为君子也；形相虽善而心术恶，无害为小人也。"

(2) 知人善交。社会交往，可使人在生活群体中选择朋友，互相帮助，互相学习。《论语·述而》云："三人行，必有我师焉。择其善者而从之，其不善者而改之。"选择的朋友不同，对自己的影响就不同。晋傅玄《太子少傅箴》发挥说："近朱者赤，近墨者黑，声和则响清，形正则影直。"

(3) 知人善教。社会交往中，自我实现最基本的内容之一就是传授经验和知识，要因人施教，循循善诱。如老师对于学生，上级对于下级，长辈对于晚辈，朋友对于朋友，都会

有言传身教作用。《孟子·尽心上》强调，君子教育人的方法有 5 种：有像及时雨那样灌溉的；有成全其品德的；有培训才能的；有解答疑难问题的；有才学影响使后人自学获益的。当然，要避免好为人师的毛病。

(4) 知人善任。通过了解人，合理地安置人，量才使用。《尚书•皋陶谟》说："知人则哲，能官人。"意思是说能了解别的人，才是聪明睿智的人，才能用人得当。

(5) 知人善举。就是通过认知，把德才兼备的人推荐出来。季氏的总管仲弓问怎样治理政事，孔子回答说："先有司，赦小过，举贤才。"(《论语•子路》)即给手下各部门管事的人带头，对他们的小过错不加追究，选拔德才兼备的人。宋代黄庭坚诗云："世上岂无千里马，人间难得九方皋。"白居易曾写了一篇《养竹记》，他说：竹子混杂草木之中，要靠人爱惜赏识它，发现人才也同此理。故"竹不能自异，唯人异之；贤不能自贤，唯用贤者异之"。

(6) 知人善谏。知道别人的不足，要善于批评指出。日常交往中，搞好人际关系，不等于一团和气、抹稀泥，对于缺点和错误，及时提出善意的批评和建议，这是对朋友、同事的爱护和关心，可以避免因小误大。

(7) 知人善学。我国古代认为通过知人，可以向别人学习。一是把品德高尚的人作为自己学习的榜样，二是凡是别人的长处，自己都应吸取，成为自己的品行。孔子说："见贤思齐焉，见不贤而内自省也。"

(8) 知人善助。孔子说："君子成人之美，不成人之恶，小人反是。"(《颜渊》)认为"博施于民而能济众"者是圣人，又说"夫仁者，己欲立而立人，己欲达而达人。能近取譬，可谓仁之方也已。"(《雍也》)就是说有仁德的人，自己要想站得住，同时也要让别人站得住。自己要通达，同时也要让别人通达。凡事都要以身为例想到别人，这就是实行仁德的方法。

2. 认知他人的"八观"

认知他人的"八观"是指从以下几个方面来观察和认知他人。

(1) "通则观其所礼"，即显贵之时看其所行的宾礼。用之于今就是说，有地位时看是否脱离群众、蛮横无理、趾高气扬。

(2) "贵则观其所进"，即任要职之时看其推荐的都是什么人。用之于今就是说，作为部门领导是用人唯贤还是用人唯亲。

(3) "富则观其所养"，即富裕之时看其所养的门客宾客。用之于今就是说，作为大款先富，要看他用财结交什么人，是吃喝嫖赌，还是为大众服务。

(4) "听则观其所行"，即听他所言之后要看他如何去做。用之于今就是说，不仅要说得好听，而且要言行一致，不能光打雷，不下雨。

(5) "止则观其所好"，即无事之时看其追求崇尚什么。用之于今就是说，通过物质和精神的追求，可以看是追求享受还是贡献，是低级趣味还是助人为乐。

(6) “习则观其所言”，即作为帝王的近习(亲信)看其所进之言。用之于今就是说，作为领导身边的工作人员，要看他是出好主意还是坏主意。

(7) “穷则观其所不受”，即穷困之时看其不受非分之财。用之于今就是说，作为普通公务人员，看其是安贫乐道、清正廉洁还是索贿受贿。

(8) “贱则观其所不为”，即贫贱之时看其不为非义之事。用之于今就是说，尽管地位低下，决不做有损国格人格之事。

3．认知他人的“六验”、“六戚”、“四隐”

认知他人的“六验”、“六戚”、“四隐”的含义分别如下。

(1) 六验是依据人的情感来认知人，内容是：“喜之以验其守”，即使之喜悦，看其是否不变操守；“乐之以验其僻”，即使之高兴，看其是否邪僻不正；“怒之以验其节”，即使之发怒，看其是否能自我约束；“惧之以验其特(持)”，即使之恐惧，看其是否不失持守；“哀之以验其人”，即使之悲哀，看其是否不变其人，能否节哀自制；“苦之以验其志”，即使其处于艰苦环境，看其是否有大志。

(2) 六戚指“父、母、兄、弟、妻、子”，他们代表了人的家庭关系。考察六戚，就是看能否处好家庭成员之间的关系，家庭没有伦理道德，不讲和睦，就难以处好社会关系。

(3) 四隐指“交友、故旧、邑里、门郭”，他们代表了个人的社会联系，是狐朋狗友还是良朋益友、高朋诤友？通过社会交往、居住环境，考察“人以群分”，可以分析交往趣味情操。

企业管理之所以强调人性化，就在于人是企业核心，管理实际上就是“管人”，而管人的最高境界就在于要善于识人，善于用人，如果掌握了上述的识别人才的方法，就能做到知人善任，从而调动员工的积极性、主动性和创造性。

(四)人际知觉

1．人际知觉的含义

人际知觉是指对人与人之间关系的知觉，包括自己和他人的关系以及他人和他人的关系两方面。人际关系是指社会群体中因交往而构成的相互联系的社会关系，也被称为“人际交往”，包括亲属关系、朋友关系、学友(同学)关系、师生关系、雇佣关系、战友关系、同事及领导与被领导关系等。人是社会动物，每个个体均有其独特的思想、背景、态度、个性、行为模式及价值观，人际关系对每个人的情绪、生活、工作有很大的影响，甚至对组织气氛、组织沟通、组织运作、组织效率及个人与组织的关系均有极大的影响。

2．人际知觉的特征

人际知觉的主要特点是有明显的情感因素参与知觉过程。即人们不仅相互感知，而且彼此间会形成一定的态度，在这种态度基础上又会导致产生各种各样的情感。如对某些人

喜爱，对某些人同情，而对另一些人反感等。人际知觉过程中产生的情感决定于多种因素，如人们彼此间的接近程度、交往频繁程度以及彼此间相似程度等，这些都会对人际知觉过程中的情感产生很大影响。一般来说，人们彼此越接近，交往越频繁，相似之处越多，就越容易产生友谊、同情和好感。

(1) 人际关系影响工作。同事之间的关系，实际上是人们最为重要的社会关系之一。和同事打交道，亲密配合，共同分享机会与成就其快乐甚至远远超过生命中最重要的亲人。有研究显示，工作中人际关系好的人比其他人有更高的工作效率、有更高的企业认同感，也更不容易产生职业枯竭。

(2) 人际关系影响生活。人们需要朋友如同生物体需要空气、阳光和水分一样。这种交往需要在人的需要结构中占有十分重要地位。饭桌上缺少朋友，气氛会显得沉闷；郊游中缺少朋友，人们会感到寂寞；体育比赛中缺少朋友，人们会感到缺少激情、单调乏味。如果生活中没有必要的社交活动，人们就会感到寂寞、孤独、空虚、压抑，脑细胞会因之加快萎缩，寿命也会因之缩短。只有广交朋友，彼此产生情绪互动作用，人们的郁闷才能得到排遣，感情才能得到宣泄，思想才会感到充实，精神才能得到满足，生活才会开心快乐，身体才更加健康。人际交往是群体生活中不可缺少的调节工具。

(3) 人际关系影响学习。作家萧伯纳曾经说过："假如你有一个苹果，我有一个苹果，彼此交换，每个人只有一个苹果；如果你有一种思想，我有一种思想，彼此交换，每个人就有了两种思想。"一个人直接从书本上学到的知识毕竟是有限的，通过社交建立良好的人际关系后，人就能以各种方式迅速地获得信息。人际交往比从书本获得的信息有内容更广泛、渠道更直接、速度更迅速等特点。建立良好的人际关系是我们在人生的道路上成功不可缺少的一部分。

3．人际知觉的影响因素

对人际关系的知觉受多种因素影响。

(1) 主体因素。主体自身特点表现在主体的个性特征、兴趣爱好、态度、价值观、社会阅历等方面。心理学的研究表明，那些在人际交往中颇受好评，很得"人缘"的人一般具有以下特点：正直、宽容、乐观、聪明、有个性、独立性强、坦诚、有幽默感、能为他人着想、充满活力、积极向上、有责任心、有爱心等。而那些在人际交往中不太受欢迎的人一般具有以下特点：自私、心眼小、斤斤计较、孤傲、依赖性、自我中心、虚伪、自卑、没有个性等。要想对人际关系有个正确的认识，除了具备良好的思想素质、心理素质和道德素质外，还要能够见多识广，阅历丰富，并掌握一定的认知他人的技巧。

(2) 客体因素。对人际关系的正确知觉和判断需要知觉对象坦诚交流。正如医生看病往往要望闻问切一样，如果病人诚实回答医生询问的问题，更有利于医生了解病情，以便对症下药，促使病人身体尽快痊愈。

【案例 2-4】 诚实的达尔文

有一个英国作家，名叫哈尔顿(Harton)，他为编写一本《英国科学家的性格和修养》的书，采访了达尔文(Charles R. Darwin，1809—1882)。达尔文的坦率是尽人皆知的，为此，哈尔顿不客气地直接问达尔文："您的主要缺点是什么?"达尔文答："不懂数学和新的语言，缺乏观察力，不善于合乎逻辑地思维。"哈尔顿又问："您的治学态度是什么？"达尔文又答："我很用功，但没有掌握学习方法。"听到这些话，谁不为达尔文的坦率与真诚鼓掌呢?朋友的交往亦是这样。你敢于说真话，说实话，肯让人知，朋友为你的诚实所感动，便会从心底喜欢你，他给你的回报，也将是说真话，说实话。

资料来源：http://www.360doc.com/content/11/0110/08/2669875_85370696.html

社会心理学家约瑟夫·勒夫特(Joseph Luft)和哈里·英厄姆(Harry Ingham)，创立了人际交往中的"约哈里窗户(Johari Window)"的理论，从理论上揭示了襟怀坦荡、开诚相见在人际交往中的重要性。他们将在人际交往中存在的人们互相了解的程度，分为 4 个区域：自己了解，别人也了解的"开放区域"；别人了解，而自己却不了解的"盲目区域"；仅仅自己了解，却从未向别人透露的"秘密区域"；自己和别人都不了解的"未知区域"。他们指出：人们的交往能否成功，人际关系能否和谐，很大程度取决于各自的"自我暴露"。

因此，敞开胸怀，让别人了解自己，尽可能地通过各种交流手段向别人传递自己的信息，扩大自我的"开放区域"，缩小自我"秘密区域"，是构建和谐人际关系的重要途径。

(3) 情境因素。在人际知觉中，除去知觉的主体、客体外，知觉的情境也具有重要作用。一个人所处的环境以及他同什么人为伍，是同王公贵族、百万富翁，还是同平民百姓、流浪汉在一起，深刻影响着别人对他的认识和评价。西格尔的研究表明，同样一个男人，当他和一个美丽的女人坐在一起时，人们认为他是和气友好、富有自信心的；而当他坐在一个丑陋的女人旁边时，人们对他的知觉印象就大不相同了。人们对知觉情境的理解能够转移到知觉对象的身上，影响着对知觉对象的认知。例如，人们看到西装笔挺、手拿高级公文包进出银行大楼的人，就倾向于认为他不是银行高级职员，就是公司经理；不是来存款，就是来取款，人们一般不会想到他是来偷钱或是抢钱的。

为什么情境对于认识一个人会具有如此重要的作用呢？这是因为，人们的行为是由情境所要求、所规定的。出席生日晚会的人，必须面带笑容，举杯祝贺；参加追悼会的人必须满面愁容，而且要在一定位置采取一定姿势站立。既然行为是由情境决定的，那么，人们根据情境判断人的行为，或者认识一个人、判断一个人的时候，依赖于他所处的环境，也就不难理解了。

(4) 文化因素。人际关系简单还是复杂与一个国家的传统文化关系密切。要想正确知觉人际关系，必须了解该国的传统文化。当代中国人际关系的文化传承主要体现在儒家思想的影响上。当代中国人际关系从根本上说，仍是以重人伦为本，是"亲缘"关系的扩展，人情是维系当代中国人际关系的主要纽带，"面子"具体地调节着中国人际关系的方向和

程度，重“信任”与“和谐”是中国人际关系建立的心理起点，集体主义原则在处理人己、群我关系中仍发挥着潜在的作用。

人们都说中国的人际关系比较复杂。原因在于中国人在处理问题时考虑最多的是感情因素，而不是理性和科学。中国的人际关系主要是由“人情”维系的。“人情”是人际交往的纽带，是人际关系的“黏合剂”。美国人际关系简单原因在于：美国人行为做事主要依靠法律和制度，法律和制度高于一切。

4．人际交往的一般法则

人际交往一般应遵循如下法则。

(1) 平等法则。在人际交往中总要有一定的付出或投入，交往双方的需要和需要的满足程度必须是平等的，平等是建立人际关系的前提。人际交往作为人们之间的心理沟通，是主动的、相互的、有来有往的。人都有友爱和受人尊敬的需要，都希望得到别人的平等对待，人的这种需要，就是平等的需要。

(2) 相容法则。相容是指人际交往中的心理相容，即指人与人之间的融洽关系，与人相处时的容纳、包涵、宽容及忍让。要做到心理相容，应注意增加交往频率，寻找共同点；要心胸开阔，宽以待人；要体谅他人，遇事多为别人着想，即使别人犯了错误，或冒犯了自己，也不要斤斤计较，以免因小失大，伤害相互之间的感情。

(3) 互利法则。建立良好的人际关系离不开互助互利。表现为人际关系的相互依存，通过对物质、能量、精神、感情的交换而使各自的需要得到满足。

【案例 2-5】 马未都经商之道

马未都是我国著名的收藏家。他从 20 世纪 80 年代开始收藏，到了 90 年代，其收藏已具相当的规模，陶瓷、玉器、古家具等珍贵藏品超过千件。

有位记者在采访马未都时，提了一个很实际且有趣的问题：您是行家，买了这么多的宝贝，是如何跟卖家还价的呢？

马未都回答说：没什么技巧，今天的商业已经没什么技巧可言了，公平就行了。现在信息业发达，大概该值多少钱大家都知道，上下差不了太多，没有什么需要你靠技巧去买东西的了。我跟卖家还价的原则是让做生意的人都有钱赚。比如我看中一个东西，卖家要价 12 万，我还价 10 万。他会说，好，成交。虽然他的要价是 12 万，但我就知道，给 10 万他就能卖。他多要两万，是等我还价呢。对此，我们彼此之间心里都是有数的。

记者不解地问：那您为什么不试试还价 8 万或 9 万？

马未都回答说：人家的东西值 10 万，如果非给 8 万或 9 万，那就离谱了。在不离谱的前提下多给别人一点儿没坏处，机会就全上你这儿来了，你买的是下一次的机会，你不能把自己的路给堵死了呀，光便宜有啥用啊！适当地多给人家一点儿钱，不吃亏，只有好处，没有坏处，因为这会给我打通一条进货的路。人往高处走，水往低处流。只要有低处，水一定会聚集在那儿。就比如大米，全国哪儿最贵它就会涌向哪儿，不用你去找，只要你这儿的价格比全国市场高，价格最贵，米就会自然流向你这儿。当这个东西不是普通商品的时候，它也会向着最可能产生最大价值的地方去流动。比如说，你写个好的电影剧本，你首先想到的就是张艺谋，“能不能卖给张艺谋？”让张艺谋拍。

古董也是这样，我看到的可能性要高于一般人不知多少倍，它向我这个方向流动是最顺理成章的。物质永远向最有价值的地方去流动，钱也是这样。买古董的时候，要让人家多挣一点钱。当人家再有古董的时候，想到的第一个买家，一定是历史上让他挣过钱的人。他可能说，“马未都这个人不错，让我挣钱了，这古董我得先给他看”。这样，我就保持了一个进货的通道。要是人家说，“我卖谁也不卖马未都，这主儿一分钱没让我赚过，还老让我赔钱，回回把我弄得半死，我才不给他呢”，这条进货的路不就断了嘛！如果你总想占便宜，搞得人家没钱赚，人家就不痛快。为了达到心理平衡，就会以次充好，甚至采取欺骗的手段以假乱真，这样你总会有吃亏上当的时候。

记者又追问：搞收藏的人有的是，为什么您的机会比别人的机会多得多？

马未都回答说：谁坚持让人家有钱赚的原则，人家就会想着谁，谁的进货机会自然就会多。双赢比起单赢有个大好处，就是双方都能赢得可持续发展的机会。

资料来源：http://www.chinavalue.net/Blog/386194.aspx

(4) 信用法则。信用即指一个人诚实、不欺骗、遵守诺言，从而取得他人的信任。人离不开交往，交往离不开信用。要做到说话算数，不轻许诺言。与人交往时要热情友好，以诚相待，不卑不亢，端庄而不过于矜持，谦逊而不矫饰作伪，要充分显示自己的自信心。一个有自信心的人，才可能取得别人的信赖。处事果断、富有主见、精神饱满、充满自信的人就容易激发别人的交往动机，博取别人的信任，产生使人乐于与你交往的魅力。

(五)角色知觉

角色知觉是指个体对于自己或他人在特定的社会或组织中的地位、权利、义务、权力和职责以及由此产生的行为的知觉。通俗地讲，即主体对自己或他人在社会中所扮演的角色及其角色行为的社会标准的认知。

一个完整的角色知觉过程包括角色认知、角色行为、角色期望和角色评价。

1．角色认知

角色认知是个体对自身应在社会和组织中所处地位及其应承担责任的认知。例如，父亲是一家之长，应当对家庭生计以及扶养和教育子女负责；子女应当孝敬父母，赡养老人；教师应当是人类文化的传播者，学生灵魂的塑造者、心理健康的维护者；管理者应当搞好企业的生产经营活动，确保企业的经济效益和社会效益的提高。

2．角色行为

由社会或组织所赋予角色的某种社会行为模式称为角色行为。

每种社会角色都有自己的一套规范性的角色行为，有时也称为角色标准化行为。

在社会实践活动中，各种人际关系的建立，常常是以彼此对应的角色为基础，只要你获得了某种角色，社会的其他人就会以相应的角色行为来要求你。

例如，企业领导者要善于计划、组织、指挥、协调和控制组织的各项活动，重视创新，重视信息的收集整理，遵守企业规章制度，公正公平公开地处理企业事务，要高瞻远瞩、雷厉风行、敢于冒险等。总之，领导者就要具备领导者的素质。

3. 角色期望

角色期望又称角色期待，是指组织或他人对个体承担某角色所应有的行为寄予的希望与期待。组织或他人对个体所期待的行为，一般地说是个体承担某角色的一种规范化的行为。而这种规范化的行为标准未必每个人都能做到。但是通过角色期待可以起到皮克马利翁效应，即激励对方的作用。比如，企业领导者期望下属团结、敬业、创新，并给予下属充分的资金和物质支持，就会使下属的角色行为更加标准化。

4. 角色评价

角色评价是指他人对个体的角色扮演状况的评论与估价。

联想的创始人、联想控股主席柳传志曾经对联想集团 CEO 杨元庆这样评价过："在我的心中，胡锦涛、温家宝受到尊敬，杨元庆同样受到尊敬，因为他们都是敢于高举大旗，迎接困难，不屈不挠，奋勇向前的人。"这说明，杨元庆在扮演 CEO 的角色上是非常成功的。

5. 角色知觉的影响因素

角色知觉的影响因素主要受以下几个方面影响。

(1) 社会角色期待。一般来说，个体在家庭、组织、社会中扮演的角色，受社会角色期待影响较大。比如，在企业中，领导对员工角色期待越高，对员工的激励作用越大。社会角色期待实际上是一种鼓励、一份信任、一种激励、一份关爱。当个体感受到这份真诚的期望的时候，无论是领导还是员工，他们都会努力工作以回报对方。应当注意，对员工的激励仅仅靠社会角色期待还是不够的，这只是激励中的一种手段，要与其他手段配合才能产生更好的效果。

(2) 社会角色冲突。生活在社会中的个体经常扮演着两种或两种以上的不同的社会角色，这些社会角色常常引起不同的角色行为，当这些角色行为发生矛盾的时候，就会在个体内心产生角色冲突。比如，谈恋爱的女士经常问小伙子的一个问题是：我和你妈一起掉到水里，你先救谁？再如，男篮的教练同时也兼任队员，一个学生应聘成为高校教师，一个工作马虎、不善数字的人从事财务工作等，都存在社会角色的冲突。社会角色冲突可以阻碍也可以促进人们的角色认知。

(3) 社会角色负担。社会角色负担不同，社会角色行为标准不一样，社会角色承担责任也就不同。当一个企业的部门经理与当该企业的总经理或董事长的角色知觉是不一样的。同样，当儿子和当父亲的感受也是有区别的。常言道：三百六十行，行行出状元。社会角色负担不能太轻，也不能太重；不能太多也不能太少。社会角色负担太多就会分散主体的时间、精力和体力，主体应当达到的角色标准就不能达到，也就不能满足人们对它的角色期待。社会角色负担太少，对主体产生的效果也不好，不利于主体的社会知觉。社会角色负担应当恰到好处，不多也不少，不重也不轻。有句广告词“高度决定视野，尺度把握人生，角度改变观念”，这里尺度把握人生最为关键。让一个将才去做元帅不合适，让一个陈佩斯长相的人去扮演地下党也不理想。让马谡去担当守街亭大任，只能是诸葛亮挥泪斩马谡。

(4) 社会环境影响角色知觉。人们由于受价值观念、风俗习惯、传统文化的影响，不同国家、不同民族、不同地域的人们在角色知觉方面存在着一定差异。如对待子女教育方面，中国做父母所扮演的角色与美国做父母所扮演的角色有一定差别。中国做父母的对待孩子，既要关注孩子们的教育，还要关注孩子们的健康，既要负责孩子们的就业，还要负责孩子们的婚姻。稍微有条件的，基本上孩子的工作、房子、对象都要由父母负责。所以，中国孩子的父母是非常辛苦的，但却是非常伟大的。而美国孩子的父母也很伟大但是并不辛苦。因为他们的孩子 18 岁就出去打天下了，美国做父母的，从孩子的幼儿教育开始就培养孩子的独立性、冒险精神、坚强的意志、自主创业、想象力和创造力，所以，美国孩子的父母条件好一点的，生活得很潇洒，很悠闲。

此外，个体的个性、态度、经验等也影响着角色知觉。

第三节　自 我 知 觉

自我知觉属于自我认识的一种社会知觉。人们能够正确认识自己对于自己的学习、工作和生活至关重要，也是人们事业成功的重要标志。

一、自我和自我知觉的含义

(一)自我含义及特征

1. 自我含义

“自我”是在社会关系和社会实践活动中所形成的每个人的活动、心理、意识及其机体自身的统一体。

“自我”从广义上说，是指一切个体能够称“我的”之总和。它既包括个体的躯体、生理活动、心理活动，也包括所有与个体有关的存在物，如个人的事业、成就、名誉、地位、财产、权力等。狭义的自我，仅指个体对自己心理活动的认识与控制。

2．自我特征

自我有以下几种特征。

(1) 自我的社会制约性。每个人的自我是在个体社会化过程中产生并发展起来的，没有个体的社会化，也就没有自我的产生与发展。自我不能脱离社会而孤立存在。

(2) 自我的个别差异性。自我不仅受社会制约，而且也依赖每个人自己生理、心理等因素，因而每个人的自我以及对自我认识都不相同。

(3) 自我的意识性。每个人的自我存在于个体的心理活动之中，能够被自己认识。这种认识是自觉的、清晰的、有目的的，通常称为自我意识。

(4) 自我的同一性。这种同一性主要表现为社会制约与个体差异性的同一；客体自我和主体自我的同一；生理自我与心理自我的同一等。

(二)自我知觉含义

自我知觉是指个体对自己的认识，即一个人对自己的身体、思想、感情、需要、欲望、动机、个性等的认识。

自我知觉是社会知觉的一种形式。它是个体对自己的认识，以自我为认识对象。自我既是认识的主体，同时也是认识的客体。作为认识的对象包括自己的个性心理的一切方面及相应的行为表现。自我知觉是在交往过程中随着对他人的知觉而形成的。通过对他人知觉的结果和自我加以对照、比较才使他产生对自己的表象。马克思曾指出：“人降生是没有带镜子来的，他是把别人当镜子来照自己的。”对自我的知觉与对他人的知觉二者是紧密联系的，对他人的知觉愈深刻、愈全面，对自我的认识随之而发展。自我知觉对自身的行为有重要的调节作用。正确的自我知觉会使一个人在群体中的行为得体，相反，一个缺乏自知之明的人常常使他的行为遭受各种不应有的挫折。

二、自我知觉的构成要素

人的自我知觉既有整体性，又有可分性。它是由许多要素构成的，犹如一幅完整的个人自画像。

前苏联心理学家麦尔林认为自我意识(自我知觉)的结构要素有四部分：①同一意识，即区别于对自己和对其他事物单方面认知的特殊意识；②对活动主体的自我意识，即作为对积极从事活动的物质主体——自身的自我意识；③对心理特性的自我意识，即人对自己的心理活动及其个性的认知；④社会与道德的自我评价，即对自己的社会地位、社会作用、社会价值以及道德上的义务、责任的自我认知。

美国心理学家威廉·詹姆斯(W. James)认为自我概念(即自我知觉)包括物质自我、社会自我和精神自我。这三种要素都伴有自我认知评价的感情(满意与否)和自我追求的行为，如表 2-1 所示。

表 2-1 自我知觉的结构表

自我要素	自我认识与评价	自我追求行为
物质自我	对自己身体、衣着、仪表、家庭等的认知与评价	追求身体外表、欲望的满足。如装饰、打扮、爱护家庭
社会自我	对自己的社会地位、名誉、财产及与他人关系的认知和评价	引人注目、讨好别人、追求名誉、爱与隶属等
精神自我	对自己的智慧、能力、道德水准及自卑与优越的认知和评价	追求智慧、宗教、道德与良心

资料来源：程正方. 现代管理心理学. 北京：北京师范大学出版社，2004，第 83 页

三、自我知觉的形成

(一)通过学习认识自我

“认识自我”是人提高生命意义和生活质量的一种必需的过程。在人的一生中，总是在不断地积累认识自我的知识和不断地提高认识自我的水平。认识自我的过程，就是认识“人”的过程。一个人越是了解自己，越能明了自己的知识、能力、天赋的潜能，也就越能理解他人，从而获得友谊和真爱。深入认识自我的过程是自我发展和自我开发的过程。人生少不了困难、挫折和磨难，有丰富自我认识的人，可以更好地看清自己的位置和做出相应的选择，可以更好地驾驭人生。一个人要想正确认识自己，必须学会学习。目前，终身学习被联合国教科文组织视为“知识社会的根本原理”，终身学习已成为个人适应现代社会的基本生存方式。作为一个人，不学，“无以立”，“无以言”，“犹正墙面而立也与”。孔子强调修身以仁、知、信、直、勇、刚，但“好仁不好学，其蔽也愚；好知不好学，其蔽也荡；好信不好学，其蔽也贼；好直不好学，其蔽也绞；好勇不好学，其蔽也乱；好刚不好学，其蔽也狂。”学习可以拓宽知识视野，更新知识结构，有助于自己认识水平的提高；学习可以提高理解能力，知识就是力量，学识越渊博，认识社会、了解社会越深刻，越能跟上时代的步伐；学习可以提高判断力，科学的思维方式能够使人对事物的分析判断更准确；学习可以发现自己的兴趣、爱好，了解自己的需要，确定自己的发展目标。总之，通过学习可以认识自我。

(二)通过实践认识自我

实践是检验真理的唯一标准，同样，实践也是判定人对自己的认识和定位是否正确的唯一标准。辩证唯物主义认识论认为：在实践和认识的关系中，实践具有决定作用。这种决定性的作用表现为实践是认识的来源，实践是认识发展的动力，实践是检验认识正确与

否的唯一标准，实践是认识的目的和归宿。毛泽东有篇著名文章《实践论》，强调认识要从实践中来再到实践中去，实践后认识，认识后再实践，如此循环往复无休无止，思维中的认识最终要在现实的实践中来体现。自我思想水平如何，道德水平如何，学识水平如何，身体素质、心理素质如何，人际关系如何，领导管理能力如何，综合素质如何，专业素质如何，等等，都要通过实践活动来检验。正如《荀子·劝学》中说道："不登高山，不知天之高也；不临深溪，不知地之厚也。"

(三)通过交往认识自我

俄国哲学家米哈伊尔•巴赫金喜欢探讨自我认识和存在问题，提出交往理论，即自我与他者的交往对话关系。巴赫金指出：人对自己的了解是表面的，对自己的深层了解，只有通过与他人的交往，穿越他人思想的放射和反照，存在就意味着交往和对话。

事实上，人的自我概念是来自人际沟通的。人有时候不能正确认识自己，然而人在和别人的交往活动过程中，获得对自我的认识。要提高和完善"自我认识"，很好的切入点就是打破自己以往的交往模式，建立新的人际关系，并在新的人际情境中去获得新的自我，挖掘自己的潜力。

比如，你可以尝试与你不喜欢的人交往，当你不喜欢一个人的时候，应该首先想想是不是自身有问题。实际上自己不喜欢的人，往往代表着自己不能接受他的某一个方面。如果你能和这样的人建立良好的人际关系，那么你对自己的某个方面也就能接受了。

自我认识、自我评价是人进行社会交往的前提条件。人对自我评价的不准确性会给交往带来困难，甚至产生人际冲突。自己看自己难免陷入片面，集体中任何人都需要通过他人来认识自己，他人如一面镜子，通过别人对自己的反映，对自己的评价才能全面地认识自己、评价自己。

(四)通过比较认识自我

首先，通过自我比较认识自己。一个人往往很难认识到自己的一些不足，总觉得自己身上没有缺点，无法正视自己的优缺点。应该发扬优点，改正不足，进而完善自我，塑造自我，发现自我。所谓自我比较，就是把现在的自我和过去的自我、所追求的将来的自我进行比较，如果三者之间基本一致，个体就会肯定现在的自我，对自我是满意的、悦纳的，并产生自信和自尊；如果对过去的自我不满意，或觉得现在的自我与将来的自我有较大的差距，那么自我就会产生不平衡，对现在的自我就会持否定态度，个体的自信心会动摇，自尊心也会受到伤害。

其次，通过与别人相比较认识自己。马克思说过："人起初是以别人来反映自己的……"个体在自我认识的形成中经历了一个"社会比较过程"。在社会生活中人们结成了一定的生产关系和社会关系，难免把自己与其他的社会成员进行比较从而确定自己的位置和形象，有比较才有鉴别。与自己生活圈子内的人相比较，往往会限制自己的视野，使人故步自封，夜郎自大。因此还要常常与历史上的圣哲、英雄、学者相比；与外地的同行相比，这样可以使自己看到“山外有山”，发现差距，从而激发向上的力量。

(五)通过角色扮演认识自我

“角色”一词本是戏剧舞台中常用的一个概念，它的原意是指演员根据剧本扮演某一特定人物。20 世纪初，美国著名社会学家 G.米德把“角色”一词引入社会心理学领域，以此来说明人的社会化行为。社会角色，是指个体在特定社会团体中所处的社会地位及与之相联系的符合社会期望的一套行为模式，每一种社会角色都代表着一套行为及行为期望。它规定了个体在扮演某一特定社会角色时所应有的行为，并且每个人只要扮演了某一角色，同社会或团体中的其他人将不约而同地以该角色所应具备的角色行为标准来评价他的行为。美国学者蒂博特(O. W. Thibaut)、凯利(H. H. Kelley)认为，角色这一概念可以从以下三个方面加以理解：首先，角色是社会中存在的对个体行为的期望系统，该个体在与其他个体的互动中占有一定的地位；其次，角色是占有一定地位的个体对自身的期望系统；最后，角色是占有一定地位的个体外显的可观察的行为。这里的角色实际上说的是角色扮演。通过角色扮演可以促进自我知觉的发展。比如，高校每年的新生军训，实际上就是让大学生亲身体验作为军人而应有的行为规范。我们所看到的电影，每一个演员接受某个角色之前都要体验生活，实地接触角色原型并实地进行生活实践，这样演员表演起来才能更加逼真。同时，演员体验生活也会使演员有更多的感动和感受：通过饰演教师感受到教师的辛苦和严谨；通过饰演警察，体会到警察的困难和危险；通过饰演经理，感受到经理的压力和风险。2006 年春节联欢晚会中，冯巩和周涛演的小品《马路情歌》中通过角色互换，让他们彼此感受到了司机和交警的不容易，彼此更加理解对方了。由此可见，通过角色扮演和角色互换，可以促进自我知觉的发展。

(六)通过内省认识自我

内省法是心理学基本研究方法之一，又称自我观察法。心理学研究通常要求被试者把自己的心理活动报告出来，然后通过分析报告资料得出某种心理学结论。自我观察法对研究人的心理有重要的辅助作用。内省法有两种方式：一种是个人凭着非感官的知觉审视其自身的某些状态和活动以认识自己；另一种是要求被试者把自己的心理活动报告出来，然后通过分析报告资料得出某种心理学结论。在心理学研究中通常采用后者，例如要求被试者在解决给定问题时报告其心理活动。被试者的报告可以在完成任务的过程中进行，也可以事后加以追忆；可以预先告诉他按照一定要求专就某些方面报告，也可以事先不作定向指示，事后让他报告全部心理活动。

用内省法来认识自己的内心世界古已有之。孔子曰：“内省不疚，夫何忧何惧。”(《论

语·颜渊》)。意思是说，其平日所为无愧于心，故能内省不疚，而自无忧惧。

内省法虽然主观，但与其他方法配合，也会收到正确认识自我的良好效果。

用自我分析方法认识自我应当注意以下两个方面：首先，要实事求是。常言道，尺有所短，寸有所长，任何人都有长处和短处，只有实事求是地认识到这一点，才能平心静气地评价自己，才会发现自己的优点与不足，才能敢于承认现实，才能有提升自己的空间。其次，要客观全面。事情具有多样性，只有客观全面才能够让人保持冷静的头脑，对事情进行全面的分析；只有客观全面，才不会依据自己的主观，做出对事情有失偏颇的判断。

第四节　社会知觉的影响因素及社会认知障碍的克服

影响社会知觉的因素较多。既包括主观因素，也包括客观因素。还有交织在一起的主客观因素。

一、首因效应和近因效应

首因效应也叫首次效应、优先效应或“第一印象”效应，是指人们在心理上存在认知上的误区，在对待他人的知觉方面，首次接触能给人留下深刻印象，并对双方以后交往关系产生某种程度上的决定性的影响。

【案例 2-6】 新闻系毕业生的智慧

一个新闻系的毕业生正急于寻找工作。一天，他到某报社对总编说：“你们需要一个编辑吗？”“不需要！”“那么记者呢？”“不需要！”“那么排字工人、校对呢？”“不，我们现在什么空缺也没有了。”“那么，你们一定需要这个东西。”说着他从公文包中拿出一块精致的小牌子，上面写着“额满，暂不雇用”。总编看了看牌子，微笑着点了点头，说：“如果你愿意，可以到我们广告部工作。”这个大学生通过自己制作的牌子表达了自己的机智和乐观，给总编留下了美好的“第一印象”，引起其极大的兴趣，从而为自己赢得了一份满意的工作。这种“第一印象”的微妙作用，在心理学上称为首因效应。

资料来源：http://xinli.zjpx.org/html/msg/2122.html

心理学研究发现，与一个人初次会面，45 秒钟内就能产生第一印象。第一印象能够在对方的头脑中形成并占据着主导地位。作为管理者，在企业管理中要重视给员工的第一印象，要让员工对自己有信心，要让员工感觉到自己有能力，要让员工感受到自己的公正、公平，要让员工清楚地记住自己的名字，便于今后工作的开展。作为员工，要让领导者感受到自己的热情、上进，要让领导者体会到自己对其工作的积极配合，要让领导者感觉到自己的诚意、踏实肯干。但是，第一印象并不能说明一切，企业领导、员工都应当用发展的眼光看待对方。

近因效应是指围绕人们所熟悉的客观对象，最近或者最后所得到的信息对其社会知觉的影响作用会更大、更深刻。作为企业管理者，平时对待员工工作总是严肃认真，一丝不苟，甚至百般挑剔。但是最近对待一位员工工作中的失误，他却表现出和蔼可亲，关爱有加，致使员工特别感动，转而向更多的员工传达这位领导者的温和善良的品质。领导者要善于利用近因效应，一旦发现某位平时散漫员工完成了一项出色的工作，要及时给予表扬和奖励，促其尽快成长为优秀员工。

二、晕轮效应

晕轮效应最早是由美国著名心理学家爱德华·桑戴克(Edward Lee Thorndike，1874—1949)于 20 世纪 20 年代提出的。他认为，人们对人的认知和判断往往只从局部出发、扩散而得出整体印象，也即常常以偏概全。一个人如果被标明是好的，他就会被一种积极肯定的光环笼罩，并被赋予一切都好的品质；如果一个人被标明是坏的，他就会被一种消极否定的光环所笼罩，并被认为具有各种坏品质。这就好像刮风天气前夜月亮周围出现的圆环(月晕)，其实呢，圆环不过是月亮光的扩大化而已。据此，桑戴克为这一心理现象起了一个恰如其分的名称——“晕轮效应”，也称为“光环作用”。

【案例 2-7】 麻省理工学院的实验

美国心理学家凯利(Kelly)以麻省理工学院的两个班级的学生分别做了一个试验。上课之前，实验者向学生宣布，临时请一位研究生来代课。接着告知学生有关这位研究生的一些情况。其中，向一个班学生介绍这位研究生具有热情、勤奋、务实、果断等项品质，向另一班学生介绍的信息除了将“热情”换成了“冷漠”之外，其余各项都相同。而学生们并不知道。两种介绍间的差别是：下课之后，前一班的学生与研究生一见如故，亲密攀谈；另一个班的学生对他却敬而远之，冷淡回避。可见，仅介绍中的一词之别，竟会影响到整体的印象。学生们戴着这种有色眼镜去观察代课者，而这位研究生就被罩上了不同色彩的晕轮。

资料来源：http://baike.baidu.com/view/485.htm

员工交往应当注意克服晕轮效应带来的影响。

第一，注意“投射倾向”。人际知觉的投射倾向表明，人对他人的知觉包含着自己的东西，人在反映别人的时候常常也在反映着自己，而这种反映又往往是不自觉的。如果你对自己的“投射倾向”不加注意，没有清醒地、理智地经常进行自我反思，就很可能制造出晕轮效应，出现各种偏见。

第二，注意“第一印象”。一般说来，先得到的信息总是影响着对于以后信息的解释方式，第一印象一旦形成，以后的信息常常只扮演补充和解释的角色，这就是产生晕轮效

应的“温床”了。因此，冷静、客观地对待第一印象，思想上具有改造甚至否定第一印象的准备非常重要。

第三，注意“刻板印象”。刻板印象就是所谓类化作用，按照预想的类型将人分为不同种类，然后贴上标签，按图索骥。比如，提起教师便想到“文质彬彬”，说到商人，总和“唯利是图”挂起钩来，等等。人心不同，各如其面，而刻板印象所根据的却并非认识对象本人的事实，有时刻板印象还是由于偏见的合理化而来。我们要对他人产生确切、深刻的认识，千万别忘了人的丰富多样性，并不断地修正头脑中由于刻板印象所造成的假象。

第四，避免“以貌取人”。一项心理实验显示，当人们被要求在一堆他们不认识的照片中分别找出“好人”与“罪犯”时，总会受到外貌晕轮效应的影响，即表现出按外貌分类的倾向。尽管这些生理特征是较为固定的或天生的，但不少人仍认为从中能看出一个人的性格特征。这种“由表及里”的推断，含有很大的偏见成分。为此，只要我们在认识他人的问题上，确立不满足于表象，而注重了解对方心理、行为等深层结构，我们就能有效地摆脱外貌晕轮效应的影响。

第五，避免“循环证实”。心理学研究证明，一个人对他人的偏见，常会得到自动的“证实”。比如，你对某人存有怀疑之心，时间一长，自然会为人所察觉，对方必然会产生离心和戒心。而对方这种情绪的流露，又反过来会使你深信自己当初对他的看法是正确的。这就是心理学中的角色互动和双向反馈。由于一方感情的偏失，导致对方的偏失，反过来又加强了一方偏失的程度。如此循环证实，势必陷入越来越深的偏见中去，走进晕轮效应的迷宫迷而忘返。这就提醒我们，当你看不惯某个人，对某个人怀有成见的时候，应当首先理智地检讨一下自己的态度和行为是否受到晕轮效应影响，自觉走出晕轮效应的迷宫。

三、投射效应

投射效应是指将自己的特点归因到其他人身上的倾向，是指以己度人，认为自己具有某种特性，他人也一定会有与自己相同的特性，把自己的感情、意志、特性投射到他人身上并强加于人的一种认知障碍。比如，一个心地善良的人会以为别人都是善良的；一个经常算计别人的人就会觉得别人也在算计他。“以小人之心度君子之腹”就是一种典型的投射效应。当别人的行为与我们不同时，我们习惯用自己的标准去衡量别人的行为，认为别人的行为违反常规；喜欢嫉妒的人常常将别人行为的动机归纳为嫉妒，如果别人对他稍不恭敬，他便觉得别人在嫉妒自己。

【案例 2-8】　糊涂的苏东坡

宋代著名学者苏东坡和佛印和尚是好朋友。一天，苏东坡去拜访佛印，与佛印相对而坐。苏东坡对佛印开玩笑说：“我看你是一堆狗屎。”而佛印则微笑着说：“我看你是一尊金佛。”苏东坡觉得自己占了便宜，很是得意。回家以后，苏东坡得意地向妹妹提起这件事，苏小妹说：“哥哥你错了。佛家说‘佛心自现’，你看别人是什么，就表示你看自己是什么。”

由于人都有一定的共同性，都有一些相同的欲望和要求，所以，在很多情况下，我们对别人做出的推测都是比较正确的，但是，人毕竟有差异，因此推测总会有出错的时候。

资料来源：http://blog.sina.com.cn/u/1290078955

“横看成岭侧成峰，远近高低各不同。”因为性别、年龄、性格、经历等因素的差异，人们观看的视角往往不尽相同，各自产生的认知也各有千秋。世界上从来找不到两片完全相同的叶子，更何况是复杂多变的人心呢？每个人都生活在各自孤立的小世界中，我们很难开启他人的心扉，了解到他人的真实想法和需求。如果拿自己的主观感受去猜度别人的心思，我们将无法真正了解别人，也无法真正了解自己。

有一句“尔之砒霜，吾之熊掌”的俗语，便是告诫人们不要轻易地以己度人。自己珍视的东西，别人未必喜欢；即使是世人大多认可的东西，别人也未必喜欢。我们在认知他人的时候，既不能依据自身的偏好，也不能墨守成规地将世人公认的常理“投射”给他人。

四、定型化效应

【案例 2-9】 三胞胎的故事

某小学正在办理新生入学手续，有两个小男孩同时来到招生老师面前。他俩长相一样，父母的姓名也一样。招生老师不禁问道：“你们是双胞胎吗？”他们异口同声地回答：“不是。”老师大吃一惊，不是双胞胎怎么会有这么多相同的地方？两个学生说：“我们是三胞胎中的两个。”这就是定型化效应的一种表现方式。

资料来源：http://dsam.imust.cn/detail.asp?newsid=205

在心理学上，定型化效应被称为心理定势。为什么老师一见到两个酷似的小孩，就马上想到他们是双胞胎而不是三胞胎中的两个呢？原因就在于他习惯了一种常规型思维，因为常规型思维方式会让人的思维产生一种惯性，这种惯性还会不自觉地、无意识地影响人的活动，这就是心理定势。

定型化效应也叫“刻板印象”，是指个人受社会影响而对某些人或事持稳定不变的看法。它既有积极的一面，也有消极的一面。积极的一面表现为：在对于具有许多共同之处的某类人在一定范围内进行判断时，不用探索信息，直接按照已形成的固定看法即可得出结论，这就简化了认知过程，节省了大量时间、精力。消极的一面表现为：在被给予有限材料的基础上做出带普遍性的结论，会使人在认知别人时忽视个体差异，从而导致知觉上的错误，妨碍对他人做出正确的评价。

定型化效应阻碍了企业员工的想象力和创造力，不利于企业的变革和创新，影响了企业的发展。那么怎样才能打破定型化效应呢？

首先，培养员工的质疑能力。实验科学的鼻祖、英国科学家培根曾说过：如果你从肯定开始，必将以问题告终；如果从问题入手，则将以肯定结束。正如陶行知所说："发明千千万，起点是一问。"因为只有心中有了疑问，才会产生探索的欲望，从而激发创造性思维活动。

其次，换个角度思考问题。十几年前，世界上还不曾有弯曲的吸管，全是直的，一位美国公民发现了这点不便，稍加改进，制成现在的弯曲吸管，申请专利后，他获得了几百万美元的奖金。

再次，要敢于尝试。实践出真知。鲁迅有一句名言："其实地上本没有路，走的人多了，也便成了路。"古代有一位国王，他把几个儿子带到一座巨大的石门前，对他们说："谁能推开这扇门，谁就继承王位。"王子们望着巨大的石门，都摇摇头放弃了。只有最小的王子走过去，用力一推，门就开了。

最后，要善于想象。创新，必须以联想、想象为基础。爱因斯坦曾经说过："想象力比知识更重要，因为知识是有限的，而想象力概括着世界的一切，推动着进步，并且是知识的源泉。"因此，我们要善于联想。千万不要觉得自己"这样行不通"、"那样是不可能的"，只有想不到，没有做不到。只要你敢想，理想就能变成现实。

本章小结

由于认知差异、认知障碍的产生是认知发展的内在动力，人类认知发展的过程是一个不断克服认知差异、认知障碍的过程，认知差异、认知障碍不断产生和克服是人类认知发展的一般的规律。

认知差异与管理主要包括知觉的一般过程、社会知觉、自我知觉和社会知觉的影响因素及认知障碍的克服四部分内容。知觉一般过程主要包括感觉和知觉的含义、种类以及感觉和知觉的区别与联系。特别要注意理解知觉的特征和影响知觉的因素。社会知觉的主要内容包括对他人的认知、人际知觉和角色知觉。社会知觉中要把握社会知觉的含义、特征、种类，要了解对他人的认知的含义、种类及理解认知他人的方法以及八观、六验、六戚、四隐。人际知觉中要了解人际知觉的含义及特征、人际知觉的影响因素和人际交往的一般法则。角色知觉中要了解角色知觉的含义、角色知觉的影响因素。自我知觉中应掌握自我知觉的概念、自我知觉的构成要素及正确形成自我知觉的方法。影响社会知觉的因素及认知障碍的克服要重点掌握首因效应、近因效应、晕轮效应、投射效应和定型化效应等这些认知障碍的含义，并掌握克服这些认知障碍的方法。

复习思考题

一、问答题

1. 简述知觉及种类。
2. 简述感觉和知觉的区别和联系。
3. 知觉有哪些特征？
4. 影响知觉的因素有哪些？
5. 简述社会知觉及其特征。
6. 社会知觉的影响因素是什么？如何克服社会认知障碍？

二、分析题

“硫酸泼熊”事件

某著名学府的高材生“硫酸泼熊”的事件被披露后，民众的心理及反应经历了一个变化的过程：起初，在不知道肇事者是何许人的情况下，民众通过舆论一致呼吁“严惩凶手”，但是，当人们知道肇事者为一名著名高校的学子时，舆论便开始转向，“刀下留人”的呼声日渐，最后，舆论的导向致使肇事者没有得到实质性的惩罚。

资料来源：http://news.sina.com.cn/c/2002-03-09/0601501231.html

(1) 运用晕轮效应理论解释上述现象。

(2) 这种效应产生的后果如何？如何克服这一现象？

第三章　个性差异与管理

【学习目标】

了解个性的特点和结构，气质、性格、能力的含义和类型；理解并重点掌握如何根据气质、性格、能力的差异进行有效的管理。

【关键概念】

个性(personality)　气质(temperament)　性格(character)　能力(ability)　差异管理(different management)

现代管理是以人为中心的管理。美国著名的企业家亚柯卡(Lee Iacocca)总结了多年的成功经验及失败教训，概括出企业成功的关键和管理的本质：“企业成功的关键在于人，管理就是发动人去工作。”为实现有效地发动人，首先必须了解人。了解人只停留在对外部特征的观察上是远远不够的，必须准确把握人的个性心理特征和心理品质，以及个人之间的差异，在管理上才能“量体裁衣”、“对症下药”，做到人尽其才，取得最佳管理效果。

第一节　个 性 概 述

一、个性含义及特征

个性贯穿着人的一生，影响着人的一生。正是人的个性倾向性中所包含的需要、动机和理想、信念、世界观，指引着人生的方向、人生的目标和人生的道路；正是人的个性特征中所包含的气质、性格、兴趣和能力，影响和决定着人生的风貌、人生的事业和人生的命运。

【案例 3-1】　佛兰克的问题

佛兰克是一家零售连锁店的一个分店经理。他已经在这里工作了 5 年。与附近其他拥有同样人口与人均收入城市中的类似商店相比，他的商店销售额低于平均水平。

佛兰克的老板萨特已经在这家连锁店待了 12 年，其中 5 年是在佛兰克现在的商店当经理。在那期间，该店的销售额在这个地区最高，她的雇员们对她评价很高，认为她是个非常优秀的经理。

萨特认为，一个有效的商店经理最重要的品质之一，是要有良好的个性。他必须喜欢人，善于与人打交道，愿意听取顾客的意见而不掺杂个人的感情，对店员的生活福利要表现出真诚的关切。在萨特看来，佛兰克似乎缺少这些特点。他好斗、性急、缺乏耐心，说话生硬。老板担心这种个性可能会导致丧失商誉。在最近一次对商店的巡视中，萨特碰到的两件事情更加深了她的这种担忧。

第一件事是，有个店员上班迟到了 5 分钟，当她气喘吁吁、满头大汗地走进商店时，佛兰克劈头一通指责，店员似乎想对他解释点什么，但佛兰克不给她说话的机会，并警告说："你这个月的奖金被扣除了。"店员含着眼泪走开了。

紧接着，有一位顾客来退货，顾客咬定货物在打开包装之前就已损坏，要求换一个完好的。佛兰克拒绝接受退货。他说："我们不会出售残次品，一定是你买回去后才损坏的，要不，你为什么不当场要求退换呢？"

顾客暴跳如雷，她扯开嗓子批评商店及其职员。萨特注意到，商店里的其他顾客看到这场争吵时，大部分人没买任何东西就离开了。

萨特找来佛兰克谈话，她试图帮助佛兰克体谅下属和顾客，改变工作方式，但佛兰克认为，严明纪律、坚持原则是对的，并解释说那位顾客是无理取闹，商店不应当承担损失。

萨特接着又问佛兰克："自你接任以来，情况一直不怎么好，你认为问题出在什么地方呢？"

佛兰克谈了一些他觉得需要改进的问题，但他丝毫没有意识到他的个性或领导作风可能会引起的问题。萨特决定再给佛兰克 3 个月的时间，如果销售额仍然持续下降，就不得不派人替换他了。

资料来源：百度百科，http://baike.baidu.com/

(一)个性的含义

简单地说，个性就是一个人区别于他人的、在不同环境中显现出来的、相对稳定的、影响人的外显和内隐性行为模式的心理特征的总和。

个性一词最初来源于拉丁语 Personal，开始是指演员所戴的面具，后来是指演员扮演某一个具有特殊性格的人。一般来说，个性就是个性心理的简称，在西方又称人格。

由于个性结构较为复杂，因此，许多心理学者从自己研究的角度提出了个性的定义。美国心理学家奥尔波特(G. W. Allport，1897—1967)曾综述过 50 多个不同的定义。如美国心理学家吴伟士(R. S. Woodworth，1869—1962)认为："人格是个体行为的全部品质。"美国人格心理学家卡特尔(R. B. Cattell，1905—1998)认为："人格是一种倾向，可借以预测一个人在给定的环境中的所作所为，它是与个体的外显与内隐行为联系在一起的。"苏联心理学家彼得罗夫斯基认为："在心理学中个性就是指个体在对象活动和交往活动中获得的，并表明在个体中表现出来的社会关系水平和性质的系统的社会品质。"

就目前西方心理学界研究的情况来看，从其内容和形式分类方面来看，主要有下面 5 种定义：

第一，列举个人特征的定义，认为个性是个人品格的各个方面，如智慧、气质、技能

和德行。

第二，强调个性总体性的定义，认为个性可以解释为“一个特殊个体对其所作所为的总和”。

第三，强调对社会适应、保持平衡的定义，认为个性是“个体与环境发生关系时身心属性的紧急综合”。

第四，强调个人独特性的定义，认为个性是“个人所有有别于他人的行为”。

第五，对个人行为系列的整个机能的定义，这个定义是由美国著名的个性心理学家奥尔波特提出来的，认为“个性是决定人的独特的行为和思想的个人内部的身心系统的动力组织。”

目前，西方心理学界一般认为奥尔波特的个性定义比较全面地概括了个性研究的各个方面。首先，他把个性作为身心倾向、特性和反应的统一；其次，提出了个性不是固定不变的，而是不断变化和发展的；最后，强调了个性不单纯是行为和理想，而且是制约着各种活动倾向的动力系统。奥尔波特关于个性的上述定义至今仍被西方的许多心理学教科书所采用。

苏联心理学家一般是从人的精神面貌方面给个性下定义的。从这方面理解个性的心理学家又有两种情况：一部分心理学家把个性理解为具有一定倾向性的各种心理品质的总和。目前我国的一些心理学教材也持这种观点。另一部分心理学家只从心理的差异性方面把个别心理特征理解为个性。应该说，前一种看法是比较恰当的。他们认为人的能力、气质和性格等个性特征并不孤立存在，而是在需要、动机、兴趣、信念和世界观等个性倾向的制约下构成的整体。后一种看法过于狭窄，没有看到个性倾向在个性中的作用，缺乏将个性各个特征作为有机的整体看待，它显然没有揭示出个性的实质。

由于个性的复杂性，我国心理学界对个性的概念和定义尚未有一致的看法。我国第一部大型心理学词典——《心理学大词典》中的个性定义反映了多数学者的看法，即“个性，也可称人格，指一个人的整个精神面貌，即具有一定倾向性的心理特征的总和。个性结构是多层次、多侧面的，由复杂的心理特征的独特结合构成的整体。这些层次有：第一，完成某种活动的潜在可能性的特征，即能力；第二，心理活动的动力特征，即气质；第三，完成活动任务的态度和行为方式的特征，即性格；第四，活动倾向方面的特征，如动机、兴趣、理想、信念等。这些特征不是孤立地存在的，是错综复杂、相互联系、有机结合的一个整体，是对人的行为进行调节和控制的。”

也有少数学者提出将“个性”和“人格”加以区别，认为个性即个体性，指人格的独特性；人格是一个复杂的内在组织，它包括人的思想、态度、兴趣、气质、潜能、人生哲学以及体格和生理等特点。两者并不是完全相同的，只是互相交错在一起，共同影响着人的行为，人格的形成更多的是由教育决定的。

综上所述，尽管心理学家们对个性的概念和定义所表达的看法不尽相同，但其基本精神还是比较一致的：“个性”内涵非常广阔丰富，是由人们的心理倾向、心理过程、心理特征以及心理状态等综合形成的系统心理结构。

心理学中的个性概念与日常生活中所讲的“个性”是不同的。

在日常的人际交往中，我们会发现，有的人行为举止、音容笑貌令人难以忘怀；而有的人则很难给别人留下什么印象。有的人虽曾见过一面，却给别人留下长久的回忆；而有的人尽管长期与别人相处，却从未在人们的心目中掀起波澜。出现这种现象的原因就是个性在起作用。一般来说，鲜明的、独特的个性容易给人以深刻的印象，而平淡的个性则很难给人留下什么印象。

在日常生活中，人们对个性也容易产生一些误解，往往认为一个“倔强”、“要强”、“坦率”、“固执”的人很有个性；而“文雅”、“平和”、“斯文”、“柔弱”的人没有个性。这种看法是不对的，至少说是不全面的。“倔强”、“要强”、“坦率”、“固执”是一种人在其生活、实践中经常的，带有一定倾向性的个体心理特征，是一个人区别于其他人的精神面貌或者心理特征。由于这种倾向的个性特征比较鲜明、独特，往往容易给人留下深刻的印象。而“文雅”、“平和”、“斯文”、“柔弱”也同样是一种性格温和、希望与他人和睦相处的人带有倾向性的个体心理特征和区别于其他人的精神面貌或心理特征。只不过这种倾向性的个性特征比较平淡而不鲜明，往往不容易给人留下深刻的印象罢了。由此可见，不管是哪一种倾向性的个性特征，不管这种特征是鲜明的还是平淡的，它都表明了一种个性。心理特征人人都有，精神面貌人人不可缺少。从这种意义上来说，世界上不存在没有个性的人。个性对于一个人的活动、生活具有直接的影响；对于一个人的命运、前途有直接的作用。

这些日常生活中所提的“要强”、“固执”、“坦率”或“文雅”、“平和”、“柔弱”等，实际上是心理学中个性心理特征之一的性格，而不是个性的全部内容。

(二)个性的结构

从构成方式上讲，个性其实是一个系统，其由三个子系统组成。

1. 个性倾向性

个性倾向性指人对社会环境的态度和行为的积极特征，它是推动人进行活动的动力系统，是个性结构中最活跃的因素。决定着人对周围世界认识和态度的选择和趋向，决定人追求什么。包括需要、动机、兴趣、理想、信念、世界观等。个性倾向性是个性系统的动力结构。它较少受生理、遗传等先天因素的影响，主要是在后天的培养和社会化过程中形成的。个性倾向性中的各个成分并非孤立存在的，而是互相联系、互相影响和互相制约的。其中，需要又是个性倾向性乃至整个个性积极性的源泉，只有在需要的推动下，个性才能形成和发展。动机、兴趣和信念等都是需要的表现形式。而世界观居于最高指导地位，它指引着和制约着人的思想倾向和整个心理面貌，它是人的言行的总动力和总动机。由此可见，个性倾向性是以人的需要为基础、以世界观为指导的动力系统。

2. 个性心理特征

个性心理特征指人的多种心理特点的一种独特结合。所谓个性心理特征，就是个体在其心理活动中经常地、稳定地表现出来的特征，主要是指人的能力、气质和性格。其中的能力是指人顺利完成某种活动的一种心理特征。能力总是和人完成一定的活动联系在一起的。离开了具体活动既不能表现人的能力，也不能发展人的能力。气质是指个人生来就有的心理活动的动力特征，是表现在心理活动的强度、灵活性与指向性等方面的一种稳定的心理特征，具有明显的天赋型，基本上取决于个体的遗传因素。性格指一个人对人对己对事物(客观现实)的基本态度及相适应的习惯化的行为方式中比较稳定的独特的心理特征的综合。气质无好坏、对错之分，而性格则有这种区分。

3. 自我意识

自我意识指自己对所有属于自己身心状况的意识，包括自我认识、自我体验、自我调控等方面，如自尊心、自信心等。自我意识是个性系统的自动调节结构。有的学者还把自我意识称为自我调控系统。

个性结构的这些成分或要素，又因人、时间、地点、环境的不同而互相排列组合，结果就产生了在个性特征上千差万别的人和一个人在不同的时间、地点环境中的个性特征的变化。而心理过程是个性产生的基础。

(三)个性的特征

研究个性，就是研究人，就是研究人生。个性理论就是关于人的理论，就是关于人生的理论。人人都有个性，人人的个性各不相同。正是这些具有千差万别个性的人，组成了生动活泼、丰富多彩的大千世界和各种各样，既相互联系又相互制约的人类群体，推动着历史的前进和时代的变迁。研究个性必须探讨它的特性及表现，这样才能把个性心理与其他心理现象区别开来。

1. 个性的特征概述

一般而言，个性具有以下几方面特征。

(1) 个性的倾向性。个体在形成个性的过程中，时时处处都表现出每个个体对外界事物的特有的动机、愿望、定势和亲合力，从而发展为各自的态度体系和内心环境，形成了个人对人、对事、对自己的独特的行为方式和个性倾向。

(2) 个性的复杂性。个性是由多种心理现象构成的，这些心理现象有些是显而易见的，别人看得清楚，自己也觉察得很明显，如热情、健谈、直爽、脾气急躁等；有些非但别人看不清楚，就连自己也感到模模糊糊。

(3) 个性的独特性。每个人的个性都具有自己的独特性，即使是同卵双生子甚至连体婴儿长大成人，也同样具有自己个性的独特性。

(4) 个性的积极性。人不是被客观环境任意摆布的消极个体。个性具有积极性、能动性，并统帅全部心理活动去改造客观世界和主观世界。

(5) 个性的稳定性。从表现上看，人的个性一旦形成，就具有相对的稳定性。

(6) 个性的完整性。个性是个完整的统一体。一个人的各种个性倾向、心理过程和个性心理特征都是在其标准比较一致的基础上有机地结合在一起的，绝不是偶然性的随机凑合。人是作为整体来认识世界并改造世界的。

(7) 个性的发展性。婴儿出生后并没有形成自己的个性，随着其成长，其心理不断丰富、发展、完善，逐渐形成其个性。从形式上讲，个性不是天生固定的，而是心理发展的产物。

(8) 个性的社会性。个性是一个处于一定社会关系中的活生生的人和这个人所具有的意识。个性的社会性是个性的最本质特征。从个性的发展性与个性的社会性来看，个性的形成一方面有赖于个人的心理发展水平，另一方面有赖于个人所处的一定的社会关系。研究人的个性问题，必须以马克思主义关于人的本质的学说为基础和出发点。马克思曾经指出："人的本质并不是单个人所固有的抽象物，实际上，它是一切社会关系的总和。" 因此，只有在实践中，在人与人之间的交往中，考察社会因素对人的个性形成的决定作用，才能科学地理解个性。

2．对个性特征的理解

理解个性特征切忌片面地将某一方面特征绝对化，应该以辩证的观点去研究。

(1) 个性的自然性与社会性相结合。人的个性是在先天的自然素质的基础上，通过后天的学习、教育与环境的作用逐渐形成起来的。因此，个性首先具有自然性，人们与生俱来的感知器官、运动器官、神经系统和大脑在结构上与机能上的一系列特点，是个性形成的物质基础与前提条件。但人的个性并非单纯自然的产物，它总是要深深地打上社会的烙印。初生的婴儿作为一个自然的实体，还谈不上有个性。

个性又是在个体生活过程中逐渐形成的，在很大程度上受社会文化、教育培养内容和方式的塑造。可以说，每个人的人格都打上了他所处的社会的烙印，即个体社会化结果。正如马克思所说："'特殊的人格' 的本质不是人的胡子、血液、抽象的肉体本性，而是人的社会特质"，"人的本质并不是单个人所固有的抽象物，实际上，它是一切社会关系的总和。" 由此可见，个性是自然性与社会性的统一。

(2) 个性的稳定性与可塑性相结合。个性的稳定性是指个体的人格特征具有跨时间和空间的一致性。在个体生活中暂时的偶然表现的心理特征，不能认为是一个人的个性特征。例如，一个人在某种场合偶然表现出对他人冷淡，缺乏关心，不能以此认为这个人具有自私、冷酷的个性特征。只有一贯的、在绝大多数情况下都得以表现的心理现象才是个性的反映。

在学校，我们看到的是每个学生都具有一些不同的、经常表现的心理特征，如有的学生关心集体，热情帮助同学，活泼开朗；有的学生对集体的事也关心，但不善言谈，稳重，踏实，埋头苦干，这不同的行为不仅表现在这里，在其他场合也是如此。因此，我们就有可能预料某人在一定情况下会有什么样的行为举止。总之，一个人的个性及其特征一旦形成，就可以从他儿童时期的人格特征推测其成人时期的人格特征。

尽管如此，个性或称人格绝不是一成不变的。因为现实生活非常复杂，随着社会现实和生活条件、教育条件的变化，年龄的增长，主观的努力等，个性也可能会发生某种程度的改变。特别是在生活中经过重大事件或挫折，往往会在个性上留下深刻的烙印，从而影响个性的变化，这就是个性的可塑性。当然，个性的变化比较缓慢，不可能立竿见影。

【案例 3-2】 空城计

诸葛亮出兵汉中伐魏，不料连失街亭、柳城两个军事咽喉要地。诸葛亮见形势严峻，急忙安排全军撤退汉中。这时魏国骠骑大将军司马懿带领精兵 15 万直奔诸葛亮所在的西城而来，诸葛亮身边别无大将，只有一班文官和 2500 名军士，众官听到这个消息，都大惊失色。诸葛亮传令：诸军将旌旗全部收藏，坚守城池，不准走动和高声说话；打开四门，每一门用 20 个军士，扮作百姓，清扫街道，如魏军到来，不可惊慌妄动。司马懿带领军队来到城下，只见诸葛亮稳坐城楼之上，身披鹤氅，头戴纶巾，笑容可掬，焚香抚琴。左有一童子，手捧宝剑；右有一童子，手执拂尘。城门内外，有 20 余名百姓，低头洒水扫街，旁若无人。

司马懿大生疑惑，他的儿子司马昭说："莫非诸葛亮身边无重兵，故作此态？"司马懿说："诸葛亮平生谨慎，从来不做冒险的事。眼下大开城门，必有埋伏。我军若进城，就中其计，宜速退兵！"于是魏军尽皆退去。诸葛亮抚掌而笑，众官无不由衷叹服诸葛丞相的胆略与智谋。

资料来源：http://zhidao.baidu.com/question/146309586.html

(3) 个性的独特性与共同性相结合。个性的独特性是指人与人之间的心理和行为是各不相同的。因为构成个性的各种因素在每个人身上的侧重点和组合方式是不同的。如在认识、情感、意志、能力、气质、性格等方面反映出每个人独特的一面，有的人知觉事物细致、全面，善于分析；有的人知觉事物较粗略，善于概括；有的人情感较丰富、细腻，而有的人情感较冷淡、麻木等。这如同世界上很难找到两片完全相同的叶子一样，也很难找到两个完全相同的人。

强调个性的独特性，并不排除个性的共同性。个性的共同性是指某一群体、某个阶级或某个民族在一定的群体环境、生活环境、自然环境中形成的共同的典型的心理特点。正是个性具有的独特性和共同性才组成了一个人复杂的心理面貌。

二、个性的形成与发展

在心理学发展史上，关于个性的形成与发展曾有过两种理论观点，即遗传决定论和环境决定论。

遗传决定论者认为个性是由遗传因素决定的。美国心理学家霍尔(G. S. Hall，1844—1924)提出："一两的遗传胜过一吨的教育。"我国有一句俗语："龙生龙，凤生凤，老鼠的儿子会打洞。"印度电影《流浪者》中的拉贡纳特法官坚信，"法官的儿子一定会是法官，贼的儿子永远是贼。"

环境决定论者认为个性是环境决定的。这一理论的代表人物美国行为主义的创始人华生指出："只要给我一个健康的婴儿，无论他父母的职业和种族如何，我都可以把他训练成任何类型的特殊人物，如医生、律师、艺术家、商人或乞丐、小偷等。"

其实这两种理论都是片面的，随着科学的发展，坚持这两种理论观点的人越来越少了。因为个体的遗传素质只为个性形成与发展提供了可能，而个体的个性向哪个方向发展及发展水平取决于后天环境和个体的生活实践。即后天环境才能使可能变为现实。目前，绝大多数心理学家认为，人的个性的形成与发展是多种复杂因素相互作用、相互影响的结果。影响一个人的个性的因素有很多，如性别、民族、出生环境、童年及青年生活环境、成年生活环境、父母、朋友等。而对一个人的个性最有影响力的对象是父母。因此说个性的形成与发展不只是一两个因素的影响，也不只是一朝一夕的事情，而是一个逐步发展变化的过程。这一过程大致可划分为三个阶段。

(一)儿童时期

儿童时期，个体的生活主要是家庭、小区和幼儿园。孩子们每天接触的人主要有父母、邻里、亲戚、朋友和幼儿园的阿姨、老师，这些人的一言一行都直接影响和感染着孩子们。当年的孟母三迁不是没有道理。实际上对孩子影响最重要的人是担负着教育任务的父母与幼儿园老师，他们的思想观念、品德修养、言谈举止及对孩子们的教育方式与方法，都会在儿童个性形成与发展过程中打下深深的烙印。

(二)学生时期

学生时期，学生要接受有计划、有约束的学校教育。据科学抽样研究表明，影响一个人个性的最有影响力的时期是学生时期，自古英雄出少年是有一定的道理的。在学校，同学们不仅要系统地学习科学文化知识、接受思想品德和遵纪守法的规范教育，还要参加集体劳动，与老师同学打交道，经历着人与人之间的各种磨合与情感体验，这个时期父母的教育也非常重要。另外，这个时期更离不开来自社会大环境的复杂影响。所以，个性会沿着不同的方向形成和发展。

(三)介入社会时期

介入社会时期是个性发展最为复杂的时期，方方面面的因素影响着个性的发展。如社会制度、政治形势、经济发展、文化艺术、交际范围等，都对人的个性发展起着重要的作用，这个时期也是人的个性的定型期。

第二节　气质差异与管理

一、气质的含义

气质是指个性中典型的、稳定的心理特点，主要是指人的心理活动在动力方面的特点。它主要表现在一个人情绪体验的反应速度、强度，表露的隐显程度，心理活动的指向性以及动作的灵敏性等方面。例如，有的人情绪和活动发生得快而强烈，外部表现非常明显，喜怒哀乐皆形于色；有的人情感和活动发生的缓慢而微弱，外部表现不显著，表情冷淡，对任何事情似乎都无动于衷，这些都是气质的表现。人们通常所讲的“脾气”、“秉性”就是气质。

气质表现出一个人生来就具有的自然特性，它不以活动的内容为转移。它较多地受个体生物组织的制约，体现在一个人的一切心理活动的过程中。它的特点一般通过人与人之间的相互交往显示出来。一个人的气质具有极大的稳定性，它很早就表现在儿童的游戏、作业和交往活动中，当然在环境和教育的影响下，随着年龄的增长和阅历的变化，气质也会有所变化，但与其他的心理特征相比较，气质的变化要缓慢得多。近些年来，人们研究发现，气质也可以间接地受到环境因素的影响。例如，通过对不同环境中的孕妇所生的婴儿在气质方面的统计数据，得出的初步结论是，在争吵和狗叫的嘈杂的环境中出生的婴儿比较敏感，爱哭；而在和谐的环境中出生的婴儿性情比较温顺。这项研究说明气质间接地受环境的影响。

二、气质的类型及其特征

气质是一个古老的概念。我国古代医学家虽未直接提出气质说，但早在春秋战国时代的医学著作中就曾根据阴阳五行说，按人的好动或喜静的程度不同把人分为 5 种类型，即太阳之人(全阳无阴)；少阳之人(多阳少阴)；太阴之人(全阴无阳)；少阴之人(多阴少阳)；阴阳平衡之人(阴阳平衡)。阳指活动、兴奋、灵敏、热情、活泼等。阴指呆板、抑制、迟缓、冷漠、冷静等。春秋时代的思想家孔丘曾从类似气质的角度将人分为“狂”、“狷”、“中行”三类。狂即狂妄、无束；狷即拘束谨慎；中行即不偏倚。他认为“狂者进取，狷者有所不为也”，说的是“狂者”一类的人敢作敢为，积极进取；狷者一类的人是有所为而有所不为，对有些事不肯做，不敢做；“中行”一类的人按中庸之道行事，不狂不狷。

公元前5世纪古希腊著名医生希波克拉特(Hippocrates)最早提出气质这一名称并根据日常观察提出“体液优势论”。他认为，人体内具有4种液体：血液、黏液、黄胆汁和黑胆汁，它们在人体内的比例各不相同。他以哪一种体液在人体内占优势为根据，将人们的气质分为4种基本的类型：多血质、胆汁质、黏液质和抑郁质。五百多年后这一理论经罗马的医生盖伦验证修订，正式成为气质学理论。这种说法，虽然长期找不到科学的依据，但在现实生活中能够找到这4种典型气质的代表，所以两千多年来，这一气质学理论一直为许多学者所采纳，至今仍比较流行。这4种气质类型的基本特征如下。

(一)多血质

多血质又称活泼型。情绪兴奋性高，外部表现明显，反应速度快而灵活，感受性低而耐受性高。不随意反应性强，具有可塑性、外倾性，但情绪不太稳定，心境变换较快、强度不大，注意力易转移，易体验失败和不快。在日常生活中，这种气质类型的人常表现为动作言语敏捷迅速，活泼好动，待人热情亲切，喜欢与人交往，但又显得有些粗心浮躁、急性子。这种人适合多变性、多样性的工作和生活环境。

(二)胆汁质

胆汁质又称兴奋型。情绪兴奋性高，外倾显著，反应速度快但不灵活，感受性低而耐受性高，不随意反应性强，情绪体验迅速而强烈，心境变换剧烈，易冲动，可塑性小。在日常生活中常表现出精力旺盛，态度直率，性情急躁，抑制能力差，烈性子脾气。这种气质的人能以极大的热情投身于事业，勇于克服困难。但是遇到大的挫折时，易表现出极度灰心，情绪顿时沮丧而一事无成。此类人适于做周期较短且见效快的工作。

(三)黏液质

黏液质又称安静型。情绪兴奋性低，内倾性明显，反应速度慢而不灵活，感受性低而耐受性高，不随意反应性弱，注意稳定且难以转移，抑制力强。在日常生活中常表现为安静、稳重，沉默寡言，性情温柔，行动迟缓，不易激动，善于忍耐，慢性子脾气，对人感情真挚而不丰富，处事冷静而踏实。这种人严格地遵守既定的生活秩序和工作制度，不为无谓的原因而分心，交际适度，不爱空谈，固定性有余而灵活性不足，对事物不敏感。此类人适于做条理性强、持久性强、重复性和熟练性强的工作。

(四)抑郁质

抑郁质又称抑制型。情绪兴奋性低而体验深刻，严重内倾，不随意反应性低，反应速

度慢而不灵活，感受性高而耐性低。在日常生活中表现为对事物和人际关系观察细致，处事谨慎，机智敏感，多疑多虑，优柔寡断，孤僻寡欢，柔弱易倦，动作缓慢，不善社交，易受挫折，忍耐性差，是小性子脾气。在工作中能任劳任怨，认真负责，一丝不苟，适合于做较为细致和持久性的工作，在通常情况下，尤其在友爱的集体里，可能是一个容易相处的人，能胜任所委托的事情。

在实际生活中，可以遇到以上 4 种气质类型的典型代表人物，但绝大多数的人属混合型。每种类型的气质中都有积极的一面，也有消极的一面，重要的是调动气质中的积极因素，克服其消极因素。无论哪类气质类型的人都可以有所成就。据研究俄国的 4 位著名的文学家具有不同的气质类型，普希金具有明显的胆汁质特征，赫尔岑属于多血质，克雷洛夫是黏液质，果戈里则是抑郁质。他们所具有的气质虽然不同，但在文学创作上都取得了显著的成就。

可见，气质类型无好坏之分，它不能决定一个人活动的社会价值和成就的大小，但也不是说它对人的实践活动没有影响。不同气质的人对同一件事可能会有不同的态度和行为举止。譬如，有 4 种气质特征的朋友一同看戏都迟到了，受到了阻拦。在此种情况下，胆汁质的人可能会与检票员争执起来，争辩说，戏院的时钟走快了，他不会影响任何人，并企图推开检票员径直跑到自己的座位上去；多血质的人立刻明白，人家不会放他进去，但他会设法实施自己的计划，以达到进入的目的；黏液质的人看到不让自己进去，可能会想，第一场终归不大精彩，我还是暂且去小卖部等一会儿，待幕间休息时再来吧；抑郁质的人可能会说，“我老是不走运，偶尔来一次戏院，就这样倒霉”，接着就返回家了。可见气质对人的实践活动有一定的影响。学会认识自己和别人的气质，善于根据不同人的气质特点进行工作，对于教育培训、组织生产、指导就业、管理工作都有重要的意义。

三、气质差异与管理

【案例 3-3】 巴菲特的精神和气质

巴菲特现在是人们崇拜的偶像，人们对他达到了顶礼膜拜的程度。且不说他在 2008 年个人财富达到 620 亿美元，就是他在几十年的投资生涯中，始终如一地坚守自己的信念，足够让人钦佩。他富可敌国，集名誉、财富、权势和内在能力于一身，人们惊叹他所拥有的一切。综观巴菲特的一生，取得如此非凡成就，仍不是常人的思维和行为能达到的，也不是通过模仿他人的技巧所能实现的。那是他与生俱来的气质，经过不断的自我修正才实现的境界，常人无法企及。

第一，巴菲特具有极强的自控能力，能够保持独立的人格。伟人之所以成为伟人，就是具有一般人不具有的品质。在读汤因比的《历史的研究》给我留下深刻印象的一句话是，控制自己才能征服世界。这句话在巴菲特身上得到了验证。在他投资生涯中，他始终恪守自己的理念，不为感情所动。股票指数的涨跌不会影响他的判断和投资策略。在这个物欲横流的世界，能够保持其本色是何等艰难，我们或多或少为各种欲望所左右，所以我们常常偏离目标。巴菲特保持了自己纯正的智力，认定了自己的理念，用毕生的精力去实现自己的理念，获得了常人无法取得的成果。

第二，巴菲特具有正确的金钱观，崇尚简单的生活方式，感恩于社会。巴菲特虽然富可敌国，但是他的金钱观却匪夷所思，爱财如命，终身过着简朴的生活。他虽然拥有天量的财富，但是对此毫无兴趣。他没有豪华的座驾、精美的艺术品和奢侈的住所。他也不会享受精美的佳肴，一杯可乐、一个汉堡足矣。这种生活方式不要说对拥有天量财富的人来说很难做到，就是对于拥有一定财富的人来说也是很难做到。巴菲特认为，财富最终是要造福社会的，它代表的是一堆“承兑支票”，是社会对于你价值的承认。巴菲特的女儿苏珊说，我们的生活和别人家没有任何不同。只是我可以买很多好衣服而不会有任何经济障碍，也许这是唯一区别。可我自己一辆车都没有，16 岁的时候就得去外面打工，在商店里当销售员。这就是巴菲特的女儿所经历的生活。

第三，珍爱生命，勤奋工作，将财富的追求视为自己的生命。对巴菲特的工作态度，作者写道他无时无刻不在工作，珍惜每一分钟。他说自己每天下床之前，就在盘算该怎样赚钱了。巴菲特赚钱的欲望已经融入了他的血液之中，他会拒绝任何有悖于赚钱的行为。如果你有这样的信念，那么你在任何行业都可以取得骄人的业绩。但是，我们往往坚持一段时间是可以的，但是要几十年如一日，保持如此高昂的工作热情，非常人所能做到。所以，巴菲特的成功不是一日之功。

第四，富有同情心和正义感，能够善待周围的每个人。巴菲特是个善良的人，他善待周围的每个人。对于公司的管理层和员工，他会给予绝对的信任，从不轻易解雇员工。他认为每个人必须对社会负责。

第五，忠于自己的信仰，终身为之奋斗。几十年来一直恪守自己的“价值投资”理念，在各种投资理论面前没有轻易放弃自己的理念。他将赚钱视为自己的乐趣，享受赚钱过程的快乐。他是在为自己的理想而奋斗。

资料来源：http://blog.sina.com.cn/s/blog_47222e610100emiw.html

人的气质差异是先天形成的，受神经系统活动过程的特性所制约。各种气质类型都有积极的和消极的一面，实际工作中应扩大气质类型积极的一面，缩小其消极的一面。因此，应当应用气质的差异，妥善安排人们的工作。可以从工作性质、人际关系、思想教育等方面考虑应用气质差异。

(一)气质无好坏之分

性格有好坏之分，但气质类型并无好坏之分。任何气质类型的人都有长处和短处。胆汁质的人，积极、充满活力和生气勃勃，也有一些浮躁、任性和感情用事。多血质的人，灵活、亲切又不乏机敏，但轻浮和情绪多变。黏液质的人，沉着、冷静、坚毅，但冷淡和缺乏活力。抑郁质的人，长处是情感深刻稳定，短处是孤僻、羞怯。认识到气质类型并无好坏之分，任何气质类型的人都有长处和短处，不要因为对自己的气质类型不满而自暴自弃，不求进取，不要因为对员工的气质类型不满而贬低、压抑其劳动工作积极性，要认真分析自己及员工气质类型中的积极、消极之处，发扬光大积极的一面，控制、克服消极的一面，自觉培养和锻炼，逐渐改进自己及员工的气质。

(二)气质差异与工作安排

气质类型虽然不能决定一个人社会活动的内容和方向，不能决定一个人的社会价值，但它往往影响一个人的活动效率。管理者应当了解员工的气质类型及其特点，合理安排工作，有助于发挥员工的特长，提高工作效率。对于不同工作由不同气质类型的人来承担，往往能取得“事半功倍”或“事倍功半”的不同结果。例如，让一个黏液质的人担任会计，他会觉得轻松愉快，应付自如；但如让他当推销员，就会使他陷入困境，因为与人打交道是他的弱项。如果让一个多血质的人去当会计，会使他焦头烂额，而让他去当推销员则会得心应手，事半功倍。不同的职业对气质的要求也不同。特别是在现代化大生产中，一些特殊的行业对气质的要求很高。如大型自动化工程的调度员、飞机驾驶员、宇航员等要求具有反应迅速、灵敏，能经受高度的身心紧张和临危不惧的气质特征；通信线路员工、高空带电作业人员，不仅要有灵敏的快速反应，而且要有胆大细心的气质特征；公安工作人员和军事侦察人员，一方面要反应灵敏，同时又要沉着冷静，观察细致，善于控制自己的感情。像微电子技术、钟表修理这类要求持久、细致的工作，黏液质、抑郁质的人比较适合，因为他们的气质类型中有沉着、冷静、坚毅或稳定、深刻的一面。总之，在选择各种特殊职业工作人员时，应当首先对他们的气质特征进行测定，作为推选人员的重要心理依据。尽量把员工安排到最有利于发挥其个体气质特长的工作岗位上，为他们更有效地工作创造条件和机会，也为更有效地实现整个管理系统的管理目标创造条件。

知人善任，从善如流。知人善任是企业领导者的重要职责和领导艺术，也是企业管理活动成败关键之一。一个足智多谋、雄才大略的行政管理者，常常深谙用人之道，去取得事业上的成功。历代统治者安邦治国，无不把用人作为第一要旨。知人是善任的前提，而善任是问题的关键，也是知人的目的。知人善任的实质是一个正确识别和用好人才的问题。作为企业管理者，要懂得下列用人原则：德莫大于知人，知人才能任人唯贤，唯才是举，礼贤下士尊重人才，以才为本，待人如宾，疑人不用，用人不疑，充分信任，放手使用，任之而专，专才适用；量才录用，用人之长，避人之短，因事用人，职能相称；金无足赤，人无完人，大公无私，不计小过，等等。掌握了这些用人的原则，定会充实和丰富企业领导者的气质与品格。企业领导者还应善于听从下属的意见和建议，冷静仔细对待这些建议。正确的就适时采纳、推行，错误的作为借鉴。无论才能多高的人，都会有失误的时候，企业领导者的决策，有时也会遭到下属的抵触。对此，企业领导者要仔细分析原因，悉心听取下属的意见与想法，虚怀若谷，从善如流，正确则坚持，失误则矫正，不要盲目地拒绝甚至批评下属的建议与想法。一个优秀的企业领导者不仅能听进相同的意见，同时也有容纳不同意见之量。这样就会在实践中不断培养自己的优良的气质与作风，提高工作能力。

(三)气质差异与思想政治工作

思想政治工作方法是现代管理工作的四大基本方法之一，思想政治工作要启发人们的思想觉悟，使人们自觉地取向于组织的共同目标并付出行动。但思想政治工作要起到应有的作用，它必须具备科学性和启发性。由于气质对于形成和改造人们的某种情感与行为特点或个性特征都具有很大影响，因此，管理者也必须根据员工的气质差异来做好思想政治工作，才能使思想政治工作起到应有的作用。

在组织管理中，了解员工的气质特点，根据气质差异来做好思想工作，不仅要求对不同气质类型的员工教育的侧重点不同，而且教育的方式也应当有所不同。例如，在对员工进行批评帮助时，就应考虑不同气质类型的人对挫折的容忍力。例如，对上司的批评不服气，但表示的方式却大不相同。胆汁质的人马上暴跳如雷，与批评者争吵起来，并说些不三不四的话；多血质的人立刻明白问题出在什么地方，在接受对方批评的同时，又婉转幽默地进行了解释；黏液质的人则表面上不动声色，心里却在生闷气；抑郁质的人情绪十分懊丧，茶饭不思、夜不能寐，思想负担很重。因此，对于胆汁质的人既要采取有说服力的严厉的批评，但又不要轻易激怒他们，避其锋芒，设法使其冷静下来再进行工作，这样有助于他们纠正错误，改进工作。对于抑郁质的人就不易采用生硬的批评，更不应在公开场合指责他们，以防挫伤他们的自尊心，而应根据抑郁质的人感受性高、耐受性低的特点，稍加暗示，有时给其一个眼色就会使他感到自己所存在的问题，可促使其改进。对于多血质的人做思想工作时，要特别注意严格要求，表扬、批评要经常进行，反复提醒，通过持久的帮助，培养他们的耐力和毅力。对于黏液质的人，管理者应多与他们交往，在相互了解过程中取得信任，掌握他们的思想状况，交谈时为他们提供思考的时间，不急于要求他们表态。在实行新的操作规程或进行重组的重新编排时，应对黏液质和抑郁质的人给予较多的关照，帮助他们尽快地适应新的变化。

(四)气质差异与领导班子配备

领导班子成员的气质组合是优化结构、增强团结不可忽视的一个重要方面。伴随着我国政治、经济以及人事制度和干部选拔制度改革的逐步深入，对领导班子的配备，一般已注意到了年龄、学历、专业知识结构以及智能结构，但是，仍存在着对领导班子成员的气质组合重视不够的现象。心理学理论告诉我们，气质是人的心理活动的动力特征，气质与人的行为关联性极强，对人的行为产生着直接影响。巴甫洛夫认为，高级神经活动的 4 种类型和希波拉特提出的 4 种气质相近似。兴奋型相当于胆汁质，活泼型相当于多血质，安静型相当于黏液质，抑制型相当于抑郁质。在现实生活中，单一类型的气质极少见到，一

般都是混合。因此，科学任命领导班子，应从以下几方面考虑。

1．依据气质稳固性特征，科学任命领导干部

气质主要受神经活动的特点制约，受先天遗传因素影响较大，而且经常稳定地渗透到一个人的情绪和行动之中，因而人的气质类型特征一般不随地位、学识、工作经验及年龄等因素的改变而改变，具有稳固性特征。所以，任命领导干部应考虑到“秉性难移”这个因素。在调整领导班子时，应依据不同气质类型进行合理搭配，从而发挥每个人气质方面的优点，调动各种类型人员的积极性，发挥最佳效能。在一个领导班子中，既需要勇敢、果断的兴奋型干部，又需要遇事善于思考、深谋远虑的安静型干部。兴奋型干部工作起来雷厉风行、敢闯敢干、富有创新精神。安静型干部则谋事于心，胸有成竹，处理问题有条不紊。两种气质类型的人结合在一起，有利于工作取得佳绩。如果领导班子里全部是点火就着的不可抑制型(兴奋型)干部，往往容易产生“摩擦”，造成内耗。若全部是安静型干部，又容易造成工于谋划、拙于实干，闭门造车、脱离实际，在重大问题上优柔寡断、丧失良机。一般而言，在任命领导干部时，应安排情感发生迅速，强烈而且持久，猛烈、勇敢、刚强、直率、精力旺盛、办事果断、有魄力、雷厉风行、工作敢负责任的胆汁质特征多的干部担任行政领导人。让感情发生迟缓、强烈但又很少表现于外部，动作沉稳、有毅力、观察力强、表现稳重、办事不慌、有耐性的黏液质特征多的干部担任党务领导人。而让情感发生迅速，但不够强烈持久、动作敏捷、活泼好动、对事物敏感、喜欢与人交往、兴趣易变换、感情适应性强、有一定文化知识的多血质干部作为具体办事人员，主管具体事务。

2．依据气质可塑性特征，科学配备领导班子

气质受先天因素的影响虽然比性格要大，但它和世界上一切事物一样，都是运动、发展和变化的，并不是一成不变的，也不是完全天生的。气质的特点不仅取决于神经系统的先天特性，还取决于神经系统后天获得性特征。先天特性在某些特定条件下(如个人气质主动地向其他气质靠拢时)是可以随着后天环境、条件和教育的影响及其年龄的增长而发生变化的，这就是气质的可塑性。所以，各种类型干部，如果能搭配好，如具有胆汁质某些特征的“硬专家”(专业技术干部)和具有黏液质、多血质某些特征的“软专家”(党政管理干部)搭配在一起，就可以相互取长补短，互相制约和促进，从而达到增强团结、形成合力、各显其能的目的，提高领导班子的整体效能。《三国演义》中的刘备，三顾茅庐，若依照近似胆汁质的张飞的脾气，将会把诸葛亮抓起来，那么就不会有隆中对以及后来的三国鼎立。但是，正因为刘备一方面具有黏液质的某些特点，沉着冷静，不厌烦，另一方面又具有多血质的某些特点，善于交际，热心结交朋友。诸葛亮对刘备三顾茅庐至为感动，最后同意出山做刘备的军师，奠定了蜀国江山基础。如果搭配不当，或者说，忽视人的气质类型特征，将同一气质类型的领导干部组合在一起，势必造成不必要的内部摩擦、互相顶牛，或死气沉沉、缺乏创新。这种现象在现实生活中屡见不鲜，可以说内耗了领导班子的战斗力，影响了工作的整体推进，与党的干部方针不符，与群众的愿望背离。科学搭配领导班子，将有利于领导者不断修正自己的不足，使个体气质朝着有利于工作、团结和事业发展的方面转变。

3．深入研究气质与行为的关系，做到量才而用、任人唯贤

任何气质类型本身没有好坏之分，但都具有积极与消极两重性。胆汁质者，既可能是积极热情、勇敢果断的人，也可能是行为鲁莽、易于冲动的人。多血质者，既可能是活泼、善交际的人，也可能是轻浮易变的人。黏液质者，既可能是冷静、稳健的人，也可能是懒惰、拖拉的人。抑郁质者，既可能是情感体验深刻而较警觉的人，也可能是多疑而狭隘的人。因此，在搭配领导班子时，应扬长避短，量才使用。①接近多血质者，宜做鼓动性多、说教性高或社交性广、适应性强的工作，但因兴趣易转移、活泼好动，不宜安排做埋头守摊一类的工作。②近似黏液质者，担任政策性、组织性、机密性、纪律性、原则性强的领导工作比较适宜，但因其内倾性强、反应缓慢，不宜做交际性强、变化频繁的工作。③类似胆汁质者，比较适合担任突击性和激战性多、应急性和冒险性大的工作，但因其抑制能力差、性急、脾气暴躁，不大适合担当深入细致、耐心疏导的专职思想政治工作。④接近抑郁质者，比较适合做平静的、专一的业务性工作，但其耐受性差，不适合担任刺激性大的工作。

总之，领导班子属于管理主体，在整个企业管理系统中居主导和支配地位。因此，有一个合理的领导班子，对企业管理系统的正常、有效运行尤为重要。而有一个合理的领导班子，应当有合理的专业结构、能力结构、气质结构和年龄结构。从我国的实际情况来看，无论是上级委派还是群众选举，我们对企业领导班子成员专业结构、能力结构、年龄结构的合理化都比较关注，而对其气质结构合理化则较为忽视。实际上，领导班子成员气质结构合理化，就是指领导班子应当由有不同气质类型的人构成，既要有积极主动、敢冲敢闯的多血质、胆汁质的人，又要有脚踏实地、持之以恒的黏液质和抑郁质的人，这样，既可以避免鲁莽行事造成失误，又不至于因犹豫徘徊而坐失良机，这样的领导班子才能在社会主义市场经济的大潮中求生存图发展、创大业、展宏图。因此，配备企业领导班子，应考虑其成员的气质差异，形成合理的气质结构。不同气质类型的人组成领导班子，可以产生互补作用，有助于人际关系的协调。例如外向型领导者可以多抓宣传，内向型领导者可多抓生产；脾气温和者唱红脸，脾气暴躁者唱白脸。

(五)读书与气质

气质是一个人内在涵养或修养的外在体现。气质不只是外表，而且是内在精神素质的不自觉的外露。有些气质是与生俱来的，后天难以改变，别人也无法学习、模仿。但有些气质是可以通过学习、训练等，使之后天养成或者有所改变的。曾国藩曾对儿子曾纪泽说："人之气质，由于天生，本难改变，惟读书则可变化气质。古之精相法者，并言读书可以

变换骨相。”所谓变换骨相之类，近乎玄学神秘，自然当不得真，但前人又有一句话，“腹有诗书气自华”，确乎并非虚言。读书不仅能获取知识，更能够提升人的精神境界。如能养成经常读书的习惯，日积月累就会使人脱离低级趣味，养成高雅、脱俗的气质。清代学者梁章钜说：“人无书卷气，即为粗俗气、市井气，而不可列于士大夫之林。”读书与不读书，读书多与读书少的人，所表现出的内在气质与素养是绝不相同的。宋人黄山谷曾说：“人胸中久不用古今浇灌之，则尘俗生其间，照镜觉面目可憎，对人亦语言无味也。”这不是说读书多了，便会变成美女俊男。而是不读书，即使美女俊男，与人交谈，也变得风韵全失、索然无味，也觉得辜负了一张好脸，并且觉得面目可憎。读书是一种精神的跋涉，能造就一种文气，这种文气是靠平时读书滋润出来的。一个人的心灵若能得到知识的浸润，就会生出许多灵气和色彩。

书籍是人类智慧的结晶，不管你现在的生活状态如何，读书都是提升魅力的重要路径。读书，使我们的精神不再贫乏，人生不再孤独；读书，使我们成为达事理、明善恶、辨美丑的人；读书，使我们气质脱俗。读书是一种润物细无声的精神滋养，持之以恒，可以使自己拥有优雅的气质，让自己魅力四射，从而拥有自信，创造美好的未来。

四、气质类型的测定方法

你想知道自己属哪类气质吗?下面60道题可帮你大致确定自己的气质类型。

1. 做事力求稳妥，不做无把握的事。
2. 遇到可气的事就怒不可遏，想把心里话全说出来才痛快。
3. 宁可一人干事，不愿很多人在一起。
4. 到一个新环境很快就能适应。
5. 厌恶那些强烈的刺激，如尖叫、器材音、危险镜头等。
6. 和人争吵时，总先发制人，喜欢挑衅。
7. 喜欢安静的环境。
8. 善于和人交往。
9. 羡慕那种善于克制自己感情的人。
10. 生活有规律，很少违反作息制度。
11. 在多数情况下情绪是乐观的。
12. 碰到陌生人觉得很拘束。
13. 遇到令人气愤的事，能很好地自我克制。
14. 做事总是有旺盛的精力。
15. 遇到问题常常举棋不定，优柔寡断。
16. 在人群中从不觉得过分拘束。
17. 情绪高昂时，觉得干什么都有趣，情绪低落时，又觉得做什么都没意思。

18. 当注意力集中于一事物时，别的事物很难使我分心。
19. 理解问题总比别人快。
20. 碰到危险情景，常有一种极度恐怖感。
21. 对学习、工作、事业怀有很高热情。
22. 能够长时间做枯燥、单调的工作。
23. 符合兴趣的事情，干起来劲头十足，否则就不想干。
24. 一点小事能引起情绪波动。
25. 讨厌做那种需要耐心、细致的工作。
26. 与人交往不卑不亢。
27. 喜欢参加热烈的活动。
28. 爱看感情细腻，描写人物内心活动的文学作品。
29. 工作学习时间长，常感到厌倦。
30. 不喜欢长时间谈论一个问题，愿意实际动手干。
31. 宁愿侃侃而谈，不愿窃窃私语。
32. 别人说我总是闷闷不乐。
33. 理解问题常比别人慢些。
34. 厌倦时只要短暂的休息就能精神抖擞，重新投入工作。
35. 心里有话，宁愿自己想，不愿说出来。
36. 认准一个目标就希望尽快实现，不达目的誓不罢休。
37. 同样和别人学习、工作一段时间后，常比别人更疲倦。
38. 做事有些莽撞，常常不考虑后果。
39. 老师或师傅讲授新知识、新技术时，总希望他讲慢些，多重复几遍。
40. 能够很快地忘记那些不愉快的事情。
41. 做作业或完成一件工作总比别人花的时间多。
42. 喜欢运动量大的剧烈体育活动，或参加各种文艺活动。
43. 不能很快地把注意力从一件事转移到另一件事上去。
44. 接受一个任务后，就希望迅速解决。
45. 认为墨守成规比冒风险强些。
46. 能够同时注意几件事。
47. 当我烦闷的时候，别人很难使我高兴。
48. 爱看情节起伏跌宕、激动人心的小说。
49. 对工作认真严谨、始终如一。
50. 和周围人们的关系总是相处不好。
51. 喜欢复习学过的知识，重复做已经掌握的工作。
52. 希望做变化大、花样多的工作。

53．小时候会背的诗歌，我似乎比别人记得清楚。
54．别人说我“出语伤人”，可我并不觉得这样。
55．在体育活动中，常因反应慢而落后。
56．反应敏捷，头脑机智。
57．喜欢有条理而不甚麻烦的工作。
58．兴奋的事常常使我失眠。
59．老师讲新概念，常常听不懂，但是弄懂以后就很难忘记。
60．假定工作枯燥无味，马上情绪低落。

确定气质的具体方法如下。

第一步，在回答上述问题时，你认为：

很符合自己情况的，记 2 分；

比较符合的，记 1 分；

介于符合与不符合之间的记 0 分；

比较不符合的，记-1 分；

完全不符合的，记-2 分。

第二步，将各类每题得分汇总。

胆汁质

题号：2、6、9、14、17、21、27、31、36、38、42、48、50、54、58。

总得分：(　　　)

多血质

题号：4、8、11、16、19、23、25、29、34、40、44、46、52、56、60。

总得分：(　　　)

黏液质

题号：1、7、10、13、18、22、26、30、33、39、43、45、49、55、57。

总得分：(　　　)

抑郁质

题号：3、5、12、15、20、24、28、32、35、37、41、47、51、 53、59。

总得分：(　　　)

第三步，气质类型的确定如下。

(1) 如果其中一种气质得分明显高出其他三种，均高出 4 分以上，则可定为该类气质型。此外如果该类气质得分超过 20 分，则为典型；如果该类得分在 10～20 分，则为一般型。

(2) 两种气质类型得分接近，其差异低于 3 分，又明显示高于其他两种，高出 4 分以上，则可定为这两种气质的混合型。

(3) 三种气质得分均高于第四种，而又接近，则为三种气质的混合型。

第三节　性格差异与管理

一、性格概述

(一)性格的含义

恩格斯曾经说过："人物的性格不仅表现在他做什么，而且表现在他怎样做。"因此，性格表现出一个人对现实的比较稳定的态度和习惯化了的行为方式，性格是个性心理特征中最重要的方面，它通过人对事物的倾向性态度、意志、活动、言语、外貌等方面表现出来，是人的主要个性特点即心理风格的集中体现，人们在现实生活中显现出的某些一贯的态度倾向和行为方式，如大公无私、勤劳、勇敢、自私、懒惰、沉默、懦弱等，都反映了自身的性格特点。

实践证明，性格不是天生的，性格是一种与社会相关最密切的人格特征，在性格中包含有许多社会道德含义。性格表现了人们对现实和周围世界的态度，并表现在他的行为举止中。性格主要体现在对自己、对别人、对事物的态度和所采取的言行上。性格表现一个人的品德，受人的价值观、人生观、世界观的影响。这些具有道德评价含义的人格差异，称为性格差异。性格是在后天社会环境中逐渐形成的，是人的核心的人格差异。性格有好坏之分，能最直接地反映出一个人的道德风貌。

(二)本性和性格的区别

性格是后天形成的，比如腼腆的性格、暴躁的性格、果断的性格和优柔寡断的性格等。

本性是人天生所具有的、不可改变的思维方式。比如自尊心、虚荣心、荣誉感等。人的本性包括求生的本性、懒惰的本性和不满足的本性。

(三)性格与气质的关系

性格与气质的关系十分密切。人们常常把一些气质特征称作性格待征。比如，人们常讲某人性格很活泼，某人的性格很内向，某人性子很急等，都指的是气质特点。实际上，性格与气质既有区别，又有联系。气质主要表现在人的情绪和行为活动中的心理动力性特征上(即强度和速度等)，在社会评价上一般无好坏之分。而性格则更多地受到社会生活条件的制约，主要表现在人的态度体系和行为方式等个性心理特征上，所以在社会评价上就有好坏之分。

性格与气质的关系非常复杂。同一种气质类型的人，可能是不同的性格特征；而有相同性格特征的人，也可能属于两种气质类型。据有关研究表明，性格与气质的关系大致表

现为三种情况：

第一，有些性格特征在各种气质类型的人身上都可能形成，而气质只是赋予这些性格特征以某种“色彩”而已。例如，具有勤劳性格的人中，有的可能表现出精神饱满、精力很充沛的气质特征；有的则表现出踏实肯干、认真负责的气质特征。

第二，气质可能影响某些性格特征形成和发展的速度。拿自制力性格特征的形成来讲，对比较急躁气质的人来说就要经过极大的克制和努力，而对于比效稳重、安静气质的人来说则较容易形成。

第三，有些性格特征也具有较多的动力性，鲜明地表现出个性的气质特点。比如，性格的某些情绪特征，往往会引起情绪反应的快慢和情绪活动的强弱，这就表现出气质特点。

二、性格的特征

(一)性格的态度特征

性格的态度特征，是指个体在对现实生活各个方面的态度中表现出来的一般特征。它包括对现实的态度和对自己的态度两个方面。人对现实生活的反应，总是以一定的态度表现出来的。但由于现实生活表现出来的特征是多种多样的，所以人对现实的态度所表现出来的性格特征也是多种多样的。比如，对别人、对集体和对社会的态度怎么样，是表现出集体主义、富于同情心、诚实正直、公而忘私等性格特征呢，还是表现出漠不关心、冷酷无情、虚伪狡诈、唯利是图的性格特征？比如，对劳动和工作的态度怎么样，是勤劳、踏实、富于创造性，还是懒惰、马虎、墨守成规呢？另外，对自己的态度，是谦逊，还是傲慢；是自信，还是自满；是自豪，还是自卑，等等，这些都是表现一个人性格的态度特征的非常重要的方面。

(二)性格的理智特征

性格的理智特征是指个体在认知活动中表现出来的心理特征。在感知方面，能按照一定的目的任务主动地观察，属于主动观察型；有的则明显地受环境刺激的影响，属于被动观察型；有的倾向于观察对象的细节，属于分析型；有的倾向于观察对象的整体和轮廓，属于综合型；有的倾向于快速感知，属于快速感知型；有的倾向于精确地感知，属于精确感知型。想象方面，有主动想象和被动想象之分，有广泛想象与狭隘想象之分。在记忆方面，有主动与被动之分，有善于形象记忆与善于抽象记忆之分等。在思维方面，是否敏锐、深刻，有无逻辑性和创造性，是独立思考还是依赖他人，是深刻还是浮浅，等等。

(三)性格的情绪特征

性格的情绪特征是指个体在情绪表现方面的心理特征。情绪状态对人的活动影响很大，其具体表现为：第一，在情绪的强度方面，即情绪对人的行为活动的感染程度或支配程度，以及情绪受意志控制的程度。有的情绪强烈，不易于控制；有的则情绪微弱，易于控制。例如，有的人情绪高涨、热情，有的人则情绪低落、冷漠。第二，在情绪的稳定性方面，有人情绪波动性大，情绪变化大，如有的人在工作上表现为忽冷忽热，情绪不稳，起伏波动；有的人始终保持稳定的情绪，心平气和。第三，在情绪的持久性方面，有的人情绪持续时间长，对工作学习的影响大；有的人则情绪持续时间短，对工作学习的影响小。第四，在主导心境方面，如有的人经常精神饱满，处于愉快的情绪状态，是个乐观主义者；而有的人则是经常抑郁消沉，多愁善感，闷闷不乐。

(四)性格的意志特征

一个人自觉调节自己行为的程度，以及克服困难时的心态表现了一个人的意志。故这种自我调节行为的方式和克服困难的程度，就反映了他的性格的意志特征。这种意志特征主要表现在对行为目标明确的程度上，以及对行为自觉控制的水平上。自觉性、坚定性、果断性、自制力等是主要的意志特征。自觉性是指在行动之前有明确的目的，事先确定了行动的步骤、方法，并且在行动的过程中能克服困难，始终如一地执行。与之相反的是盲从或独断专行。坚定性是指能采取一定的方法克服困难，以实现自己的目标。与坚定性相反的是执拗性和动摇性，前者不会采取有效的方法，一味我行我素；后者则是轻易改变或放弃自己的计划。果断性是指善于在复杂的情境中辨别是非，迅速作出正确的决定。与果断性相反的是优柔寡断或武断、冒失。自制力是指善于控制自己的行为和情绪。与自制力相反的是任性。

三、性格类型

鉴于性格在个体结构中的重要地位，长期以来，许多心理学家高度重视对性格理论的研究，曾经以各自的标准和原则，尝试从不同角度对人的性格类型进行划分。下面是几种有代表性的观点。

(一)从社会学与生物学综合的角度分类

从社会学与生物学综合的角度将性格分为以下 6 种。

1. 现实型

现实型的人喜欢户外、机械以及体育类的活动或职业。喜欢与“物”打交道而不喜欢与“人”打交道，喜欢制造、修理东西。喜欢操作设备和机器，喜欢看到有形的东西。有毅力、勤勉，缺乏创造性和原创性。喜欢用熟悉的方法做事并建立固定模式，考虑问题往往比较绝对。喜欢模棱两可，不喜欢抽象理论和哲学思辨。是个传统、保守的人，缺乏良

好的人际关系和言语沟通技巧。当成为别人瞩目中心时会感到不自在，不善于表达自己的情感。别人认为他比较腼腆害羞，但是绝大多数现实主义者都秉承着实事求是的生活和工作作风。

2．研究型

研究型的人好奇心强，好问问题。必须了解、解释和预测身边发生的事。有科学探索的热情。对于非科学、过于简单或超自然的解释，多持否定和批判的态度。对于喜欢做的事能够全神贯注，独立自主并喜欢单枪匹马做事，不喜欢管人也不喜欢被管，喜欢从理论和思辨的角度看问题，喜欢解决抽象、含糊的问题，具有创造性，常有新鲜创意，往往难以接受传统价值观。逃避那种高度结构化、束缚性强的环境。处理事情按部就班、精确且有条理，对于自己的智力很有信心。在社交场合常会感到困窘，缺乏领导能力和说服技巧。在人际关系方面拘谨、刻板。不太善于表达情感，可能给人不太友善的感觉。应该更加注重自身的发展与创新精神。

3．艺术型

艺术型的人有创造力、善表达、有原则、天真、有个性。喜欢与众不同并努力做个卓绝出众的人。不喜欢从事笨重的体力活动，不喜欢高度规范化和程序化的任务。喜欢通过艺术作品表现事物、表现自我，希望得到众人的关注和赞赏，对于批评很敏感。在衣着、言行举止上倾向于无拘无束、不循传统。喜欢在无人监督的情况下工作，处事比较冲动。非常重视美及审美的品味，比较情绪化且心思复杂。喜欢抽象的工作及非结构化的环境。寻求别人的接纳和赞美，觉得亲密的人际关系有压力而避免之。主要通过艺术间接与别人交流以弥补疏离感，思想天马行空、无拘无束。

4．社会型

社会型的人友善、热心、外向、合作。喜欢与人为伍。能洞察别人的情感和问题。喜欢扮演帮助别人的角色，如教师、顾问。喜欢表达自己并在人群中具有说服力，喜欢当焦点人物并乐于处在团体的中心位置。对于生活及与人相处都很敏感、理想化和谨慎。喜欢哲学问题，如人生、宗教及道德伦理问题。不喜欢从事与机器或资料有关的工作，或是结构严密、重复性的工作。和别人相处融洽并能自然地表达情感，待人处事圆滑，给别人以仁慈、乐于助人的印象，如果能够得到社会的认可将对国家具有重大的贡献。

5．管理型

管理型的人外向、自省、有说服力、乐观。喜欢有胆略的活动，敢于冒险。支配欲强，对管理和领导工作感兴趣。通常喜欢追求权力、财富、地位。善于辞令，总是力求使别人接受自己的观点，具有劝说、调配人的才能。自认为很受他人欢迎，缺乏从事细致工作的耐心。不喜欢那些需要长期智力活动的工作，管理型的人头脑清楚，思维敏捷，是可靠的生活和社会的保障。

6. 传统型

传统型的人做事有板有眼、固执、脚踏实地，喜欢做抄写、计算等遵守固定程序的活动，是个可信赖、有效率且尽责的人。依赖团体和组织以获得安全感，并努力成为好成员，在大型机构中从事一般性工作就感到满足，不寻求担任领导职务。知道自己该做什么事时，会感到很自在。不习惯自己对事情作判断和决策，因而不喜欢模棱两可的指示，希望精确了解到底要求自己做什么，对于明确规定的任务可以很好完成。倾向于保守和遵循传统，习惯于服从、执行上级命令。喜欢在令人愉快的室内环境工作，重视物质享受及财物。有自制力并有节制地表达自己的情感，避免紧张的人际关系，喜欢自然的人际关系。在熟识的人群中才会自在。喜欢有计划地做事，不喜欢打破惯例，不喜欢从事笨重的体力劳动。此类型基本上按照社会规律生活。

美国职业指导专家霍兰德认为，每个人都是这 6 种类型的不同组合，只是占主导地位的类型不同。而每一种职业的工作环境也是由 6 种不同的工作条件所组成，其中有一种占主导地位。一个人的职业是否成功，是否稳定，是否称心如意，在很大程度上取决于其个性类型和工作条件之间的适应情况。

(二)根据心理活动的机能不同分类

根据心理活动的机能不同将性格型分为以下 4 种。

1. 理智型

以理智占优势的人称为理智型，这种人凡事以理智权衡一切并支配自己的行动。

2. 情绪型

情绪型的人情绪体验深刻，言行易受情绪左右，喜欢感情用事，不善思考。

3. 意志型

意志占优势的人称为意志型，这种人做事有较明确的目标，并能自觉主动地采取行动。

4. 中间型

介于上述三种之间的称中间型。

(三)根据心理活动倾向于内部世界还是外部世界分类

根据心理活动倾向于内部世界还是外部世界，可将性格分为以下 3 种。

1. 内向(倾)型

内向型的人，沉默寡言，心理内向，情感深沉，待人接物小心谨慎，性情孤僻，不善

交际；一般表现为语言少、好幻想、情感深沉、沉静多思，善于内心活动，反应比较缓慢，适应环境困难，不爱社交、性情孤僻，缺乏决断能力，但具有自我分析和自我批评的精神。

2. 外向(倾)型

外向型的人心理外向，对外部事物比较关心，活泼开朗，善于交际，活跃，情感容易流露，待人接物比较随和，独立性强，决断能力强，不拘小节，但比较轻率，缺乏自我分析和自我批评精神。

3. 内外平衡型

内外平衡型介于内向型和外向型之间，这种人由内部过渡到外部或由外部过渡到内部比较容易而且平衡。

这种分类方法是以瑞士心理学家荣格为代表。他最早把性格分为内向和外向两种类型。在现实生活中，典型的内向和外向的人很少，大多数是介于两者之间的，而且人的性格又是各不相同的。这种分法只考虑到人的能量大小，没有考虑到人的性格的社会影响。由于这一分法易于掌握，人们也较为乐于接受，应用的范围较广。后来荣格经过多年的研究，其理论又有所发展，把人在生活中，特别是在人际交往中的性格特点分为敏感型、感情型、思考型和想象型 4 类。虽然一个人可能同时具有两种或两种以上的性格类型特点，但其所具有的主要特征总是属于某一类型。

(四)根据个体的独立性程度分类

根据个体的独立性程度分类，可将性格划分为以下 3 种。

1. 独立型

独立型的人，善于独立地发现问题和解决问题，不易受别人意见的干扰。在紧急困难的情况下，沉着稳定，自信、果断，不慌张，能发挥自己的力量。

2. 顺从型

顺从型的人，缺乏独立性，易受暗示，容易不加考虑地接受别人的意见，屈从权威，缺少主见，办事盲从，在紧急困难的情况下，容易惊慌失措，逃避现实。

3. 反抗型

反抗型的人，喜欢把自己的意志强加于其他人或物，相信依靠自己的力量能改变其他人或物，坚持己见，并在行动中贯彻。

实际上，个人性格的形成是在他所生活的社会环境的影响下，由不稳定到逐渐定型的发展过程。所以，划分性格的类型除了主要考察个人的生活经历之外，还应考虑社会环境、阶级因素的影响。否则，就不会找到个人性格的本质特征。对性格进行分类，可以为管理工作者合理地使用人才、充分调动人的积极性提供重要的理论依据，具有实践意义。

四、性格理论在实践中的运用

性格是人的个性中的核心部分，它是在一定的社会环境和教育因素的影响下，在个体的实践活动中逐渐形成和发展起来的，因此，人的性格无不打上社会生活和历史条件的烙印。它对个体的实践活动具有能动的反作用，它对于一个人的成才、事业的成就、健康状况以及管理水平有着重大的影响。因此，对性格问题的研究与应用，有助于提高我们的实践管理水平。

(一)性格与成才

古今中外，大凡在事业上有所成就者，其性格往往起了一种“催化剂”的作用。

在人才成长的心理因素中，智力因素(包括观察力、记忆力、想象力、思维能力等)常以较直接和外显的形式表现出来；非智力因素(包括兴趣、意志、情感、性格等)往往处于内隐之中。人们通常较容易认识到智力与成就的关系，而往往忽视性格与成就的关系。如一些望子成龙的父母在儿童的智力培训方面下了很多工夫，而不太注意培植孩子良好的性格，结果往往是事倍功半，收效甚微。一些研究证明，性格与成就的关系大于智力与成就的关系。

例如，美国心理学家特尔曼(Terman)从 1921 年开始，曾对 1528 名智力超常儿童进行追踪调查几十年。其调查研究的时间之长，规模之大，成绩之显著，影响之广泛，均是空前的。他的研究结果表明：性格与成就的关系大于智力与成就的关系。

特尔曼把 800 个男性被试者中成就最大的 20%与成就最小的 20%进行了比较研究，发现这两组人在智力方面没有什么差别，而最明显的差别在于他们的个性心理特征上的差异。成就最大的这一组人的性格特征是：有理想，谨慎，有进取心，自信和坚韧，在最后完成任务的坚持性等方面，都明显地高于成就小的那一组人。

实践证明，智力因素水平相当的人中，非智力因素水平较高者容易成才，而性格是非智力因素中的核心因素，对成才有着巨大的作用。正如爱因斯坦所说：“优良的性格，钢铁级的意志，比智慧与博学更加重要”。历史事实也正是这样，伟人之所以能作出巨大的成就，除了历史条件和智力因素外，与性格有着密切的联系。如马克思在青年时代，就有理想，自信，有刚毅和坚强的性格，他在 1865 年回答他的女儿劳拉的问题时，认为男人最好的性格是刚强，他的最大特点是目标始终如一。又如伟大的科学家居里夫人有一句名言是：“我们应该有恒心，尤其要有自信力。”这是她刚强与执著的性格的集中表述。伟人的性格是他们取得事业成功的重要因素。

要使性格成为一个成才的有利因素，关键在于让自己的性格和目标二者相适应。一是根据自己的性格特点结合社会需要和可能，选择合适的职业，确立可行的成才目标；二是在实践中不断培养、改造和完善自己的性格，择优汰劣，持之以恒，使自己的性格与既定

职业相适应。人的性格具有稳定性和可塑性双重性质，一个连自己的性格也无力改善的人想必他也难以在现实中成就一番事业。能成功地自我完善性格的人，一般都是在发现自我丑恶性不足的瞬间，从肯定自我之不足，迈向新的理想中的自我的心理冲突状态中实现的。只要坚持不懈地努力，就不仅能够驾驭自己，克服弱点，完善性格，而且能成为事业的主人，在工作中取得辉煌的成就。俗话说“勤能补拙”、“笨鸟先飞”，有的人智力水平不高，能力也不强，但有良好的性格品质，如有事业心、有责任心、有恒心，则可以弥补能力的不足，同样能够在学习和工作方面取得好成就。相反，如果单凭小聪明，没有好的性格品质，为人懒惰、浮躁、马马虎虎，那么无论在学习上还是工作中都不会成功的。爱迪生说过：“天才等于99%的汗水加上1%的灵感。”可见性格决定命运。

【案例 3-4】 香港“英皇老板”杨受成的传奇创业

杨受成61岁，为英皇集团老板，早年经营钟表店起家。20世纪60年代靠父亲借给他20万元，在香港市区心脏地带开设钟表店，其后取得名表代理权，不到30岁已成“钟表大王”。90年代，杨受成的英皇国际集团成功上市，业务包括酒店、银行、金融、地产等，更建立娱乐王国，亦进军传媒行业。

在香港众多富豪中如果要说最讲“派头”，英皇钟表集团主席杨受成恐怕是数一数二的，他曾公开对传媒说：“工作之余，我喜欢穿靓衫、驾靓车、吃好的东西，人需要享受生活，人生才有意义。”1994年杨受成以1300万港元破纪录的高价，投得原来由已故邓肇坚爵士拥有的9号车牌，这也是目前世界上最贵的车牌。

这也许跟他在事业上几番大起大落，最终以坚强的意志力和聪明的商业头脑而成为超级富豪的经历不无关系。

杨受成自从创立自己的事业，便开始在商海中浮浮沉沉，起起落落，可他从不言败，而是从失落中爬起来，昂首向前，奋斗到底。他的经历成了香港商界的一个传奇。

杨受成祖籍潮安县，祖父在潮州韩江撑船艰难地维系一家的生活，他的父亲杨成1904年只身到香港闯天下。杨成在香港做苦力、卖旧衣、卖旧墨水笔、摆地摊，辛勤地积累了一笔小资金，1942年在上海街买了一个铺位，取名成安记，经营钟表零售和维修。第二年，杨受成出生在这个已有点家业的经商家庭。这样的家庭熏陶，杨受成小小年纪便显示出做生意的浓厚兴趣。当然商海风云也让他目染了变幻莫测的商机以及人间的沧桑。20世纪50年代，十二三岁的杨受成目睹了父亲一夜间倾家荡产的惨景，父亲在一次买卖中遇到骗子，被骗子以偷龙换凤的手法骗去了钱财，几乎是杨家的所有财产。此时债主临门，辱骂父亲不守信用，借钱不还。这件事使杨受成懂事了很多，也暗自立志，长大一定要出人头地，替父亲争口气。中学还没有毕业，对经商有浓厚兴趣的杨受成干脆放弃了学业，开始正式帮助父亲做生意，从此走上经商之路，并摸索出一套赚钱之道。

临危不惧是杨受成浮沉商海并取得成功的过人之处。当他正在地产市场“呼风唤雨”之际，祸从天降。1979年香港骑师东尼被控殴打前《天天日报》董事韦建邦案中，杨受成以各种形式替被告东尼出头多次"探访"韦建邦，结果1981年，杨受成被控妨碍司法公正，被判入狱 9 个月。在香港赤柱马坑监狱服刑之初，他有些不适应，脑子里一片空白，但认为自己没有做过伤天害理的事，心也变得平和，他服刑表现良好，刑期被缩减为半年。此期间，他的生意交由弟妹打理。出狱时，正值香港出现信心危机，地产市场一落千丈，好世界因此债台高筑，欠债高达3.2亿元。好世界股份不得不在交易所停牌，并由汇丰宣布接管，这无疑给杨受成又一个沉重打击。平时的"沙堡兄弟"此时也如同陌生人，使扬受成创伤的心有如雪上加霜，深感人间冷暖。然而，正像他后来在接受记者采访时说的："我没有因此自卑、气馁，也不喜欢别人可怜我，自己跌倒了唯有爬起来继续奋斗。"这充分显示了他的性格。

不达目的决不罢休，这是杨受成经商取得成功最重要的一招。20世纪60年代初，杨家的钟表店已在香港小有名气，但是由于公司财力仍然薄弱，只能像其他钟表店一样，对亚米茄和劳力士等名牌表的分销权，只有观望的份儿。然而，杨受成抱着碰运气的心情到亚欧茄表香港区代理的安天时洋行，拜见瑞士籍犹太裔老板 Abert Barceha，恳求给他欧米茄的分销权，受到坦诚的拒绝。但这位犹太人却被这个小伙子的一片热心所动，告诉他将来或许考虑给他欧米茄副厂的天梭表的分销权。充满干劲和活力的杨受成也不理会这是否犹太商人所说的客套话，他穷追不放，一个月总有数天到这个商人家做客，每次登门总探问天梭表的代理分销权何时才能够落实。杨受成终于感动了这位犹太商人，获得了天梭表的代理权。由于杨受成的客路广，销售很可观，给犹太商人留下了良好的印象，后来又成功地获得了欧米茄表的分销权。1968年，他在父亲的担保下，向银行贷款20万元，在"天文台表行"对面开设了欧米茄表专卖店。1969年，他取得了劳力士副厂帝陀表的分销权；1970年，再次夺得了劳力士的分销权，奠定了英皇表行在同业中的地位。

资料来源：http://www.3158.cn/news/20110106/14/74-16576954-1.shtml

(二)性格与人的健康

一个人的性格与健康有着密切的联系。良好的性格有助于人的身心健康，相反，不良的情绪和性格对健康大为不利。近些年国内外有不少资料可说明这一点。例如，美国约翰霍普金斯医学院研究所的贝兹和托马斯曾做过这样一个实验：1948年，他们将45名学生按不同的性格分为三组，第一组学生的性格为谨慎、含蓄、安静、知足；第二组学生的性格为自觉、积极、开朗；第三组学生的性格为急躁、易怒、情绪易波动，不太知足或不想知足。30年后(1978年)，他们又对这45名学生的健康状况进行了调查，发现第三组学生中患癌症、高血压、心脏病和精神混乱症的约占77.3%；而第一组中仅占25%；第二组中也只有26.7%。可见，一个人的性格应该是开朗乐观，对生活充满希望，沉着，善于摆脱烦恼和忧虑，这将大大有利于健康。

近年来，美国得克萨斯大学的科学研究证实：人的大脑和免疫功能之间存在着密切联系，在紧张状态下，人体的免疫功能会降低，因为人体防御系统中的白血球具有接受激素的受体的功能，在人体紧张时可以大量释放激素，并与白血球相结合，削弱人的免疫力。免疫功能降低会给各种疾患提供可乘之机，所以，如要维护自己的身心健康，就必须避免紧张和负性情绪，主动调节自己的情绪状态，从而保证自己以饱满的热情投入工作和学习。

另外，大量的事实说明不同情绪可诱发不同的疾病。早在我国先秦时期，医学典籍《黄帝内经》中就有许多有关身心健康的理论。该书指出人的脾气禀性也会影响人的身心健康，例如，"内伤七情"就是指人的某种情绪发作到极点，有损于五脏甚至诱发疾病。例如："怒则气上"、"大怒伤阴"，谓之"怒伤肝"；"喜则气缓"、"大喜伤心"，是指喜本能缓和精神紧张，使心情舒畅，但狂喜过度，则心气涣散，神不守舍，易失神狂乱；"恐则气下"，恐惧可导致小便失禁，故"恐伤肾"；"惊则气乱"，是指突然到来的意外刺激，会使心胆气乱，轻则心悸惕惕，重则神昏失志，甚至精神错乱，会对胆、肝、心等器官造成伤害；"悲则气消"，悲哀太过，则伤肺气，而至气短，气机不畅，以致意志消沉，萎靡不振，故"大悲伤肺"；"思则气结"，即思虑伤脾，脾气郁结，不思饮食，故"思伤脾"。可见人的多种疾病皆与人的情绪直接相关，人的脾气禀性会影响人的身心健康。从各种气质类型的心理特征看，那些极端典型的某种气质类型的人，在他们的心理过程和行为活动中容易出现"七情致病"现象。胆汁质的人，易激怒，控制不了自己的情绪发作，易"怒伤肝"；多血质的人，容易为一件事而喜不自禁，发作起来，强度极高，易"喜伤心"；黏液质的人，情绪一般比较平衡，但一旦被激发，又难以平静下来，容易出现郁闷，由于延续时间较长，则易出现多方面的身心疾病；抑郁质的人，心情比较低沉，多疑，易焦虑，所以最易患心身疾病。因此，要维护身心健康，就要积极地限制气质类型的消极影响，千方百计避免紧张和负性的情绪，努力通过适当的活动，主动地调节自己的情绪状态。

中国古代的庄子就曾提出过至理名言，不追究过去，也不为将来做过度的忧虑，只适时应变，事后也不再耿耿于怀。这即是忘却之功。这里庄子强调"忘却"的功德。事实上，一般人要做到"适时应变，事后忘净"实在不容易。

【案例 3-5】坚罐不顾

中国古代有这样一个典故，叫"坚罐不顾"。说的是，古时候，有个挑着罐(煮东西的瓦器)叫卖的人，边走边叫卖，一个罐突然掉下来，碎裂一地。卖罐的人却头也不回继续往前走。一个过路人告诉他："你的罐掉了。"他却说："我听到这掉下的声音很大，知道碎得派不上用场了，何必回头去捡它？"这个典故告诉我们，事情既已发生，又毫无补救的方法，何必为它而恋恋不舍呢？不要为烦人的琐事而操心，不要无谓地自寻烦恼。

资料来源：http://blog.luohuedu.net/blog/101927.aspx

(三)性格与管理

研究人的性格特点，有助于提高管理水平。管理者了解员工的性格差异，可以根据员

工不同的性格特征合理地安排工作任务，并采取不同的管理方法充分调动各类人员的积极性，科学地选拔人才和有针对性地进行培训，往往可以取得事半功倍的效果。

1. 认识性格特征在管理中的重要意义

认识性格特征在管理中具有如下重要意义。

第一，认识性格特征对于加强思想政治工作有着非常重要的意义。一个人对现实的比较稳定的态度怎么样，他所表现出来的是一种什么样的习惯化了的行为方式，这不仅体现了一个人的个性心理的核心内容，更重要的是体现了他具有什么样的道德、信念和人生观。因此，了解和认识员工的性格特征就可以有目的有针对性地进行思想教育工作，改善和加强思想政治工作的内容和方法，帮助员工树立远大的理想，确立正确的人生观。

第二，认识性格特征有助于完善和强化各项管理制度，对员工良好的性格特征的形成具有很大的促进作用。不应否认，一些不良性格特征的形成和发展是与某些管理制度的不健全有着直接的关系的。事实上，管理方面的某些漏洞为一些员工不良的心理倾向、不良习惯以及行为方式提供了滋生的条件，使之有了较为适宜的小气候。所以，必须在思想、工作、生活、文化和教育等各个方面制定出一系列既有利于加强管理，又有益于员工性格发展的管理制度。

第三，识别性格特征和类型对于职业选择和合理用人也有重要的指导意义。例如：很难设想让一位好动、善于社交，而又粗心大意的人来作好统计或会计工作；也很难想象让一个性格十分内向、沉默寡言、思维迟钝的人，成为一个称职的宣传教育工作者。国外在员工选用方面试行了一系列鉴别性格的心理测验方法，有些很值得我们借鉴。因此，性格不仅对职业要求和工作效率有直接的影响，而且在某种程度上决定了一个人的社会贡献程度。

2. 性格与职业的匹配

目前，人们非常重视性格与职业的匹配问题。许多人认为，性格比能力更加重要，原因就在于，一个人的能力不足可以通过培训，通过知识、技能的积累而提高；但是，如果一个人的性格与职业不匹配，则改变的难度就大得多，所以各行各业招聘新人以及个人择业时，最好能考虑到性格与职业的匹配性，将性格测试放在首位，当性格与职业相匹配时，才对其能力进行测试检查。

美国心理学家霍兰德对性格类型与工作匹配问题进行了深入的研究，提出了性格-工作搭配理论，他认为性格与工作之间存在着搭配关系，如果个体的性格特征与其从事的工作相匹配，则工作效率提高，由工作所带来的满足感也更多些。他提出了 6 种性格类型及与之相匹配的工作，如表 3-1 所示。

综上所述，如果性格类型与所从事职业相适应，工作取得最佳绩效的可能性就多一些，个体也能取得最佳的工作满足感，相应地降低了离职的倾向。因此，单位选人时应重视人的性格，个人选职业或岗位时更应对性格加以重视。个人的事业能否顺利发展，在一定程

度上取决于性格与职业的匹配状况。简单地说，如果某人的情绪易激动，控制力较弱，就不应该进行股票、期货等风险性投资活动。

表 3-1 霍兰德提出的性格类型与相应的职业

性格类型	职 业
现实型	林业、农业、建筑业
研究型	生物学、数学、新闻报道
社会型	服务业、社会工作、临床心理学
传统型	会计、财务、企业管理
管理型	法律、公共关系、企业管理
艺术型	绘画、音乐、写作

资料来源：http://www.em-cn.com/chuangye/2006/67713.shtml

五、性格的鉴别

性格的鉴别是个比较复杂的问题，这里只能提供一些简便易行的方法，并对分析鉴别性格提供一些见解和思路。

(一)自然实验法

自然实验法是性格鉴别中常用的一种方法，比较自然随便，被试者不会感到是在接受心理测验，可以减少主观因素影响。比如，对于一个不善于管理约束自己、责任心不太强的人来讲，可以分配有一定责任的工作，并使他感到这是一种信任，然后注意观察其是否有责任感，配合得怎么样。通过这种方法，大致可以看出他的事业心和责任心，以及他所表现出来的性格特征。当然，自然实验法的方式很多，需要在实践中摸索和总结。例如，上海某灯具厂的厂长，曾故意把水龙头开着，房内无人时把灯开着，自己呆在别人注意不到的地方，以观察不同员工对待这类问题的反应，结果有的员工把水龙头关好，表明他细心，关心公物；有的员工看见了也不管；有的员工根本不注意这些事情。追踪一段时间以后，就可以做出比较准确的判断。观察往往需要反复多次，才能作出切合实际的结论。这种方法简单易行，但其信度和效度较低，观察结果易受观察者认识的局限。此方法最好与其他方法结合使用。

(二)调查研究法

采用调查研究法的主要途径一般有两条：一是谈话法，即口头调查法，通过相互交谈的方式来了解搜集一些材料，然后通过分析研究确定或判断一个人的性格特征；二是问卷法，这是一种书面调查形式的谈话，可以向本人或其他人进行问卷调查，掌握一定的书面材料来分析个性特征。

(三)性格测验法

性格测验法是西方流行的一种心理测验方法，我国也有许多单位采用这种方法，其中比较实用的有量表法和投射法。量表法是对被测者进行询问的一种标准化方法。所谓量表就是指测量性格特征所采用的衡量尺度，它包括测验题目、性格因素、排列次序、标准答案、答分等。如“明尼苏达多项人格测量表”、“卡特尔 16 种个性因素测验量表”“Y-G 性格检查表”等。其中“卡特尔 16 种个性因素测验量表”中，只需被测试者在“是的”、“不一定”、“不是的”三种答案中选择一种，并运用统计方法把每种性格特征因素所得的分数加起来，再换算成标准分填在专门的图表中进行处理，这样就可以看出被测者的性格特征。“投射法”是根据受测者对多种含意的刺激和反应结果，然后加以系统分类和量化处理，来推测和判断受测者的性格特征。

【案例 3-6】 从“林黛玉进贾府”评析王熙凤的性格

《红楼梦》的“林黛玉进贾府”一章中，从王熙凤闪亮登场、上场后的打扮以及精彩表演三个方面，可以透析出王熙凤泼辣、虚伪、机巧、善变的性格特征。

1. 闪亮登场，风光无限

王熙凤是贾府中的“贵人”——出身“四大家族”的史老太君两个儿媳中唯一一个“官太太”同时也属“四大家族”的王夫人的娘家侄女，地位自非她人可比。她年龄虽轻，又不识字，但老祖宗被她哄得团团转，所以，她掌握了贾府的财政大权，就凭这，她在府中瞒上欺下，为所欲为。正因为此，林黛玉进贾府王熙凤出场便也与众不同，未见其人，先闻其声。文中写道，众人都“敛声屏气”、“恭肃严整”，她却说，“我来迟了，不曾迎接远客!”按照领导者的惯例，于众人均到场之后，才不慌不忙在“又说又笑”中闪亮登场。这符合她的特殊的地位与身份，更能展示她泼辣的性格。

2. 打扮——美得像仙女

文中写道：“打扮与众姑娘不同，彩绣辉煌，恍如神妃仙子：头上戴着金丝八宝攒珠玑，绾着朝阳五凤挂珠钗；顶上带着赤金盘螭璎珞圈；……下着翡翠撒花洋绉裙。”华贵异常、艳丽逼人。“一双丹凤三角眼，两弯柳叶吊梢眉，……粉面含春威不露，丹唇未启笑先闻”，在这里，曹雪芹运用浓墨重彩，工笔细绘了王熙凤的穿着、打扮和相貌，既写出了人物地位的高贵，也表现了人物生活的奢华，更揭示了人物性情的虚伪。一言以蔽之：俗不可耐!从中不难看出：这里对凤姐的刻画给我们介绍了一位活脱脱、沉鱼落雁的“真妲己”；如果说，我们对黛玉是“情切切，意绵绵”，无限怜爱藏心头，那么对凤姐恐怕也只能是“爱不得，恼不得”，无尽畏惧在其中了。古龙言道：“她美的像一个仙女，却专带男人下地狱。”的确，想起王熙凤对贾瑞“毒设相思局”，就不难理解这个外表美丽之极，内心却狠毒至极的女人两面三刀的性格了。

3. 精彩表演

会见林黛玉时，王熙凤表演的整个过程更是精妙绝伦，摇曳生姿，令人叹为观止。在“黛玉连忙起身接见”、“黛玉忙陪笑见礼”之前，我们的凤姐是不宜先开口的，她对黛玉是视而不见，不理不睬，无任何主动向客人打招呼的言语举措。故作姿态，以保持身份、地位之优势。之后，王熙凤才“携着”黛玉的手，何其亲热；“上下细细打量了一回”，又是何等珍视！同时也表明下文中她的一番赞誉之辞是“深入观察”后发自肺腑的真情流露了。“天下真有这样标致的人物，我今儿才算见了”的恭维话甜得发腻，但谁受用这句话都会产生如熨斗熨过的舒服感，又不会招致旁听者的反感，可谓滴水不漏，言短意长，语简意丰。“竟不像老祖宗的外孙女儿，竟是个嫡亲的孙女，怨不得老祖宗天天口头心头一时不忘”，这话更是八面玲珑，一举三得，令人回味无尽：既拉近了与黛玉的亲情关系，大大赢得了黛玉的亲切感；更启发出黛玉对老祖宗的感激涕零，大大满足了“最高领导”的感情需要，从而为自己今后“工作”的有“利”展开奠定了基础；同时也在对黛玉旁敲侧击、“善意提醒”——别忘了，你毕竟只是个外孙女儿，以后说话办事可别出格哟！真可谓左右逢源、妙不可言。接着又“只可怜我这妹妹这样命苦，怎么姑妈偏就去世了！”说着，便用帕拭泪。高度清醒的头脑告诉她“这妹妹”是在什么样的情形下才来到他们贾家的，所以，洒的几滴同情的泪水，足以体现自己浓浓的人情味和仁慈的好心肠，从而博得在场所有人的极大好感，故而凤姐也就慷慨解泪囊了。在贾母对她的绘声绘色、情文并茂的表演满意地“笑道”“我才好了，你倒来招我”时，我们的凤姐“忙转悲为喜”，真如“六月的天”、“孩子的脸”，一切都可以根据“政治需要”而及时调整，她对于自己的语言、动作、神态、表情乃至内心感情完全做到了指挥若定。“该打！”表明自己的绝对惟领导马首是瞻，从而换得“最高领导”更大的欢心与信任，的确，凤姐太精明了，这次交易她赚定了！接下来的一番话表面上看是体贴入微，关怀备至；但细细读来，总觉语调和用语有些什么不同：“不要想家”、“只管告诉我”、“也只管告诉我”，与上文相比照，怎么都不像是对“嫡亲”的“妹妹”嘘寒问暖。其实，凤姐是在有意夸耀自己作为贾府“财政部长”的唯我独尊。

综上所述，王熙凤会见林黛玉整个过程中的一连串精彩表演，把她那善于察言观色，善于逢迎机变的虚伪性格，刻画得惟妙惟肖。

资料来源：贺得峰. 从“林黛玉进贾府”评析王熙凤的性格. 载青年文学家，2010 年第 2 期

第四节　能力差异与管理

一、能力的含义和分类

(一)能力的含义

能力是指人们顺利地完成某种活动所必需的心理特征。或者说，是人完成一定活动的

本领。没有这些心理特征，任何事情都做不成。能力之大小，直接影响着活动本身的效率。要顺利地完成某种任务，单靠某一种能力是不够的，必须靠几种有关能力的综合运用。例如学习活动就需要观察力、记忆力、概括力和理解力等能力的综合运用。人们从事一定活动所具有的各种能力的综合叫做才能。

如果一个人在某一方面或几方面有杰出的才能，如有卓越的创造力、丰富的想象力、突出的聪明智慧，并在实践中作出重大成绩，这样的人就被称为天才。天才是各种能力最完备的结合和发挥，是能力发展的最高水平。

(二)能力的分类

1. 一般能力和特殊能力

一般能力是人在各种活动中都必须具备的并在各种活动中表现出来的基本能力，如观察力、记忆力、想象力、思维力等，又称智力。特殊能力是某种专业活动所必需，并在专业活动中表现出来的能力，也称专门能力，如数学能力、运动能力、绘画能力、音乐能力、判断能力等。

一般能力和特殊能力，二者相辅相成、相互促进。一般能力的发展为特殊能力的发展创造了条件；反过来，特殊能力的发展在一定条件下又积极地影响着一般能力的发展。事实上，特殊能力得到高度发展的人，如天文学家、艺术家、科学家、数学家等，他们的一般能力也都有比较高的发展。

2. 再造性能力和创造性能力

再造性能力是指顺利地掌握前人积累的知识和技能，善于按照原有的模式进行活动的能力。如观察力、记忆力、思维能力、语言表达能力、模仿能力等。创造性能力则是指具有独特、变通、创新及超越平常的思考与活动能力，这种能力符合科技创新与创造活动的要求，能够创造出有社会价值的、新的、独特的东西。

3. 实际能力和潜在能力

实际能力是指实际作业已能熟练到某种程度而言的能力。潜在能力是指人将来有机会学习或接受训练时，可能达到的程度。

4. 认识能力、实践能力和社交能力

认识能力是指人的感知能力、思维能力，是人们完成活动的最基本、最主要的条件。实践能力是指有意识地调节自己的外部动作，以作用于外部环境的能力。如体育活动、技术操作、生产劳动等能力。社交能力是指参加社会群体生活，和周围人们相互交往、保持协调的能力。这三种能力是相互联系的。人是在实践活动和交往活动中认识客观世界、提高能力的；人又是按自己对客观世界的认识去调节自己的实践活动和交往活动的。

二、能力的形成与发展

影响能力形成和发展的因素是多方面的，如物质因素、先天素质、环境和教育、社会实践活动等。这些因素在不同时期对能力的形成和发展所起的作用不同，它们经常交织在一起对能力起着促进与制约作用。

(1) 先天素质是能力发展的自然基础。能力的形成依赖于一定的自然基础，即人体的素质。素质是有机体生来所具有的某些解剖和生理的特性。它主要包括脑系统、神经系统、感觉器官、运动器官的特性。这些特性直接影响和制约着能力的发展。如先天性大脑发育不全会成为智力发展的障碍，盲人不可能形成绘画能力，先天聋哑的人不会形成音乐能力。遗传因素对人的素质具有很大的影响。但素质不是能力本身，更不能直接地、完全地决定人的能力，也不能预先注定能力的发展。例如，一个音乐素质很好的儿童，由于没有得到专门训练的机会，最终也不能施展出优异的音乐才能。

(2) 物质条件是能力发展所必需的。一定的物质条件是能力发展所必需的。这里所说的物质条件主要指营养状况。它是完善脑功能的先决条件。良好的营养对心理功能的发展有积极的促进作用。胎儿在母体内良好的营养能保证儿童在胚胎期及出生后的体格和大脑都得到良好发育。儿童出生后的良好抚养和教育能促进其能力得到充分的发展。即使是成年人的能力发展也需要以一定的营养为基础。在人类智慧发展史上，恩格斯早就论述过食物的化学成分对猿转变到人的过程中的科学作用。营养对脑细胞的形成与发展以及脑机能的活动有着至关重要的影响。

(3) 环境、教育是影响能力的决定性外因。素质为能力的形成提供了可能性，营养为能力的形成和发展提供了客观物质基础，然而这种可能性要变成现实需要后天的学习、实践、教育和训练。良好的家庭环境、学校环境及社会环境是影响能力发展的重要因素。随着生产力的发展，社会为人们提供了更多受教育的机会。学习先辈经验、继承人类文化遗产，是能力发展所不可缺少的。

(4) 实践活动是能力形成和发展的决定性内因。环境和教育作为能力发展的外部条件，需要通过个体的内因而起作用。能力是在人的实践活动中逐渐形成和发展起来的。在实践活动中，人的能力必须通过主体的积极活动才能得到发展。一个人的能力水平与他从事活动的积极性成正比。要使能力获得较大和较快的增长，没有勤奋努力是根本不可能的。真正的天才是1%的灵感加99%的汗水。事实上，劳动实践活动对各种特殊能力的发展起着重要作用。不同职业的实践活动，制约着能力发展的方向。如美术家辨别颜色的能力远远胜过一般人；研磨工人能研磨出1/2000毫米的微隙，炼钢工人能辨别火焰细微的变化以判断炉内温度，这些都是他们在长期的职业实践活动中锻炼和发展起来的能力。即使是天才，也必须参加社会实践活动。

三、能力的差异

能力差异是指人与人之间在智力、体力及工作能力等方面的差异，是由性别、年龄、文化背景等因素造成的。人与人之间的能力存在着明显的差异，即使是在同样的环境中，年龄相仿、性格相同、教育程度相同的人，在实际能力上也会有较大的差异。这种能力差异主要表现在以下几个方面。

(一)能力发展水平的差异

能力发展水平的差异是能力发展在量上的差异，即能力大小的差异。早在春秋战国时期，孔子就已认识到人的能力发展水平的差异，他把人的智能划分为三种水平："上智"、"中人"、"下愚"。这种划分与现代心理学把人的智力划分为"超常"、"中常"、"低常"是相似的。但孔子认为这种智能上的差异是先天决定的，这是不对的。当代衡量人的智力发展水平的标准，除了用经验判断外，主要是依据智力测验的结果加以分类，即智商的高低加以区分。据心理学研究的结果表明，在全人口中，智力极低和极高的人都是极少数，绝大多数人属于中常状态。具体分布情况如表 3-2 所示。

表 3-2　全人口智商分布情况

智　商	人口百分比/%	类　型	备　注
140 以上	1	天才	1%智力超常
130～139	2	异常优秀	6%智力偏高
120～129	8		
110～119	16	优秀	
90～109	46	平庸	46%智力中等
80～89	16	平庸偏痴	4%智力偏低
70～79	8	临界迟钝	
60～69	2	生理缺陷	3%智力低下
60 以下	1		

资料来源：王雁. 普通心理学. 北京：人民教育出版社，2003

(二)能力类型的差异

能力的质的差异，主要表现在能力的知觉差异、记忆差异和思维差异等方面。表现在知觉方面的差异有分析型、综合型和分析综合型的区别。如有的人对事物的细节感知清晰，有较好的分析力；有的人对事物的整体感知较好，概括能力强，有的人兼而有之。表现在记忆方面有听觉型、视觉型、动觉型和混合型的区别。如有的人善于音乐，有的人善于美

术，有的人善于体育等。表现在思维方面有抽象思维、形象思维和逻辑思维的区别等。能力类型差异指个体和群体在各类能力方面的差异。

1. 智力类型差异

智力的类型差异，是指智力组成因素的质的差异。人们在知觉、表象、记忆、思维等方面，都表现出个别类型差异。

(1) 知觉的类型差异。人们在知觉方面，表现出个体类型差异，可以分为三类：①知觉综合型。这种人知觉的特点是，观察时注意事物的概括性，但分析能力较弱，对于事物的细节的感知不足。②知觉分析型。这种人知觉的特点与第一种人相反。有较强的分析能力，观察时注意事物的细节，但对于事物的整体性的感知不够。③知觉的分析综合型。这种人兼有上面两种知觉类型的特点，在观察中既能注意事物的整体，也能注意事物的细节。

(2) 表象的类型差异。人们在表象方面，也表现出个体类型差异，可以分为四类：①表象视觉类型。这种人视觉表象占优势。②表象听觉类型。这种人听觉表象占优势。③表象运动觉型。这种人运动表象占优势。④表象混合型。这种人几乎在同等程度上运用各种表象。这种个别差异可以作为某种活动的条件，从而成为某种特殊能力的构成部分。同时，从事同一种活动也可能依靠不同的表象。有的作家主要依靠听觉表象，另一些作家主要依靠视觉表象。

(3) 记忆的类型差异。人们在记忆方面，也表现出个体类型差异。根据种种分析器参与记忆的情况，可以分为四类：①记忆视觉型。这种人运用视觉记忆较好。②记忆听觉型。这种人运用听觉记忆较好。③记忆运动觉型。这种人有运动觉参加时记忆较好。④记忆混合型，如记忆的视觉-听觉型、记忆的听觉-运动觉型等。这种人运用多种记忆表象时效果较好。许多画家、作家、演员往往具有发展较好的视觉记忆，使他们在绘画写作或表演动作中准确地再现瞬息呈现的人物景象。

(4) 思维的类型差异。人们在思维方面，也表现出个别类型差异，可以分为两类：①集中思维型。这种人思维时，集中性思维占优势，对一个问题可以得出一个正确答案或一个最佳的解决方案。②发散思维型。这种人思维时，发散性思维占优势，对一个问题能够得出多种答案。

2. 特殊能力类型差异

特殊能力是由若干种不同能力构成的。研究表明，完成同一种活动可以由能力的不同组合来保证。

(1) 音乐能力的类型差异。前苏联心理学家捷普洛夫认为，音乐能力由三种主要能力构成：旋律感、听觉表象、音乐节奏感。他对三个学习音乐成绩最好的学前儿童的研究表明，其中一个儿童的特点是有强烈的旋律感和很好的听觉表象，但音乐节奏感较弱；第二个儿童的特点是有很好的听觉表象和强烈的音乐节奏感，但旋律感较弱；第三个儿童的特点是有强烈的旋律感和音乐节奏感，但听觉表象较弱。这显示出音乐能力构成因素之间相互关系的差异。

(2) 运动能力的类型差异。击剑运动能力由观察力、反应速度、攻击力量、意志力等多种心理因素组成。普尼对三个击剑运动员的研究表明，他们具有同等水平的职业能力，并达到同样的运动成绩，但他们的击剑运动能力的组成因素的发展水平却不尽相同。第一个运动员具有高度发展的观察力和“感觉因素”，但反应速度并不突出；第二个以一般的灵活性与坚韧性为突出特点；第三个则具有强烈的攻击力量与必胜的信心。短跑运动能力由动作强度、动作和节奏的配合等因素组成。两个短跑运动员可以达到同样良好的短跑成绩，但一个人依靠动作和节奏的更好配合，而另一个人则依靠更大的动作强度。

(3) 组织能力的类型差异。特殊能力的差异是指完成同一活动可以由能力的不同结合来实现。个人在特殊能力上的差异是很明显的。彼得罗夫斯基在《普通心理学》一书中，介绍了组织能力方面类型差异的具体事例：“据教师们评定，九年级共青团小组长尼古拉是个具有杰出组织能力的人，在他的身上观察到下述心理品质的综合：主动、敏感、关心人，同时又对人要求合理，有观察力，善于并乐意分析同学们的性格、兴趣和才能，有描述能力，对集体有高度责任感。八年级的维克多大胆地组织过许多活动，他也是个卓越的组织者，但却完全是另一种类型。他的组织能力是由另一些心理品质的综合组成的：严峻、考虑周到，并善于利用同伙中每个人的弱点，精明强干，等等。”这种情况说明，构成特殊能力的各种因素是不一样的，它们之间的关系并不是固定不变的，某种能力的薄弱，可以由其他的能力或能力组合的发展来补偿或代替。同样顺利完成一项活动，可以由各种能力的各式各样的结合来实现。各种不同能力的综合，形成人与人之间特殊能力上的个别类型差异。

另外，人的特殊能力的差异也很明显。如：有文学才能的人，具有敏锐而又深刻的观察自然和社会的能力、丰富的想象力、较强的语言表达能力等。而具有音乐才能的人，则是具有敏锐的音乐感觉能力、较强的听觉表象记忆能力等。

(三)能力表现的年龄差异

能力表现早晚差异即所谓的“人才早熟”或“大器晚成”。有些人在少年时期就表现出优异的能力。根据历史记载，我国许多名人在幼年时期就显露其才华。李白“五岁读六甲，十岁观百家”；杜甫“七龄思即壮，开口咏《凤凰》”；唐初的王勃 10 岁能赋诗，13 岁写出著名的《滕王阁序》；明末爱国诗人夏淳 5 岁知五经，9 岁擅辞赋古文，17 岁壮烈牺牲。近年来，全国各地更是涌现出一些早慧儿童，成为小画家、小音乐家、小文学家等。在中国科技大学，自 1978 年以来已招收多期少年班大学生，他们都是十四五岁就上了大学。国外奥地利作曲家莫扎特 5 岁开始作曲，8 岁试作交响乐，11 岁创作歌剧等，都属早慧。也有的人优异的能力表现较晚，甚至晚年方露才华。例如，中国著名画家齐白石 40 岁才表现出他的绘画才能；我国明代医学家李时珍，在 61 岁时才写成《本草纲目》；英国生物学家达尔文 50 岁才写出名著《物种起源》，而幼年和青年时代能力一般。控制论的创始人维纳，4

岁自由地阅读书籍，7 岁能阅读但丁和达尔文的著作，9 岁破格升入高中，11 岁写出论文，14 岁大学毕业，18 岁就获哈佛大学哲学博士学位。

不管“早慧”还是“晚成”，都需要主观努力、勤奋学习，否则天才也会夭折，如王安石笔下的仲永。如果有“下得功夫深，铁杵磨成针”的精神，愚钝也可转化为聪明。先天的素质固然重要，但后天的学习、教育和培养及主观努力的程度和实践活动是成才的决定性因素。

能力表现早晚的差异，还表现为一个人不同发展时期、不同能力类型发展水平的不同。有些能力发展成熟得早，有些则较晚。同时，各种能力衰退的程度也不一样。一般说来，科学家作出最大贡献的最佳年龄是中年。专家们认为，中年人年富力强，精力充沛，既有丰富的知识经验，又有较强的抽象思维能力和记忆能力，思维敏捷，较少保守，易于革新，勇于创造，是成才的好时机。有人对 301 位诺贝尔奖获得者做了统计，结果表明，30～45 岁是人的智力最佳年龄区，301 位诺贝尔奖获得者中有 75%的人获诺贝尔奖时年龄处于这个最佳年龄区，当代世界上杰出的科学家取得成就的年龄的峰值在 36 岁。莱曼进一步研究了从事不同学科的人最佳创造的平均年龄，如表 3-3 所示。

表 3-3　不同学科最佳创造的平均年龄

学　科	最佳创造的平均年龄(岁)	学　科	最佳创造的平均年龄(岁)
化学	26～36	声乐	30～34
数学	30～34	歌剧	35～39
物理	30～34	诗歌	25～29
使用发明	30～34	小说	30～34
医学	30～39	哲学	35～39
植物学	30～34	绘画	32～36
心理学	30～39	雕刻	35～39
生理学	35～39		

资料来源：王雁. 普通心理学. 北京：人民教育出版社，2003

要说明的是，各种不同能力在发展速度上是不同的。某些能力发展得较早，有的却很晚；到了老年，各种能力衰退速度也是不一样的。有研究表明，知觉能力发展较早，也首先开始下降，其次是记忆力，然后是思维能力。比较、判断能力 80 岁开始急速下降，动作反应速度在 18～29 岁发展到最高峰，在以后年龄阶段中仍保持较高的水平。从表 3-4 中可以看到，18～49 岁这个年龄阶段，4 种能力的发展水平几乎都处于最高水平，尤其是比较判断能力的发展水平是最高。

表 3-4　不同能力的平均发展水平

年龄	10～17 岁	18～29 岁	30～49 岁	50～69 岁	70～89 岁
知觉	100	95	93	79	46
记忆	95	100	92	83	55
比较、判断	72	100	100	87	69
动作反应速度	88	100	97	92	71

注：表中以 100 为最高水平，其数是与 100 相比而言。

资料来源：王雁. 普通心理学. 北京：人民教育出版社，2003

(四)能力的性别差异

关于智力的性别差异，目前研究较多，而且结论各异，但基本一致的结论有两方面：第一，男女智力的总体水平大致相等，但男性智力分布的离散程度比女性大，即很聪明的男性和很笨的男性都比女性多，智力中等的女性比男性多。第二，男女的智力结构存在差异，各自具有自己的优势领域。男性的视知觉能力较强，尤其是空间知觉能力，男性明显优于女性。女性的听觉能力较强，特别是对声音的辨别和定位，女性明显优于男性。男性偏于抽象思维，喜欢数学、物理和化学等学科。女性长于形象思维，喜欢语言、历史、人文地理等学科。一般地说，女性比男性口语发展早，在语言流畅性及读、写、拼等方面均占优势，但男性在语言理解、言语推理等方面比女性强。

美国的麦科比曾于 20 世纪 70 年代根据对 1600 人的研究结果，再加上自己的直接研究与发现，对小学生学业的性别差异得出三点结论：①在语文能力方面，女生一般优于男生；②在数学能力方面，男女生无明显差异；③在空间关系(方位与方向)判断方面，男生一般优于女生。根据麦科比的研究，以及此后其他教育心理学家们的验证，一般认为，小学阶段之后，女生在语文方面的优势逐渐消失，而男生在数学能力方面的优势却继续增加。这种学业的性别差异转变现象，到中学以上直至大学阶段就更趋明显。

能力的类型差异并不是绝对不变的。每个人一般以一种能力类型为主，兼有其他类型的特点。随着人们社会实践活动的发展，环境、教育和个人努力程度的改变，个体的能力类型也可能发生变化。

四、能力与知识、技能及工作效率的关系

能力与知识、技能既有区别又有联系。能力是人顺利完成某种活动的心理条件，而知识是人对客观事物的认识与经验总结，技能是人们学会的某种具体的行为活动方式。一方面，人们掌握知识和技能要以一定的能力为前提条件，能力影响知识、技能掌握的快慢、深浅和熟练程度；另一方面，知识、技能的掌握又会导致能力的提高和发展。在许多人身

上，能力和知识、技能的发展并不是完全一致的。一些具有相同文化水平或相同技能的人，他们的能力可能并不一样。有的人可能是智力水平较高；有的可能是比较勤奋；有的则可能是学习环境较好，父母和学校的训练和要求较严格。而具有相同能力水平的人，由于思想觉悟不同，训练条件不同，主观努力程度及兴趣爱好不同，也会表现出不同的文化水平和技能水平。所以能力不表现为知识、技能本身，而表现在获得知识技能的动态上，即在其他条件相同时，人掌握知识、技能时所出现的快慢、深浅、难易以及巩固的程度。

能力与工作效率有着密切的联系，它是提高效率的重要因素，但不是唯一因素。一般来说，工作效率是能力与积极性的函数，用公式表示如下：

$$工作效率=f(能力\times积极性)$$

假如一个人能力很强，但缺乏积极性，工作效率肯定不会很高；同样，如果一个人积极性很高而缺乏能力，工作效率也不会高。所以一个好的管理者既要聘用有能力的人，还要善于调动人的积极性，才能提高工作效率。

【案例 3-7】 比尔·盖茨的能力与微软

比尔·盖茨独特的个性和高超技能造就了微软公司的文化品位。这位精明的、精力充沛且富有幻想的公司创造人，极力寻求并任用与自己类似的既懂得技术又善于经营的经理人员。他向来强调以产品为中心来组织管理公司，超越经营职能，大胆实行组织创新，极力在公司内部和应聘者中挖掘同自己一样富有创新和合作精神的人才并委以重任。比尔·盖茨被其员工形容为一个幻想家，一个不断积蓄力量和疯狂追求成功的人。他的这种个人品行，深深地影响着公司。他雄厚的技术知识存量和高度敏锐的战略眼光以及在他周围汇集的一大批精明的软件开发和经营人才，使自己及其公司矗立于这个迅速发展的行业的最前沿。盖茨善于洞察机会，紧紧抓住这些机会，并能使自己个人的精神风范在公司内贯彻到底，从而使整个公司的经营管理和产品开发等活动都带有盖茨色彩。

举两个微软文化的小例子，从中可以充分感受到微软文化个性所在。一是微软拥有舒适的环境，包括自然环境和人文环境。大学校园叫 campus，微软研究所也叫 campus，这正是微软舒适自然环境的写照。其中包括花园式的拥有大量鲜花、草坪的园区，还有美丽的 Bill 湖。篮球场、足球场更是充满了校园气氛。舒适的自然环境为微软人提供了优雅的工作环境，成为高效工作的保障。二是在交流方面，微软更有自己的特色。微软人认为，交流是沟通的核心，是解决问题的有效途径以及团队精神的体现。在微软，沟通方式有 E-mail、电话、个别讨论等，而“白板文化”是最典型的。“白板文化”是指在微软的办公室、会议室，甚至休息室都有专门的可供书写的白板，以便随时可记录某些思想火花或一些建议什么的。这样有什么问题都可及时沟通，及时解决。在这里，员工充分得到了尊重，交流也成了一种艺术。

资料来源：http://zhidao.baidu.com/question/54958543.html

五、能力差异与管理概述

人的社会实践活动是复杂多样的，企业组织中的任何工作、每种生产活动对人的精力、智力、体力都提出了不同的要求。如果一个人现有的能力系统符合活动的要求，就能顺利地完成任务，否则他会表现出无能为力，即使付出很大的努力也不一定会有多大成效。因此，在管理工作中，根据人的能力差异进行管理，做到量才录用，用其所长，充分发挥人才的优势是很重要的。正如美国管理学家德鲁克所主张的：一个有效的管理者或领导者既要善于培养人的能力，又要善于发挥人的能力，要知人之所长，用人之所长，充分挖掘人们的潜在能力资源，以保证事业的兴旺发达。具体地说，从能力差异的角度出发，企业在管理中应注意以下几个方面。

(1) 根据不同职业、岗位及工作任务性质，选用具有相当能力发展水平和相应能力类型的人。不同的企业、工种或生产岗位以及不同事业单位部门，都有自己相对独立的对任职者的能力要求。例如，飞行员的飞行能力，数学家的想象和逻辑思维能力，艺术家的形象思维能力，语言学家的记忆能力，刺绣、雕刻工人的手指灵巧能力，打字员的眼、手协调能力，汽车司机的快速反应能力。各行各业以及各种工种所需关键能力的确定为选人用人提出了能力要求。这样选择人员就有了明确的标准，培训人员有了明确的方向，考核人员有了明确的指标，就可以提高工作效率。

企业在安排员工工作任务时，还应选用具有相应能力类型的人，管理者应善于发现人们的长处，做到用其所长，避其所短，人尽其才，才尽其用。清代诗人顾嗣协曾写诗曰：“骏马能历险，犁田不如牛。坚车能载重，渡河不如舟。舍长以求短，智者难为谋。生才贵适用，慎勿多苛求。”

现实生活中，十全十美的全才几乎没有，但擅长某方面的人才、适合作某种工作的人是不少的。现代科学管理的实践表明，世上少有无用之人，常有用非其才的混乱管理。管理者应知人善任，量才录用，用其所长，领导顺手，本人舒畅，工作效率自然高；用其所短，领导头痛，自己别扭，效率自然也低。中国古代刘邦就很懂用人之道。他统一中国后，在欢宴群臣时讲了这样一段话：“夫运筹帷幄之中，决胜千里之外，吾不如子房；镇国家，抚百姓，给馈物，不绝粮道，吾不如萧何；连百万之众，战必胜，攻必取，吾不如韩信。此三者皆人杰也，吾能用之，此吾所以取天下者也。”他之所以能打败不可一世的楚霸王项羽，一统天下，是因为他善于用人。古谚云：“尺有所短，寸有所长”，“物有所不足，智有所不明”。任何人都是人才与非人才的结合体，用人所长，中人也会成事；用人所短，高手也会见拙。古人尚明此道理，今人更应胜过古人。

(2) 注意对员工两种能力的培训。人们从事生产活动，既需要有一定能力，又要具有该生产活动所要求的特殊能力。随着现代生产的发展、技术设备的更新，对员工的能力水平提出了更高的要求。为适应现代生产的发展，必须注意对员工进行两种能力的培训。一方

面，为提高员工的一般能力，必须实行成人教育计划，有计划、有步骤地组织员工参加业余学校的学习，根据员工的原有文化水平，采用各种方式，提高他们的科学文化水平，促进其对新的科技知识的了解和掌握，以全面地提高观察能力、分析能力、想象能力和创造能力、计算能力和逻辑思维能力等一般能力，为特殊能力的发展奠定基础，为员工队伍的智力开发创造有利条件。对员工一般能力的培训，虽然不能立即反映到生产率上，但它有"后劲"，不可忽视。另一方面，要根据员工当前所从事的工作以及将来可能从事的工作，有的放矢地对员工进行专业知识和技能的培训，以提高员工的特殊能力。如组织电工学《电工原理》及操作技术，组织会计学习《会计学》及组织岗位培训等，以直接有效地提高员工的专业能力。这种有针对性的培训一般见效快，能迅速反映到生产的产量、质量等指标的更新上，使生产效率得到提高。员工所形成的特殊能力是建立在一般能力的基础上的，它是特定活动所要求的多种基本能力的有机结合，是一般能力在具体活动上的具体化。例如，记忆属于一般能力，但话务员在工作过程中把它转化为对众多电话号码的特殊记忆力。又如观察力属于一般能力，但机械工人在操作时把它转化为区分机器结构细节和察看机器运动性能的敏锐的特殊观察能力。特殊能力发展的同时，也促进、带动了一般能力的发展。例如，染色工人在染色工作中所培养起来的观察和区分颜色的高度精细的观察力有可能迁移到其他的活动领域，表现出具有精细地观察事物的个性特点，从而提高了一般能力的水平。可见注意员工这两大方面的培训是非常重要的。

(3) 在人员选择、安置使用上，要尽量做到使员工所具有的文化水平、技术水平和能力水平与实际工作要求相匹配，以免大材小用，或小材大用。国外许多心理学家在这方面做了大量的研究。他们认为，如果个体的能力低于工作的要求，就会表现为"无法胜任"，而个体的能力水平若大大高于实际工作的要求，则往往会使其对工作感到乏味，不仅浪费人才，工作效率也不佳。所以，一个优秀的管理者，并不谋求将一些能力强的人都聚集在自己的周围，而是合理地根据各项工作的具体要求，正确地选用具有相当能力发展水平的人，使人才的管理符合能级原理，做到"人尽其才"、"各尽所能"，以便最有效地开发人才资源。

六、能力与气质、性格的关系

气质、性格、能力这些心理特征是个性的重要组成部分。这三个部分构成个性的主要特征。其中性格是个性的核心。气质是构成性格的基础，它影响性格的动态方面，表现在性格的情绪性和表现的速度方面。例如，同样是勤奋性格的人，黏液质的人可能在工作中表现出踏实肯干、操作精细，而多血质的人则表现为情绪饱满、精力充沛。气质的这种动态特点给同样性格特征添上独特的色彩。气质较多地体现神经系统基本特征的自然影响，而性格则更多地受社会生活条件的制约。性格可以在一定程度上掩盖或改造气质，使之屈从于实践活动要求的行为方式。如长期从事精细操作的外科医生，不管他是哪种气质，都可能养成沉着、严谨的性格。

性格和能力相辅相成，能力的发展促使某种性格特点的形成，而性格的特点又可补偿能力之不足，俗话说“勤能补拙”。而性格的弱点如缺乏毅力和自信也往往会使能力得不到提高。高级神经活动类型是性格与能力发展的共同基础，在每一种活动中都形成了各种心理过程的特定组织方式，在这种组织方式的形成和巩固过程中，发生着各种体力、智力和性格上的一系列的变化。例如在观察事物的过程中，一方面发展观察能力，另一方面也形成了性格的理智特征。

本章小结

现代管理强调的是以人为中心的管理。管理工作如果失去了人这个基本要素，就失去了根本。人的个性是个体行为中的一个重要内容。管理工作只有了解人的个性差异，做到人尽其才，才能收到良好的绩效。

个性差异与管理内容主要包括个性概述、气质差异与管理、性格差异与管理及能力差异与管理。在个性概述一节中介绍了个性的含义、个性的特征、个性的结构、个性的形成与发展及影响个性的形成与发展的因素。在气质差异与管理一节中介绍了气质的含义、气质的特征、气质的类型、气质类型的测定方法及根据气质不同进行工作安排、领导班子配备、量才使用。在性格差异与管理一节中介绍了性格的含义、性格的特征、性格的类型、性格的鉴别及性格理论在管理实践中的运用。在能力差异与管理一节中介绍了能力的含义、能力的特征、能力的形成与发展、能力的差异、能力与知识技能及工作效率的关系、能力差异在管理中的应用、能力与性格气质的相互关系。

研究个性差异与管理对企业管理有重要的意义。它告诉我们一个基本的道理，即作为管理者一定要根据员工的气质、性格和能力进行量才录用，合理分工，人尽其才，才尽其用，从而提高管理绩效。

复习思考题

一、问答题

1. 什么是个性？个性的形成与发展受哪些因素制约？
2. 简述性格特征，并说明性格特征在管理中的应用。
3. 简述气质的类型，并说明气质特点在管理中的应用。
4. 简述能力差异，并说明能力差异在管理中的应用。
5. 谈谈个性研究在组织管理中的作用。
6. 性格特征与气质特征有哪些重要的区别和联系？

二、分析题

企业家个性为王

说起联想，人们首先会想起柳传志。近两年以来，中国经营报“与老板对话”版面两次深度专访柳传志。第一次的主题是联想国际化；第二次的主题是检讨联想多元化。两次对话，记者得以真切地感知柳传志的努力与反思。2004 年，联想在纪念与思考的氛围中度过了 20 岁生日，柳传志也放心地把联想集团董事局主席的职位交给杨元庆。这或许是柳传志本人真正的一次角色切换，60 岁的他以更高的视野规划联想。联想员工也把最热烈的掌声给了柳传志，柳将继续以其“领袖企业家”的个性魅力影响联想、感召联想。

今天，柳传志对于杨元庆、郭为仍然不免谆谆教导：“遇事不慌乱，做事要从容；有理想而不理想化。”联想 20 年，柳传志说联想要做“企业公民”，尽“社会责任”。60 岁的柳饱含激情地写下一句话——联想之于中国，就像鱼在水中。

经济学家张维迎教授说，在柳传志看似简单的理念背后，深藏着许多并不简单的内核。到现在，很多人依然认同这样的基本判断：人情练达、城府深厚的柳传志是联想的核心竞争力。

在未来，谁拥有个性优势，谁就更有可能拥有了竞争优势、效益优势和成长优势。如果企业个性与竞争战略彼此兼容，企业个性可以强有力地巩固一种基本战略以寻求建立竞争优势。企业个性本身无优劣之分，是获取竞争优势的手段，而非目的。

万通董事局主席冯仑给了民营企业一个忠告：让你的公司更张艺谋。个性为王时代莅临，我们倡言企业家个性。胆大包天型、居安思危型、闪转腾挪型、城府厚重型、少年得志型、唯我独尊型、咬定青山型、鹤立鸡群型，我们人为地将企业家个性切分为八大类别，每一类都有相应的企业家归属其中，每一类都有一种“属相”图腾。这样的“动物组群”分类法可能不够科学，但不可否认的是，中国企业需要个性，中国企业家尤其如此。企业个性不是万能的，虽然没有个性的企业一样长大成人，但是，标新立异者往往最可能脱颖而出。

资料来源：http://www.tianya.cn/publicforum/content/no100/1/15720.shtml

(1) 简述个性的含义及特征。

(2) 个性的内容包括哪些？

不按常理出牌

史玉柱疯狂地抽烟，在记者采访他的时候，他是烟不离手，一支接一支地抽，烟灰缸塞满烟蒂；史玉柱疯狂地喝酒，他的副手程晨，曾经的四个火枪手之一说，他曾疯狂地喝黄酒，之后疯狂地喝蓝带，现在是疯狂地喝葡萄酒；他疯狂地玩游戏，玩《传奇》时花 5 万元就为了买一把武器，自己做《征途》时，每天十几个小时泡在游戏里，连吃饭都顾不上，甚至于当四通董事长段永基让他去做体育锻炼的时候，他说他每天都骑马骑四个小时——在游戏里。

他还曾经疯狂到不带导游就去爬珠穆朗玛峰，结果因迷路而差点丧命，下山后认为自己捡了一条命；他小时候还曾按照书上“一硝二磺三木炭”的方法，自制炸药，引来“轰”的一声爆炸，从此得到“史大胆”的外号。

史玉柱的事业，一如他的个性一样疯狂。从汉卡，到脑白金，再到网络游戏，史玉柱对每一个产品都执著到近乎疯狂。做汉卡时，他赊账打广告，结果成功如一夜降临，三个月就给他带来了 100 万元的收入，他又将这 100 万元全部拿去做广告，于是第二年的第一季度他就赚了3000 万元，他也几乎触摸到了“中国的蓝色巨人”的梦想；做脑白金时，他不惜血本，每年投入几个亿做广告，所有电视台铺天盖地的都是脑白金广告，“今年过节不收礼，收礼只收脑白金”的广告语也一用就是 10 年；做网络游戏时，将营销团队铺遍全国，更要将营销队伍在三年内扩充至两万人，不做收费游戏，要做“永久免费”的游戏，还给玩家发“工资”、送“股票”、送5000 元现金大奖；公司要上市，他选择条件最苛刻的纽交所，接受最严格的审核。

疯狂的举动带来的是疯狂的成功，巨人汉卡的成功让史玉柱成为 20 世纪 90 年代大学生留国创业的模范，并多次受到国家最高领导人的接见；脑白金则让他连续 10 年稳居保健品行业老大的位置，销售量更是比行业前五位的另外 4 家企业的销售总量还多；网络游戏更缔造了史玉柱事业的又一高峰——《征途》成为全球第三款同时在线人数超过 100 万的网络游戏；巨人网络也一举成为中国第一家登陆纽交所的 IT 企业、在美国发行规模最大的中国民营企业、中国市值最大的网游企业。

资料来源：http://edu.qq.com/a/20090121/000086_1.htm

(1) 试分析史玉柱的性格特征。
(2) 简述性格的含义及特征。

第四章　需要、动机与管理

【学习目标】

了解需要的含义、特征、产生及种类，理解并掌握动机概念、特征、功能、种类以及影响动机的因素、动机的冲突形式；特别要了解需要、动机与行为之间的关系，并能够运用心理学知识阐述需要行为与动机。

【关键概念】

需要(need)　动机(motivation)　行为(behavior)　动机冲突(motivated conflicts)　价值观(values)

第一节　需　　要

人类要生存发展就要进行行为活动。通过行为活动，人可以满足各种各样的需要。通过行为活动，人可以实现物质需要和精神需要。需要是动机的基础，需要是推动人行为活动的原动力。通过满足人的需要，可以观察到人的行为变化，进而解释人行为活动的根本原因。

一、需要概述

(一)需要的含义

需要是个体对内外环境的客观需求在人脑中的反映。它常以一种“缺乏感”体验着，以意向、愿望的形式表现出来，最终导致为推动人进行活动的动机。需要总是指向某种东西、条件或活动的结果等，具有周期性，并随着满足需要的具体内容和方式的改变而不断变化和发展。

人为了求得个体和社会的生存和发展，总是存在各种各样的需要。例如，食物、服饰、睡眠、劳动、交往等。这些需求反映在个体头脑中，就形成了人的需要。需要被认为是个体的一种内部状态，或者说是一种个性倾向性，需要是人的个性积极性的源泉。它反映了个体对内在环境和外部生活条件的较为稳定的要求。前苏联心理学家波果斯洛夫斯基指出：“需要——这是被人感受到的一定的生活和发展条件的必要性。需要反映有机体内部环境或外部生活条件的稳定的要求，……需要是人的思想活动的基本动力。”

然而，需要作为需求的反映并不是一个消极、被动的过程，人的需要是在与客观环境相互作用过程中，在积极的实践活动中产生的。

(二)需要的特征

与人类认识的多样性、复杂性一样，人的需要也是多样的和复杂的。无论多么复杂的需要一般都具有如下特征。

1. 对象性

一般来说，需要的对象具有确定性。需要总是指向一定的对象。有机体的缺乏状态一定是指向某类对象的，例如人在饥渴时会把食物和水作为需求的对象。

2. 动力性

需要是人行为动机的原因，它反映了人对某种目标的渴求或欲望。动机驱使人产生一定行为，所以说，需要是人从事各种行为的原动力，是人一切行动的源泉。没有需要，人就没有动机，也就不可能产生行为。需要越强烈，则动机越强烈，产生行为的动力性也就越强。

3. 社会性

人与动物都有需要，只不过满足需要的对象和方式截然不同。人类满足需要的范围或内容比动物广泛得多，人类的需要是多层次的，既有低层次的需要，也有高层次的需要。人类的高层次需要是特有的，如求知需要、审美需要、尊重需要和自我实现需要等，而且人类满足需要的方式具有强烈的社会制约性。

【案例 4-1】 要学会尊重员工

随着知识经济的迅猛发展，在现代企业管理中，激励员工，特别是知识型员工，光靠物质利益，已经很难奏效了。发自内心地尊重员工，这样一种非经济激励方式，越来越具有重要意义。

在这方面，“经营之神”松下幸之助可谓深谙其道。

有一天，松下幸之助在一家餐厅招待客人。一行人都点了牛排。待大家用完餐后，松下便让助理去请烹调牛排的主厨过来。

松下特别强调说：“不要找经理，找主厨。”

助理这才注意到，松下的牛排只吃了一半，心想过一会儿的场面可能会很尴尬。

主厨很快就过来了，他的表情很紧张。因为他知道请自己来的人，是大名鼎鼎的松下先生。“有什么问题吗，先生？”主厨紧张地问。

“对你来说，烹调牛排已不成问题，”松下说，“但是我只能吃一半。原因不在于厨艺，牛排真的很好吃，但我已 80 岁高龄了，胃口大不如从前。”主厨与其他用餐者困惑得面面相觑。大家过了好一会儿，才明白这是怎么回事。

“我想和他当面谈。因为我担心他看到只吃了一半的牛排被送回厨房，心里会很难受。”原来松下先生是怕主厨怀疑自己的烹调手艺出了问题。这让主厨很感动，在场的客人更佩服松下的人格，并更喜欢与他交朋友，做生意。

又有一次，松下对一位管理人员说：“我个人要做很多决定，并且要批准他人的很多决定。实际上只有 40%的决定是我真正认同的，余下的 60%是我有所保留的，或者觉得过得去的。”

这位管理人员感到非常惊讶。在他看来，如果松下不同意办某件事，一口否定就是了，大可不必如此。但松下则认为，对于那些自己认为还算过得去的计划，可以在实际操作过程中指导他们，使他们重新回到你所预期的轨迹。在他看来，作为一个领导人，有时候应该接受自己不喜欢的事，因为任何人都不喜欢自己的主张被否定。

关注对方的感受，这就是松下的领导风格。显然，这是对对方极大的尊重。无疑，这更能得到了部下和员工的信赖和拥护。

尊重员工，不仅仅要尊重员工的人格和各种需要，自然也包括尊重员工的辛勤劳动。海尔在对员工的荣誉激励方面也别具一格。他们直接用员工的名字命名他们不断改进的工作方式，如“晓玲扳手”、“云燕镜子”、“启明焊枪”、“李勇冰柜”等。这种以员工名字命名的操作法有二百余项。这是对员工做出的努力和奉献的最大尊重和肯定，员工们也都以此为自豪。这也极大地激发和调动了员工的积极性和创造欲，增强了企业的向心力和凝聚力，企业会更加生机勃勃，兴旺发达。所以，激励员工，首先从尊重员工开始！

资料来源：http://www.docin.com/p-19568985.html

4．无限性

需要的无限性包含两层含义，一是指需要的种类无限多样，需要满足的方式无限多样。人既可以有物质需要，也可以有精神需要；既可以有自然需要，也可以有社会需要。裴多菲说：“生命诚可贵，爱情价更高；若为自由故，二者皆可抛。”二是指人的一生中需要的无限性，需要的出现并不是人生阶段中某一个时期的特殊产物，而是伴随着人生的始终。

5．发展性

人的需要在外延上和内涵上都要发展。根据马克思的观点，可以把需要分为三个层次，即生存、发展和享受的需要。人类随着物质条件的提高，必然依次解决生存问题、发展问题和享受问题。例如吃饭，开始追求吃得饱，其次吃得好，现在追求吃得健康。人的每种具体需要都可以逐步提高，从而表现出发展性。

6．现实性

江泽民说中国特色社会主义的目的是满足人民现实的物质文化需要，强调了需要的现实性。胡锦涛在党的十七大报告中说，和谐社会要“着力解决人民最关心、最直接、最现实的利益问题”。讲未来的需要必须有现实根据，避免空想。从科技的发展看，未来的问题在未来有更好的解决办法。因此考虑人的需要，必须限定在现实需要和有充分现实性的未来需要。

(三)需要的产生

个人需要的产生，即指一个人从无意识的状况到有意识的反应和体验到需要的存在，它有赖于个体当时的生理状态、认知水平、社会情境等因素。

1．生理因素

脑及神经系统的活动与产生需要有关，特别是与某些欲望产生关系更为密切。均衡说认为，有机体生理状态的均衡，是维持个体生存状态的必要条件，机体内某种东西缺乏就会破坏平衡，从而使人产生饥饿感、紧张感，于是出现生理及安全的需要。但这种学说不能解释高级自我实现需要的产生。

2．自然因素和社会因素

自然与社会环境因素容易诱发产生或增加已经产生需要的强度。在自然和社会情境中产生需要最强有力的因素是目标对象。例如，嗅到或看见食物，最容易使人产生饥饿感从而引起对食物的需要；英雄、模范的形象，可以激起人产生崇高理想的需要与追求等。

3．个人因素

研究表明，人的思想特别是想象和幻想可能使一个人不断地产生欲望。如果一个人想象自己置身于某一社会情境之中，就可能加强其在这一方面的欲望。而且，他就会将其中某些欲望付诸实现，以满足他的需要。

4．成长性因素

成长性需要是在基本需要得到满足后产生的追求更高理想，以便使自己成为完善个人的需要。成长理论把需要看成一种积极主动的过程，其对了解需要的本质，揭示行为规律有重要作用。这种理论补充了均衡说的不足。

(四)需要的种类

人的需要是人对机体缺乏状况的主观体验，是一种主观心理倾向。这种主观体验是极其复杂的，是一个多维度、多层次的结构系统。需要可以从不同角度进行分类。

1．生理需要和社会需要

依照需要的起源划分，需要分为生理需要和社会需要。

生理需要是人类最原始、最基本、最重要的需要，它包括对食品、水、排泄、睡眠、

运动以及性的需要，也就是我们通常所说的对吃喝拉撒睡性的需要。生理需要必须首先得到满足。生理需要是人的本能的需要，它反映了人对延续和发展自己生命所必需的客观条件的需求。生理需要的满足是通过一定的对象或获得一定的生活条件而达到的，它具有重要的生物学意义，它是保护和维持有机体生存和种族延续所必需的。生理需要带有明显周期性特征，如果个体在较长的一段时间里，正常的生理需要不能得到满足，个体就无法生存或不能延续后代。从这个意义上说，生理需要是推动人们行动的最强大的动力。只有这些最基本的需要满足到维持生存所必需的程度后，其他的需要才能成为新的激励因素。生理需要不仅要受生物需求的制约，而且也受社会生产、社会生活和科学发展条件制约。

社会需要是指与人的社会生活紧密联系的需要。社会是人类生活的共同体。它是人类在社会历史的发展过程中，在生理需要的基础上形成和发展的人类特有的需要，是社会存在和发展的必要条件，比如对教育的需要、交往的需要、医疗的需要、创造的需要、工作的需要、实现理想的需要等。这些需要是在维持人们的社会生活，促进社会生产发展、社会进步和社会交际过程中形成的。社会需要是人特有的，社会需要是后天习得的，源于人类的社会生活，属于人类社会历史的范畴，并随着社会生活条件的不同而有所不同。

2．物质需要和精神需要

依据需要所指向的对象不同，需要分为物质需要和精神需要。

物质需要是指对维持个体和社会生存与发展所需的物质产品的需要。它是对自然需要和社会需要中的物质对象的需要。物质需要既包含了人们对自然界的天然性需要，又包含人对社会文化用品的社会性需要。物质需要主要包括衣、食、住、行、用等需要。随着人类社会的不断发展和进步，人们的物质需要的内容和方式也日趋多元化和复杂化。

精神需要是指个体参与社会精神文化生活的需要，是人类特有的需要。因为人具有对自身能力的意识，人具有意识到自己心路历程的能力。确切地说，只有人才具有意识到自身需要的能力。人的精神需要是人们对爱、成就、理解、智力、道德、交流、审美、创造等方面发展的反映，是一种对观念对象的需求。人类在历史发展中早期形成的精神需要，主要是表现在对劳动、对学习和对社会交往的需要，这些需要在人的精神需要中占有重要的位置。随着人类社会的不断发展和进步，精神需要的内容和方式也更加广泛和丰富，包括体育、旅游和娱乐的需要等。

3．间接需要和直接需要

间接需要是指那些比较概括的、抽象的、属于意识形态的需要，常常以理想、志向、信念和价值观等形式表现出来。间接需要是个体身心和思维发展到一定阶段的产物，属于精神需要和社会需要范畴。间接需要的满足依赖直接需要的满足作为基础和条件。

直接需要是指那些比较具体的需要。个体的发展是以直接需要的不断满足作为发展过程的。直接需要既可以是生理需要，也可以是精神需要。美国新泽西州当地时间，2005 年

4月19日晚上，一束光信号从爱因斯坦工作过的普林斯顿大学发出，通过大洋光缆在24小时内周游地球，而后返回美国。这一天，是爱因斯坦逝世五十周年的纪念日，一百年前，他的《相对论》诞生。

蓬松浓密的白发和垂下的胡须，爱因斯坦活像漫画里的人物，他不会开车，喜欢从普林斯顿大学的办公室走回家，他喜欢边走边拿雨伞从铁篱围墙上划过，错过一格就从头再来。在这些孤寂的时刻，爱因斯坦用还原事物真相的思想和方法为电脑、卫星、电信、激光、电视、核能和原子弹的问世作出了贡献。

思索自然的本性，抚摸上帝的脉搏。这是爱因斯坦一生的"直接需要"。

【案例 4-2】 渴望坚定的信念

1858年，瑞典的一个富豪人家生下了一个女儿。然而不久，孩子突然患了一种无法解释的瘫痪症，丧失了走路的能力。一次，她和家人一起乘船旅行。船长的太太给孩子讲船长有一只天堂鸟，对这只鸟的描述深深地迷住了她，她极想亲眼看一看。于是，保姆把她留在甲板上，自己去找船长。她却耐不住，央求服务生立即带她去看天堂鸟。那服务生不知道她不能行走，而只顾带着她一道去看天堂鸟。奇迹发生了：她因为过度地渴望，竟忘我地拉住服务生的手，慢慢地走了起来。从此，她的病痊愈了。也许是由于有童年时忘我而战胜疾病的经历，长大后，她又忘我地投入到文学创作之中，后来成为第一位荣获诺贝尔文学奖的女性，她就是茜尔玛·拉格萝芙。

资料来源：http://learning.sohu.com/20070330/n249067893_9.shtml

二、人类行为模式

人的行为究竟受什么支配？这是心理学家一直以来非常关注的问题。心理学家通过研究发现，人的行为受需要、动机、信念、价值观、态度等意识倾向性的支配和制约，其中，需要和动机起着至为关键的作用。可以说，需要支配动机，而动机引导行为。需要和动机是引发个体行为的两个最基本要素。需要是一切行为动力的源泉，需要作为一种内驱力，在诱因(外在条件)或目标的引导下形成行为动机，发挥其动力功能。

人的行为是个体与环境相互作用的结果。人生活在社会环境中，必然会产生各种各样的需要，当个体需要未满足时，会引起心理的紧张、愿望和驱动力，这种需要一旦与外部诱因达到某种一致，就会使人产生行为活动的动机，动机驱使人的行为朝向一定的目标，并在目标激励作用下，需要得到满足，心理紧张感消除。但是人的需要欲望是无止境的，当一种需要得到满足，人又产生新的需要，从而引发新的动机、新的行为。每当较低级的需要得到满足，较高级的新需要就会出现。人的一生就是这样不断产生新的需要、出现新的动机，通过实施行为不断满足新需要的过程。人生就是满足需要的过程。这就是个体行为活动的模式。

三、人类行为的共同特征

(一)行为的含义和分类

1. 行为的含义

人类的行为从广义来说是指由客观刺激，通过人脑内部的心理活动而引起的反应(内部与外部)。从狭义来看仅指外显的行为活动。

一般来说，人的行为由 5 个基本要素构成，即行为主体、行为客体、行为环境、行为手段和行为结果。

(1) 行为主体：人，具体而言是指具有认知、思维能力，并有情感、意志等心理活动的人。

(2) 行为客体：人的行为目标指向。

(3) 行为环境：行为主体与客体发生联系的客观环境。

(4) 行为手段：行为主体作用于客体时所应用的工具和使用的方法等。

(5) 行为结果：行为主体预想的行为与实际完成行为之间相符的程度。

人类行为的发生过程是以内外环境的刺激为基础的，刺激人类行为产生的最重要的刺激源是与人的客观需求相联系的因素。例如环境污染危及人类最基本生理需求的满足而构成强烈刺激，后者促使人类产生生态环境被破坏的危害认识，从而使人类有保护环境的设想和行为反应。因此可以说，刺激——人——行为三个环节相互联系、相互作用，形成了人类丰富多彩的行为。

2. 行为的分类

由于人兼具生物属性和社会属性，因此，人类的行为可分为本能行为和社会行为。

(1) 本能行为。本能行为是由人的生物属性所决定的。包括摄食行为、睡眠行为、性行为、攻击和自我防御行为、学习模仿行为等。人的本能行为与动物的本能行为有本质的区别，因其受到文化、心理、社会诸因素的影响。

(2) 社会行为。社会行为是由人的社会属性所决定的。社会行为是人与周围环境相适应的行为，是通过社会化过程确立的。社会行为的来源包括家庭、学校、社会团体与组织等。人类就是这样通过不间断的学习、模仿、受教育、与他人交往的过程，逐步理解到必须使自己所做的事情得到社会的承认，符合道德规范，具有社会价值。

(二)人类的社会性行为特点

人类的社会性行为具有如下特点。

1．行为的自觉性与主动性

人类的行为具有自动、自发的特点，外力可能影响人的行为，但无法发动其行为，外部权力和命令无法强制一个人产生真正的效忠行为。外因必须通过内因起作用。只有提高人的自觉性，才会有积极主动的行为。

2．行为的因果性

人的任何行为都有一定的起因。遗传素质、外部环境是影响行为的生理原因和外部原因，人的动机、需要(欲望)等是行为的内部原因。

3．行为的目的性

人类并非盲目地行动，它不仅有起因，而且有目标。有直接目标，也有间接目标；有总目标，也有子目标；有长远目标，也有短期目标等。

4．行为的持久性与连续性

行为指向目标，目标没有完成之前，行为不会终止；旧目标达到还要向新目标攀登。

5．行为的稳定性与可塑性

人类的行为经过学习、训练、重复、实践，可能形成较稳定的、习惯性的活动方式，环境的变化也会造成行为的可塑性特点。

第二节　动　　机

一、动机概述

(一)动机的含义

动机产生的基础是需要。个体通过自我调节使自身的内在需求(如本能、需要、驱力等)与行为的外在诱因(外在条件、目标、奖惩等)协调一致，从而形成激发、维持行为的动力因素即动机。该动机概念强调了三个方面的因素：首先它强调了动机的内在起因；其次它强调了外在诱因；最后它强调了中介调节作用。当然，认为动机是引起、维持个体活动并使活动朝向某一目标的内在动力也有一定的道理。

(二)动机的特性

1．动机的强度

动机作为个体活动的动力因素，必然具有一定的强度。实际上，个体可能是多种不同

性质动机并存，而这些不同性质的动机，对个体具有不同的意义，产生强度不同的推动力量。在同时存在的多种不同性质的动机中，决定个体行为并实际发挥支配作用的动机，就是当时行为活动的主导动机和优势动机。衡量动机强度的大小有两个指标：一是能量。由于动机强度是与个体某一需要的能量大小成正比的，所以，能量的大小是衡量动机强度高低的一个客观指标。二是持续性。当个体产生某种动机并开始实施行为后，一般不会轻易放弃，若个体在某种动机行为中稍遇阻碍便放弃主观努力和追求，则表明该动机不强或动机过弱。这种持续性还可表现在，当个体为追求某一目的以满足某一需要时，如果遇到障碍而一时无法实现目标，他也会在动机的驱使下避开障碍，尝试着采用各种不同的方式和途径，最终达到目的。

2. 动机的清晰度

动机的清晰度是指个体对可见到的或可预见到的某一特殊目标的意识程度。凡是动机，不管行为主体是否意识到，一般都有较为清楚的指向目标。然而，在为了实现目标的活动中，人们对其行为所要达到的特定目标的意识程度却存在着明显的差异。有人有清晰的认识，有人则模糊不清。衡量动机的清晰度也有两个指标：一是检查个体选择行为的自觉性。倘若动机清晰，则对行为的选择是有意识的；反之，则缺少自觉性，个体的行为选择就会表现为极大的习惯性、随意性或者是无意识性。二是注意倾听其语言行为变化。言为心声，由于语言是意识的直接体现，意识的真实性也往往通过语言来表现。因此，可以通过对个体语言行为的测查来判断动机的清晰度。

3. 动机的更替性

由于个体常表现出同时产生和存在多种不同性质的动机，这些动机相互抵触或发生干扰冲突，其结果便是强度较高的动机取代原先的动机而产生动机更替。动机更替的这种变化是经常存在的。

4. 动机的活动性

动机的活动性是指个体形成某种动机后，能对其行为发生推动作用，表现为对其行为的发动、加强、维持直至中止。动机是推动个体行为活动的直接动因。当个体出现某种较强的动机后，就会表现出一系列的活动，通过其行为活动，来达到最终目的。因此，具有清晰动机的个体较之动机模糊的个体具有较高的活动水平。

5. 动机的复杂性

动机的复杂性首先表现在它与行为之间不是简单的一一对应的关系。同一动机可产生不同行为，同一行为亦可由不同动机引起。动机活动中既然有优势动机或主导动机的存在，就说明活动中同时伴有其他动机。了解一个人的动机往往也存在着这样一种情况：内心存在的动机与口头上、书面上表达出来的动机有一定的差距或不一致。另外，个体行为中实际真正起作用的动机与其意识到的动机的清晰度也常常不一致。这些现象，都反映了动机的复杂性。

由动机的内在基本特征反映到外部特征上，必然具有：

(1) 动机的主观性特征。动机是人的一种主观心理倾向和状态，它首先来自个体内心的愿望和信念，当人有了某种愿望或需要尚未得到满足时，就会产生一种不安和紧张的心理状态，这种紧张性推动主体围绕着实现这一动机而进行活动，成为推动主体活动的动力。其过程是通过谋略上的深思熟虑和策划，主体可能选择或变换不同方法，促使自身达到某种行为目的。

(2) 动机的内隐性特征。人的动机既然是一种主观状态并受意识所制约，就必然具有内隐性特点。复杂的动机往往具有内隐层、过渡层和表露层等多层次结构。内隐层是指真正的内心起因；过渡层是指主体从事活动所达到的间接目的；表露层是指主体从事活动所要达到的直接目的。个体的动机，往往是隐藏在内心深处，不易显示的。

(3) 动机的实践性特征。动机一旦形成必将付诸行动，所以它具有实践性。动机支配着人的行为，行为反映着人的动机。动机与个体的行为实践活动，是内与外、隐与显的对立统一。没有无动机的行为，也没有无行为的动机。

(三)动机的功能

动机是导致人的行为活动的直接原因，动机对人的行为产生重要的影响。

1. 始发功能

动机能引发有机体产生某种活动。人类各种各样的活动都是由一定的动机引起的，没有动机就没有行为。动机是行为的本源，是人的行为发生的主动力，是推动人的行为的原动力。动机是驱使一个人产生某种行为活动的根本原因。动机的这种功能，通常又称作激活功能和启动活动功能。

2. 指引功能

动机具有调节、定向、选择机能，动机可以使行为朝向特定的方向、预定的目标。动机必须明确，没有明确动机支配的行为，往往因主体对行为的目的和后果缺乏清醒的认识、理智的控制而不能持久。动机产生的原因是为了实现一定的目标，动机受目标的直接引导。动机如同指南针一样指引着人们活动的方向，使活动始终朝着预定的目标前进。

3. 强化功能

动机维持个体活动指向一定目标，并调节着活动的强度和时间的持续。如果实现了目标，动机就会促使有机体终止这种活动；如果没有实现目标，动机将驱使有机体维持或加强这种活动，以达到目标。不同性质和不同强度的动机，对活动的激励作用不同，高尚的

动机比低级的动机更具有激励作用，动机强比动机弱具有更大的激励作用。

(四)动机的产生

动机是如何产生的呢？心理学研究表明：一般是需要(need)使人产生欲望(want)与驱力(drive)，不过驱力是一种力量，无特定的方向；需要、驱力和外界活动结合便产生既有力量又有方向的动机；再由动机引导个体行动达到目标。通常动机、需要、欲望及驱力被视为同义词。其关系如下：需要(欲望)→驱力→动机→目的。

动机产生主要依赖两个条件：其一是内在条件，即个体缺乏某种东西而引起的需要(欲望)，由身心失去平衡而产生的紧张状态(tension)或感到不舒服(discomfort)；其二是外在条件，即指个体身外的刺激，如食物的色、形、香、味，广告，奖金等。

外在条件与内部状态相互影响便形成行为的动机。内外动机与活动结合而导向动机性行为，可见动机性行为并非内外界刺激而引起的机械的反应，而是内外条件交互影响的结果。管理者从员工的外显行为中。要了解员工的内在需要，并采取有效措施来满足员工的需要。就能唤醒员工从事某种活动的心理状态，激发他们的动机，充分调动人的积极性、主动性和创造性。

【案例 4-3】 重视满足员工内在的需要

斯特公司是一家专门制造汽车零配件的企业，主要客户是美国通用汽车公司、福特公司和克莱斯勒公司。1981 年，斯特公司面临许多问题。首先，产品质量低劣，其部分原因是由于公司实施的计件工资制，计件工资制使工人只关心产品的数量而忽视产品的质量。其次，劳资关系持续紧张，工人们日复一日地重复着高度标准化的工作而无权进行任何改变。

由于日本汽车零配件的大量涌入，斯特公司不得不响应美国三大汽车公司的要求，大幅度提高产品质量。公司采取的第一项举措是开展质量小组活动。不幸的是，因为没有让工会参与，产品质量虽稍有改进，但与预期目标相差甚远。

1984 年，斯特公司最大客户——通用汽车公司开始减少货车配件的订单，这使斯特公司再次感到了竞争的压力，因为自己在轿车配件生产方面没有优势。公司管理层认识到只有提高产品质量，才能生存与发展。这次，劳资双方共同建立了质量管理委员会，负责处理各种质量问题。遗憾的是，双方努力的收效不大。虽然产品的质量有所提高，劳资双方的敌意也逐渐消失，但由于实行计件工资制，工人的缺勤率和产品的次品率依然很高。

1986 年，美国三大汽车公司开始需求价格更低、质量更好的零配件。斯特公司不得不解雇了 1300 名工人，公司已经走到破产边缘。此时，工会提出了挽救公司的几项建议：第一，废除计件工资制，实行为期三年的固定工资制；第二，采用弹性工时制，以克服工作的单调、厌烦感；第三，组建自我管理团队，每个团队 5～7 人，团队有权决定日程安排、休息时间、奖惩办法等各项事宜。公司管理层采纳了工会的意见。结果，几个月后，产品质量迅速提高，次品率从 20%下降到 3%；同时，产品产量显著增加，工人缺勤率明显下降。

这表明斯特公司已经顺利地度过了危机。

资料来源：http://www.cnblogs.com/allenlooplee/archive/2005/01/08/88548.html

(五)活动的目的——目标

活动的目的即指行为所要达到的目标和预期的结果。

目的也属于动机体系的范畴。它具有启动行为、导向行为、调节行为、激励行为、聚合行为、鼓舞士气的作用。人类的目标导向行为(即为达到目标直接满足需要所表现的预备或准备行为)、目标行为(即直接满足需要的行为)、间接行为(即与当前目标暂无直接关系的行为)等都和目标、动机、需要有关系。在企业中，人的行为活动都是为了达到一定的目标。有个人目标，也有团体目标；有短期目标，也有长远目标；有产值产量等物质性目标，也有技术、文化、思想觉悟等精神、理想与观念的目标。目标有诱发动机的作用，心理学中把目标也称为诱因，把诱发动机实现目标的过程称为一种激励过程。

美国管理心理学家德鲁克(P. F. Drucker)于 1956 年提出“目标管理”概念，沃迪恩(G. Ordiorne)在 1965 年把参与目标管理的观念扩大到整个企业。至此，目标管理已成为一种激励技术，成为员工参与企业管理的一种形式。

目标管理的具体做法与步骤有以下几点：①目标的制定与确立。应注意发动员工参与制定目标，并收集信息资料，初定若干目标，在进行技术的可行性分析的基础上择优确立目标。高层、中层、基层与个人都应制定相应的目标。②目标的实施与管理要体现在每天的日程中。应简政放权，放手让员工和下级自主地进行“过程管理”；领导应注意抓薄弱环节及时诊断修正；抓典型指导全面，注意信息的及时反馈等环节。③目标完成情况的检查与评价以及新目标的制定。即根据目标标准和评价办法来评定绩效，实施奖励，总结经验教训，提出新的目标标准与努力方向。

波特与斯蒂尔斯提出了目标管理法中目标应具备的 6 种属性：①目标的具体性，即指明确、具体的目标要优于笼统抽象的目标。②员工对目标设置的参与。主动参与能增强员工的责任心，加深对目标的理解，对目标感兴趣并易被接受，而且自下而上的参与要优于自上而下的参与。③目标过程应及时反馈。及时反馈可以不偏离航道，增强员工实现目标的信心。④员工间应为实现目标而相互竞争。竞争意识有利于努力达到目标，竞争应包括个人之间、团体之间两种形式，通过竞争实现目标应有数量与质量的要求，应保质保量完成目标任务。⑤目标的困难性。制定的目标应有一定高度与难度，应该成为具有挑战性的目标。⑥目标的可接受性，即指目标有实现可能性，并非高不可攀。

二、动机的种类

人类的动机十分复杂，可以从不同角度，用不同标准对之进行分类。

(一)生理性动机和社会性动机

根据动机的起源，可以把动机分为生理性动机和社会性动机。

生理性动机来自生理需要。生理性动机也称原发性动机、原始性动机、生物性动机。它是以生物性需要为基础的动机。例如，饥思食、渴思饮、寒思衣、住思房、行思车等动机。人类的生理性动机也受社会生活条件的制约，留下了较深的社会的烙印。

社会性动机源于社会性需要。社会性动机又叫继发性动机、习得性动机、精神性动机和心理性动机，是以社会文化需要为基础的动机。社会性动机是后天习得的，具有持久性特征，其内容十分丰富，如兴趣动机、成就动机、权力动机和交往动机、威信性动机、地位性动机等都属于社会性动机。当然，只有高尚的社会性动机，才能使行为具有稳固和完整的内容。

(二)近景性动机和远景性动机

根据动机影响范围大小和持续作用时间的长短，可以把动机分为近景性动机和远景性动机。

近景性动机常常由活动本身的兴趣所引起，影响范围小，持续时间短。如有的同学为了能通过公务员考试，不得不突击学习公务员考试课程。再如，大学生为了获得高分数、赞赏、奖励、免受惩罚等属于近景性学习动机。近景性学习动机随年级的升高而逐渐减弱。

远景性动机与活动的社会意义相联系，持续时间较长，比较稳定，影响范围广。如有的同学为了有更好的前途，坚持读本、读研、读博，始终如一刻苦学习专业课等。远景性动机是与学习的社会意义和个人的前途相联系的。大学生意识到自己的历史使命而学习，这样的学习动机就属于远景性动机。大学生的远景性学习动机，如求知、探索、成就、创造、贡献等，随年级的升高而逐渐加强。

研究表明，那些高尚的、正确的远景性动机的作用较为稳定和持久，能激发大学生努力学习并取得好成绩；而那些为父母、老师的期望或是为了个人的名誉地位的近景性动机，其稳定性和持久性就比较差，易受情境因素的冲击。

(三)高尚动机和低级动机

根据动机的正确性和社会价值，动机可以分为高尚动机和低级动机。

高尚动机符合社会要求或道德准则，能为他人或社会做出贡献，能较持久地调动人的积极性。低级动机违背社会要求和道德准则，不利于社会发展。

从广义的角度来讲，当一个人在进入一个新的领域时，都是抱着善良、美好的动机去工作、去学习、去交友的。付之高尚动机的行为不是做给谁看，更不是要得到谁的几句赞扬，高尚是一种品行，是一种日积月累的行为习惯。

【案例 4-4】 激发他人高尚的动机

每个人的行事都有两个好理由：一是看起来很好；二是的确很好。

我们每个人的内心都将自己理想化，都喜欢为自己行为的动机赋予一种良好的解释。因此，如果我们要想改变他人，就应该诉诸一种高尚的动机。

一位建筑公司的女主管，为了让员工与客户对自己的工作有更深的见解，她常常会送书给客户以及员工，有时更会为自己的客户收集一些资料，她希冀建立给员工的想法如同自己的一句话："努力赚钱，是为了有能力去做善事。"这一句话可以消除疲劳，激发他人的高尚动机，并且将集体的斗志带到最高点。

洛克菲勒极不喜欢摄影记者拍摄关于他子女的照片，便对记者们这么说："你们也是有孩子的人，一定了解我的感受。你们一定也知道，太出风头对小孩子是很不好的。"洛克菲勒巧妙地激发了人人都不愿伤害儿童的高尚动机，得到了他人的赞同。

有位汽车营业员在卖车时，突然拿出一条纯白的手帕，铺在客户那台本来就想换的破烂车辆前，然后客气地说："请让我为您的车检查一下"。旋即钻到车底下，不久后，他边拍着沾满泥土的手帕边说："一切都好"。当客户看到那条被弄得肮脏不堪的手帕时，心里不禁十分感动，同时也对这位营业员的细心体贴感激不已。本来他不想马上换车的，但看到这位业务员有这么好的服务精神和态度，有这么好的付出心态，想来在他公司买车绝对不会错，当下就决定换一辆新车。那名营业员常常运用这种技巧，靠顾客对他的感激之情来从事推销，大大提高了个人的销售业绩。他是该行数一数二的汽车推销员。

可见，我们每一个人的内心都把自己理想化，都喜欢为自己行为的动机赋予一种良好的解释。因此，如果我们要想改变他人，就应该诉诸一种高尚的动机。

资料来源：http://www.cando100.com/news/20091130/200911301337511519940_n2.html

(四)主导动机和辅助动机

根据动机在活动中的地位与作用大小不同，可以把动机分为主导动机和辅助动机。

主导动机是一个人动机中最强烈、最稳定的动机。在活动中处于支配地位，发挥主导作用。辅助动机则往往与一个人的习惯和兴趣相联系，在活动中处于从属地位，只起辅助作用，它能加强主导动机。在个体的成长过程中，活动的主导性动机是不断变化与发展的。事实表明，只有主导动机与辅助动机的关系较为一致时，活动动力才会加强；彼此冲突，活动动力会减弱。

(五)意识动机和潜意识动机

根据对动机内容的意识程度不同，动机可分为意识动机和潜意识动机。

意识动机指行为者能觉察到，并对其内容明确的动机，在人类动机体系中，意识动机

起着主导作用。

潜意识动机是指行为者意识不到，但能自主决定其活动倾向的动机。定势就属于一种潜意识动机。

【案例 4-5】 莉莎的潜意识动机

汤姆今年 11 岁，已经上五年级了。因为他们家距离学校的路程超过了 3 英里，每天都有一辆黄色的学校巴士在他家的门口停下来，接周围的小朋友去上学，下午再送他们回家。汤姆从小就盼着自己也能和其他孩子一样，背着小书包，跑上那辆明亮的大巴士。可是不知为什么，妈妈坚持每天要送他去学校。

“妈妈，我也想坐校车上学。”有一天，汤姆终于忍不住了。

“为什么？妈妈送你不好吗？这样更安全。”妈妈惊讶之余，有点焦虑。

“隔壁的戴安娜刚上学前班，才 5 岁，她都坐校车啦！”

“要想坐校车，6 点钟就得起床，你能起得来吗？早饭来得及吃吗？你……”妈妈开始不停地唠叨，弄得汤姆很沮丧，以后再也没有提起这件事。同学们都笑话他是长不大的“妈妈的宝贝儿”。

表面看起来，汤姆的母亲莉莎是因为过分担心和宠爱自己的儿子，才保持了有碍于儿子成长的一系列的非爱行为。但是如果我们仔细探究她的行为，可以发现，这些行为是被莉莎本人的潜意识动机所支配的。

莉莎出生在一个富裕的美国家庭。大学毕业以后，与汤姆的父亲结婚，第二年生了汤姆，成为家庭主妇。看着丈夫每日辛苦地工作，儿子一天天长大，莉莎对于自己赋闲在家，暗暗地感到罪过。但是，她没有勇气再回到竞争激烈的劳动市场上去找工作。她的女友们多数都有工作，有自己的事业。偶尔和她们聚会的时候，莉莎总是不由自主地开始抱怨：“我每天都快忙死了。做饭、洗衣、买东西、打扫房子。我们的房子有四间厕所、五间卧室，星期一是清理厕所，星期二……”

很有趣，在美国生活的 17 年里，总是听见那些不工作的家庭主妇们，抱怨她们整天在家里有多么忙碌，却很少听到既上班，又料理家务的职业女性抱怨“太忙”。因为在就业年龄的女性之中，仅有 7%的女性不工作。她们心里不敢承认，但是潜意识里隐藏着负罪感。同时，她们潜意识里，还具有一种减轻这种不好的感觉的动力。被这种潜意识动力支配的行为表现为，专职太太们拼命为其他家庭成员，特别是自己的孩子们做他们自己可以料理的事情，以此向自己和他人证明：“我不去工作，是因为你们需要我，家庭需要我。”这种潜意识动机支配着她们的非爱行为，严重地阻碍了孩子的心理成长。

资料来源：http://bbs.sdchild.com/forum.php?mod=viewthread&tid=100886

(六)外在动机和内在动机

根据动机的起因不同，可以将动机分为外在动机和内在动机。

由外在诱因所诱发的动机称为外在动机。例如，大学生为获得学校奖学金而努力学习。由内在条件(如兴趣、好奇)诱发的动机称为内在动机，内在条件是一个人成功的重要因素。如马未都因为喜欢收藏而坚持不懈，最终成为文物鉴赏大家。

内在动机是指人们对于活动本身感兴趣，活动能使人们获得满足，是对自己的一种奖励与报酬，无需外力作用的推动。布鲁纳指出，内在动机由三种内驱力引起：好奇心(求知欲)、好胜心(求成欲)、互惠的内驱力。

(七)物质性动机和精神性动机

根据动机对象的性质，可以将动机分为物质性动机和精神性动机。

物质性动机是以物质性需要为基础的动机。如追求较好的衣食住行等物质生活条件、追求较好的学习环境和学习工具等物质生活条件。

精神性动机是以精神性需要为基础的动机，强调对精神产品的获取，如认识和学习动机、交往动机、归属动机、赞誉性动机、成就动机等。

三、影响人类动机模式的因素

需要是人的动机产生的基础，内部需要和外部刺激结合，使需要具有一定目标和方向，便成为活动动机。除了客观环境、人际关系、团体与组织气氛、物质与精神诱因等对动机产生影响之外，尤其是心理需要对人的动机模式具有较大的影响力。心理需要不同，动机模式也不一样，由此影响人的行为方式也不同。与人的心理需要相联系的下列因素对个人的动机模式具有决定性的影响。

(一)兴趣与爱好

兴趣与爱好是同人的愉快情绪相联系的认识与活动的倾向性。这种倾向性能推动人们对自然和社会生活的深刻认识，能使人积极地参加各种活动，从而满足人的求知与活动的欲望。兴趣与爱好是影响人的动机模式的重要因素。前苏联心理学家彼德罗夫斯基把兴趣爱好看成动机体系的一个结构成分。在现实生活中，人的兴趣品质有很大的差异，有人喜欢学文，有人喜欢学理；有人好静，有人爱动；有人爱集邮，有人喜欢绘画，有人爱踢球，有人喜欢下棋等，这将影响和决定人的职业、专业、活动等目标定向和导向。

(二)价值观

价值观是指主体按照客观事物对其自身及社会的意义或重要性进行评价和选择的原则、信念和标准。价值观是一个人思想意识的核心，对个人的思想和行为具有一定的导向或调节作用。符合价值观标准的事物和行为就被认为是有价值的，否则就被认为是没有价值的。

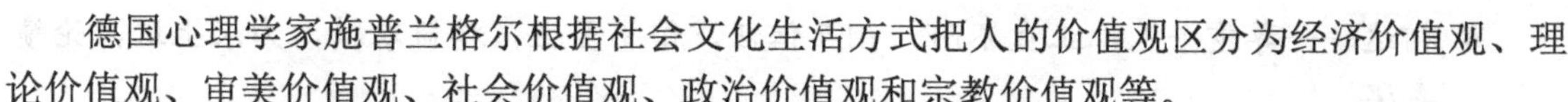

德国心理学家施普兰格尔根据社会文化生活方式把人的价值观区分为经济价值观、理论价值观、审美价值观、社会价值观、政治价值观和宗教价值观等。

经济型：以谋求利益为最高价值，实业家多属于此型。

理论型：以发现事物的本质为人生的最高价值，哲学家和科学家多属于此型。

审美型：以感受事物的美为人生最高价值，艺术家多属于此。

社会型：崇尚人的交往和帮助他人，致力于增进社会的福利，社会活动家多属于此。

政治型：以掌握权力为最高价值，且有一种强烈支配和控制他人的欲望，政治家多属于此。

宗教型：以超脱现实生活为最高价值，宗教信仰或传教士多属于此。

个人的价值观直接影响着个体对各种观念、事物和行为的判断，使个体发现事物对自己的意义，确定自己奋斗的目标，并按照自己认为有价值的事情或目标去做。价值观对动机的调节和控制有直接影响，个体把目标的价值看得越高，由目标激发的动机就越强，在活动中发挥的力量就越大。相反，个体认为目标的价值不大，由此激发的力量就小。换句话说，动机是个体行为调节系统的一个组成部分，其中价值观起着核心的作用。价值观决定着动机的性质、方向和强度。如利他的价值观促使个体产生助人的动机，做出助人的决定，并使这种行为坚持下去。价值观是个体在生活实践中逐渐形成的。一旦形成，就相当稳定。个体会自觉不自觉地时时以自己的价值观来判断事物的意义。事物是客观存在的，仅由于价值观不同，人对事物的认识会有很大的差异；价值观也影响到人对事物的需要和需要对行为的调节。

【案例 4-6】 知名企业的企业价值观

- 迪士尼——健康而富有创造力。
- 吉百利——竞争力、质量，明确的目标，朴实，开放，责任感。
- 美林——客户为本，尊重个人，团队精神，负责的公民感，正直诚实。
- 惠普——尊重个人。
- 默克制药——企业的社会责任感，企业各方面绝不含糊的质量要求，科技为本的革新，诚实正直，赢利——从为人类造福的工作中赢利。
- 索尼——提高日本的国民文化和地位，成为行业先锋而非跟随者，向不可能挑战，新生，鼓励个人能力和创造力。
- 宜家——创新，人性化，朴实，追求大多数客户利益和意志力。
- 路透社——准确，独立，可靠和开放，及时，创新，以客户为本。
- Merck 公司——诚实与正直，共同的社会责任，基于科学的创新，而不是模仿，公司各项工作的绝对优势，利润但是利润应来自有益于人类的工作。
- 摩托罗拉——高尚的操守和对人不变的尊重，全面的顾客满意。

- 柯达——尊重个人，正直不阿，相互信任，信誉至上，精益求精，力求上进，论绩嘉奖。
- 杜邦公司——安全，健康和环保，商业道德，尊重他人和人人平等。
- 宝洁——领导才能，主人翁精神，诚实正直，积极求胜，信任。
- 戴尔——通过重视事实与数据，建立对自我负责的信念来凝聚所有戴尔人。
- 丰田——上下一致，至诚服务；开发创造，产业报国；追求质朴，超越时代；亲情友爱，亲如一家。
- 联合利华——以最高企业行为标准对待员工、消费者、社会和我们所生活的世界。

资料来源：http://i.mtime.com/liliqi41/blog/1448953/

(三)理想与信念

价值观的终点是人的理想和信念。孔子说："三军可夺帅也，匹夫不可夺志也。"墨子说："志不强者智不达。"这足以说明理想、信念的重要作用。理想与信念是一个人的精神支柱和动力源泉。远大的理想、崇高的信念能点燃人生的激情，激发人们的才智，激励人们奋发向上。如果说社会是大海，人生是小舟，那么理想就是引航的灯塔，信念就是推进的风帆。没有理想、信念的人生，就像失去方向的小船，在生活的波浪中随处漂泊，甚至会沉没于急流险滩。理想是人们对未来生活目标向往和追求的一种想象。一个人有理想和追求，前进就有了方向，行为就有了动力，就会为实现理想而奋斗终生。可见理想和追求本身就是一种行为动机。信念是人的行为的主导动机，是坚信某种观点的正确性，并从感情上愉悦接受，以此来支配自己行为活动的个性倾向性。信念包括文学、艺术、社会生活和生产活动领域的广泛问题，这些问题都以一定的世界观为指导。一个人信念一旦形成，就会对其动机和其他心理活动产生巨大的影响。信念能使人满怀信心地按一定的道路勇往直前，走向预定的目标。

【案例 4-7】 信念的价值

美国诺必塔小学的董事兼校长皮尔·保罗对所有的学生一视同仁，在他的心目中根本没有什么"优生"和"差生"之别。因而，他对所有学生都给予热忱的鼓励，从而在他们心中竖起一面旗帜，而孩子确实是需要鼓励、需要有一面旗帜的。在他的学生中，有一位叫罗杰·罗尔斯的学生后来成为美国纽约州历史上第一位黑人州长。

罗杰·罗尔斯出生在纽约的大沙头贫民窟。那里环境恶劣，充满暴力。罗杰·罗尔斯所在的诺必塔小学的学生不与老师合作，旷课、斗殴，甚至砸烂教室黑板。皮尔·保罗想了很多办法来引导他们，可是没有一个是奏效的。后来他发现这些孩子都很迷信，于是在他上课的时候就多了一项内容——给学生看手相。他用这个办法来鼓励学生。

有一天，当罗尔斯从窗台上跳下，伸着小手走向讲台时，皮尔·保罗说："我一看你修长的小拇指就知道，将来你是纽约州的州长。"当时，罗尔斯大吃一惊，因为长这么大，只

有他奶奶让他振奋过一次，说他可以成长为五吨重的小船的船长。这一次，皮尔·保罗先生竟说他可以成为纽约州的州长，着实出乎他的预料。他记下了这句话，并且相信了它。

从那天起，“纽约州州长”就像一面旗帜飘在罗尔斯的心中，他的衣服不再沾满泥土，说话时不再夹杂污言秽语。他开始挺直腰杆走路，在以后的40多年间，他没有一天不按州长的身份要求自己。51岁那年，他终于成了州长。

在就职演说中，罗尔斯说：“信念值多少钱？信念是不值钱的，它有时甚至是一个善意的欺骗，然而你一旦坚持下去，它就会迅速升值。”信念，可以成为所有奇迹的萌发点；鼓励，能够成为一个人一生的动力。

资料来源：http://www.17coolz.com/lizhiwenzhang29266.html

(四)抱负水准

性格特点和价值观决定行为的方向，抱负水准则决定行为达到什么程度。所谓抱负水准是指欲将自己的工作做到某种质量标准的心理要求。个体在从事某种实际工作之前，自己内心预先估计所能达到的成就目标，以后竭尽全力为实现这个目标而努力。假如工作学习结果的质量和数量都达到或超过了自己的标准，便会产生成功感，否则，就会出现失败感或挫折感。

抱负水准不是整齐划一的，有人高，有人低。有人进了大学只求“60分万岁”，能够获得毕业文凭就行；有人则希望自己毕业后继续考硕士、博士，一定要干出个名堂为国建功立业。抱负水准是一种主观愿望和理想目标，对个体的动机模式具有重要的影响作用。一般说来，抱负水准高，对动机的模式的影响就大。个体抱负水准的高低取决于以下因素。

1．影响个人抱负水准高低的个人因素

影响个人抱负水准高低的个人因素有如下4种。

(1) 个人成就动机的高低影响。成就动机指个体在完成某种任务时力图取得成功的动机。成就动机对个人的发展和社会的进步都具有重要作用，它好像一架强大的“发动机”那样，激励人们努力向上，在前进道路上取得一个又一个的成就。一般来说，遇事想做、做好、想胜过他人的人，成就动机高，抱负水准则高。

美国心理学家罗特(J. B. Rotter)认为，制约个人抱负水准的两个因素是：个人的成就动机和个人根据已往的成败经验对自我能力的实际估计。

(2) 过去经验的影响。过去做过的事若是一帆风顺、屡屡成功，自然会增强信心，提高抱负水准；倘若连连碰壁，频频失败，就会丧失信心，降低抱负水准。一个学生第一次考70分，第二次考80分，第三次就想考90分甚至100分，若是连续几次不及格，原有的百分抱负也会荡然无存。

(3) 个人实现目标的现实感的影响。目标太高没有实现的可能，太低没有实现的意义，都会影响人的抱负水准。

(4) 个体心理差异的影响。一个人的胆量、意志、责任心、经受挫折的能力、判断和决策的能力等都能影响自己的抱负水准。

【案例 4-8】 艾柯卡的抱负

20 世纪 60 年代后期，美国福特公司副总裁艾柯卡亲自出马，夜以继日地研制出一款专为年轻人设计的新车，并定名为“野马”，第一年销售量竟高达 41.9 万辆，创下了全美汽车制造业的最高纪录。头两年“野马”型新车为公司创纯利 11 亿美元，他成了闻名遐迩的“野马之父”。后来“侯爵”、“美洲豹”和“马克 3 型”高级轿车型的推出，更是大获成功。1970 年 12 月 10 日，艾柯卡终于如愿以偿地登上福特汽车公司总裁的宝座，成了这家美国第二大汽车企业中地位仅次于福特老板的第二号人物。

一瞬间，好似整个世界都在他的脚下了，艾柯卡从来没有这么得意过。可是，老天没有让他的高兴持续太久，1978 年 7 月 31 日，由于“功高盖主”，他被妒火中烧的大老板亨利·福特开除了。当了 8 年的总经理，在福特工作已 32 年，一帆风顺，从来没有在别的地方工作过，突然间失业了，艾柯卡几乎无法承受住这个打击，这是梦还是现实，命运为什么要给他开这个玩笑呢？

不仅如此，亨利·福特要对艾柯卡的支持者进行一次整肃，谁要是继续与他保持联系，自己也就有被开除的危险。艾柯卡被解雇一周后，负责公共关系的墨菲，接到了大老板亨利·福特打来的电话：“你喜欢艾柯卡吗？”“当然！”墨菲回答。“那你被开除了。”事情就是那么简单。

一时间，艾柯卡没有了朋友，没有了事业，仿佛他在世界上已不复存在。“野马之父”一类的话再也听不到了。昨天他还是英雄，今天却好像成了麻风病患者，人人避而远之。

该怎么办呢？“艰苦的日子一旦来临，除了做个深呼吸，咬紧牙关尽其所能外，实在也别无选择。”艾柯卡是这么说的，最后也是这么做的。他没有倒下去。

在他被解雇之后，由于过去的威名，许多大公司诸如洛克希德、国际纸业公司等，都对他发出过邀请。但艾柯卡认为，54 岁是个尴尬的年龄：退休太年轻，在别的行业里另起炉灶又太老；况且汽车的一切已经在他的血液里流动了。因此，他还是选择了汽车业这一老行当。

他接受了一个新的挑战——应聘到濒临破产的克莱斯勒汽车公司出任总经理。但是克莱斯勒公司的状况比他预料的还糟。由于前任的无能，公司几乎处于无政府状态，纪律松弛，35 位副总裁各把一方，互不通气；财务混乱，现金枯竭；产品粗制滥造，积压严重。就在艾柯卡上任当天，该公司宣布连续 3 个季度的亏损达 1.6 亿美元。在公司处于生死存亡的关键时刻，艾柯卡没有气馁，更不想退缩，而是深入员工中调查研究，认真分析国内外汽车市场的发展趋势。为了拯救克莱斯勒，确保 65 万员工的工作和生活，他没有简单地裁员，决定以紧缩开支为突破口，提出了“共同牺牲”的大政方针。艾柯卡从自己做起，把 36 万美元的年薪降为 1 美元，与此同时全体员工的年薪也减少了 125 倍。“要想渡过难关，

克莱斯勒人流出的血必须一样多。如果有人光等待别人为他付出，自己却袖手旁观，那就会一无所有。”他强调道，“作为企业的领导，最重要的一点就是身先士卒，做出样子。这样员工的眼睛都看着你，大家都会模仿你。”

艾柯卡把自己的年薪减至1美元的做法在美国企业界没有先例，很自然地引起了轰动。克莱斯勒人长期以来一直很铺张浪费，讲究奢侈，他们无不对此深感震惊，开始时很不理解。然而榜样的力量是无穷的，老总的表率作用是最好的动员令。从各级领导到普通员工，人人渐渐地达成共识。大家毫无怨言，心甘情愿地勒紧裤腰带。

“共同牺牲”给克莱斯勒公司带来了生机，使广大员工看到了希望。艾柯卡率领高层领导班子对营销、信贷、财务、计划和人事等部门进行整顿改革，积极扶持新产品的开发，花大力气抓生产制造。

当然，更重要的是尽快拿出适销对路的产品。1982年，“道奇400”新型敞篷车先声夺人，畅销市场，多年来第一次使克莱斯勒公司走在其他公司前面。K型车面市，也一下子占领小型车市场的20%以上。

艾柯卡曾经说过——“齐心协力可以移山填海”。1983年8月15日，艾柯卡把他生平仅见的面额高达8亿1348万多美元的支票，交到银行代表手里。至此，克莱斯勒还清了所有债务。而恰恰是5年前的这一天，亨利·福特开除了他。

资料来源：康丽．88位世界富豪的成长记录．北京：中国戏剧出版社，2004

2．影响个人抱负水准高低的外部因素

影响个人抱负水准高低的外部因素有以下3种。

(1) 第三者的影响。老师、父母、同学或领导都可作为当事人的第三者出现，他们的期望或整个社会气氛都指向较高的目标，个体的抱负水准自然会随之提高。现在，良好的社会风气使人们朝着积极健康的方向发展。重视知识、能力的社会倾向使许多人特别是学生重视自己学习成绩的提高，老师家长也大力支持与帮助。相反，社会上的不正之风也容易使学生受到腐蚀，产生不良动机，有的学生讲实惠、过分重视自我和荣誉，都是在不良的社会风气影响下形成的。

(2) 所处地位与扮演角色的影响。常言说，不在其位不谋其政，个人所处地位不同，扮演社会角色也不一样，其抱负水准也会不同。

(3) 外部指标提法的影响。是现实目标还是理想目标，具体目标还是长远目标，对人的动机与抱负水准也会产生不同的影响。

四、动机的识别

识别动机可以采用以下方法。

(1) 看其如何对待从事活动的要求和任务。是积极主动地参与，还是消极被动地应付？

(2) 看其对待活动的态度如何。是把活动作为一种乐趣和追求，因而认真、勤奋地工作，还是当做负担和压力，感到无限苦恼而想方设法逃避，以致弄虚作假来对付？

(3) 看其从事活动时注意力是否集中。即能否做到专心地工作，认真积极地思考。

(4) 看其能否按时完成布置的各项任务。是主动地、创造性地完成，还是强制地、机械地完成？是独立地完成，还是靠外力帮助完成？

(5) 看其遇到困难、挫折、失败时的表现。是充满信心和决心坚持到底、争取成功，还是知难而退、畏缩不前？是面对成绩就骄傲，面对失败就灰心，还是对成败无动于衷？

(6) 看其怎样对待奖赏与责备、表扬与批评。对奖赏和表扬是作为追求的目标而力争，还是作为进一步努力的鼓励和鞭策？是正视自己行为的缺点和错误力求改进，还是抱无所谓的态度或对批评抱怨、对抗？

(7) 看其在竞赛中的表现。在竞赛中力求获取名次是为集体争荣誉，还是一味为自己争名利，以致不惜采取各种手段排挤对手？竞赛后胜不骄、败不馁，还是胜则骄、败则馁或败则嫉妒？

(8) 看其对别人的态度。对别人是诚诚恳恳、真心实意，毫不保留地帮助他们；还是对之漠不关心，就是帮助也要“留一手”；抑或根本不愿帮助，并幸灾乐祸？

以上诸方面是紧密联系着的。通过对上述内容进行全面、深入、细致、客观的了解和考察，便于判断其真实的动机。

本章小结

需要和动机是有区别的。需要是人积极性的基础和根源，动机是推动人们活动的直接原因。人类的各种行为都是在动机的支配下，朝着某一目标进行活动的。而人的动机又是由于某种欲求或需要引起的。

需要、动机与管理的基本内容包括需要、动机两大部分。需要的内容主要介绍了需要的含义、需要的特征、需要的产生以及需要的种类。需要的内容还介绍了人类的行为模式及人类行为的共同特征。动机的内容重点介绍了动机的含义与特征、动机的功能、动机的产生、动机的种类、动机的目的及目标管理、影响人类动机模式的因素及动机的识别。

需要引发动机，动机导致行为，行为的目的是要达到一定的目标。管理者要了解员工的需要，不同的员工需要是有差异的。员工的任何行为都与动机有关联，管理者要善于分析判断员工的行为动机，有针对性地开展管理工作。

行为科学理论认为，现代领导与管理的一个核心问题就是人的管理。管理人就是要调动人的积极性、主动性和创造性，发挥人的聪明才智，积极主动、自觉自愿、心情舒畅地工作。积极性、主动性和创造性都要通过人的行为才能实现。人的行为有巨大的潜在力、创造力，这种潜在力、创造力成为有待开发的巨大能源库。激励的真实意义就是要开发人

的创造性行为资源，强化人的能动行为，并朝着组织目标迈近。

复习思考题

一、问答题

1. 简述需要的含义、特征、产生和种类。
2. 简述动机的含义、特征、功能和种类。
3. 简述动机的产生根源。
4. 影响动机模式的因素有哪些？

二、分析题

成功就是简单的事情重复做、重复做

著名的推销大师，即将告别他的推销生涯，应行业协会和社会各界的邀请，他将在该城中最大的体育馆，作告别职业生涯的演说。

那天，会场座无虚席，人们在热切地、焦急地等待着那位当代最伟大的推销员作精彩的演讲。当大幕徐徐拉开，舞台的正中央吊着一个巨大的铁球。为了这个铁球，台上搭起了高大的铁架。

一位老者在人们热烈的掌声中，走了出来，站在铁架的一边。他穿着一件红色的运动服，脚下是一双白色胶鞋。

人们惊奇地望着他，不知道他要做出什么举动。

这时两位工作人员，抬着一个大铁锤，放在老者的面前。主持人这时对观众讲："请两位身体强壮的人，到台上来。"好多年轻人站起来，转眼间已有两名动作快的跑到台上。

老人这时开口和他们讲规则，请他们用这个大铁锤，去敲打那个吊着的铁球，直到把它荡起来。

一个年轻人抢着拿起铁锤，拉开架势，抡起大锤，全力向那吊着的铁球砸去，一声震耳的响声，那吊球动也没动。他就用大铁锤接二连三地砸向吊球，很快他就气喘吁吁。

另一个人也不示弱，接过大铁锤把吊球打得叮当响，可是铁球仍旧一动不动。

台下逐渐没了呐喊声，观众好像认定那是没用的，就等着老人做出什么解释。

会场恢复了平静，老人从上衣口袋里掏出一个小锤，然后认真地面对着那个巨大的铁球。他用小锤对着铁球"咚"敲了一下，然后停顿一下，再一次用小锤"咚"敲了一下。人们奇怪地看着，老人就那样"咚"敲一下，然后停顿一下，就这样持续地做。

10分钟过去了，20分钟过去了，会场早已开始骚动，有的人干脆叫骂起来，人们用各种声音和动作发泄着他们的不满。老人仍然一小锤一停地工作着，他好像根本没有听见人们在喊叫什么。人们开始愤然离去，会场上出现了大块大块的空缺。留下来的人们好像也喊累了，会场渐渐地安静下来。

大概在老人进行到40分钟的时候，坐在前面的一个妇女突然尖叫一声："球动了！"会场立即鸦雀无声，人们聚精会神地看着那个铁球。那球以很小的幅度摆动了起来，不仔细看很难察觉。老人仍旧一小锤一小锤地敲着，人们好像都听到了那小锤敲打吊球的声响。吊球在老人一锤一锤的敲打中越荡越高，它拉动着那个铁架子"哐、哐"作响，它的巨大威力强烈地震撼着在场的每一个人。终于场上爆发出一阵阵热烈的掌声，在掌声中，老人转过身来，慢慢地把那把小锤揣进兜里。

老人开口讲话了，他只说了一句话：在成功的道路上，你没有耐心去等待成功的到来，那么，你只好用一生的耐心去面对失败。

你可以不思成功，但你的生活并不会因此而轻松。你追逐成功，你会因此而生活得更好。

资料来源：http://www.360doc.com/content/05/0925/21/965_14777.shtml 或 http://bbs.ce.cn/bbs/viewthread.php?tid=116006

(1) 推销大师的话包含了哪些道理？

(2) 试用相关动机理论进行分析解释。

第五章 激励理论与管理

【学习目标】

了解激励一般理论知识，理解并掌握内容型激励理论、过程型激励理论和行为改造型激励理论，能够熟练运用三种理论中的内容解释企业管理现象。

【关键概念】

激励(incentive) *激励的原则*(the principles of motivation) *内容型激励理论*(content type inspire theory) *过程型激励理论*(the process of driving theory) *行为改造型激励理论*(behavioral transformation driving theory)

第一节 激 励 概 述

激励理论是行为科学中关于处理需要、动机、目标和行为四者之间关系的核心理论。行为科学认为，人的动机来自需要，需要引发人的行动，通过行动达到一定的目标。激励作用于人的内心活动，它激发、驱动和强化人的行为。企业实行激励机制的最根本的目的在于正确地诱导员工的工作动机，使他们在实现企业目标的同时满足其自身的需要，增加其满意度，从而使他们的积极性、主动性和创造性得到不断提升。

一、激励的含义

激励，即激发鼓励，也就是激发人的行为的心理过程，即激发员工工作的积极性、主动性和创造性的过程。管理者应当运用各种有效的方式激发员工努力去完成企业的任务，实现企业的目标。有效的激励会点燃员工的激情，促使他们的工作动机更加强烈，使他们产生超越自我和他人的欲望，并将潜在的巨大的内驱力释放出来，为企业的目标奉献自己的热情。

激励的具体含义如下。

第一，激励的出发点是满足企业员工的各种需要，即通过系统地设计适当的外部奖酬形式和工作环境，来满足企业员工的外在性需要和内在性需要。

第二，科学的激励工作需要奖励和惩罚并举，既要对员工表现出来的符合企业期望的行为进行奖励，又要对不符合企业期望的行为进行惩罚。

第三，激励贯穿于企业员工工作的全过程，包括对员工个人需要的了解、个性的把握、行为过程的控制和行为结果的评价等。因此，激励工作需要耐心。赫兹伯格强调，激励员工的有效方法就是要做到锲而不舍。

第四，信息沟通贯穿于激励工作的始末，从对激励制度的宣传、企业员工个人的了解，到对员工行为过程的控制和对员工行为结果的评价等，都依赖于一定的信息沟通。企业信息沟通是否通畅，是否及时、准确、全面，直接影响着激励制度的运用效果和激励工作的成本。

第五，激励的最终目的是在实现企业预期目标的同时，也能让企业员工实现其个人目标，即达到企业目标和员工个人目标在客观上的统一。

【案例 5-1】 索尼公司的内部招聘制度

有一天晚上，索尼董事长盛田昭夫按照惯例走进职工餐厅与职工一起用餐、聊天。他多年来一直保持着这个习惯，以培养员工的合作意识和与他们的良好关系。这天，盛田昭夫忽然发现一位年轻职工郁郁寡欢，满腹心事，闷头吃饭，谁也不理。于是，盛田昭夫就主动坐到这名员工对面，与他攀谈。几杯酒下肚之后，这个员工终于开口了："我毕业于东京大学，原来有一份待遇十分优厚的工作。但是，进入索尼之前，对索尼公司崇拜得发狂。当时，我认为我进入索尼，是我一生的最佳选择。但是，现在才发现，我不是在为索尼工作，而是为课长干活。坦率地说，我这位课长是个无能之辈，更可悲的是，我所有的行动与建议都得课长批准。我自己的一些小发明与改进，课长不仅不支持、不解释，还挖苦我癞蛤蟆想吃天鹅肉，有野心。对我来说，这名课长就是索尼。我十分泄气，心灰意冷。这就是索尼？这就是我的索尼？我居然要放弃那份待遇优厚的工作来到这种地方！"这番话令盛田昭夫十分震惊，他想，类似的问题在公司内部员工中恐怕不少，管理者应该关心他们的苦恼，了解他们的处境，不能堵塞他们的上进之路，于是产生了改革人事管理制度的想法。之后，索尼公司开始每周出版一次内部小报，刊登公司各部门的"求人广告"，员工可以自由而秘密地前去应聘，他们的上司无权阻止。另外，索尼原则上每隔两年就让员工调换一次工作，特别是对于那些精力旺盛、干劲十足的人才，不是让他们被动地等待工作，而是主动地给他们施展才能的机会。在索尼公司实行内部招聘制度以后，有能力的人才大多能找到自己较中意的岗位，而且人力资源部门可以发现那些"流出"人才的上司所存在的问题。

资料来源：http://www.qyglzx.com/zyjl/zyrlzy/107952.html

二、激励的原则

1. 目标结合原则

在激励机制中，目标设置是关键环节。目标设置必须同时体现企业目标和员工需要的要求。

2．物质激励和精神激励相结合的原则

物质激励是基础，精神激励是主导。两者相辅相成，不可偏废。要努力将二者紧密结合。

3．引导性原则

外激励措施只有转化为被激励者的自觉意愿，才能取得激励效果。因此，引导性原则是激励过程的内在要求。

4．合理性原则

激励的合理性原则包括两层含义：其一，激励的措施要适度。要根据所实现目标本身的价值大小确定适当的激励量。其二，奖惩要公平。

5．明确性原则

激励的明确性原则包括三层含义：其一，明确。激励的目的是需要做什么和必须怎么做。其二，公开。特别是涉及分配奖金等许多员工关心的问题时，要更为谨慎。其三，直观。实施物质奖励和精神奖励时都需要直观地表达它们的指标。直观性与激励影响的心理效应成正比。

6．时效性原则

要把握激励的时机，“雪中送炭”和“雨后送伞”的效果是不一样的。激励越及时，越有利于将人们的激情推向高潮，使其创造力连续有效地发挥出来。

7．正激励与负激励相结合的原则

所谓正激励就是对员工的符合企业目标的期望行为进行奖励。所谓负激励就是对员工违背企业目的的非期望行为进行惩罚。正负激励都是必要而有效的，不仅作用于当事人，而且会间接地影响周围其他人。

8．按需激励原则

激励的起点是满足员工的需要，但员工的需要应当因人而异、因时而异，并且只有满足最迫切需要(主导需要)的措施，其效价才高，其激励强度才大。因此，领导者必须深入地进行调查研究，不断了解员工需要层次和需要结构的变化趋势，有针对性地采取激励措施，才能收到实效。

9．实事求是原则

激励应当考虑到解决职工的需要与生产力发展水平相适应。在国家经济和生产力水平不断发展的基础上，逐步改善和提高员工的生活水平。

10．贯彻个人、集体、国家三者利益兼顾的原则

激励过程中既要照顾国家利益，又要兼顾集体利益，同时还要考虑个人利益。三者之间要有效协调。

第二节　内容型激励理论

需要是激励的起点和基础，是动机体系中核心的部分。内容型激励理论重点是研究激发动机因素——人的需要的内容、结构、特征及其动力作用等的理论。主要有马斯洛的需要层次理论，赫茨伯格的双因素理论，奥尔得弗的ERG需要理论，麦克莱兰的成就需要理论等。

一、马斯洛的需要层次理论

(一)马斯洛的需要层次理论的内容

1943年，美国著名心理学家马斯洛(Abraham Harold Maslow，1908—1970)在其《人的动机理论》一文中提出了需要层次论。马斯洛认为人有5种基本需要，依次构成需要的层次。

1．生理需要

生理需要指衣、食、住、行、婚姻、疾病治疗等人类最原始、最基本的维持个体生存的物质性需要。马斯洛认为："在一切需要之中，生理需要是最优先的。这意味着，在某种极端的情况下，即一个人生活上的一切东西都没有的情况下，很可能主要的动机就是生理的需要……对于一个处于极端饥饿的人来说，除了食物，没有别的兴趣。就是做梦也梦见食物。""在这种极端情况下，写诗的愿望，获得一辆汽车的愿望，对美国历史的兴趣，对一双新鞋的需要，则统统被忘记或退居第二位……但是，当一个人有了充足的面包，而且长期以来都填饱了肚子，这时，又会有什么愿望产生呢？这时，立即会出现另外的'更高级的需要'。"

2．安全需要

这是寻求依赖和保护，避免危险与灾难，维持自我生存的需要。这类需要包括人生健康与安全、劳动保护、职业安全、生活稳定、社会保险、社会秩序与治安、退休金与生活保障等。马斯洛认为："整个有机体是一个追求安全的机制，人的感受器官、效应器官、智能和其他能量主要是寻求安全的工具，甚至可以把科学和人生观都看成满足安全需要的一部分。"马斯洛强调："如果生理需要相对满足了，就会出现一组新的我们可以概称为安全

的需要……一个和平、安全、良好的社会，常常使得它的成员感到很安全，不会有野兽、极冷极热的温度、犯罪、袭击、谋杀、专制等的威胁……我们可以看到表达安全需要的某些现象，比如，一般偏爱职位牢固有保护的工作，要求有积蓄，以及要求各种保险(医疗、牙科、失业、老年的保险)。追求安全的另一种情况是，人们总喜欢选择那些熟悉的而不是陌生的，已知的而不是未知的事情。有一种信仰或世界观，它趋向于要把世界上的人们组成一种令人满意的、和谐的、有意义的世界，这也是部分地受到安全需要的驱使。当然，当这种需要一旦相对满足后，也就不再成为激励因素了。”

3. 社交需要

社交需要包括两个方面的内容。一是友爱的需要，即人人都需要伙伴之间、同事之间的关系融洽或保持友谊和忠诚；人人都希望得到爱情，希望爱别人，也渴望得到别人的爱。二是归属的需要，即人都有一种归属于一个群体的感情，希望成为群体中的一员，并相互关心和照顾。感情上的需要比生理上的需要来得细致，它和一个人的生理特性、心理、教育、宗教信仰都有关系。

4. 尊重的需要

人人都希望自己有稳定的社会地位，要求个人的能力和成就得到社会的承认。尊重的需要又可分为内部尊重和外部尊重。内部尊重是指一个人希望在各种不同情境中有实力、能胜任、充满信心、能独立自主。总之，内部尊重就是人的自尊。外部尊重是指一个人希望有地位，有威信，受到别人的尊重、信赖和高度评价。马斯洛认为，尊重需要得到满足，能使人对自己充满信心，对社会满腔热情，体验到自己活着的用处和价值。他说：“社会上所有的人(病态者除外)都希望自己有稳定、牢固的地位，希望别人的高度评价，需要自尊自重，或为他人所尊重。……这种需要可以分成两类。第一，在面临的各种环境中，希望有实力、有成就、能胜任和有信心，以及要求独立和自由。第二，要求有名誉或威望(可看成别人对自己的尊重)、赏识、关心、重视或高度评价。”

5. 自我实现的需要

这是最高层次的需要，它是指实现个人理想、抱负，发挥个人的能力到最大限度，完成与自己的能力相称的一切事情的需要。也就是说，人必须干称职的工作，这样才会使他们感到最大的快乐。马斯洛提出，为满足自我实现需要所采取的途径是因人而异的。自我实现的需要是在努力实现自己的潜力，使自己越来越成为自己所期望的人物。

马斯洛提到：“音乐家必须演奏音乐，画家必须绘画，诗人必须写诗，这样才能使他们感到最大的快乐。是什么样的角色就应该干什么样的事。我们把这种需要叫做自我实现。‘自我实现’这个词是库尔特·戈尔德斯泰因首创的。说到自我实现需要，就是指使他的潜在能力得以实现的趋势。这种趋势可以说成是希望自己越来越成为所期望的人物，完成与自己的能力相称的一切事情。”

通过研究这5种基本需要，马斯洛得出结论：“我们把这些需要得到满足的人叫做基本满足的人。由此，我们可以期望这种人具有最充分、最旺盛的创造力。”

马斯洛认为，这5种基本需要之间的关系是复杂的。一般来说，在低层次需要得到满足后，高层次需要才会出现，但也有例外情况，同时，任何一种需要都不会由于高层次需要的产生而结束，只是对行为的影响力有所降低。各层次需要是相互依赖、彼此共存的。这5种基本需要在人的心理发展的不同阶段占有不同的地位。

(二)马斯洛的需要层次理论的应用

1. 生理需求

对食物、水、空气和住房等需求都是生理需求，这类需求的级别最低，人们在转向较高层次的需求之前，总是尽力满足这类需求。一个人在饥饿时不会对其他任何事物感兴趣，他的主要动力是得到食物。即使在今天，还有许多人不能满足这些基本的生理需求。管理人员应该明白，如果员工还在为生理需求而忙碌时，他们所真正关心的问题就与他们所做的工作无关。当努力用满足这类需求来激励下属时，要基于这种假设，即人们为报酬而工作，主要关于收入、舒适等，所以激励时要利用增加工资、改善劳动条件、给予更多的业余时间和工间休息、提高福利待遇等来善待员工。

2. 安全需求

安全需求包括对人身安全、生活稳定以及免遭痛苦、威胁或疾病等的需求。和生理需求一样，在安全需求没有得到满足之前，人们唯一关心的就是这种需求。对许多员工而言，安全需求表现为安全而稳定以及有医疗保险、失业保险和退休福利等。受安全需求激励的人，在评估职业时，主要把它看做不致失去基本需求满足的保障。如果管理人员认为对员工来说安全需求最重要，他们就应在管理中着重利用这种需要，强调规章制度、职业保障、福利待遇，并保护员工不致失业。如果员工对安全需求非常强烈时，管理者在处理问题时就不应标新立异，并应该避免或反对冒险，而员工们将循规蹈矩地完成工作。

3. 社交需求

社交需求包括对友谊、爱情以及隶属关系的需求。当生理需求和安全需求得到满足后，社交需求就会凸显，进而产生激励作用。在马斯洛需求层次中，这一层次是与前两层次截然不同的另一层次。这些需要如果得不到满足，就会影响员工的精神，导致高缺勤率、低生产率、对工作不满及情绪低落。管理者必须意识到，当社交需求成为主要的激励源时，工作被人们视为寻找和建立温馨和谐人际关系的机会，能够提供同事间社交往来机会的职业会受到重视。管理者感到下属努力追求满足这类需求时，通常会采取支持与赞许的态度，十分强调能为共事的人所接受，开展有相关企业或部门参加的体育比赛和集体聚会等业务

活动，并且遵从集体行为规范。

【案例 5-2】通用汽车的危机与解决

通用汽车为了提高劳动生产率曾实施过一次企业再造、改革计划，对汽车生产装配操作加强控制。改革后，工人把它看做恢复了 20 世纪 30 年代“血汗工厂式”的管理，让自己以同样的工资做更多的工作。随着作业越来越容易、简单和重复，对工人的技能要求降低了，工人无法对工作产生兴趣，不满大大增加，工人的不满指责从 100 个增加到 5000 个。最后工人举行了一次罢工，企业损失 4500 万美元。此后屡次发现装配线停工的事，因为工人怠工，汽车没有进行必要的检验就出厂，出现了大量质量问题。

通用汽车公司组织了恢复正常工作环境的活动。他们对全厂工人进行了问卷调查，与各级领导管理人员一起举行了一系列会议，最后得出以下结论：工人认为管理部门不关心他们的需要、情感等问题；工人的工作无保障，他们认为管理部门不事先通知或进行协商就改变他们的工作计划，增加或取消加班时间，随意通知他们停工，工人们不知如何与公司合作。工人们认为管理部门对他们改进工作方法和工厂业务的意见没有兴趣。有些工人对劳动环境提出了种种意见但迟迟得不到改善，对繁重的、机械的、重复劳动感到厌倦和不满。许多工人对公司的目标和计划不了解，企业和员工之间缺乏共同的目标，公司想干什么，为何要这样干，工人无法知道，因此没有能形成凝聚力。第一线的管理人员认为，他们也不十分了解整个管理部门的目标和计划，因此没有把这些目标和计划同他们每天对工人的管理工作结合起来。

经过上述诊断，公司发现产生危机的主要根源是管理部门和工人之间缺乏及时的沟通，缺乏必要的交往。为改变这种状况，公司全面实施“交流计划”，内容是：①每天用 5 分钟在工厂广播与汽车工业、公司和工厂有关的新闻。这些新闻主要涉及销售、库存和生产计划的状况，使工人对公司的情况有大体的了解。其内容也张贴在工厂的各处布告栏里面。②消息公报：作为工厂经理和工人之间一种直接交流的方法，所有有关工厂业务的主要消息都直接传给工人，并贴在布告栏里面，包括新产品、轮班、生产计划、每周生产和新订货等变化。工厂经理还告诉大家该厂存在的问题，征求工人对解决这些问题的意见。③管理训练：为了加强管理人员在工作中的人际交往作用，所有管理人员以及职员都要经过人际关系和交往的训练。由富有组织装配线经验的公共关系协调员和质量控制主任来设计和指导。管理部门发展了一种作业轮换计划，对轮换工作有兴趣的工人给予必要的训练，帮助他们扩大在同一装配工作组内的工作能力，其中包括大约 30 种各不相同的但基本上属于同一技术水平的工作。

交流计划实行一段时间后看到了效果，恢复了正常生产，不满下降到前一年的 1/3，生产效率也有明显提高。

资料来源：http://www.bioon.com/master/company/345908.shtml

4．尊重需求

尊重需求既包括对成就或自我价值的个人感觉，也包括他人对自己的认可与尊重。有尊重需求的人希望别人按照他们的实际形象来接受他们，并认为他们有能力，能胜任工作。他们关心的是成就、名声、地位和晋升机会。这是由于别人认识到他们的才能而得到的。当他们得到这些时，不仅赢得了人们的尊重，同时就其内心因对自己价值的满足而充满自信。不能满足这类需求，就会使他们感到沮丧。如果别人给予的荣誉不是根据其真才实学，而是徒有虚名，也会对他们的心理构成威胁。在激励员工时应特别注意有尊重需求的员工，管理人员应采取公开奖励和表扬的方式，布置工作要特别强调工作的艰巨性以及成功所需要的高超技巧等，颁发荣誉奖章、在公司的刊物上发表表扬文章、公布优秀员工光荣榜等手段都可以提高人们对自己工作的自豪感。

5．自我实现需求

自我实现需求的目标是自我实现，或是发挥潜能。达到自我实现境界的人，接受自己也接受他人。解决问题能力增强，自觉性提高，善于独立处事，要求不受打扰地独处。要满足这种尽量发挥自己才能的需求，他应该已在某个时刻部分地满足了其他的需求。当然自我实现的人可能过分关注这种最高层次的需求的满足，以至于自觉或不自觉地放弃满足较低层次的需求。自我实现需求居支配地位的人，会受到激励在工作中运用最富于创造性和建设性的技巧。重视这种需求的管理者会认识到，无论哪种工作都可以进行创新，创造性并非管理人员独有，而是每个人都期望拥有的。为了使工作有意义，强调自我实现的管理者，会在设计工作时考虑运用适应复杂情况的策略，会给身怀绝技的人委派特别任务以使其施展才华，或者在设计工作程序和制订执行计划时为员工群体留有余地。

二、赫茨伯格的双因素理论

(一)赫茨伯格的双因素理论内容

双因素理论也称激励—保健因素理论，是美国的行为科学家弗雷德里克·赫茨伯格(Fredrick Herzberg)提出来的。

20 世纪 50 年代末期，赫茨伯格和他的助手们在美国匹兹堡地区对 200 名工程师、会计师进行了调查访问。访问主要围绕两个问题：在工作中，哪些事项是让他们感到满意的，并估计这种积极情绪持续多长时间；又有哪些事项是让他们感到不满意的，并估计这种消极情绪持续多长时间。赫茨伯格以对这些问题的回答为材料，着手去研究哪些事情使人们在工作中快乐和满足，哪些事情造成不愉快和不满足。

赫茨伯格在企业调查中发现，职工感到不满意的因素大多与工作环境或工作条件有关。这些因素的改善可以预防或消除职工的不满，维持原有的工作效率，但不能导致积极的后果，不能直接起到激励的作用，故称为保健因素。属于保健因素的有公司政策与管理、监督、人际关系、薪金、地位、个人生活、工作安定、工作环境等。与此相反，使职工感到

满意的因素主要与工作内容或工作成果有关，这些因素的改善可以使职工获得满足感，产生强大而持久的激励作用，所以称为激励因素。这些能满足个人自我实现需要的因素包括成就、赏识、上进心、职位升迁、挑战性的工作、责任感，以及成长和发展的机会等。

【案例 5-3】 培训进修

通常大的跨国公司采用下列方式进行培训进修。

双向交流：职员若是总部职员，为增强工作实感，有可能被指定到一线经营单位去学习锻炼 1～6 个月。职员若是一线骨干人员，也有可能被指定到总部或其他对口业务单位联合办公 0.5～2 个月，使职员有时间、精力来总结提炼实际操作经验，以利于在集团范围内交流，实现集团资源共享，同时进一步系统地了解公司运作特点。

外出考察：为拓展视野、丰富学习经验，公司将组织管理人员、专业人士以及荣获嘉奖的职员到外地考察。考察单位包括境内外的优秀企业或机构。

培训积分制度：职员参加各种培训并结业后，可以向人力资源部门申报积分，积分将是职员参加培训的最全面记录。年度累计积分的多少是职员晋级或晋升的参考标准之一。不同类别的职员积分要求有所不同。

培训信息公布和查询：人力资源部门将定期公布培训信息。主要包括年度培训服务概览、月度培训及研修计划、外部培训信息、周培训信息以及网络版《培训资讯》。职员可以登录到公司主页上查询或咨询所在单位的人事专职人员。

下面介绍 DELL 公司培训销售人员是如何采取“太太式培训”的。他们把销售经理比喻为销售新人的“太太”，销售经理像太太一样不断地在新人耳边唠叨、鼓励，才能让新人形成长期的良好销售习惯，从而让销售培训最终发挥作用。培训由培训经理和销售经理一起完成的。销售新人不仅向直线经理汇报，还要向培训经理汇报。培训经理承担技能培训和跟踪、考核职能(每周给销售新人排名，用 E-mail 把排名情况通知他们。没有压力，就没有动力)，销售经理承担教练和管理职能，通过新人的最终执行，达到提高业绩的目的。先是为期三周的集中培训，由专家讲解销售的过程和技巧，邀请有经验的销售人员来分享经验。然后每周末召开会议，销售经理与培训经理都参加，检查新人上周进度，讨论分享工作心得，分析新的销售机会，制定下周的销售计划。销售经理与培训经理、新人们一起讨论新人的成长、下一步的走向。最终，“太太”在工作中能够自觉指导新人运用销售技巧，及时鼓励新人、有效管理新人。“太太式培训”的效果非常惊人，用数字可以说明。DELL 销售代表每季度平均销售额是 80 万美元，没有“太太式培训”的时候，新人第一季度平均销售额为 20 万美元，经过这样培训，新人在第一季度的平均业绩达到 56 万美元，远远高于以前销售新人 20 万美元的销售额。让员工了解公司内部的信息也是让员工获得知识的重要途径。特别是让员工知道公司如何传递信息能产生很大的激励作用。商业周刊的一份调查报告显示，有 59%的员工认为，激励他们的最好方法就是直接说出他们的工作是如何帮公司获取利润的，77%的经理也是这样认为。具体如何操作？部门经理先找出公司最看重的关于业绩的那些重要数字，向员工解释公司的现金流、收入和利润之间的区别，以及如何阅读利润表和资产负债表，让员工能把自己的工作与部门和公司的最终赢利水平联系起来。

资料来源：http://www.emkt.com.cn/article/82/8276-4.html

【案例 5-4】 日立公司内的“婚姻介绍所”

在把公司看做大家庭的日本，老板很重视员工的婚姻大事。例如，日立公司内就设立了一个专门为员工架设“鹊桥”的“婚姻介绍所”。一个新员工进入公司，可以把自己的学历、爱好、家庭背景、身高、体重等资料输入“鹊桥”电脑网络。当某名员工递上求偶申请书，他(或她)便有权调阅电脑档案，申请者往往利用休息日坐在沙发上慢慢地、仔细地翻阅这些档案，直到找到满意的对象为止。一旦他被选中，联系人会将挑选方的一切资料寄给被选方，被选方如果同意见面，公司就安排双方约会。约会后双方都必须向联系人报告对对方的看法。日立公司人力资源部门的管理人员说：由于日本人工作紧张，职员很少有时间寻找合适的生活伴侣。我们很乐意为他们帮这个忙。另一方面，这样做还能起到稳定员工、增强企业凝聚力的作用。

资料来源：http://www.langziniu.com/gl/yg/2009/1116/1348_8.html

保健因素的满足对职工产生的效果类似于卫生保健对身体健康所起的作用。保健从人的生活环境中消除有害于健康的事物，它不能直接提高健康水平，但有预防疾病的效果；它不是治疗性的，而是预防性的。当这些因素恶化到人们认为可以接受的水平以下时，就会产生对工作的不满意。但是，当人们认为这些因素很好时，它只是消除了不满意，并不会导致积极的态度，这就形成了某种既不是满意、又不是不满意的中性状态。

只有“激励因素”才能对人们产生更大的激励作用。从这个意义出发，赫茨伯格认为传统的激励假设，如工资刺激、人际关系的改善、提供良好的工作条件等，都不会产生更大的激励；它们能消除不满意，防止产生问题，但这些传统的激励因素即使达到最佳程度，也不会产生积极的激励。按照赫茨伯格的观点，管理者应该认识到保健因素是必需的，不过它一旦使不满意中和以后，就不能产生更积极的效果。只有激励因素才能使人们有更好的工作成绩。

赫茨伯格在企业调查中还发现，激励因素和保健因素都有若干重叠现象，如赏识属于激励因素，基本上起积极作用；但当没有受到赏识时，又可能起消极作用，这时又表现为保健因素。工资是保健因素，但有时也能产生使职工满意的结果。

赫茨伯格的双因素理论同马斯洛的需要层次理论有相似之处。赫茨伯格提出的保健因素相当于马斯洛提出的生理需要、安全需要、社交需要等较低级的需要；激励因素则相当于受人尊敬的需要、自我实现的需要等较高级的需要。当然，他们的具体分析和解释是不同的。但是，这两种理论都没有把“个人需要的满足”同“企业目标的达到”这两点联系起来。

双因素理论促使企业管理人员更加注意工作内容方面的因素，特别是它们同工作丰富

化和工作满足的关系，因此是有积极意义的。赫茨伯格告诉我们，满足各种需要所引起的激励深度和效果是不一样的。物质需求的满足是必要的，没有它会导致不满，但是即使获得满足，它的作用往往是很有限的、不能持久的。要调动人的积极性，不仅要注意物质利益和工作条件等外部因素，更重要的是要注意工作的安排，量才录用，各得其所，注意对人进行精神鼓励，给予表扬和认可，注意给人以成长、发展、晋升的机会。随着温饱问题的解决，这种内在激励的重要性越来越明显。

(二)赫茨伯格的双因素理论的应用

1．管理者要将激励因素和保健因素有机结合进行激励

采取了某项激励的措施并不一定就带来满意，要提高员工的积极性首先得注意保健因素，以消除员工的不满、怠工和对抗。但保健因素并不能使员工变得非常满意，也不能激发他们的工作积极性，所以更重要的是要利用激励因素来激发员工的工作热情和工作效率。因此，企业如果只考虑到保健因素而没有充分利用激励因素，就只能使员工感到没有不满意却不能使员工变得非常满意，则企业就很难创造一流的业绩。

2．管理者要重视激励手段与员工工作绩效之间的关系

在企业管理实践中，欲使奖金成为激励因素，必须使奖金与员工的工作绩效相联系。如果采取不讲部门和员工绩效的平均主义“大锅饭”做法，奖金就会变成保健因素，奖金发得再多也难以起到激励的作用。对某一个岗位而言，如果长期为一个人所占有，又没有来自外部的竞争压力，该员工的惰性就会自然而然地释放出来，工作质量随之下降。企业为了激发员工的工作潜能，应设置竞争性的岗位，并把竞争机制贯穿到工作过程的始终。

3．管理者要因人而异地运用激励方式

双因素理论是在美国的社会和文化背景下提出的，与我国的国情不尽相同，因而，在企业管理中，哪些是保健因素，哪些应属于激励因素也是不一样的，企业的管理者在对员工进行激励时，必须要考虑到这种文化差异，因地制宜，制定有效的激励措施和采取有效的激励手段。

4．管理者要注意激励的公平性、公正性和公开性

双因素理论诞生在温饱问题已经解决的美国，而在当前尚未完全解决温饱问题的中国企业里，工资和奖金并不仅仅是保健因素，工资和奖金的多少关系到个人的切身利益和自身价值的实现，如果运用得当，也会表现出明显的激励作用。因此，企业应该建立灵活的工资、奖金制度，防止僵化和一成不变，在工资、奖金分配制度改革中既注重公平又体现差别。

5．管理者应当重视多种激励方式的综合运用

激励是企业管理的重要环节，被认为是“最伟大的管理原理”。就企业工作而言，对员工激励至关重要，但对员工进行激励的时候必须注重多种激励方式的综合运用，将物质激励和精神激励有机结合起来，物质需要是人的第一需要，合理而富有竞争力的薪酬制度是企业激励员工、留住人才的基本方略。同时，企业更要注重精神激励的重要作用，学习型企业为我们提供了一个典型的精神激励模式：通过培养员工自我超越的能力，打破旧的思维限制，创造出更适合企业发展的新的心智模式，在这种更为开阔的思维中发展自我，并朝着企业的整体目标和共同愿景努力。

三、奥尔德弗的 ERG 需要理论

(一)奥尔德弗 ERG 需要理论的内容

美国耶鲁大学教授克莱顿 • 奥尔德弗(Clayton Alderfer)通过对工人进行认真、详细的调查研究，提出将人的需要分为三类，即生存需要、关系需要和成长需要。由于这三类需要的英文名称第一个字母分别是 E、R、G，因此奥尔德弗的需要理论又称 ERG 需要理论(有时简称 ERG 理论)。

1．生存需要

生存(Existence)需要指的是全部的生理和物质上的欲望。如吃、喝、穿、住、睡等。企业中员工的报酬、对工作环境和条件的基本要求等都可以包括在生存需要中。这和马斯洛需要层次论中的生理及安全需要相对应。

2．关系需要

关系(Relatedness)需要重点强调的是人们之间的相互关系、联系。这类需要类似于马斯洛需要层次论中的部分安全需要、社交需要以及部分尊重需要。

3．成长需要

成长(Growth)需要是指一种要求得到提高和发展的内在欲望。人不仅要求充分发挥个人潜能、有所作为和成就，而且还有开发能力的需要。它与马斯洛需要层次论中部分尊重需要和自我实现需要相对应。

(二)奥尔德弗 ERG 需要理论的三个概念

下面介绍关于奥尔德弗 ERG 需要理论的三个概念。

1. 需要满足

需要满足即在同一层次的需要中，当某个需要只得到少量满足时，会强烈地希望得到更多的满足。这里，消费需要不会指向更高层次，而是停留在原有的层次，向量和质的方面发展。

2. 需要加强

需要加强即低层次需要满足得越充分，高层次的需要就越强烈，消费需要将指向更高层次。

3. 需要受挫

高层次的需要满足得越少，越会导致低层次需要的膨胀，消费支出会更多地用于满足低层次需要。

(三)奥尔德弗 ERG 需要理论的特点

ERG 需要理论假设需要是具有一定层次的，在这点上，它与马斯洛提出的理论相似，但 ERG 需要理论对各层次需要之间内在联系的阐述更具说服力。

第一，需要层次理论是基于“满足—上升”的逻辑，即个体较低层次的需要相对满足后，会向较高层次需要前进。而 ERG 需要理论不仅认为“满足—上升”，还包括“挫折—后退”的思想。“挫折—后退”思想认为在高层次需要没有相应满足或受到挫折时，需要的重点可能会转向较低层次。

第二，ERG 需要理论认为在任何时间里，多种层次的需要会同时发生激励作用。所以它承认多种需要可以同时作为激励因素而起作用。从这一意义来说，ERG 需要理论更符合实际，比需要层次理论更为完整和严密。

ERG 需要理论也存在不足。ERG 需要理论缺乏充分的研究予以验证。近年来，也有一些研究对 ERG 需要理论的适用范围提出疑义，认为在有些企业中它的作用明显，但在另外一些企业中就不能发挥作用。造成这种结果的原因，可能是与所研究的企业对象的基本工作性质有关。但当代大多数理论家认为这一理论优于马斯洛的理论，有人认为它提供了更为实用的激励方法。

四、麦克莱兰的成就需要理论

麦克莱兰(David McClelland，1917—1998)在《成就需要理论》中阐明了三类基本的激励需要，对理解激励作出了贡献。他把这三种需要分为权力的需要、友谊的需要和成就的需要，所有这三种动力——权力需要、友谊需要和成就需要都与管理紧密相关，因为人们必须认识了这三种需要以后，才能管理好一个企业。

(一)麦克莱兰的成就需要理论内容

1. 成就需要

成就需要指追求优越感的驱动力，或者参照某种标准去追求成就感、寻求成功的欲望。成就需要高的人具有以下几个特点：

(1) 有较强的责任感。他们不仅仅把工作看做对企业的贡献，而且希望从工作中来实现和体现个人的价值，因此对工作有较高的投入。

(2) 喜欢能够得到及时的反馈，看到自己工作的绩效和评价结果，因为这是产生成就感的重要方式。

(3) 倾向于选择适度的风险。他们既不甘于去做那些过于轻松、简单而无价值的事，也不愿意冒太大的风险去做不太可能做到的事，因为如果失败就无法体验到成就感。

高成就需要者在创造性的活动中更容易获得成功。但是，成就需要强的人并不一定能成为一名优秀的经理，特别是在大的公司中，因为成就需要高的人通常只关注自己的工作业绩，而不关心如何影响他人使其干出优秀的业绩。从实际情况看来，公司里杰出的总经理往往没有很高的成就需要。

【案例 5-5】 比尔·盖茨的胸襟

一天，比尔·盖茨召集手下的管理人员开会，商议公司改组的有关事宜，要求参加会议的人必须发言。刚加入微软公司不久的李开复想：如果一定要讲，莫不如把心里话都说出来。于是，他开诚布公地直言："在我们微软公司，员工的智商比谁都高，可我们的效率却比谁都差，因为我们总是在改组，根本不顾及员工的感受和想法。在其他的公司，员工的智商是相加的关系，而我们整天陷在改组'漩涡'里，我们员工的智商其实是相减的关系。"

李开复的话让参加会议的所有人震惊，他大胆地说出了他们想说却不敢说的话。他们面面相觑，会场上静得仿佛可以听见人们心跳的声音。

李开复还是第一次在比尔·盖茨面前发言，他有些忐忑不安，他不知道自己的话会引起什么样的后果。

但后来发生的一切让所有的人释然，比尔·盖茨不但接受了李开复的建议，改变了公司的改组方案，还在与公司高层开会时引用李开复的话，让大家改变公司的文化，不要总是"窝里斗"，浪费公司的人力、智力资源。

资料来源：http://www.cqvip.com/content/citation.dll?ID=24441223

2. 权力需要

权力需要指促使别人顺从自己意志的欲望。权力需要较高的人喜欢支配、影响别人，喜欢对人"发号施令"，十分重视争取地位与影响力。这些人喜欢具有竞争性和能体现较高

地位的场合或情境。

研究表明，杰出的经理们往往都有较高的权力欲望，而且一个人在企业中的地位越高，其权力需要也越强，越希望得到更高的职位。高权力需要是高管理效能的一个条件，甚至是必要的条件。

如果权力需要强的人获得权力是为了整个企业的好处而去影响他人行为的，他们会成为优秀的管理者。具有这种需要的人如果是通过正常手段获取权力，通过成功的表现被提升到领导岗位，那么他们就能够得到别人的认可。但是，如果其目的仅仅是为了获得个人权力，则难以成为成功的企业领导者。

3. 友谊需要

友谊需要是指寻求与别人建立友善且亲近的人际关系的欲望。友谊需要强的人往往重视被别人接受、喜欢，追求友谊、合作。这样的人在企业中容易与他人形成良好的人际关系，易被别人影响，因而往往在企业中充当被管理的角色。

许多出色的经理的友谊需求相对较弱，因为友谊需要强的管理者虽然可以建立合作的工作环境，能与员工真诚、愉快地在一起工作，但是在管理上过分强调良好关系的维持通常会干扰正常的工作程序。

在对员工实施激励时需要考虑这三种需要的强烈程度，以便提供能够满足这些需要的激励措施。例如成就动机强的个人更希望工作能够提供个人的责任感、承担适度的风险以及及时得到工作情况的反馈。

【案例 5-6】 重振士气，重振 Lawson

Lawson 是日本第二大连锁便利店，当 Takeshi Niinami 在 5 月份接任 Lawson 的总裁职务时，当初的过度扩张给 Lawson 留下了太多的分店，随着日本的通货紧缩压低零售价格，许多分店都亏损了；该公司所涉足的新业务，如自动取款机(ATM)和网上购物中心，都未能带来收益，该公司的快餐不仅以“单调乏味”而著称，现在又有了“令人恐怖”的名声。此后，Niinami 就像一阵旋风一样接管了 Lawson，在日本的企业界，他那晒得黝黑的脸庞已为人所熟知。在接任 Lawson 总裁后不久，Niinami 就定下了巡视 Lawson 旗下的所有分店(在全日本共有 7648 家)的计划，而且“我总是试图与 Lawson 员工进行直截了当的沟通，也许他们有时会想，‘那个讨厌的家伙!’但我总是很直率”。这种直言不讳的作风让 Lawson 员工萎靡不振的士气得到了显著的改善。摩根士丹利的分析师 Michinori Shimizu 认为，改善 Lawson 各分店与高级管理层之间的沟通是 Niinami 上任伊始对公司做出的最大贡献。他指出，Niinami 的直率作风有助于提高士气，因为这让员工感到：激进的改革正在进行之中。他在该报告中建议投资者买进 Lawson 的股票，“整个公司的气氛有所改善，Lawson 已经变为这样一家公司，在那里，员工可以自由地向上级发表意见。”有鉴于 Niinami 的努力，Lawson 高涨的士气正在逐步转化为更漂亮的经营业绩，虽然整个经济形势不好，虽然竞争对手

Seven Eleven 的实力不凡，但在日经指数过去 3 个月的暴跌中，Lawson 的股价依然保持了稳定，实现了初步的成功。

资料来源：http://yazhe.blog.hexun.com/15156052_d.html

(二)麦克莱兰的成就需要理论的应用

麦克莱兰的成就需要理论可以应用于以下几个方面。

(1) 在人员的选拔和安置上，通过测量和评价一个人动机体系的特征对于如何分派工作和安排职位有重要的意义。

(2) 由于具有不同需求的人需求不同的激励方式，了解员工的需求与动机有利于合理建立激励机制。

(3) 麦克莱兰认为动机是可以训练和激发的，因此可以训练和提高员工的成就动机，以提高生产率。

第三节　过程型激励理论

需要和动机是引发人们行为的动力和原因。过程型激励理论重点研究如何由需要引起动机，由动机引起行为，并由行为导向目标的理论。该理论主要包括弗鲁姆的期望理论、豪斯的综合激励模式、波特和劳勒的激励过程模式以及亚当斯的公平理论。

一、弗鲁姆的期望理论

(一)弗鲁姆的期望理论的内容

期望理论又称效价—手段—期望理论，它是北美著名心理学家和行为科学家维克托·弗鲁姆(Victor H. Vroom)于 1964 年在《工作与激励》一书中提出来的激励理论。

弗鲁姆提出的期望理论的基本内容是：人之所以能够从事某项工作并达成目标，是因为这些工作和目标会帮助他们实现自己的目标，满足自己某方面的需要。弗鲁姆认为，人们采取某项行动的动力或激励力取决于其对行动结果的价值评价和预期达到该结果可能性的估计。换言之，激励力的大小取决于该行动所能达到的目标并能导致某种结果的全部预期价值乘以他认为达到该目标并得到某种结果的期望概率。用公式表示为

$$M=V\times E$$

式中：M 为激励力量，是直接推动或使人们采取某一行动的内驱力。这是指调动一个人的积极性，激发出人的潜力的强度；V 为目标效价，指达到目标后对于满足个人需要其价值的大小，它反映个人对某一成果或奖酬的重视与渴望程度；E 为期望值，这是指根据以往的经验进行的主观判断，达到目标并能导致某种结果的概率，是个人对某一行为导致特定成果

的可能性或概率的估计与判断。

显然，只有当人们对某一行动成果的效价和期望值同时处于较高水平时，才有可能产生强大的激励力。

弗鲁姆的期望理论辩证地提出了在进行激励时要处理好三方面的关系，这些也是调动人们工作积极性的三个条件。

第一，努力与绩效的关系。人们总是希望通过一定的努力达到预期的目标，如果个人主观认为达到目标的概率很高，就会有信心，并激发出很强的工作力量。反之，如果他认为目标太高，通过努力也不会有很好的绩效时，就失去了内在的动力，导致工作消极。

第二，绩效与奖励的关系。人总是希望取得成绩后能够得到奖励，当然这个奖励也是综合的，既包括物质上的，也包括精神上的。如果他认为取得绩效后能得到合理的奖励，就可能产生工作热情，否则就可能没有积极性。

第三，奖励与满足个人需要的关系。人总是希望自己所获得的奖励能满足自己某方面的需要。然而由于人们在年龄、性别、资历、社会地位和经济条件等方面都存在着差异，他们对各种需要要求得到满足的程度就不同。因此，对于不同的人，采用同一种奖励办法能满足的需要程度不同，能激发出的工作动力也就不同。

(二)弗鲁姆的期望理论的应用

弗鲁姆提出的期望理论在企业管理中的实际价值如下。

1．管理者应该同时注意提高期望概率和效价

管理者不要简单地采用一般的激励措施，而应当采用多数组织成员认为效价最大的激励措施，而且在设置某一激励目标时应尽可能加大其效价的综合值，加大组织期望行为与非期望行为之间的效价差值。但是，仅仅重视激励是片面的，应该注意提高工作人员的素质，包括提高他们的思想素质和业务能力，通过提高他们对自身的期望概率去提高激励水平，创造较高的绩效目标。

2．管理者应该提高对绩效与报酬关联性的认识，将绩效与报酬紧密结合起来

绩效与报酬的联系越紧密，拟实现的目标能够满足受激励者需要的程度相对提高，目标对受激励者的吸引力也就相对加大，激励的水平也就相对提高。

3．管理者应该将物质奖励与精神奖励结合起来

期望理论表明，目标的吸引力与个人的需要有关。受激励者对报酬持有不同的价值观，价值观的差异会产生需要的差异，要重视下属的个人效价。因此，管理者应该了解自己的管理对象，在可能的情况下，有针对性地采取多元化的奖励形式，使企业的报酬在一定程度上与员工的愿望相吻合。

【案例 5-7】 MTW 公司和员工制定“期望协议”

MTW 公司的销售额从 1996 年的 700 万美元跃升到 2000 年的近 4000 万美元，并建立了以人为本的文化，使公司从当初的 50 人发展到 215 人，人员流动率约为行业标准的 20%。作为公司总裁兼首席执行官的爱德·奥西认为：MTW 成功的基石在于公司和每位员工签订的“期望协议”。

奥西解释，“期望协议”的价值在于“换位思考”。在此过程中，每一方都说出他的目标，然后由他人再次重复目标。加入 MTW 公司的每一位员工都要签订一份“期望协议”，MTW 公司鼓励新员工提出所有的期望。奥西认为，这个过程让员工说出他们心目中最重要的东西。有时，人们想灵活地处理家庭事务，照顾上了年纪的父母或者需要特殊照顾的孩子。

在 MTW 公司，“期望协议”是一个双向的，随员工的职业发展不断改进的文案，大约每 6 个月就要对它进行一次回顾，并进行修改。人们有较清晰的使命感，“公司知道你想去的地方，你也知道公司发展的方向”。

在市场部工作的 John 说，与大多数 MTW 公司的员工一样，他的“期望协议”既包括共同的目标，也包括个人的目标。他想获得公司支持，丰富软件市场的经历；他想找到一位导师帮助他变得更加专业；他想参加许多专业贸易协会，丰富他的行业知识；他想接触更多的经营活动，学习更多的业务知识，而不仅仅是营销。

MTW 公司赞同这些想法并在“期望协议”中以同样具体的条件要求他。公司让他及其团队在限定时间内重新设计和部署公司的网站；让他写三篇关于 MTW 公司的文章，然后在 6 个月的期限内发表；公司同时想让他参加某些行业会议开拓新的市场。把协议写得如此详细，可以提醒 John。他说：“它有助于我制订计划，并在未来的一年内专注于这一计划。它可以让你反思你正在做的事情，同时也预期你应该做的事情。”

资料来源：http://www.360doc.com/content/10/1206/13/1800_75479514.shtml

二、豪斯的“综合激励模式”

罗伯特·豪斯(Robert House)所提出的激励综合模式，就是企图通过一个模式把上述几类激励理论综合起来，把内、外激励因素都归纳进去。其代表性的公式是

$$M=V_{it}+E_{ia}(V_{ia}+\sum E_{ej}\cdot V_{ej})$$

式中：M 为某项工作任务的激励水平高低，即动力的大小。V_{it} 为代表对该项活动本身所提供的内酬效价，它所引起的内激励不计任务完成与否及其结果如何，故不包括期望值大小的因素，也可以说期望值最大是 1，所以可不表示。E_{ia} 为代表对进行该项活动能否达到完成任务的期望值，也就是主观上对完成任务可能性的估计。进行这种活动时，人们要考虑自己完成任务的能力，以及客观上存在的困难等。V_{ia} 为代表对完成任务的效价。$\sum E_{ej}\cdot V_{ej}$ 为代表一系列双变量的总和。这些双变量中的第一个 E_{ej} 代表任务完成能否导致获得某项外酬的期

望值；第二个 V_{ej} 代表对该项外酬的效价。在估计 E_{ej} 时，人们考虑完成任务后，有多大把握得到相应的外酬，如加薪、提级和表扬。

公式中下标的意思是：i——内在的；e——外在的；t——任务本身的；a——完成。

如果把公式中的括号破除，将 E_{ia} 乘入，公式右端则变为如下三项。

① V_{it}，代表工作任务本身的效价，即这工作对工作者本人有用性大小。只要本人做那种工作感到有很大乐趣，很有意义，那么完成工作任务的期望值就为1，即完成任务的主观概率是百分之百，所以不必再乘1了。因此，这一项也代表做这件工作本身的内激励。

② $E_{ia} \cdot V_{ia}$ 代表任务的完成所起的内激励作用。

③ $E_{ia} \sum E_{ej} V_j$ 代表各种外酬所起的激励效果之和，其中引入两项期望值是因为前者是对完成任务可能性的估计，后者则仅是对完成任务与获得奖酬相联系的可靠性的估计。

总之，前两项属于内在激励，第三项属于外在激励。三者之和代表了内、外激励的综合效果。

豪斯的激励模式表明：①项和②项属于内激励因素；③项是外激励因素；三项之和代表内外综合激励的效果。要提高职工的激励水平，充分调动职工的积极性，可采取以下激励方法。

1．提高外激励的水平

豪斯的模型表明，外激励是由职工完成任务的期望值(E_{ia})、完成任务后能否取得奖酬的期望值(E_{ej})和外酬效价(V_{ej})三种因素构成的。要提高外激励的水平，应从三方面入手。

第一，提高职工对完成任务的期望值，是外激励的前提条件，有把握完成任务才可能取得其想要获得的外部奖酬。要提高职工的期望值，应注意：①加强职工的专门知识和职业技术的培训，提高职工的技术水平和完成工作任务的能力；②创造条件，合理分工，使职工能胜任本职工作；③加强指导，帮助有困难的职工，增强其完成任务的信心；④重视工作效果的反馈，使职工的行为得到及时修正或强化。

第二，增强职工对完成任务后取得奖酬的期望值，有助于提高外激励的水平。要增强这方面的期望值，应做到：①取信于民，政策兑现，按工作绩效付酬；②有奖有罚，赏罚分明；③应奖励工作绩效，不应仅停留在奖励职位上；④对常规性工作可采取计时或计件付酬的方法；⑤对高科技与创造性的工作，要支持奖励并根据客观效果及重大意义付酬奖励；⑥要及时知晓工作绩效结果，调整与改善奖酬方式，不断提高激励水平。

第三，要提高外部奖酬的效价，应采用多种不同的外部奖励制度，应根据职工的个性差异、认知差异、需要差异，采取因人而异的外部奖酬的方式；否则外部奖酬如果脱离个人的需要，个人认为没有意义，就会降低其外酬效价，影响激励的效果。

2．提高内激励的水平

内激励的因素有工作任务本身的效价(即内酬效价 V_{it})、完成工作任务的效价(V_{ia})和完成任务的期望值(E_{ia})三个变量。其中期望值(E_{ia})因素前面已经分析了，这里只介绍两种效果因素。

提高内酬效价(V_{it})的方法主要是使职工对工作本身感到有意义、有乐趣并热爱它。具体方法有：①使工作多样化、丰富化、扩大化，避免单调乏味；②使工作过程能为职工提供学习和成长发展的机会，变得有吸引力；③使工作能为人提供交往的机会，能满足人的社会需要；④尽量使工作专业对口或适合自己的特长，能使自己对它有兴趣。

提高对完成任务的效价(V_{ia})的方法有：①任务的整体性。分工过细，常使职工感到只做了工作的一部分，而没有将全部工作完成。所以应将工作任务放宽，使其感到是在做一件完整的工作。也应提高每个人对其工作成果的全面性和统一性的认识。②提高职工对自己所完成工作任务的重要性和意义的认识。③使职工在其职责和工作范围内有某些控制权和自主权，增强职工的责任感。

3．将内部和外部激励紧密联系起来

外部激励是暂时的，内部激励具有持久性，将二者联系起来，才能产生强有力的激励作用。外部激励可以增进人们对工作的兴趣，也可能削弱兴趣。正确处理好二者关系，将内激励和外激励方式有机结合起来，才能提高激励水平。

【案例 5-8】 德国企业里的工厂委员会

在德国企业里，参与管理主要通过工厂委员会的协商、董事会的共同决策、监事会的制衡及其他一些方式实现。工厂委员会由不包括管理阶层的所有员工选举代表组成，委员会定期与雇主举行联合会议。法律规定雇主有义务向工厂委员会提供各种信息和有关文件，尤其是涉及财务生产、工作流程的改变等方面。员工超过 100 人的企业，工厂委员会必须委任一个财务委员会，定期与管理层会面，了解公司的财务状况；1000 人以上的企业，每季度雇主还必须书面报告企业各方面的情况。委员会几乎可以对企业中所有重大的决策与举措表达看法。在工作时间、工资福利等方面，委员会还具有共同决策权，特别是当发现劳动条件的改变损害了员工的人性化需要时，可以要求雇主予以改变或赔偿。方式如下。

(1) 每个员工每年要写一份自我发展计划，简明扼要阐述自己在一年中要达到什么目标，有什么需求，希望得到什么帮助，并对上一年的计划进行总结。自我发展计划一方面是员工实行自我管理的依据，另一方面给每个员工的上级提出了要求：你如何帮助你的下属实现自己的计划，它既可以作为上级人员制订自我计划的基础，又成为对上级人员考核的依据。

(2) 每年定期填写对公司工作意见的员工调查，这个员工调查可以使那些没有参与管理积极性的人调动起积极性也能参与进来，他们对公司工作的评价会成为管理部门主动了解意见和建议的基础。

(3) 每年进行一次员工评议。

(4) 定期举行座谈会，征求员工意见，参加人员就所定议题充分发表意见，一般需要在

会议期间或会议结束时做出明确的决议。召开研讨会，为制定某项重大问题的决策、原则与办法，各级组织举行研讨会，就某个问题作深入研究，从而提出妥善的解决办法。被邀请或指定参加的人员，即使没有发表什么意见，也可使其心理上感到受重视或得到满足的感觉。

(5) 设置咨询机构或顾问委员会。

资料来源：http://www.emkt.com.cn/article/82/8276-3.html

三、波特和劳勒的“激励过程模式”

(一)波特-劳勒模型的内容

在波特(Lyman W. Porter)和劳勒(Edward E. Lawler)看来，人们通过一定的努力来达到一定的工作绩效，不同的绩效决定不同的报酬和奖励，并且给员工带来不同的满意程度。他们所建立的波特-劳勒模型就是对激励、满意和绩效三者的一种综合理解。实现激励目标，取决于以下因素：①努力；②奖酬的价值；③感知的努力与获得奖酬(外在奖酬)的关系；④绩效；⑤完成任务所需要的能力和品质；⑥对任务的认识程度；⑦奖酬；⑧感知到的公平奖酬；⑨满意。

(二)波特-劳勒模型的应用

波特-劳勒模型一般应用于如下几个方面。

(1) 管理者应该采取一定的方法来了解员工对奖酬效价的评价，对不同的员工采取不同的奖酬政策，并且根据员工奖酬效价的改变而变动奖酬的内容，做到有的放矢。

(2) 管理者应该针对员工的实际情况对员工所应该达到的绩效确定大致的衡量标准。

(3) 管理者应该把自己希望得到的绩效水平与员工所得到的奖酬结合起来，以最大限度地让激励作用得以发挥。

(4) 管理者要善于从全局的观点来引导员工的行为，对期望的行为与企业中其他因素的冲突问题及时进行了解和解决，以便产生较高的激励作用。

四、亚当斯的公平理论

(一) 亚当斯的公平理论的内容

公平理论是美国心理学家亚当斯(Adanms)20 世纪 60 年代首先提出的，也称为社会比较理论。这种激励理论主要讨论报酬的合理性、公平性对人们工作积极性的影响。其基本内容包括：员工将自己的付出、所得与企业内其他员工的付出、所得进行比较，从而判断自己所得是否具有内部公平性。一种比较称为横向比较，即将自己获得的“报酬”(包括金钱、工作安排以及获得的赏识等)和自己的“投入”(包括教育程度，工作努力，用于工作的时间、精力和其他无形损耗)等的比值与企业内其他人作比较，只有相等时他才认为公平。另一种称为纵向比较，即把自己目前投入的努力与目前所获得报酬的比值，同自己过去投入的努力与过去所获报酬的比值进行比较，只有相等时他才会认为公平。

什么是公平呢？作为员工是不是每个人拿相同的工资，享受一样的待遇就实现了公平呢？虽然表面看来每个人的工作机会是平等的、公平的，但每个人拥有的知识量、能力大小存在很大的差别，这又决定了人与人之间是不平等的。从企业发展的角度来讲，更应该公平地体现出这种差别，这才是公平，每个人拿相同的工资看起来是公平的，但这种绝对的公平就意味着绝对的不公平，因为它忽略了能力、努力与绩效的差别。

公平理论可以用公平关系式来表示。设当事人 a 和被比较对象 b，则当 a 感觉到公平时有下式成立：

$$op/ip=oc/ic$$

式中：op 为自己对所获报酬的感觉；oc 为自己对他人所获报酬的感觉；ip 为自己对个人所作投入的感觉；ic 为自己对他人所作投入的感觉。

当上式为不等式时，可能出现以下两种情况。

(1) $op/ip<oc/ic$。在这种情况下，他可能要求增加自己的收入或减小自己今后的努力程度，以便使左方增大，趋于相等；他可能要求企业减少比较对象的收入或者让其今后增大努力程度以便使右方减小，趋于相等。此外，他还可能另外找人作为比较对象，以便达到心理上的平衡。

(2) $op/ip>oc/ic$。在这种情况下，他可能要求减少自己的报酬或在开始时自动多做些工作，但久而久之，他会重新估计自己的技术和工作情况，终于觉得他确实应当得到那么高的待遇，于是产量便又会回到过去的水平了。

除了横向比较之外，人们也经常做纵向比较，即把自己目前投入的努力与目前所获得报偿的比值，同自己过去投入的努力与过去所获报偿的比值进行比较。只有相等时他才认为公平，如下式所示:

$$op/ip=oh/ih$$

式中：op 为自己对现在所获报酬的感觉；oh 为自己对过去所获报酬的感觉；ip 为自己对个人现在投入的感觉；ih 为自己对个人过去投入的感觉。

当上式为不等式时，也可能出现以下两种情况。

(1) $op/ip<oh/ih$。当出现这种情况时，人也会有不公平的感觉，这可能导致工作积极性下降。

(2) $op/ip>oh/ih$。当出现这种情况时，人不会因此产生不公平的感觉，但也不会觉得自己多拿了报偿，从而主动多做些工作。

调查和试验的结果表明，不公平感的产生，绝大多数是由于经过比较认为自己目前的报酬过低而产生的；但在少数情况下，也会由于经过比较认为自己的报酬过高而产生。

公平理论提出的基本观点是客观存在的，但公平本身却是一个相当复杂的问题，这主要是由于下面几个原因。

第一，它与个人的主观判断有关。上面公式中无论是自己的或他人的投入和报偿都是个人感觉，而一般人总是对自己的投入估计过高，对别人的投入估计过低。

第二，它与个人所持的公平标准有关。上面的公平标准是采取贡献率，也有采取需要率、平均率的。例如有人认为助学金应改为奖学金才合理，有人认为应平均分配才公平，也有人认为按经济困难程度分配才适当。

第三，它与绩效的评定有关。我们主张按绩效付报酬，并且各人之间应相对均衡。但如何评定绩效？是以工作成果的数量和质量，还是按工作中的努力程度和付出的劳动量？是按工作的复杂、困难程度，还是按工作能力、技能、资历和学历？不同的评定办法会得到不同的结果。最好是按工作成果的数量和质量，用明确、客观、易于核实的标准来度量，但这在实际工作中往往难以做到，有时不得不采用其他的方法。

第四，它与评定人有关。绩效由谁来评定，是领导者评定还是群众评定或自我评定，不同的评定人会得出不同的结果。由于同一企业内往往不是由同一个人评定，因此会出现松紧不一、回避矛盾、姑息迁就、抱有成见等现象。

然而，公平理论对我们有着重要的启示：首先，影响激励效果的不仅有报酬的绝对值，还有报酬相对值。其次，激励时应力求公平，使等式在客观上成立，尽管有主观判断的误差，也不致造成严重的不公平感。最后，在激励过程中应注意对被激励者公平心理的引导，使其树立正确的公平观，一是要认识到绝对的公平是不存在的，二是不要盲目攀比，三是不要按酬付劳，按酬付劳是在公平问题上造成恶性循环的主要杀手。

为了避免职工产生不公平的感觉，企业往往采取各种手段，在企业中造成一种公平合理的气氛，使员工产生一种主观上的公平感。如有的企业采用保密工资的办法，使员工相互不了解彼此的收支比率，以免员工互相比较而产生不公平感。

公平理论认为，当员工感到不公平时，可以预计他们会采取以下 6 种办法中的一种：改变自己的投入；改变自己的产出；歪曲对自我的认知；歪曲对他人的认知；选择其他参照对象；离开该领域。

(二) 亚当斯的公平理论的应用

公平理论为企业管理者公平对待每一个职工提供了一种分析处理问题的方法，对于企业管理有较大的启示意义。

1．管理者要引导员工形成正确的公平感

员工的社会比较或历史比较客观存在，并且这种比较往往是凭个人的主观感觉，因此，管理者要多作正确的引导，使员工形成正确的公平感。在人们的心理活动中，往往会产生过高估计自己的贡献和作用，压低他人的绩效和付出，总认为自己报酬偏低，从而产生不

公平心理的现象。随着信息技术的发展，人们的社会交往越来越广，比较范围越来越大，以及收入差距增大的社会现实，都增加了员工产生不公平感的可能性。企业管理者要引导员工正确进行比较，多看到他人的长处，认识自己的短处，客观公正地选择比较基准，多在自己所在的地区、行业内比较，尽可能看到自己报酬的发展和提高，避免盲目攀比而造成不公平感。

2. 员工的公平感将影响整个企业的积极性

事实表明，员工的公平感不仅对员工个体行为有直接影响，而且还将通过个体行为影响整个企业的积极性。在企业管理中，管理者要着力营造一种公平的氛围，如正确引导员工言论，减少因不正常的舆论传播而产生的消极情绪；经常深入群众中，了解员工工作、生活中的实际困难，及时帮助解决；关心照顾弱势群体，必要时可根据实际情况，秘密地单独发奖或给予补助等。

3. 领导者的管理行为必须遵循公正原则

领导行为是否公正将直接影响员工对比较对象的正确选择，如领导处事不公，员工必将选择受领导“照顾者”作比较基准，以致增大比较结果的反差而产生不公平心理。因此，企业管理者要平等地对待每一位员工，公正地处理每一件事情，依法行政，避免因情感因素导致管理行为不公正。同时，也应注意，公平是相对的，是相对于比较对象的一种平衡，而不是平均。在分配问题上，必须坚持“效率优先，兼顾公平”的原则，允许一部分人通过诚实劳动和合法经营先富起来，带动后富者不断改变现状，逐步实现共同富裕，否则就会产生“大锅饭”现象，使企业运行机制失去活力。

4. 报酬的分配要有利于建立科学的激励机制

对员工报酬的分配要体现“多劳多得，质优多得，责重多得”的原则，坚持精神激励与物质激励相结合的办法。在物质报酬的分配上，应正确运用竞争机制的激励作用，通过合理拉开分配差距体现公平，在精神上，要采用关心、鼓励、表扬等方式，使员工体会自己受到了重视，品尝到成功的欣慰与自我实现的快乐，自觉地将个人目标与企业目标整合一致，形成无私奉献的职业责任感。

第四节　行为改造型激励理论

人的行为是人的心理活动的外部表现，所有有意识的行为的产生和发展，都离不开心理活动的支配。而人的心理的积极能动作用的发挥，也必须通过人的行为才能实现。因此，研究如何激励人的生产、工作积极性问题，应把研究人的内隐的心理活动与研究人的外显的行为表现有机地结合起来，而不是把二者割裂开来，对立起来。

在管理活动中，不管采取什么样的措施，其根本目的都在于使被管理者在生产、工作中积极的建设性行为增加，消极的破坏性行为减少以至消失。行为改造型激励理论主要包括强化理论、挫折理论和归因理论三部分内容。

一、强化理论

(一)强化理论的内容

强化理论是美国心理学家和行为科学家斯金纳(Burrhus Frederic Skinner)等人提出的一种理论，也叫操作条件反射理论、行为修正理论。强化理论是以斯金纳的操作性条件反射理论为基础发展起来的一种激励理论。这个理论的主要特点是：从人的行为与客观环境刺激的相互关系中，去寻求改造人的行为的方法，而不重视人的心理活动的作用。例如，斯金纳就认为，不应从人的内在心理状态来寻找对人的行为的解释，而应从决定行为的那些外部条件来解释人的行为。这个理论强调，通过控制刺激人的外部环境中的两个条件来影响和改变人的行为。这两个条件一是人的行为的外在目标，二是对行为结果的奖惩。

斯金纳所倡导的强化理论是以学习的强化原则为基础的关于理解和修正人的行为的一种学说。所谓强化，从其最基本的形式来讲，指的是对一种行为的肯定或否定的后果(报酬或惩罚)，它至少在一定程度上会决定这种行为在今后是否会重复发生。根据强化的性质和目的可把强化分为正强化和负强化。在管理上，正强化就是奖励那些组织上需要的行为，从而加强这种行为；负强化就是惩罚那些与组织不相容的行为，从而削弱这种行为。正强化的方法包括奖金、对成绩的认可、表扬、改善工作条件和人际关系、提升、安排担任挑战性的工作、给予学习和成长的机会等。负强化的方法包括批评、处分、降级等，有时不给予奖励或少给奖励也是一种负强化。

(二)强化理论的应用

强化理论一般应用于如下几个方面。

1．经过强化的行为趋向于重复发生

所谓强化因素就是会使某种行为在将来重复发生的可能性增加的任何一种“后果”。例如，当某种行为的后果是受人称赞时，就增加了这种行为重复发生的可能性。

2．要依照强化对象的不同采用不同的强化措施

人们的年龄、性别、职业、学历、经历不同，需要就不同，强化方式也应不一样。如有的人更重视物质奖励，有的人更重视精神奖励，管理者应区分情况，采用不同的强化措施。

3．小步子前进，分阶段设立目标，并对目标予以明确规定和表述

对于人的激励，首先要设立一个明确的、鼓舞人心而又切实可行的目标，只有目标明

确而具体时，才能进行衡量和采取适当的强化措施。同时，还要将目标进行分解，分成许多小目标，完成每个小目标都及时给予强化，这样不仅有利于目标的实现，而且通过不断的激励可以增强信心。如果目标一次定得太高，会使人感到不易达到或者说能够达到的希望很小，这就很难充分调动人们为达到目标而做出努力的积极性。

4. 及时反馈

所谓及时反馈就是通过某种形式和途径，及时将工作结果告诉行动者。要取得最好的激励效果，就应该在行为发生以后尽快采取适当的强化方法。一个人在实施了某种行为以后，即使是领导者表示“已注意到这种行为”这样简单的反馈，也能起到正强化的作用。如果领导者对这种行为不予注意，这种行为重复发生的可能性就会减小以至消失。所以，必须利用及时反馈作为一种强化手段。强化理论并不是对员工进行操纵，而是使员工有一个最好的机会在各种明确规定的备择方案中进行选择。因而，强化理论已被广泛地应用在激励和人的行为的改造上。

5. 正强化比负强化更有效

在强化手段的运用上，应以正强化为主；同时，必要时也要对坏的行为给以惩罚，做到奖惩结合。

强化理论只讨论外部因素或环境刺激对行为的影响，忽略人的内在因素和主观能动性对环境的反作用，具有机械论的色彩。但是，许多行为科学家认为，强化理论有助于对人们行为的理解和引导。因为，一种行为必然会有后果，而这些后果在一定程度上会决定这种行为在将来是否重复发生。那么，与其对这种行为和后果的关系采取一种碰运气的态度，就不如加以分析和控制，使大家都知道应该有什么后果。这并不是对员工进行操纵，而是使员工有一个最好的机会在各种明确规定的备择方案中进行选择。因而，强化理论已被广泛地应用在激励和人的行为的改造上。

二、挫折理论

挫折理论是由美国的亚当斯提出的。挫折理论主要揭示人类个体在从事有目的的活动过程中，指向目标的行为受到阻碍或干扰，致使其动机不能实现，需要无法满足时所产生的情绪状态，并由此而导致的行为表现，力求采取措施将消极性行为转化为积极性、建设性行为。

(一)挫折理论的内容

挫折是指个体的意志行为受到无法克服的干扰或阻碍，预定目标不能实现时所产生的一种紧张状态和情绪反应，也就是俗话所说的“碰钉子”。挫折包含着三层含义。一是挫折

情境，即干扰或阻碍意志行为的情境。二是挫折认知，即个体对挫折情境的认知、态度和评价，这是产生挫折和如何对待挫折的关键。挫折情境能否构成挫折，在很大程度上决定于个体对挫折情境的态度和评价，同一挫折情境由于个体的志向水平不同，感受挫折的程度也是有区别的。三是挫折行为，即伴随着挫折认知而产生的情绪和行为反应。当挫折情境、挫折认知和挫折反应同时存在时，便构成心理挫折。但是，有时只有挫折认知和挫折反应这两个因素，也可以构成心理挫折。

挫折所引起的心理和行为反应是多种多样的。这些心理和行为反应可归为两类：一类是积极的建设性的心理和行为。挫折可增加个体的心理承受能力，使人猛醒，汲取教训，改变目标或策略，从逆境中重新奋起。一类是消极的破坏性的心理和行为。挫折也可使人们处于不良的心理状态中，出现负向情绪反应，并采取消极的防卫方式来对付挫折情境，从而导致不安全的行为反应，如不安、焦虑、愤怒、攻击、幻想、偏执等。

对于同样的挫折情境，不同的人会有不同的感受；引起某一个人挫折的情境，不一定是引起其他人挫折的情境。挫折的感受因人而异的原因主要是由于人的挫折容忍力不同。所谓挫折容忍力，是指人受到挫折时免于行为失常的能力，也就是经得起挫折的能力，它在一定程度上反映了人对环境的适应能力。对于同一个人来说，对不同的挫折，其容忍力也不相同，如有的人能容忍生活上的挫折，却不能容忍工作中的挫折，有的人则恰恰相反。挫折容忍力与人的生理、社会经验、抱负水准、对目标的期望以及个性特征等有关。例如，企业中有的员工自以为是，眼高手低，其挫折容忍力一般较低。再如，企业员工对安全生产的价值观不同，追求达到目标的自我标准不同，即使客观上挫折情境相似，每个人对挫折的感受也会不同，所致的打击程度也就不同。

(二)挫折产生的原因

挫折的产生一般基于以下两个原因。

1．环境因素

环境因素包括自然环境因素和社会环境因素。自然环境因素是指自然环境中的各种现象，如台风、洪水、地震、污染、疾病、死亡等。它们有可能成为阻碍人们开展活动、实现动机的因素，使人们无法达到预期的目标，从而造成心理挫折。社会环境因素是指社会环境中的各种成分，如政治、经济、舆论、道德、宗教、风俗习惯等。它们也可能成为限制人们活动、阻碍个人动机实现的因素。在现实社会中，在很大程度上，社会因素比起自然因素更能影响个人动机的实现。

2．个人因素

个人因素包括生理因素和心理因素。生理因素是指个体通过遗传获得的生理特征，如容貌、身材、智力或某些生理缺陷所带来的限制等。它们可能成为限制个人实现某种动机的因素。心理因素是指个体的能力、性格、气质、心理状态等特征，身体素质不佳、个人能力有限、认识事物有偏差、性格缺陷、个人动机冲突等，它们更有可能成为阻碍个人动机实现的因素。

(三)挫折理论的应用

企业中个体发生挫折是屡见不鲜的。挫折往往引起人心情沮丧和行为上的消极反应，损伤员工的生产、工作积极性。因而，在管理中采取有效的方法降低挫折的消极作用，对于维护员工生产、工作积极性和提高员工生产、工作效率是非常必要的。

1. 对形成挫折的根源进行系统分析，以有效地预防挫折的发生

遭受挫折的员工要正确归因，就是要对造成挫折的原因进行实事求是的认识和分析，弄清挫折的原因到底是外部的，还是内部的，或是内外部两种因素相互交织，共同起作用的。正确地分析和归因，是应付和解决挫折情境的必要基础。把成败结果一概归因于外部因素的人，固然不能对行为做自我控制和自我调节，面对挫折会感到无能为力和束手无策，从而不能尽自己的最大努力去克服困难和改变失败的处境，但是，把成败结果统统归结于个人的努力不足，过多地责备自己，也是不现实的，同样不能对自己的行为结果负起合理的责任，有效地改善挫折处境。

对于经常遭受挫折，不加分析，不问青红皂白，便按照自己已有的固定模式作片面归因的人，尤其应当注意要做符合实情的、准确的归因。只有以积极的态度去冷静地分析遭受挫折的主、客观原因，及时找出失败的症结所在，才能从本人的实际条件出发，用切实的行动去促使挫折情境的改变。

2. 提高员工的挫折容忍力

挫折在人的心理和行为上引起反应的强度，在很大程度上受人的挫折容忍力的制约。

要有意识地创设一定的挫折情境。即不断地让自己经受磨难，自找苦吃，自寻烦恼，对自己进行加强意志、魄力和挫折排解力的训练，最终使自己能经受住任何残酷的打击。《一千零一夜》里有一个勇敢的航海家辛巴达，他每次航海归来，都可以放弃冒险事业，过上安逸的生活。但他却执著地去寻求那种与大自然抗争、与海盗搏斗的惊险旅行，而恰恰是这些经历使他抵抗挫折的能力大大增强，使他一次次大难不死，在航海中安抵陆地。

袁伟民训练中国女排时，让主力阵容在 10∶14，只输一球就要丢掉全局的危急情况下进行练习，一球一球往回扳，这就使中国女排多次在世界大赛中出现类似局面的关键时刻，心理稳定，临场不乱，技术、战术发挥得好，从而反败为胜。特种部队对士兵进行的应付突发事件、复杂情况以及在孤岛、密林、荒漠、高原等特殊条件下的生存和战斗训练，就是为了他们一旦遭遇类似情况，能够从容自若。挫折适应能力的提高，同样可以采取类似的方法。

【案例 5-9】 小泽征尔的成功

1935 年 9 月 1 日，小泽征尔出生在中国的沈阳。在当时的“伪满洲国”度过了他幼年的时光，6 岁时随全家返回日本。

在少年时代，小泽征尔就显露出音乐天赋，他喜爱听音乐，尤其喜爱听交响乐。一次，他跟随父母去听日本广播协会交响乐团的演奏会，俄国著名指挥家列昂尼德·克鲁采尔担任乐队指挥。听着那优美动听的音乐旋律，看着乐队指挥那潇洒自如、热情洋溢的指挥风姿，小泽征尔深深地被吸引住了。他暗暗想：我一定要成为列昂尼德·克鲁采尔那样的指挥家！从此，小泽征尔开始涉足音乐艺术。1951 年 4 月，他正式考入了桐明学园的高中指挥专业。在那里，他系统地学习了音乐理论和技术，并且开始担任学校管弦乐队的指挥。这为他以后做乐队指挥打下了坚实的基础。高中毕业以后，他决心到欧洲去继续深造。1959 年 4 月，他登上了一艘货船，带着他心爱的吉他和书来到马赛，后又从马赛转到巴黎。巴黎的繁华和现代色彩使他激动，一种征服它的欲念传遍了全身。没过多久，他就在贝桑松国际指挥比赛中获奖，后来又连续两次赢得了伯克郡音乐节和卡拉扬主持的指挥比赛奖。卡拉扬很欣赏小泽征尔，并亲自点拨过他。你们知道卡拉扬吗?他是世界著名指挥家、音乐魔术大师，他的指挥受到全世界人的喜爱，许多人会早晨 6 点就去排队买票，为了亲眼目睹卡拉扬的风采。所以，能够得到卡拉扬的欣赏和点化，真是太幸运了。在巴黎停留的两年里，小泽征尔进步很快，他已经成为一个相当引人注目的年轻指挥家，并受聘于纽约爱乐乐团和美国最大的演出公司——哥伦比亚艺术公司，成了一名乐队指挥。按理说，小泽征尔的事业是一帆风顺的，他的成才之路也是平坦的，没有失败和挫折。然而，事实却并非如此。

1962 年发生的“小泽事件”对一直走在坦途上的小泽征尔来说，的确是一个很大的打击。当时，小泽征尔刚刚返回日本，并受聘担任了日本广播公司交响乐团的常任指挥。可是，乐团中的一些成员对年轻的他很不服气，相比较而言，他们更崇拜德国著名指挥富尔特文格勒的指挥风格。因此，他们拒绝参加演出，在空荡荡的剧场里，只有小泽征尔一个人站在指挥台上。

愤怒之余，小泽征尔毅然离开了祖国，开始了他的流亡生活，并且发誓永远不再回来。他不相信自己会是个失败者，他一定要争口气，一定要做出卓越的成绩来给那些瞧不起他的人瞧瞧。

离开日本之后，他来到了美国。除了潜心学习之外，他还担任了芝加哥团拉维尼亚青年节的指挥。同时，他还兼任加拿大多伦多乐团的指挥。丰富的阅历使他积累了足够的经验，使他的指挥技艺更加精湛。5 年之后，他离开了美国，开始在世界各地旅行，并经常担任客席指挥。他的足迹遍布世界各地，各种不同的音乐流派、艺术风格他都接触过，并经过他的博采众长、整理加工逐渐形成了自己的风格。从此以后，小泽征尔真正的出名了，他指挥的演奏会使观众掌声不绝，西方舆论界称他为“当今世界著名指挥家。”

尽管如此，小泽征尔仍没有放松对自己的要求，他始终按着自己定下的规则去做：每天凌晨 1 点左右睡觉，早晨 5 点起床。除了指挥演奏会以外，他把大部分时间都用在了研究乐谱上。

1972 年，小泽征尔被聘担任波士顿交响乐团的常任指挥，波士顿交响乐团是世界一流的交响乐团，能够在这样的乐团里担任指挥，对于一个音乐家来说是无比幸福的。小泽征尔通过自己的艰苦努力，终于登上了世界音乐高峰。如果没有当初的"小泽事件"，会有今日的小泽征尔吗？如果小泽征尔没有对待失败的勇气，他今天还能够敲开波士顿交响乐团的大门吗?所以，对于一个肯奋斗的人来说，失败并不可怕，可怕的是没有承受挫折的能力。小泽征尔有着足够的心理准备和心理承受能力，失败面前他没有退缩，而是把失败踩在脚下，创造出一个奋斗者的"神话"。

资料来源：陈晨. 你的世界你来造. 北京：蓝天出版社，2008

3. 对受挫者采取宽容的态度

土地宽容了种子，拥有了收获；大海宽容了江海，拥有了浩瀚；天空宽容了云霞，拥有了神采；人生宽容了遗憾，拥有了未来。遭受挫折的员工，常常以消极的方式发泄自己心中不满的情绪，甚至直接攻击管理者、管理制度和方针政策，以消极破坏性行为对待工作和公共财产，例如，讥讽谩骂管理人员，对企业的制度、政策牢骚满腹，怒气冲天，工作消极怠工等。对此，不能只简单地从思想意识和道德品质中去找原因，还应考虑挫折心理的消极影响。心理学家马斯洛曾说过这样一段话："心若改变，你的态度跟着改变；态度改变，你的习惯跟着改变；习惯改变，你的性格跟着改变；性格改变，你的人生跟着改变。"有什么样的心态就有什么样的状态。对员工这些行为采取适度的宽容是必要的。先宽容，待挫折引起的消极性激情消失后，再进行思想工作和说服教育，往往能收到事半功倍的效果。如果对受挫者的攻击性行为针锋相对、寸步不让，不仅不能使挫折的消极影响降低，而且容易激化矛盾。

4. 改变受挫折者的情境

改变情境的一种方法，就是暂时离开当时的挫折情境，到一个新的环境里去。通常采用的方法是调换一个工作环境，或调整工作班组，减少原来环境中的不利刺激。这样，可以帮助员工在新的情境中克服原来的对立情绪，重新建立良好的人际关系，放下包袱轻装前进。恩格斯年轻时曾失恋过，他一度感到痛苦和心灰意冷，后来他去阿尔卑斯山旅行，在新的环境里，看到世界是如此宏大，生活是如此多彩，很快达到了心理平衡，摆脱了痛苦，旅行归来后又以新的热情迎接了新的工作。普希金失恋后也采用了类似方法，他跑到高加索参加了对土耳其的战斗，从而用战争的烟火冲去了失恋的愁云。

5. 释放不良情绪，降低挫折的消极影响

人们在遭受挫折以后心理上失去了平衡，很容易意气用事，行为常常不是为理智所左

右，而是为情绪所推动。因而，让受挫者通过一些有效的方式，释放心中的消极情绪，恢复心理的平衡和理智状态，对于降低挫折所引起的消极作用是很有效的。例如，在霍桑实验中，采用个别谈话的方法让工人发泄对工厂管理当局的不满和抱怨，研究人员只是洗耳恭听，详细记录，经过上万人次的谈话以后，霍桑厂的产量大幅度上升。

释放消极情绪的方法是多种多样的。例如，管理者耐心倾听受挫者的抱怨、申诉，建立良好的信访制度，提倡和鼓励受挫者向亲属和朋友倾诉心中的焦虑、痛苦和不平等。让受挫者释放消极情绪的方法和途径还有很多，在管理工作中应根据具体情况灵活地加以选择和利用。

三、归因理论

归因理论是关于说明和分析人们活动因果关系的理论，人们用它来解释、控制和预测相关的环境，以及随这种环境而出现的行为，因而也称认知理论，即通过改变人们的自我感觉、自我认识来改变和调整人的行为的理论。

归因理论研究的基本问题包括：①人们心理活动发生的因果关系。包括内部原因与外部原因、直接原因和间接原因的分析。②社会推论问题。根据人们的行为及其结果，来对行为者稳定的心理特征和素质、个性差异做出合理的推论。③行为的期望与预测。根据过去的典型行为及其结果，来推断在某种条件下将会产生什么样的可能行为。

(一)海德的归因理论

归因理论最初是由 F. 海德(Fritz Heider)于 1958 年在《人际关系心理》一书中提出来的，因此，海德是归因理论的创始人。归因是人们对别人或自己所表现出来的行为发生原因加以解释的过程。人们在进行归因解释时，一般有两种情况：第一，将行为发生的原因归于外界环境因素的作用，称为情景归因。情景归因是指影响行为者周围环境的因素，如他人的期望、奖励、惩罚、指示、命令，天气的好坏，工作的难易程度等。第二，将行为发生的原因归于个人的性格因素或其他主观条件，称为性格归因。性格归因是指影响行为者本身的因素，如需要、情绪、兴趣、态度、信念、努力程度等。一般人在解释别人的行为时，倾向于性格归因；在解释自己的行为时，倾向于情景归因。海德的归因理论是关于人的某种行为与其动机、目的和价值取向等属性之间逻辑结合的理论。

海德认为人们归因时，通常使用不变性原则，就是寻找某一特定结果与特定原因间的不变联系。如果某特定原因在许多条件下总是与某种结果相连，如果特定原因不存在，相应的结果也不出现。这就可把特定结果归结于那个特定原因。不变性原则的思想方法是科学的，用这种方法可找到某种行为或其结果的关键原因。

海德认为，日常生活中，所有的人，包括心理学家，对各种行为的因果关系都非常感兴趣，都力图弄清周围人们行为的前因后果。海德还分析了导致行为发生的两种因素：一是行为者的内在因素，包括能力、动机、努力程度等。二是行为者的外在因素，包括命令、气候、工作的难易程度等。他认为行为观察者对因果关系进行朴素分析时，试图评估这些因素的作用，而且对行为的归因和对行为的预测两者密切相关。海德的归因理论开创了归因问题的先河，他对行为原因所做的个人—环境的划分成为归因理论的基础，影响深远。

(二)维纳的归因理论

1972 年，维纳(Bernard Weiner)提出了归因理论，该理论说明的是归因的维度及归因对成功与失败行为的影响。维纳认为内因外因、稳定不稳定是人们在进行归因时所考虑的两个维度，这两个维度相互独立，人们如何归因将会影响今后的成就行为。如果把成功归于内部的稳定的因素(如能力)，会使个体感到自豪，觉得自己聪明导致了成功。相反，把成功归于外部的不稳定的因素(如运气)，则会对未来类似活动上的成功不敢肯定，产生担心的情绪情感体验；而把自己的失败归于内部稳定的因素，会使个体产生羞耻感，引起无助忧郁的情绪情感体验。相反把自己的失败归因于外部的不稳定的因素，则会对未来类似活动的成功期望不至于过低，会继续努力，这将有助于保持乐观的情绪情感体验。

维纳于 1982 年又提出了归因的第三个维度——可控制性，即事件的原因是个人能力控制之内还是之外。在维纳看来，这三个维度经常并存，可控制性这一维度有时本身也可以发生变化。他认为，当归因对象是自己时，把成功的结果归因于可控制的原因，如努力，会充满自信。归因于不可控的原因，如能力、任务难度、运气等，则产生惊异的感觉。若把失败的结果归因于可控制的原因，会感到内疚。若把失败的结果归因于不可控的原因，则会感到无奈，如表 5-1 所示。

表 5-1　常见原因知觉的维度分析

原因源	可　控		不 可 控	
	稳　定	不 稳 定	稳　定	不 稳 定
内　部	持久的努力	一时的努力	能力	心境、疲劳技能发挥
外　部	他人的持久努力 他人的偏见	他人的一时努力 他人的帮助	他人的能力 任务难度	他人的心境 运气、机遇

资料来源：http://yingyu.bokecn.net/html/57/1007/49911.html

(三)凯利的归因理论

1967 年，美国社会心理学家凯利(H. H. Kelley)发表《社会心理学的归因理论》，继相应推断理论之后提出三维归因理论，也称为三度理论，对海德的归因理论进行又一次扩充和发展。凯利将归因现象区分为两类：一类是能够在多次观察同类行为或事件的情况下的归因，称为多线索归因；另一类则是依据一次观察就做出归因的情况，称为单线索归因。凯利

认为，人们对行为的归因总是涉及三个方面的因素：客观刺激物、行动者、所处关系或情境。其中，行动者的因素是属于内部归因，客观刺激物和所处的关系或情境属于外部归因。

对上述三个因素的任何一个因素的归因都取决于下列三种行为信息。

1．区别性

区别性指行动者是否对同类其他刺激做出相同的反应，他是在众多场合下都表现出这种行为，还是仅在某一特定情境下表现这一行为。例如，一名今天迟到的员工是否经常表现得自由散漫、违反规章纪律。如果行为的区分性低，则观察者可能会对行为作内部归因；如果行为的区分性高，则活动原因可能会被归于外部。

2．一贯性

一贯性指行动者是否在任何情境和任何时候对同一刺激物做相同的反应，即行动者的行为是否稳定而持久。例如，如果一名员工并不总是上班迟到，她有 6 个月从未迟到过，则表明这是一个特例，行为的一贯性较低；而如果她每周都迟到两三次，则说明行为的一贯性高。行为的一贯性越高，观察者越倾向于对其作内部归因。

3．一致性

一致性指其他人对同一刺激物是否也做出与行为者相同的方式反应。如果每个人面对相似的情境都有相同的反应，我们说该行为表现出一致性。比如，所有走相同路线上班的员工都迟到了，则迟到行为的一致性就高。从归因的观点看，如果一致性高，我们对迟到行为进行外部归因。如果走相同路线的其他员工都准时到达了，则应认为该员工的迟到行为的原因来自内部。

凯利认为这三个方面信息构成一个协变的立体框架，根据上述三方面的信息与协变，可以将人的行为归因于行动者、客观刺激物或情境。

归因理论提出了人们在对他人的行为进行判断和解释过程中所遵循的一些规律，在管理过程中，管理者和员工对行为的归因也不可避免地受到这些规律的影响。管理者要认识到员工是根据他们对事物的主观知觉而不仅仅是客观现实作出反应的。员工对于薪水、上级的评价、工作满意度、自己在组织中的位置和成就等方面的知觉与归因正确与否，对于其潜力的发挥和组织的良好运作是有重要影响的；同时，管理者在对员工的行为进行判断和解释时也应该尽量避免归因中的偏见和误差。

(四)琼斯和戴维斯的归因理论

琼斯(Edward E. Jones，1928—1993)和戴维斯(K. E. Davis)于 1965 年提出的归因理论称为对应推论。这个理论主张，当人们进行个人归因时，就要从行为及其结果推导出行为的意图和动机。推导出的行为意图和动机与所观察到的行为及其结果相对应，即对应推论。

一个人关于行为和行为原因所拥有的信息越多，他对该行为所作出的推论的对应性就越高。一个人行为越是异乎寻常，则观察者对其原因推论的对应性就越大。

影响对应推论的因素主要有3个。

1. 非共同性结果

非共同性结果是指所选行动方案有不同于其他行动方案的特点。例如，一个人站起来，走去关上窗户，穿上毛衣，此时我们可以推断他感到凉了。单是关上窗户的行动也可能表示防止窗外噪音，而穿上毛衣这个非共同性结果就可以使人推断这个行动是由于凉。

2. 社会期望

一个人表现出符合社会期望的行动时，我们很难推断他的真实态度。如一个参加晚会的人在离开时对主人说对晚会很感兴趣，这是符合社会期望的说法，从这个行动很难推断其真实态度。但是当一个人行为不符合社会期望或不为社会所公认时，该行为很可能与其真实态度相对应。如上述参加晚会的人在离开时对主人说晚会很糟糕，这是不符合社会期望的行为，它很可能反映出行动者的真实态度。

3. 选择自由

如果知道某人从事某行动是自由选择的，我们便倾向于认为这个行为与某人的态度是对应的。如果不是自由选择的，则难以作出对应推论。

本章小结

激励理论是行为科学中用于处理需要、动机、目标和行为四者之间关系的核心理论。早期激励理论的研究是对于“需要”的研究，回答了以什么为基础、或根据什么才能激发调动起员工工作积极性的问题。激励在管理活动中发挥着重要的作用，由于理论研究的侧重点不同，主要的激励理论有三大类，分别为内容型激励理论、过程型激励理论和行为改造型激励理论。

内容型激励理论重点研究激励动机的诱因，主要包括马斯洛的需要层次理论、赫茨伯格的双因素理论、奥尔得弗的ERG需要理论、麦克莱兰的成就需要理论等。

过程型激励理论包括弗鲁姆的期望理论、豪斯的综合激励模式、波特和劳勒的激励过程模式以及亚当斯的公平理论。

行为改造型激励理论包括强化理论、挫折理论和归因理论。

激励理论各有优缺点，每一种激励的目的在于激发人的正确行为动机，调动人的积极性和创造性，以充分发挥人的智力效应，做出最大成绩。因此管理者一定要根据实际情况，综合运用多种激励理论，把激励的手段和目的结合起来，改变思维模式，真正建立起适应

企业特色、时代特点和员工需求的开放的激励体系，使企业在激烈的市场竞争中立于不败之地。

复习思考题

一、问答题

1. 简述激励理论含义及原则。
2. 简述马斯洛的需要层次理论、赫茨伯格的双因素理论的内容。
3. 简述弗鲁姆的期望理论以及亚当斯的公平理论的内容。
4. 简述过程型激励理论的内容。
5. 行为改造型激励理论包括哪些内容？

二、分析题

追逐与卓越

一天深夜，一个软件工程师攻克了一个难关。小伙子异常兴奋，很想与别人一起分享成功的快乐。夜深人静，他不好意思打电话打扰同事。突然他发现最顶头那间办公室里灯亮着，便跑进去对里面的人说："我成功了！"这个人正是公司的总裁，他看着这个年轻人手舞足蹈，笑着回答："我们一定要庆祝一下！"他拉开抽屉，最终找出一根香蕉，把香蕉分成两半，两个人坐在办公桌上边说话边吃那根香蕉。

毫无疑问，对这个工程师来说，总裁的半根香蕉是最高的奖赏。

资料来源：http://www.3158.cn/news/20110112/12/87-49926193_1.shtml

(1) 故事中体现了激励理论中的哪一个原则？
(2) 如何坚持这一原则？

乘着梦想的翅膀翱翔

2003年，张某曾服务于一家高科技公司，主要经营电脑的软硬件服务。公司成立于2001年，到2003年在河北省已经小有名气了，2006年公司销售额已经突破了一个亿。公司下设管理部、软件研发部、企划部、财务部、销售部、服务部六大部门，当时公司有50多人，张某作为企划部的经理负责公司企业文化建设以及市场策划方面的工作，该公司老板李总很有个性，是一个带有浪漫气息、喜欢做梦的企业家，李总特别喜欢给张某他们讲述他的梦想，同时鼓励张某他们要经常寻找自己的梦想，并为了自己的梦想而努力。

在老板的渲染和鼓励下，张某他们每个人都有了梦想，有些是近期的，有些是远期的。作为总经理的李某就把帮助部门经理实现梦想作为一项重要的工作来抓，并且定期召开中层干部的梦想大会。在大会上，每一个部门经理都可以说出自己的梦想，然后大家一起讨论如何才能实现这个梦想。记得当张某第一次参加梦想大会时，老板让各位经理说出自己最近的梦想，部门经理说得真可谓五花八门。有的说，他想在两个月内挣到 5 万块钱；有的说，想和自己的爱人去巴黎旅游；有的说想得到一款最新的戴尔笔记本电脑；还有一个姓李的员工说很想和他的偶像歌星共进晚餐等。

当李总听完大家的梦想以后，便组织大家一起讨论这个梦想是不是可以在短期内实现，一旦确认可以实现，他便和大家一起讨论如何实现。当然作为老板，他肯定需要计算公司为了帮助大家实现梦想所需要花费的金钱和精力，并据此为各个经理制定不同的工作目标和完成日期，例如在 3 个月内把销售量提高 20%，在半年内开发出适合中小企业的财务软件等。与此同时，他还对大家进行详细的跟踪，制定严格的绩效考核办法，有时他还会帮助部门经理工作，以让部门经理们尽快地实现自己的梦想。最后，一旦在规定日期内完成了所制定的工作目标，李总就马上代表公司赠送梦想大礼——当然就是大家想要的梦想了。

在中层人员管理干部会上，李总经常说的一句话就是人一定要有梦想，并且应该为了实现自己的梦想而去努力，只要你的梦想是合理的，当你努力到一定程度后，你的梦想自然就会实现。

正因为在他这种独创的“梦想管理”方式的激励下，公司中层的忠诚度相当高，各部门的负责人还把这一办法普及到了下面的普通员工身上，整个公司士气空前高涨，业绩突飞猛进。就因为此事，公司还被当地的媒体戏称为“制造梦想的公司”。的确，在短短的几个月内，公司几个中层干部的梦想都实现了，想得到奖金的拿到了自己满意的奖金，想旅游的也去旅游了，想和自己偶像共进晚餐的目标也实现了。

资料来源：http://www.job5156.com/hr/21745/819/

(1) 李总的激励措施是什么？

(2) 该激励措施有何意义？

第六章 态度与管理

【学习目标】

了解态度的含义及特征，理解态度的影响要素及形成和改变过程，重点掌握有关的态度改变理论，学会利用有关理论去分析生活工作中的有关问题。

【关键概念】

态度(attitude) 态度的功能(function of attitude) 态度的作用(the role of attitude) 态度的形成(the formation of attitude) 态度的改变(attitude change)

第一节 态度概述

在现实生活中，由于人们的社会经历不同，除了形成各自不同的需要、兴趣、个性和思想方法之外，还形成了不同的信念、理想和态度。例如有的人相信宗教，有的人是无神论者；有的人主张自由民主，有的人则喜欢独裁专制。同样，在工作中，有的人认真负责，一丝不苟；有的人却敷衍了事，马马虎虎。即使是对待同一个事物，也会有人赞成，有人反对。因此，态度在很大程度上影响着一个人的工作行为和生活方式。研究态度的意义、性质和影响态度的各种因素，也是管理心理学的重要内容。

一、态度的含义

态度是指个人对某一对象所持有的评价与行为倾向。从态度的定义可以看出，态度的主体是个人，客体是某一对象，使主体与客体发生关系的媒体是实践活动。作为主体，存在着性别、年龄、文化、民族、经历、工作、职务、个性、价值观的差异，因此对同一客体会产生各种各样不同的态度。作为态度的客体是多方面的，其中有人、事、物、团体、制度及代表具体事物的观念等。同一人对各种不同的态度对象会有不同的态度，甚至同一人对同一态度对象在不同的时间内也会有不同的态度。作为主体与客体发生关系的媒体，其作用可以在劳动、学习、生活、交往等实践活动中表现出来。在这些过程中，主体不是被动地而是主动地与客体发生作用，通过自己的价值系统来衡量客体对自己有利与否，从而采取相应的行为倾向。

心理学家认为态度是由认知、情感和行为倾向三种成分组成的心理倾向。认知成分是指人们对外界对象的心理印象，包含有关的事实、知识和信念，认知成分是态度其余部分的基础。当个人对一个事物有了一定的认识之后，才能有对这个事物的喜爱或厌恶、赞同或反对的态度，才有如何对待这个事物的态度。情感成分是指人们对对象肯定或否定的评价以及由此引发的情绪情感。当外界事物作用于人时，如果符合人的需要或认知体系，就会产生喜爱、尊敬、赞同和满意等肯定的内心体验；如果对象不符合人的需要或认知体系，就会产生厌恶、憎恨、反对和失望等否定的内心体验。行为倾向成分是指人们对对象所预备采取的反应，它具有准备性质。行为倾向成分会影响到人们将来对对象的反应，但它不等于外显行为。

认知、情感和行为倾向之间一般是相互协调的，但也可能不一致。例如，在现实生活中，有人曾有这样的感受："某领导，从工作上看是称职的，但从感情上我不喜欢他。""从理智上看，某一事物、某项制度、某项政策是正确的，但从感情上还扭不过弯儿来，因而在行动上也不愿真正接纳。"这说明从认识上改变人的态度有时较容易，但真正从思想感情上转变就较困难。

态度不是天生就有的，它是在人的活动当中形成的，是由一定的对象引起的。态度是可以改变的，当个人所处的社会环境和团体出现某种变化或新规定时，会引起个人某些态度的转变；当个人所属的群体、个人在群体中所担当的角色发生改变时，也会引起某些态度的改变；当有威信的宣传者向个人宣传一些可信的消息、资料时，也能引起态度的改变。

人们对一个对象会做出赞成或反对、肯定或否定的评价，同时还会表现出一种反应的倾向性，这在心理学上称为定势作用，即心理活动的准备状态。所以，一个人的态度不同，也就会影响到他看到、听到、想到、做到什么事时，产生明显的个体差异。由此可见，一个人的态度会对他的行为具有指导性的、动力性的影响。

企业中订有各种具体的规章制度和条例，有的员工持赞同的、正确的态度，因而在行为上不出偏差。有的员工对这些准则持不赞同或者抱"无所谓"的态度，这样的员工在行为上难免要出差错，轻则工伤事故，重则触犯刑律。在日常生活和企业管理中，我们要求个人"端正态度"，这就是指要某人对某一对象要有一个正确的评价和定势作用，这样才能导致正确的社会行为；反之，一个人"态度不正确"就会产生对事物的不正确评价和定势作用，从而导致不正确的反社会性的行为。

【案例 6-1】 态度影响认知

社会心理学家兰伯特曾让加拿大学生根据声音判断说话者的人格特征。他让被试听 10 人朗读同一篇文章的录音带(实际上只有 5 人朗读，只不过每人用英、法两种语言各读一次)，然后判断这 10 人的人格特征。结果发现，同一个人用英语朗读比法语朗读获得了更高的评价。说英语时被认为个子高、有风度、聪明、可靠、亲切、有抱负；而说法语时被认为有幽默感。实践证明，人们根据已有态度来判断他人，因为英裔加拿大人的社会背景优于法裔加拿大人，大学生对英裔加拿大人的态度优于法裔加拿大人。

社会心理学家琼斯让两组白人大学生背诵几篇反对黑人与白人分校方面的文章，其中

第一组被试平时反对种族歧视、反对黑人与白人分校，第二组被试平时主张黑人与白人分校。实验结果发现，第一组学生的成绩明显优于第二组。深层原因是，与态度一致的材料容易被接受、记忆，与态度相悖的材料则通常被人们过滤、歪曲或遗忘。

资料来源：http://jpkc.henu.edu.cn/glxlx/uppic/07151229237.doc

二、态度的特征

从本质上来说，态度是代表一种形成特定意见的倾向，往往具有以下几个方面的特征。

(一)态度的社会性

态度的社会性不是由遗传获得的，而是随着人的成长，在工作和实践中，通过与他人的交往和与环境的相互作用，逐渐形成的。比如对老师和领导、对劳动和荣誉等的态度，都是在社会生活的实践中形成的。态度形成后反过来对他人和环境发生影响。态度就是在不断地与他人和环境发生的相互作用中，不断得到修正，从而使个体的态度体系日趋完善。

(二)态度的针对性

态度的针对性是指态度具有特定的对象。这个对象可能是具体的，也可能是某种状态或某种观念。态度的这种针对性的特点，反映了主体与客体的对应关系。例如，厂长对改革的态度，老师对学生的态度，等等，都明显地表现出主体与客体的对应关系。如果主体和某一客体之间没有任何对应关系，那么，主体对这一客体或事物，也就不存在“态度”问题。

(三)态度的协调性

态度是认知、情感和意向三种成分的统一体，三种成分既有区别又有联系。认知成分是态度的基础，情感成分是态度的核心，意向成分则是态度的外观，三者通常是协调一致的。但是也有出现不一致的情况，这主要是因为认知的改变比情感的改变容易，所以人们常出现这种现象，心里明白但感情却转不过弯来。

(四)态度的稳定性

态度形成的过程需要相当一段时间，而一旦形成之后，就比较稳定，比较长久，并且不轻易改变。例如，某厂由于管理不善而利润减少，在员工中就形成了“总是搞不好了”的思想，这种思想反映了对该厂前途抱消极、悲观的持久性态度。当然在态度形成的初期，引进新的经验和科技方法，可能促使态度的改变。因此，在对员工的管理过程中，对员工的某种不正确的态度，要及时加以引导、教育。否则，当不正确的态度形成并稳定后，再进行教育，就困难得多了。

(五)态度的潜在性

态度是一种内在的心理结构，只是行为前的心理状态，并不是行为本身。所以态度本身难以直接观察到。人们的态度可以通过他们的行为进行推测了解，所以态度具有一定的潜在性，需要进行观察分析和推测才可以挖掘出来。

三、态度的功能

人为什么要形成或保持某些态度，这是一个态度功能(function)的问题。卡茨(D. Katz，1960)和奥斯卡姆普(S.　Oskamp，1977)等认为，态度有 4 种基本功能。

(一)适应功能

适应功能指人的态度都是在适应环境中形成的，形成后的态度起着更好地适应环境的作用。我们是社会性的生物，一些人和群体对我们都是很重要的，适当的态度将使我们从重要的人物(双亲、老师、雇主及朋友等)或群体那里获得认同、赞同、奖赏或与其打成一片。对不同的人应学会有不同的态度。许多大学生发现，如果他们以对父母的态度去跟朋友打交道往往就不适应，反之亦然。所以适当的态度是为了适应社会生活的一种功能。

(二)自我防御功能

人们常说：“怀有偏见的人往往是心理不健康的。”态度有时也反映出一个人未澄清的人格问题，如不明说的侵犯和生怕丧失身份等。态度作为一种自卫机制，能让人从中受到贬抑时用来保护自己。比如一个知识分子看到商人赚很多钱并在生活中拥有许多物质享受，为了恢复被损伤的自尊，他常会显示出自命清高和鄙视“为富不仁”者的态度，以保持心理平衡。

(三)价值表现功能

在很多情况下，特有的态度常表示一个人的主要价值观和自我概念。比如你参与某种群众性运动，手持某一政治人物的标语牌，这表明你赞同这一运动主题，并拥有这方面的价值观。

(四)认识或理解功能

一种态度能给人提供一种作为建构世事手段的参照框架，因此它能引起责任感。比如在政治争论中你的态度常常是为评价政治候选人提供一种参照框架。假如这些候选人支持争论朝你所持肯定态度的方向进行，你就会比他们反对这种争论似乎做出更为偏袒的反应。

上述 4 种功能的前两种是为实际的需要服务的，它们能帮助我们调整或纠正自己的行为，以使我们将受到奖赏而不是受到惩罚。后两种功能是和追求自我实现相连的高层次需要有关。因为我们要从表达的价值观，即表达自己所赞同的观点中获得满足；此外，我们有了解周围世界及我们在这个世界中所处地位的需要。

四、态度的作用

态度对一个人的心理与行为具有多方面的影响与作用。已有的研究表明它具有多种作用，现仅举几种。

(一)态度影响社会判断

态度一经形成，就会成为个人适应上的习惯性反应，这就影响了他们对社会环境与社会事物的判断。于是往往会根据现成的态度去判断他人，而少数团体中的成员，大都会采纳多数人共有的态度，或模仿权威的态度，以提高自己的地位与价值，消除内心的不安全感。他们会跟着周围的人去学去做，尤其是领导与老员工，以便与团队保持一致，增加心理上的安全感。

【案例 6-2】 态度影响社会判断

哈斯托夫和坎特里尔将普林斯顿大学和达得毛斯大学两校队足球赛录像分别放给两校学生看，结果普林斯顿大学生发现达得毛斯球队犯规次数比裁判实际上指出的多两倍，而达得毛斯大学生则相反，则更多地指出普林斯顿球队犯规而未受罚的次数。显然，这是两校学生维护各自学校荣誉的立场和期望本校球队获胜的积极态度造成认知判断上的偏差的例证。

资料来源：http://xinli.100xuexi.com/HP/20100825/DetailD1396098.shtml

(二)态度影响耐力

态度会在很大程度上提高耐受力，比如无端受到客户指责时不动怒，几年甚至十几年如一日微笑待客、热情服务，他们能克制情绪，忍受伤痛，因为他们知道服务无小事。

【案例 6-3】 态度影响耐力

兰伯特(1960)等曾做过一个“会员群体对耐痛力增长特色的效应”实验。他们以基督徒与犹太教徒大学生为被试者，使用一种类似血压计的改装耐压器(在充气皮绑带上置一尖突起，绑在被试者手臂上，充气后会使人产生痛感。当被试者无法忍受时会说“受不了”，这时松开绑带并测定充气量，作为耐痛力的指标)来测定耐痛力的水平。实验前告诉被试者，测试目的是为了确定正常人耐痛的程度。初测时，仅仅是记录两教派群体各人的耐痛水平。

休息时，对基督徒的一半学生被试者说："据某一报告认为，基督徒的耐痛力不如犹太教徒"；而对犹太教徒的一半学生被试者说："据某一报告认为，犹太教徒的耐痛力不如基督徒。"结果，再测时发现，那些被告诉上述话语的两组被试者，其耐痛水平都显著提高，而其余未被告诉上述话语的两组被试者，其耐痛水平与初测结果无显著差别。研究者认为，这种戏剧性的变化，主要是由于休息时实验者的指导语激起各半组被试者对自己宗教群体的效忠态度所致。这个实验表明，一个人对自己所属的群体有认同感、荣辱感、责任感，并时时能被激起效忠态度，就会表现出巨大能量与挫折耐力。事实上也是如此，历史上许多爱国者与革命者之所以能表现出惊人的毅力与不怕牺牲的精神，都是和他们具有崇高信念和对祖国、对人民的效忠态度分不开的。

资料来源：http://xinli.100xuexi.com/HP/20100825/DetailD1396098.shtml

(三)态度影响学习效果

了解学习意义，对学习活动怀有兴趣，因此对学习采取认真、积极的态度，就会更好地理解与记忆学习材料；否则就会得到相反的效果。这似乎是一种常识。当然，学习态度端正，也不一定就能取得良好的学习成绩，因为学习过程中，还存在着其他影响学习效果的因素，如智力、策略等。这里不妨介绍一下，态度在学习中的过滤作用，即学习者对某些事件所持的社会态度，也常影响着他对有关事件的论述材料内容有筛选地去掌握并产生不同的学习效果。

(四)态度影响工作效率

一般来说，人对自己所从事的工作喜爱并有良好的态度，就会努力去工作，产生高效率。但事实比这种设想更复杂。布雷菲尔德和克罗克特曾对此进行了长期的调查研究，发现企业员工对工作的态度(满意或不满意)与生产效率之间并无必然的关系。如对工作感到满意的员工，有的效率高，有的则一般或不高，这是因为后者受工人群体内部隐存的社会标准("不过高也不太低")的生产指标所制约，他们不愿离群，故有意降低效率以求与大家一致。而对目前工作不满意的员工，由于其他动机，如为了维持生计、受人尊重或自我表现等，往往也能提高工作效率。当然，如果整个群体都较了解工作的意义，对工作满意而有积极的态度，比持有消极态度的群体会有更高的效率，这是无疑的。

【案例 6-4】 热忱的力量

美国著名的人寿保险销售员法兰克·派特刚转入职业棒球界不久，就遭到有生以来最大的打击，他被开除了。他的动作无力，因此球队的经理有意要他走人。球队经理对他说："你这样慢吞吞的，哪像是在球场混了二十年的？我告诉你，无论你到哪里做任何事，若不提起精神来，你将永远不会有出路。"

法兰克离开原来的球队以后，一位名叫丁尼·密亨的老队员把他介绍到新凡去。在新凡的第一天，法兰克的一生有了一个重要的转变。因为在那个地方没有人知道他过去的情形，他决心变成新凡最具热忱的球员。为了实现这点，当然必须采取行动才行。

法兰克一上场，就好像全身带电。他强力地投出高速球，使接球的人双手都麻木了。记得有一次，法兰克以强烈的气势冲入三垒，那位三垒手吓呆了，球漏接，法兰克就盗垒成功了。当时气温高达 39℃，法兰克在球场奔来跑去，极可能因中暑而倒下去，但在过人的热忱支持下，他挺住了。

这种热忱所带来的结果，真令人吃惊。由于热忱的态度，法兰克的月薪增加到原来的 7 倍。在往后的两年里，法兰克一直担任三垒手，薪水加到 30 倍之多。为什么呢？法兰克自己说："就是因为一股热忱，没有别的原因。"

后来，法兰克的手臂受了伤，不得不放弃打棒球。接着，他到菲特列人寿保险公司当保险员，整整一年多都没有什么成绩，因此很苦闷。但后来他又变得热忱起来，就像当年打棒球那样。

再后来，他是人寿保险界的大红人。不但有人请他撰稿，还有人请他演讲自己的经验。他说："我从事推销已经 15 年了。我见到许多人，由于对工作抱着热忱的态度，使他们的收入成倍地增加起来。我也见到另一些人，由于缺乏热忱而走投无路。我深信唯有热忱的态度，才是成功推销的最重要因素。"

资料来源：http://www.xici.net/d32490278.htm

第二节　态度的形成与转变

态度的形成与转变是一个人社会化的重要方面(注：此处的"转变"也可说成"改变"，但相比较而言"改变"更侧重结果，"转变"更强调过程)。一个婴儿在他刚刚生下来的时候，只是一个生物的个体，一个自然的人，在成人的照料下发育长大，成为一个社会的人。在他的成长过程中，家庭、学校和周围环境的影响，使他逐渐掌握了一定的价值观念，形成了对周围世界的种种态度。当然随着生活和环境的变化，其对待事物的态度也要发生相应的变化。

一、态度的形成与转变概述

人从出生开始，不具有对任何事物的态度，是在后天的生活环境中学习形成的，主要从以下几个方面理解态度的形成。态度是对欲望的满足后形成的，欲望是与生俱来的，理性的个体对凡是能满足欲望的对象，或能帮助自己达到目标的对象，必然会产生喜好的态度。相反地，对阻挠其目标实现或引起挫折的对象，就会发展出一种厌恶的态度。人格特征和种族偏激也对态度有着影响。

曾有人做过这样的试验，调查高中学生对犹太人的态度，发现具有反犹太人态度的学生，对非犹太人也并不友善。反之，对犹太人没有偏见的学生，对其他人都很友善。这证明种族偏见的态度与个人的宽容性有密切关系。知识和阅历的丰富和提高也具有较大的影响力。知识形成态度，也改变态度，个体对某些对象的态度的形成，受个体对这一对象所获得的知识的影响。态度受经验的影响。这种经验可能是一次创伤或戏剧性经验，如有的农民某次与村干部冲突，就有可能从此厌恶村干部。所以态度形成的过程是从不具有某种态度到具有某种态度，从简单态度到复杂态度，从不稳定的态度到稳定的态度的过程。态度形成的过程与个人社会化的进程是同步的。

态度的改变主要包括两个方面：一是态度的方向，二是态度的强度。以一种新的态度取代原有的态度，这就是方向的改变。只是改变原有态度的强度而方向不变，这就是强度的改变。同时，态度的方向和强度也是密切相关的，一个人从一个极端转变到另一个极端，这本身既包含方向上的转变，又是强度上的变化。

态度的改变包括方向与强度的变化，依据态度改变的方向可分为一致性变化与不一致性的变化。一致性变化指强度发生改变，而方向保持不变，如由反对变为强烈反对。而不一致性变化则指态度方向发生变化，如由积极变为消极或由消极变为积极。大多数即时性态度改变只是态度体系中认知成分发生了变化，而没有改变情感与行为倾向，这样的态度改变是极不稳定的，时间一长，遇到的刺激一多，态度又会恢复原状。如那些屡教不改的犯罪分子，经过在监狱的劳动与思想改造，决心重新做人，但出狱后，经不起诱惑，又干出了对国家和人民有害的事情，这就是一种即时性态度改变。

【案例 6-5】 她改变了一个国家的态度

在同塑料袋宣战中，需要领军人士智慧地冲锋陷阵，英国广播公司的摄影师丽贝卡·霍斯金是其中之一。

2006 年，英国广播公司女摄影师丽贝卡·霍斯金到夏威夷海域拍摄野生动物的纪录片，中途岛上的一幕惨景让她心灵震颤：数百只信天翁倒在海滩上。

这些美丽的鸟的胃已被阳光曝晒，塑料颗粒散落在羽毛和骨骼之间。各种塑料器物的残片——塑料袋、玩具、哮喘器、圆珠笔、香烟过滤嘴、牙刷、梳子、饮料瓶盖——都从死亡的信天翁的胃中暴露出来。

这些鸟，显然是在吃了塑料残渣后窒息而死的。

更糟糕的场面接二连三：鲸鱼、海豹、乌龟等都死于塑料残片。凡是海洋上漂浮塑料颗粒比较集中的地方，海滩上必能见到动物成片死亡的惨状。在中途岛下风方向地带，丽贝卡看到好几千只刚孵化出的信天翁雏鸟要么死亡，要么软弱地匍匐在地。她捡起一只活着的小鸟，它啄着她的手指，很快就死亡了。

那一刻，丽贝卡在气愤和郁闷中崩溃了。

回到故乡英国莫德博里镇，丽贝卡剪辑完纪录片，便展开了禁止塑料袋的活动。一个月的时间内，她和儿时的朋友一起向家乡人展播野生动物生存的实况录像，邀请小镇上 43 个零售商在酒吧边看纪录片边商议禁止塑料袋的行动计划。6 个月的实验后，这个随手丢塑料袋的社区全部用上了布袋，向大自然少扔了 50 万个塑料袋。

莫德博里成了欧洲第一个全面禁止塑料袋的城镇，丽贝卡的勇气和行为在英国家喻户晓。英国绿色和平组织的负责人说："她在几个月内改变了英国人对塑料袋的态度，她把太平洋上的所见所闻和自己生活的国家联系起来，她应当是英国的首相。"

丽贝卡的作为向人们证实：不要等待政府和超市去作为。只要公民自觉行动起来就可产生巨大力量。成千上万的人向她写信致敬，80 多个城镇自愿加入告别塑料袋的行列。2007 年 11 月，伦敦的 33 个区宣布要用立法方式对付"塑料袋之害"。作为一个普通人，她用简单的语言向其他普通人传递着这样一个信息：有些事是我们不能大意的。

英国首相布朗在发表他上任后的第一篇"绿色讲话"时，提到他将召集所有超市的高管开会，讨论如何消除塑料袋。"我相信我们能消除一次性使用的塑料袋，找到可持续使用的替代品。"没有人游说，也没有辩论，丽贝卡用行动说服了首相对塑料袋开战。布朗致信莫德博里镇的行政官员，"莫德博里的人应当为他们所表现的领导作用感到骄傲"。

1974 年出生、毕业于爱丁堡大学的丽贝卡，2007 年 11 月获得全英环境与媒体奖。

资料来源：http://www.cxyu.com.cn/201006/1275596235602.html

社会心理学家凯尔曼(H. Kelmen)于 1961 年提出了态度形成或改变的模式，他认为态度的形成或改变经历了顺从、同化和内化三个阶段。

(1) 顺从阶段。顺从又叫服从，是表面上改变自己的观点与态度，这是态度形成或改变的第一个阶段。在生活中，个体一方面不知不觉地在模仿着他所崇拜的对象，另一方面也受一定外部压力或权威的压力而被迫接受一定的观点，但内心不一定接受该观点，这是形成或改变态度的开端。

(2) 同化阶段。同化又叫认同，是在思想、情感和态度上主动地接受他人的影响。这个阶段比顺应阶段进了一步，即态度不再是表面的改变了，也不是被迫的了，而是自愿接受他人的观点、信念、行动或新的信息，使自己的态度和他人的态度(自己要形成的态度)相接近。但在这一阶段，新的态度还不稳定，很容易改变，新的态度还没有同自己的态度相融合。

(3) 内化阶段。在思想观点上与他人的思想观点相一致，将自己所认同的新思想与自己原有的观点结合起来，构成统一态度体系。这是形成态度的最后阶段，在这个阶段中，人的内心发生了真正的变化，把新的观点、新的情感纳入自己的价值体系中，彻底形成了新的态度。

二、态度的形成与转变过程的影响因素

从态度的形成和转变过程中，可以看出，态度是在社会化过程中形成的。因而，影响

个体的社会化的因素也就是影响其态度形成的因素。

(一)影响态度形成的因素

态度不是与生俱来的，而是在后天的生活环境中，通过自身、社会化的过程逐渐形成的。在这个过程中，影响态度形成的因素主要有如下几个。

1．欲望

态度的形成往往与个人的欲望有着密切的关系。实验证明，凡是能够满足个人欲望，或能帮助个人达到目标的对象，都能使人产生满意的态度。相反，对于那些阻碍目标，或使欲望受到挫折的对象，都会使人产生厌恶的态度。这种过程实际上是一种交替学习的过程，它说明欲望的满足总是与良好的态度相联系。有人曾对某种族偏见(态度)的发展进行过研究，认为这种偏见具有满足某些个人欲望的功能。例如有些人需要借蔑视其他种族，以发泄自己在生活中压抑已久的敌意与冲动行为。这说明态度中的情感和意向成分与欲望的满足有着密切的关系。

2．知识

态度中的认知成分与一个人的知识密切相关。个体对某些对象态度的形成，受他对该对象所获得的知识的影响。例如，一个人阅读过某种科技著作，了解到原子武器爆破力的杀伤性，就会产生对原子武器的一种态度，这就是说态度的形成是受知识影响的。但是，并不是说态度的形成，单纯受知识的影响。心理学家进行过有趣的调查，他们把调查对象分成两种态度组，即有严密组织的宗教态度者(特征是：态度分明，无意成分少，情绪色彩低)与无严密组织的宗教态度者。结果发现前者能够认识并且接受自己的优点和缺点，而后者则只接受自己的优点，把自己的缺点掩盖起来。

【案例 6-6】 一辆劳斯莱斯

有 3 个人要被关进监狱 3 年，监狱长满足他们每人一个要求。美国人爱抽雪茄，要了三箱雪茄；法国人最浪漫，要一个美丽的女子相伴；而犹太人说，他要一部与外界沟通的电话。3 年后，第一个冲出来的是美国人，嘴里鼻孔里塞满了雪茄，大喊："给我火，给我火！"原来他忘了要火。接着出来的是法国人，已经孩子成群。最后出来的是犹太人，他紧紧握住监狱长的手说："这 3 年来我每天与外界联系，我的生意不但没有停顿，反而增长了 200%，为表感谢，我送你一辆劳斯莱斯！"

资料来源：http://info.txooo.com/work/2-1339/1283061.htm

3．个体经验

一个人的经验往往与其态度的形成有着密切的联系，生活实践证明，很多态度是由于

经验的积累与分化而慢慢形成的。例如，四川人喜欢吃辣椒、山东人喜欢吃大葱的习惯，就是由于长期的经验而形成的一种习惯性态度。当然有时也会出现只经过一次戏剧性的经验就构成了某种态度。例如，在某一次逗狗的游戏中被狗咬伤，很可能从此就不喜欢狗，甚至害怕狗，即所谓“一朝被蛇咬，十年怕井绳”。

4．群体观念

个体的许多态度往往受所属群体，如家庭、学校、社会团体的影响。这是因为，个体对群体的认同感使个体接受群体的规范；个体与群体其他成员接受相似的知识；个体无形中受到群体压力的影响。

5．个性特征

群体意识虽然会使群体成员形成某种相似的态度，但由于群体成员之间个性的不同，在态度的形成过程中仍然存在着个体差异。如一般认为，具有独立性格的人，对待事物的态度往往具有独到的见解；具有顺从性格的人，对待事物的态度往往追随权威，容易接受他人的暗示和支配。

(二)影响态度转变的因素

1．态度本身的特性

态度本身的特性意味着人们对客观事物已经形成了一定的认识和看法，即态度是明确的。具体包括以下几种。

(1) 少年时代养成的某种态度，如嗜好、偏爱、兴趣等不易改变。

(2) 一个人某种极端性的态度，或者对待某种事物前后一贯的习惯性态度，也不容易改变。

(3) 复杂的态度或协调一致的态度不容易改变。复杂的态度就是态度的建立不是凭借某一简单事实，而是依赖多次证明的事实，至于协调一致的态度就是说态度中的三种成分(认知、情感、意向)协调一致，没有矛盾。

(4) 态度中的价值成分与态度的转变有密切关系。态度中的价值意义越大，越不容易转变。

(5) 欲望满足的数量与力量的转变有密切关系。某种事物一次能使个体满足欲望的数量越多、力量越强烈，其态度越不容易改变。

2．个体态度

个体态度的形成与人的个性有着密切的关系。具体表现在下面四个方面。

(1) 能力差异。对于复杂的问题，智慧较高的人容易理解其中各种赞成或反对的论点，并根据这些论点，决定是否坚持或改变自己的态度，其态度改变是主动的。智慧较低的人，由于缺乏判断力，容易被说服，也容易接受群体态度的压力，而被动地改变自己的态度。

(2) 性格差异。研究发现，由于人们的性格不同，有的人容易接受劝告，有的人比较固执。一般来说，独立性比较强的人不容易改变自己的态度。这种人往往对劝告表示抗拒，有时对新观点拒绝了解，甚至否定权威，在思想上保守、僵化，在行动上因循守旧。而顺从型的人，由于缺乏判断能力，依赖性强，容易信任权威，改变态度也比较容易。研究者还发现，女性比男性更容易被说服而改变态度。

(3) 自我意识。研究者发现，自我意识的强度与个人态度的转变亦有密切关系。自尊心、自信心、自我防卫机能强的人，普遍有一种自我保护的态度，一般这种人的态度比较难以改变。心理学家卢森堡指出，在政治上的极端保守者，都有一种不安和自我防卫的倾向。

(4) 个人的群体观念。态度的形成与个体所属的群体有密切的关系，因此，当一个人对他所属的群体具有认同感或忠诚心的时候，要他采取与群体规范不一致的态度是不容易的。例如东方人普遍都十分重视家庭的存在，其态度也就明显地带有家庭伦理的色彩，一般不会轻易做出违背家庭的事。如果一个人对自己所属的群体缺乏认同感或忠诚心，他的态度则会因外界的影响而改变。

三、态度形成与改变的方法

态度的改变可能是因为内在的因素引起的，如生理状况的变化可能引起态度的改变，但主要的还是受外在因素的影响。因此，想有效地改变他人的态度，可以采用以下方法。

(一)利用传播和沟通的方式灌输新的知识

态度的形成有赖于知识，而往往接触的新知识又可能改变已经形成的态度。提供新知识时，有下列几种方法。

1．知识的来源

沟通是一种人际行为事件，因此听众对于提供新知识的沟通人(如演讲人)越信服，其态度上改变的可能性越大。

2．媒体宣传效果

媒体宣传效果不仅受宣传者本身条件影响，同时也受宣传者所使用的媒体的影响。许多研究结论指出，口头传播消息比印刷物传播容易改变对方的意见；对于影响投票者的态度，面对面的街头演说竞选比透过大众媒介的宣传方式来得有效。

3．片面说明和双面说明

传播者提出对自己观点有利的论点和同时提出不利的论点，来证明前者强于后者，这两种方法哪种对态度的改变较为有效。据哈弗兰(Hovland)等实验研究表明，对于那些传播

者具有不同意见者，双面方式较有效；而对那些与传播者具有相同意见者，只强调其赞同的一面则有效。此外他们又发现受良好的教育者，受片面方式的影响较小，而受全面方式的影响较大。

4．情绪

传播者传播知识时，有时想利用信息接收者的恐惧情绪以促使他态度改变。例如，告诉对方如果以错误方式刷牙就会产生严重后果。吉尼斯(I. L. Janis)进行实验研究，发现恐惧感越强烈，则态度改变的可能性越大。因此，若宣传者要求人们立即改变态度，则高恐惧会成为一种动机力量，激励人们迅速改变态度；若宣传者连续延迟一段时间要求人们改变态度，使情绪因素的作用下降，其他因素上升，过强的恐惧情绪反而不利于态度转变。

5．结论明确与否

传播者传达知识时，可有两种形式：一是只提供引起结论的有关资料，让接受者自己下结论。二是在传播过程中表明结论，哪一种形式对于态度的改变有效果。据哈佛大学的曼得尔(Mandell)实验，发现在传播过程中，以结论的方式较易改变对方的态度。不过严格说来，传播的知识内容的难易、传播者的特征和信息，以及接收者的能力(接收者是否自己下结论)也都有影响。

6．沟通者的企图

当听众发觉沟通者企图改变自己的态度时，往往产生警戒心而逃避，因此效果将会减低。沃尔德与弗斯德格实验指出：当信息接收者感觉不到沟通者有意要说服自己时，容易接受意见而改变态度。

7．反复提示

有关沟通的许多研究指出，反复的效果并不在于人们较容易相信多次反复的消息，而是反复的结果消息会扩散到较广泛的范围。而人们再度听到来自不同地方的同样消息时，便容易相信。

(二)个人与团体关系的改变

个人无法离开团体而独居，因此所属团体的性质，对个体的态度影响很大。许多研究的成果指出，个人态度的改变，常常因为他加入一个新的团体。而个人与其所属团体的关系又是决定态度改变的主要关键。

综上所述，正确认识态度的形成与转变理论对人的工作、生活都具有重要意义，如何结合自身的实际，更深入地理解态度问题，这既是一个理论问题，更是一个有待探讨的实践问题。

第三节　态度的转变理论

一、费斯汀格的认知失调理论

认知失调理论是美国心理学家利昂·费斯汀格(Leon Festinger，1919—1989)在 1957 年的《认知失调论》一书中提出的。认知失调论的基本要义为，当个体面对新情境，必须表示自身的态度时，个体在心理上将出现新认知(新的理解)与旧认知(旧的信念)相互冲突的状况，为了消除此种因为不一致而带来紧张的不适感，个体在心理上倾向于采用两种方式进行自我调适。其一为对于新认知予以否认；另一为寻求更多新认知的信息，提升新认知的可信度，借以彻底取代旧认知，从而获得心理平衡。该理论在性质上为解释个体内在动机的主要理论，故而被广泛用以解释个体态度改变的重要依据。认知失调理论是动力心理学的一种新的观点。认知失调理论基本内容如下。

(一)认知不协调的基本假设

费斯汀格认为，人们为了自己内心平静与和谐，常于认识中去寻求一致性，但是不协调作为认知关系中的一种，必然导致心理上的不和谐。而心理上的不和谐对于个人构造自己内心世界是有影响和效力的，所以常常推动人们去重新建构自己的认知，去根除一切搅扰。

在上述思想指导下，费斯汀格提出了有关认知不协调的两大基本假设：①是作为心理上的不适，不协调的存在将推动人们去努力减少不协调，并达到协调一致的目的；②是当不协调出现时，除设法减少它以外，人们还可以能动地避开那些很可能使这种不协调增加的情境因素和信息因素。可见，这里不协调状态已具有了动力学的意义，正是由于认知上的不协调才引起人类的行为。他将人类行为的动因从需求水平转移到认知水平上，突出了人类理性的力量。

(二)认知不协调的条件

费斯汀格认为，认知不协调的基本单位是认知，它是个体对环境、他人及自身行为的看法、信念、知识和态度。它可以分为两类：第一类是有关行为的，如“我今天去郊游”；第二类是有关环境的，如“天下雪”。而认知结构是由诸多基本的认知元素构成，认知结构的状态也就自然取决于这些基本的认知元素相互间的关系。费斯汀格将认知元素间的关系划分为三种。①不相干。此时两种认知元素间没有联系，例如“我每天早上七点钟吃早饭”与“我对足球不感兴趣”。②协调。此时两种元素的含义一致，彼此不矛盾，如“我是一个品德高尚的人”与“我做了一件帮助他人的事情”。③不协调。此时“如果考虑到这两个认知元素单独存在的情况，那么一个认知元素将由其反面而产生出它的正面……假如从 y 产

出非 x，那么 x 和 y 就是不协调的”。例如“我是一个品德高尚的人”与“我做了一件损人利己的事”，这两者就是不协调的。在费斯汀格看来，认知不协调理论研究只是认知元素间的后两类关系，并且把注意力重点放在不协调关系上。

(三)认知不协调的解决途径

在解决认知不协调的问题上，费斯汀格提出了三种途径：①改变行为，使对行为的认知符合态度的认知。比如，“知道吸烟有危害”而“每天还在吸烟”的人，把烟戒掉。这样，两个认知元素便协调起来。②改变态度，使其符合行为。如认为“自己比别人都聪明”，而期末考试时“两门功课不及格”的人，改变对自己原先的评价，认知到自己不过是个中等或者中等偏下的学生，这样使认知达到协调。③引进新的认知元素，改变不协调的状况。如为了缓解吸烟问题上出现的认知不协调和心理紧张，可以寻找有关吸烟不会致癌，甚至反而对身体有些益处的事例知识。这三种解决途径是从“知”、“行”角度入手，来达到消除认知不协调的目的。但也应看到，由于不协调在主观上被体验为心理的不舒适，这种心理的不舒适，不同的个体其体验各不相同，因此对个体选择减少失调的具体途径，认知不协调理论不能做出明确判断。

【案例 6-7】　狐狸与葡萄的故事

葡萄架上，挂着一串串葡萄，紫的像玛瑙，绿的像翡翠，姹紫嫣红，煞是好看。狐狸在架下，望着葡萄不停地流口水。可葡萄架太高了，狐狸够不着。怎么办？对，跳起来！狐狸后退几步，憋足了劲，猛然跳起来。可惜，还是够不着！如此几次以后，狐狸累得半死，还是吃不到葡萄。于是叹了口气，安慰自己说：那葡萄是生的，又酸又涩，肯定不好吃，否则全被别人吃光了，只有傻瓜才吃呢。于是，狐狸饿着肚皮，高高兴兴地走了。

斯坦福大学的心理学家费斯汀格，从心理学的角度，来解释人们的这种现象，他提出了“认知不协调”理论，这里的认知指心理过程，如思想、知识、态度。费斯汀格指出，当你同时持有两种或多种，在心理上不一致的认知时，你就会感到不协调。它给你产生不适合压力的大小，取决于这种不协调对你的重要性。我们说的忠孝不能两全，就是认知不协调而产生的痛苦。由于你无法改变你的行为(你已经完成了，或形势压力大)，于是你只好改变态度，来获取平衡。就像那只狐狸一样，吃不到葡萄的行为是不可改变的，于是只好改变态度，说葡萄是酸的。

资料来源：http://book.qq.com/s/book/0/19/19361/64.shtml

二、海德的平衡理论

心理学家沙赫特做了个实验，来探讨群体中人和人是怎样沟通的。他在 5～7 人组成的群体里，加进事先安排好的 3 个人。第一个人充当反对该群体多数意见的离异分子。第二个人充当起初反对，后来赞成的动摇分子。第三个人充当一直赞成群体立场的一般分子。结果群体的沟通集中于离异分子，目的是迫使他改变观点。而当离异分子坚决不接受群体立场时，群体成员对他的沟通念头就被打消，转换成把他从群体内排斥出去的动机。对动摇分子，沟通集中于最初持反对立场的时候，当其立场转变后，沟通随之减少。对一般分子的沟通量很少，这种情况在内聚力大的群体，表现得更为明显。于是沙赫特认为，群体沟通主要是和脱离群体的离异分子进行的沟通。以上研究，其实是研究在群体中，人与人是按照什么原则相处的。

心理学家海德(F.Heider)提出了改变态度的平衡理论，又被称为 P-O-X 理论，P 与 O 各代表一个人，X 是第三者或态度对象。平衡理论假定 P-O-X 之间的平衡状态是稳定的，排斥外界的影响，不平衡状态是不稳定的，并会使个人产生心理上的紧张。只有当他们之间的关系发生改变，恢复平衡状态时这种紧张感才能消除。综合言之，海德的平衡理论考虑的是一个人会在自己的认知架构内，组合彼此间对人和对物的态度。换言之，海德所感兴趣的一致性是人对他们与其他人之间的关系，以及与环境之间关系的看法。

海德的平衡理论，原则上与费斯汀格的认知失调理论是相同的，但海德强调一个人对某一认知对象的态度，常常受他人对该对象态度的影响，即海德十分重视人际关系对态度的影响力。例如，P 为学生，X 为爵士音乐，O 为 P 所尊敬的师长。如果 P 喜欢爵士音乐，听到 O 赞美爵士音乐，P-O-X 模式中三者的关系皆为正号，P 的认知体系呈现平衡状态。如果 P 喜欢爵士音乐，又听到 O 批判爵士音乐，P-O-X 模式中，三者的关系二正一负，这时 P 的认知体系呈现不平衡状态，不平衡状态会导致认知体系发生变化。

平衡理论的用处在于使人们可以用“最小努力原则”来预计不平衡所产生的效应，使个体尽可能少地改变情感关系以恢复平衡结构。在一定的情境中，它能以简练的语言来描述认知的平衡概念，使它成为解释态度改变的重要理论。

海德认为，人类普遍地有一种平衡、和谐的需要。一旦人们在认识上有了不平衡和不和谐性，就会在心理上产生紧张和焦虑，从而促使他们的认知结构向平衡和和谐的方向转化。显然，人们喜欢完美的平衡关系，而不喜欢不平衡的关系。平衡理论涉及一个认知对象与两个态度对象之间的三角形关系。

例如，用符号 P 来表示认知的主体，用符号 O 与 X 表示两个态度对象。 O 与 X 称为处于一个单元中的两个对象。认知主体 P 对构成一体的两对象 O 与 X 的评价是带有情绪性的，喜恶、赞成与反对。通常，认知主体对单元中两对象的态度是趋向一致的，如喜欢某人，则对某人的工作也很赞赏；不喜欢某人，则认为他的朋友也不是好东西。

为此，当认知主体对一个单元内两对象看法一致时，其认知体系呈现平衡状态；当对两对象有相反看法时，就产生不平衡状态。例如，喜欢某人，但对他的工作表现不能赞同。不平衡的结果会引起内心的不愉快和紧张。消除不平衡状态的办法将是，赞同他的工作表现，或不再喜欢此人，这就产生了态度转变的问题。现将上述的 P-O-X 的关系列成图解形式，以符号“+”表示正的关系，以符号“-”表示负的关系，那么，共有 8 种模式，其中 4

种是平衡的结构，4 种是不平衡的结构，如图 6-1 所示。

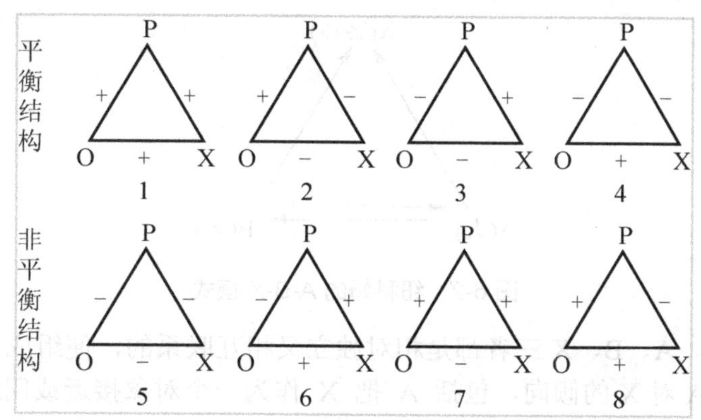

图 6-1 海德的 P-O-X 模型

判断三角关系是平衡的，还是不平衡的，其根据为：平衡的结构必须三角形三边符号相乘为正；不平衡的结构必须三角形三边符号相乘为负。现举例说明这种三角关系。今有认知主体 P(女青年)，态度对象为 O(男青年，为 P 的男朋友)、X(男青年 O 自愿当清洁工)。对此，可能存在三种情况：

P 对 O 与 X 皆持赞成态度，这是一种平衡状态；

P 对 O 与 X 皆持不赞成态度，这也是一种平衡状态；

P 对 O 持赞成态度，对 X 持不赞成态度，这就造成了不平衡状态。

在第三种情况下，P 要达到平衡的解决办法为：

P 改变对 O 的看法，认为 O 很老实，肯干；

P 改变对 X 的看法，认为 X(清洁工)也是工作的需要；

P 劝说 O，不要去做清洁工。

由上可见，不平衡状态会导致认知结构中的各种变化，所以，态度可以凭借这种不平衡的关系而形成和改变。

三、纽科姆的 A-B-X 模型

纽科姆 A-B-X 模式(Newcomb's A-B-X Model)又称纽科姆的对称模式，是一种关于认知过程中人际互动与认知系统的变化及态度变化之间的相互关系的假说。由美国社会心理学家 T.M.纽科姆于 1953 年提出。它由 3 种要素、4 种关系构成。3 种要素是：认知者 A，对方 B，认知对象 X。4 种关系是：A-B 感情关系，A-X 认知关系，B-A 感情反馈(B 对 A-B 感情关系的认知)，B-X 认知反馈(B 对 A-X 认知关系的认知)。4 种关系构成认知主体 A 的认知系统；当把反馈包括在认知系统中时，A 和 B 的地位是互换的，A 是认知主体，又是认知对方；B 亦然。于是，B 作为认知主体出现时，也形成一个认知系统。A 的认知系统和 B 的认知系统组成一个复合系统，呈集合状态，是一种群体式认知系统，如图 6-2 所示。

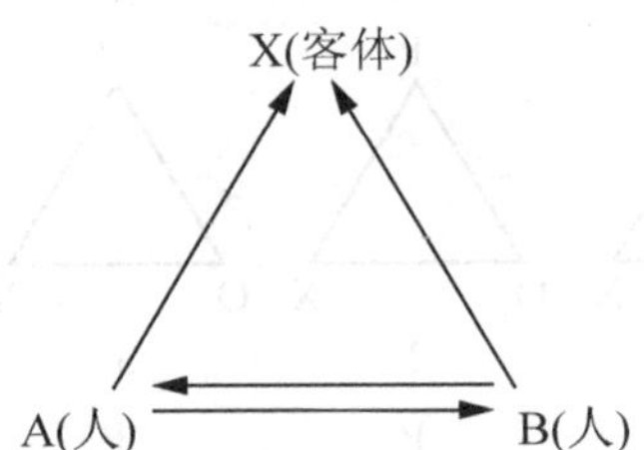

图 6-2 纽科姆的 A-B-X 模式

在这个模型中，A、B、X 三者都是相对独立又相互联系的，便组成了一个包含 4 个方面的系统：第一，A 对 X 的倾向，包括 A 把 X 作为一个对象接近或回避的态度以及对 X 的认知态度；第二，A 对 B 的倾向，也是完全一样的情况(为了避免用词的混淆，纽科姆把对人倾向说成是正面或反面的吸引，把对 X 的倾向说成是喜欢和不喜欢的态度)；第三，B 对 X 的倾向；第四，B 对 A 的倾向。

图中 A、B 代表相关的两个人，X 则表示沟通的客体(沟通的内容：人、事、物或观念)。从图中可以看出：A 与 B 和 X 之间构成了三角形的三个角。如果 A 与 B 和 X 之间的倾向越强，即双方都希望能够全面了解 X，并且有关 X 的信息对于 A 和 B 都是公开的、流通的，那么 A 和 B 与 X 的关系像 A-B-X 模型一样形成一个稳固的等腰三角形。图中 A 与 B 之间的吸引力越小，A 与 B 之间的距离就越大，但是他们为了保证这个模型对称，必须维持 A-X 和 B-X 这两条边对等的关系，这种对等关系是建立联系所必需的。但是如果 A 和 B 对 X 产生了不同的认识，A 会不顾 B-X，或者 B 会不顾 A-X，那么 A-X 和 B-X 之间的影响就会不同，A-B-X 模型就会失去了对称和平衡，则 A-B 间的失衡关系更加速了 A 和 B 关于 X 的不一致观点。

【案例 6-8】 纽科姆实验

1961 年，纽科姆在密歇根大学做过另一个实验，研究小组成员之间的相互吸引问题。实验对象是 17 名大学生。纽科姆为他们免费提供住宿 4 个月，交换条件是要求他们定期接受谈话和测验。在被试者进入宿舍前先测定他们关于政治、经济、审美、社会福利等方面的态度和价值观以及他们的人格特征。然后将那些态度、价值观和人格特征相似和不相似的学生混合安排在几个房间里一起生活 4 个月，4 个月后定期测定他们对上述问题的看法和态度，让他们相互评定室内人，喜欢谁不喜欢谁。实验结果表明，在相处的初期，空间距离的邻近性决定人们之间的吸引，到了后期相互吸引发生了变化，彼此间的态度和价值观越相似的人，相互间的吸引力越强。这项研究在 2 年内成功地重复了多次，从而支持了海德关于伙伴的赞成和伙伴之间的吸引这两者之间的关系理论。

资料来源：http://baike.baidu.com/view/508847.htm

就是说，A 与 B 这两个个体相互有意向，并对 X 也各有意向，传播被设想为支撑这个

意向结构的过程，传播就在这个相互意向中产生。也就是说，通过传递关于任何变动的信息并且允许对发生的变动做出相应的调整，来维持或改进三者之间的这种对称性关系。该模式的基本设想是，如果条件许可，要求态度和关系一致的压力将刺激传播。若A与B对双方所关切的事物X有不一致的态度或认知，则A与B双方都会产生趋向调和的压力。面向趋向调和的压力增加，要达成一个调和的状态，A与B关于X的沟通就成为可能。从这个模式中可以引出这样一些主要命题：A与B之间对X的意向上的差异将刺激传播的发生；而这种传播的效果将趋向于恢复平衡，这种平衡将被假定是一个关系系统的"正常状态"。随后，纽科姆于1959年对他早年的命题加上了一些限定条件。他提出传播只有在某些条件下才可能活跃：人之间要存在强烈的吸引力；物体至少要对参与者中的一方具有重要性；物体X对传播双方来说都是恰当的。纽科姆虽不像施拉姆(Wilbur Lang Schramm，1907—1987)和拉扎斯菲尔德(Paul Lazarsfeld，1901—1976)他们那样出名，他的A-B-X模式也比较简单，但它蕴涵的意义却也很丰富。

从认知均衡这种思考方式看，纽科姆的模型与海德的平衡理论十分接近。但是，海德的模型是关于认知主体自身的认知平衡，纽科姆的模型则是把认知平衡扩大到人际互动过程和群体关系。纽科姆对人认知理论的基本观点是，人们相互之间的感情、态度、信念有一定的联系和相互作用，因此人们的认知系统有趋向于某种一致性的倾向。他引用1956年关于美国总统H.S.杜鲁门解除D.麦克阿瑟的职务后不久的调查资料，证明对杜鲁门怀好感的学生的亲戚也对杜鲁门有好感；而在反杜鲁门的学生的亲戚中，绝大部分是反杜鲁门派。他认为，认知不平衡是由这种趋于一致性的倾向在人们心理上形成的压力所造成的。他把这种压力叫做"趋对称压力"，在这种压力下产生的认知不平衡，沿着趋对称压力的方向变化，人际关系中的认知变化并不取决于任何认知主体自身的心理力，而是人际互动中的合力。

纽科姆A-B-X模式意义主要有以下几个方面。

(1) 解释了人际关系。彼此间态度是否相似或接近也影响着友谊的可能与否。1961年，西奥多·纽科姆(Theodore Mead Newcomb，1903—1984)在密歇根大学把学生的集体宿舍进行了人为安排，他们先以测验和问卷把学生分为对人对事态度相似和相异的，然后把态度相似的学生安排在同一房间住读，再把态度相异的也安排在同一房间住读，然后就不再干扰他们的生活和学习。过了段时间再对这些学生进行调查，发现态度相似的同屋人一般都成了朋友，而那些态度相异的则未能成为朋友。可见，人们都强烈地倾向喜欢那些和自己相似的人，而且社会一般也认为这是对的。这也许是因为共同的态度与价值观，不仅容易获得对方的支持与共鸣，同时也容易预测对方的情感与反应倾向，因此在交互作用过程中，彼此容易适应而建立起积极的人际关系，正所谓"物以类聚，人以群分"，A-B-X模式不仅向我们说明了这样一种现象，还解释了我们应该如何去建立和谐的人际关系。当A向B讲述X时，A与B好，对X的看法相同，均衡；A与B不好，对X的看法不同，均衡；A与B好，对X的看法不同，不均衡；A与B不好，对X的看法相同，不均衡。当A与B

处于不均衡状态时，X为A与B所关注，并对于一方有意义时，强烈倾向X的一方会促使另一方改变态度，双方趋于一致，由此而言，人际传播过程是双方关系逐步协调的过程，伴随而来的是和谐现实的人际关系的建立。

(2) 道出平衡的意义。前面我们说到，人类在自己的认识中都有一种寻求一致或追求和谐的倾向，纽科姆的模式意味着，任何一个特定系统都有力量平衡的特征，系统中任何部分的任何改变都会导致倾向平衡或对称的张力，因为不平衡或缺乏对称会造成心理上的不舒服并产生内在的压力以恢复平衡。施皮格尔博士分析说，认知不和谐是个人的一种心理机制，当他发现他的行为不是必然地符合其思想或心理信念时，他必须找出某种办法，使这两者之间产生联系，或是使它们归于和谐。如果你花了大把银子在电脑上，你必须捍卫购买它的正确性。因而，我们需要这种平衡对称来支撑我们的选择，强化现存的观点。对称的好处是从一个人(A)可以估量出另一个人(B)的行为。同时对称也能确认一个人对X的倾向。这是我们所持态度需要社会和心理支持的一种说法。当我们与自己尊敬的B对X的评价一致时，我们会对自己的倾向更具信心。接下来，我们会与自己尊敬的人交流对我们认为很重要的对象、事件、人物、思想(X)的评价，试图达到某种共识或是共同的倾向，或用纽科姆的术语说，是对称。

(3) 和能生物，同则不继。生活在社会中的人由于生活经历、生活环境、教育程度等各不相同，在看待问题时必然存在认知上的差异。在看待同一件事情上，由于所掌握情况的多少也会造成意见的分歧。但这种分歧是可以随着情况的明朗化而逐渐消失的。比如，在改革之初，有人看到改革所带来的进步，有的人就只看到改革中的弊端以及一些现有利益的丧失，这样就产生了很大的分歧。但是，随着有关改革的各方面的信息的增多，人们在全方位审视改革时，就会承认改革利大于弊，从而达到认识统一。这种统一比不了解情况单纯听一面之词而形成的一致稳定得多。所以，最初一定差异的存在不一定必然导致整合力下降，要视情况而定。

第四节　态度在现代管理中的应用

一个人的态度会对他的行为具有指导性的、动力性的影响。在管理中如何利用好态度这一因素，提高管理效率是一个很有探讨价值的问题。态度有好坏之分和强弱之分。因此在管理中要尽量保持员工好的态度，以充分发挥各类人员的积极性，尽力改变员工坏的态度，使他们从消极转变为积极，从被动转变为主动，努力搞好自己的本职工作。使员工好的态度由弱到强，坏的态度由强变弱，为做到这一点，做好以下几方面的工作是重要的。

(1) 态度的形成和改变需要一个过程。因此在管理时不能企望员工的好的态度会立即形成，坏的态度会片刻消失。态度的形成是一个社会化的过程，不是天生的、遗传而得来的，因此态度的改变和消失也需经历一个社会化的过程。个体在自己的价值体系里注入新的东

西或态度的对象(即客体)增加了有利于个体(主体的)新的内容，个体重新评价态度对象(客体)对自己的作用及价值，从而确定新的行为倾向，形成新的行为态度，这个过程是需要一定时间的。鉴于此，我们在管理中，对员工的态度需客观些。在使员工的态度发生改变的问题上要有耐心，不能有一蹴而就的思想。

【案例 6-9】 改变态度

1871 年的春天，英国蒙特瑞综合医科学校的学生威廉斯勒对人生中的许多问题很困惑，他不明白应该怎么处理远大的理想和具体的身边小事，一个人应该有怎么样的做事态度才能成功。他渴望成功，但对身边的小事又觉得没有什么意义。他甚至以为现在的学校生活枯燥乏味，没什么值得去用心的。因而他的成绩也每况愈下。他找他的老师探讨这些使他感到困惑的人生问题。他的老师推荐他阅读哲学家卡莱里写的一本哲学启蒙读物。老师说，他的书或许能帮助你解决问题。

威廉斯勒是一个意志很坚定的青年，他一向不崇拜大人物，更不相信所谓的名人名言，对许多问题一向有自己独到的见解。但既然是老师推荐，他想或许真的有用。他拿过书漫不经心地浏览起来。

突然间，书中的一句话让他眼前一亮："最重要的，就是不要去看远方模糊的，而要做身边最具体的事情。"他恍然大悟：是啊，不论多么远大的理想，都需要一步步实现啊；不论多么浩大的工程，都需要一砖一瓦垒起来啊。

他明白了，他的困惑解决了，他终于找到了人生的答案。他知道，那些远大的理想，应该让它们高悬在未来的天空里，最紧要的，是把自己身边的每一件具体事做好。

也就是从那一天开始，1871 年春天的一个下午，年轻的威廉斯勒开始埋头读书，因为他知道这是他目前最紧要的事情，他要把自己的成绩搞上去。半个学期以后，威廉斯勒就一跃而成为整个学校最优秀的学生。

两年以后，威廉斯勒以全校最优异的成绩毕业。毕业后，他来到一家医院做医生，认真对待每一个患者，对每一次出诊都一丝不苟。兢兢业业的态度和精益求精的精神，使他很快成了当地的名医。

几年以后，他创办了约翰·霍普金斯学院。他把自己的人生态度贯彻到每一个细节里。许多专家学者慕他之名来到他的学院工作，使他的学院很快成为英国乃至世界最知名的医学院。

威廉斯勒总是告诉他身边的人：最重要的是把你身边的事情做好，这就足够了。他靠着这句话，精心地做着自己的事情，不仅成为他那个时期最著名的医学家之一，还成为牛津大学医学院的教授，被英国国王授予爵士爵位。

资料来源：吴运友. 成功人生的 123 个锦囊. 北京：金城出版社，2006

(2) 由于态度包括认知、情感和意向三个有机而相对独立的成分。一般来说要形成和改变主体的态度，先要形成和改变主体对客体的认识，在此基础上形成或改变情感，从而改变或形成意向，最终形成和改变主体的态度。也可以同时使主体对客体形成和改变认知、情感和意向，从而更快更有效地形成和改变态度，也可先从情感和意向之中的任何一方入手，从而形成和改变态度。这要根据具体的实际情况而灵活地确定，不要固守教条，要使形式和方法多样化，从管理上讲，要改变一个人的态度，首先要研究形成态度的历史，有的放矢，改变其认识与情感，最终导致态度的改变，不能认为道理清楚了，态度就会改变。

(3) 员工对工作的态度必然会影响其工作的效率，这是毫无疑问的。正是由于这个众所周知的原因，所以管理心理学家对此研究较多。但是不能认为工作态度和工作效率是直接的函数关系。它们之间的关系较为复杂，甚至并不存在某种一定的关系。对一般员工来说，生产效率并非最主要的目标，而只是他们借以达到其他目标的手段(其他目标可能是维持生活、尊重、自我实现等)。因此，即使一个人对生产持消极态度，但为了自己心中目标的达到，还必须以高生产率为手段。人的需要是多方面的，当个体生活上的需要获得满足后，目标便转到社会性需要上。如希望获得朋友和同事的好感，希望自己与大家同属一群体而不离群等。对自己喜爱的工作，个人工作效率若过高地超出同伴，就可能被同伴指责为“出风头”而遭排斥，从而使自己的工作效率降低到与大家一致的水平。相反，对自己不喜爱的工作，为了不让别人看不起，也会加紧工作，提高工作效率。了解这一点，就能使我们的管理人员不要以己度人，根据自己的态度去推测员工的愿望和目标。在研究影响员工工作效率态度的同时，还要研究其他影响因素，以便及时发现问题，找出解决问题的方法。

(4) 要善于把管理目标转化成为员工积极的态度对象，也即要把管理目标和员工的切身利益联系起来，使他们在评价管理目标时能形成好的印象，从而使之成为自己的主观需要，进而形成积极的态度。从管理角度说，企业员工是否对企业共同的目标具有良好的态度应作为衡量管理的好坏的重要指标，也是衡量思想教育工作效果的尺度。

(5) 对于一些有碍于管理的人、物、制度、观念，要使员工形成消极的态度，从而促使这些阻碍因素得到改进。为了做到这一点，必须做好宣传和教育工作，把这些不良因素的弊端及其危害性讲清、讲透，使得每位员工听后都会意识到这些因素和自己的切身利益有关，不清除这些不良因素就会破坏自己的利益，从而形成对这些因素消极的态度，寻找和形成积极的态度来代替它。这里需要注意的问题就是宣传和教育的手段和方法要能让员工接受，否则就会形成事倍功半的效果。

(6) 由于态度一旦形成具有一定的持久性、稳定性，比较难改变，因此在管理中应密切注意员工的需要和想法，研究他们可能会出现的态度，对积极的态度，要热心地扶植，使其尽早形成，对有碍于工作的消极态度要坚决地、有效地进行阻止，使其消灭于萌芽之中。对任何可能出现的有碍于工作的消极态度，都要有超前意识，防患于未然，不使其形成定势。

总之，态度和管理是密切相关的，如何利用态度理论更好地进行管理活动，是一个值得理论和实践工作者进行探讨的问题。

本章小结

态度是指个人对某一对象所持有的评价与行为倾向。心理学家认为态度是由认知、情感和行为倾向三种成分组成的心理倾向。认知、情感和行为倾向之间一般是相互协调的。态度的五大特征包括态度的社会性、针对性、协调性、稳定性和态度的潜在性。态度的四大功能有适应功能、自我防御功能、价值表现功能和认识或理解功能。态度的作用表现在影响社会判断、影响耐力、影响学习效果、影响工作效率。

态度的形成与改变是一个人社会化的重要方面，社会心理学家凯尔曼于1961年提出了态度形成或改变的模式，他认为态度的形成或改变经历了顺从、同化和内化三个阶段。从态度的形成和改变过程中，我们可以看出，态度是在社会化过程中形成的。因而，影响个体的社会化的因素也就是影响其态度形成的因素。本章重点阐述了三个态度转变理论：费斯汀格的认知失调论、海德的平衡理论、纽科姆的A-B-X模型。

在管理中如何利用好态度这一因素，以提高管理效率是一个极具探讨价值的问题。因此在管理中我们要尽量保持员工良好的态度，以充分发挥各类人员的积极性，尽力改变员工不好的态度，使他们从消极转变为积极，从被动转变为主动，以便做好自己的本职工作。

复习思考题

一、问答题

1. 态度是怎么形成的？受哪些因素的影响？
2. 影响态度改变有哪些因素？
3. 态度是如何影响工作效率的？
4. 简述费斯汀格的认知失调理论。
5. 简述海德的平衡理论。
6. 简述纽科姆的A-B-X模型。

二、分析题

推销的故事

两个欧洲人到非洲去推销皮鞋，由于炎热，非洲人向来都是打赤脚。第一个推销员看到非洲人都打赤脚，立刻失望起来："这些人都打赤脚，怎么会要我的鞋呢？"于是放弃努力，失败沮丧而回。另一个推销员看到非洲人都打赤脚，惊喜万分："这些人都没有皮鞋穿，这皮鞋市场大得很呢！"于是想方设法，引导非洲人购买皮鞋，最后发大财而回。

造成两个推销员行为不同的原因是什么？

资料来源：http://baike.baidu.com/view/1358944.htm

你会接受命令去伤害一个无辜的人吗？

耶鲁大学教授斯坦利·米尔格拉姆征集自愿者做了如下实验：将自愿者分为教师和学生角色，真正的被试者是扮演教师角色的自愿者。其过程是这样的：让假的受试者即学生坐在一张桌子前，双臂被绑起来，电极接到手腕上。他说，他希望电击不要太重，因为他有心脏病。然后，教师被带入邻近的房间，他可以在这里对学生说话，也可听到学生的声音，但看不到他。桌子上有一个闪亮的金属盒子，里面安装着电击发生器，上面陈列着30多个开关，每个开关上标着电压数(15～450伏)，另有"轻度电击"、"中度电击"等，在435伏上标着"危险：严重电击"，还有两个开关，上面简单地标着"×××"。

教师这个角色，研究者说，是宣读一些成对的词(如蓝色、天；狗、猫)给学生听，然后考查他们的记忆力。先念一组词中的第一个词，然后念四个可能的答案，让他选择其中正确的一个。学生只要按动面前的按钮，教师桌上的灯泡就会亮起来。每当学生选择错误的答案，教师就按动开关，给他一次电击，从最低的水平开始。每当学生再犯一次错误，教师就给他一个更高级别的电击。刚开始，进展得非常顺利。学生给出正确答案，也给出错误答案，教师在每个错误答案之后给学生轻微的电击，然后继续进行下去。但随着学生所犯错误的增多，电击程度也越来越高——当然，这些仪器都是摆设，实际上根本没有电流从中流进——情况越来越糟糕了。到75伏时，学生发出了可听见的呻吟声；到120伏时，他喊出声来，说电击已使他很痛苦了；到150伏时他喊道："放我走吧，我不想试了……"每当教师想动摇时，站在旁边的研究者说："继续下去。"当电压到达180伏时，学生喊叫起来："我实在受不了了！"到270伏时，学生号叫起来。教师再次犹豫不决，研究者说：要求你进行下去，这是绝对必需的。"超过330伏时，隔壁只有沉静——与选择错误答案的解释一样——研究者说:你别无选择，必须进行下去。

令人万分惊讶的是，63%的教师当真继续进行下去，而且一直进行到底。然而他们并不是施虐狂，想从正在发生的痛苦中体会到快感(标准性格测试显示，在完全的服从受试者与那些中途即拒绝进行下去的人之间没有差别)；相反的是，他们中的许多人在遵照研究者的命令进行下去时，自身却体验着切肤的痛苦。

这个服从实验可说是揭示了许多正常人盲目服从权威的心理机制，例如二战中的德国军队频繁地按指令折磨和杀害数百万手无寸铁的平民。

资料来源：王耀廷，王月瑞. 改变生活的68个心理学经典故事. 长沙：湖南人民出版社，2009

(1) 案例中揭示了关于态度的哪些理论？

(2) 结合案例谈谈态度的形成与转变。

第七章　创新与管理

【学习目标】

了解创新的含义及意义，理解并掌握创新者应该具有的素质，进一步了解创新过程中遇到的阻力和助力。

【关键概念】

创新(innovation)　创新者(innovator)　创新力(creativity)　素质(quality)　行为(behavior)

第一节　创新的含义及意义

一、创新的含义及意义概述

一般而言，管理是指一定组织中管理者通过协调组织中人的适当行为和劳动，以充分利用各种资源工具，从而实现生产系统最高效率目标的社会活动。管理的实施是通过计划、组织、指挥、协调和控制等基本环节进行的。管理虽然不能直接产生、形成物质产品或知识产品，但却是在生产经营活动中决定社会集体劳动生产力的关键。因此，在某种意义上说，管理是生产关系，是生产力诸要素的催化剂。而所谓企业创新管理是指在市场经济条件下，在科学理论的指导下，运用现有的资源，依据现代科学技术的发展态势，研究并利用新的生产经营过程，对传统管理模式及相应的管理方式和方法进行改造、改进和改革，并重新选择和构建新的管理方法和制度的配套系统工程。通过有效的创新管理机制、方法和工具，力求做到企业内部人人创新，事事创新，时时创新，处处创新。现代管理学家熊彼特认为，创新在本质上是经济变动的一种形式或方法，它从来不是静止的。他把那种不断地从内部革新经济结构，即不断地破坏旧的、不断地创造新的结构的过程，称为“产业突变”、“创新”、“新组合”、“经济发展”，这些都是创新管理的本质特征。所以，企业创新管理的本质是通过内部结构的调整、改变与重新组合使其发生整体功能的转变。

(一)创新的含义及特征

1．创新的含义

创新是一种观念，观念没有理性。创新是二特性对局，对局中间有一个创新的第三空地。创新是博弈中的常数，常数是人的创新潜能的价值体现。创新是大自然中的无性繁殖。

创新又类似嫁接，每一个人都可以通过这个独特形式进行文明的创造，当最终看到创新的结果时，那已经不是原来的文明了。优先唤醒的特征就是开发自己的欲望，将情感和价值观传播给对象，融入对象的文化中成为新的基因。无论使用什么样的传播方式，无论结果如何，只要能从对象那里实现欲望，都是唤醒，是创新，是进步。《博弈圣经》中给出了“进步”的定义：“就是你在传承的方向上播撒的欲望，反应在他者的思维中。”其实生命进步的奥秘就是在危机中不断地将活着的优势基因取代低效的模式。生物行为创新的现象告诉我们：只有不断地移动、奔跑才不会被捕食。

创新一定是多元化、多态式的双赢结构，根据《博弈圣经》中的国正双赢理论，双方对抗无双赢，“国正双赢理论可以用于日常所有的事物，帮助世界上所有的人理解双赢概念的理论，只有大于两个以上的合作，才能谈双赢。《博弈圣经》里的国正双赢理论，能够团结更多的人一起多元化合作，双方才会出现双赢”。只有通过遗传交流合作才会显得庞大，才有更多选择的机会，为自己打开一条崭新的道路。众多人的合作是一系列共同进化中的实验，假如不能取胜，你就要放弃自己，选择合作，继续博弈。合作就是放弃自己旧的博弈主张，在第三空地里形成新的梦想，只有合作才会永远改变着双方。众多人的合作在分秒瞬间分出的信仰形成的生物蚁团行为是一种能源，它又为精神高涨的情绪制造更加开放的背景，以及把社会变成科学发展观的生态园林。

创新是一种思想及在这种思想指导下的实践，是一种原则及在这种原则指导下的具体活动。美国经济学家熊彼特在其《经济发展理论》一书中首次提出了创新的概念。他认为，创新是对“生产要素的重新组合”，具体来说，包括以下 5 个方面：①生产一种新产品，也就是消费者还不熟悉的产品，或是已有产品的一种新用途和新特性。②采用一种新的生产方法，也就是在有关的制造部门中未曾采用的方法。这种方法不一定非要建立在科学新发现的基础上，它可以是以新的商业方式来处理某种产品。③开辟一个新的市场，就是使产品进入以前不曾进入的市场，不管这个市场以前是否存在过。④获得一种原材料或半成品的新的供给来源，不管这种来源是已经存在的还是第一次创造出来的。⑤实现一种新的企业组织形式，例如建立一种垄断地位，或打破一种垄断地位。

后来，许多研究者也对创新进行了定义，有代表性的定义有以下几种：①创新是开发一种新事物的过程。这一过程从发现潜在的需要开始，经历新事物的技术可行研究性阶段的检验，到新事物的广泛应用为止。创新之所以被描述为是一个创造性过程，是因为它产生了某种新的事物。②创新是运用知识或相关信息创造和引进某种有用的新事物的过程。③创新是对一个组织或相关环境的新变化的接受。④创新是指新事物本身，具体说来就是指被相关使用部门认定的任何一种新的思想、新的实践或新的制造物。⑤创新是由新思想转化到具体行动的过程。

由此可见，创新概念所包含的范围很广，涉及许多方面。比如，有的东西之所以被称作创新，是因为它提高了工作效率或巩固了企业的竞争地位；有的是因为它改善了人们的生活质量；有的是因为它对经济具有本质的提高。但值得注意的是，创新并不一定是全新

的东西，旧的东西以新的形式出现或以新的方式结合也是创新。

20 世纪 80 年代末，斯泰塔(Ray Stata)首次提出企业管理创新问题，指出企业发展的真正瓶颈是管理创新，而非传统意义上的技术创新，开创了管理创新研究的先河。此后关于管理创新定义的探讨层出不穷。林奇(Lynch)等从提高组织内部员工工作效率的角度给管理创新下了一个具体的定义，认为管理创新就是员工培训、倾听员工心声、工作设计和报酬共享。伦敦商学院以朱利安·伯金有(Julian Birkinshaw)和加里·哈梅尔(Gary Hamel)等为首的管理创新实验室，对管理创新的定义和过程进行了一系列探讨，将管理创新定义为"发明和实施一种全新的管理实践、过程、结构或技能，以更好地实现组织目标的过程"。国内学者芮明杰把管理创新定义为创造一种更有效的资源整合范式，这种范式既可以是新的有效整合资源以达到企业目标和责任的全过程式管理，也可以是新的具体的资源整合及目标制定等方面的细节管理。常修泽则把管理创新视为组织创新在经营层次上的辐射，把管理创新界定为对新的管理方式方法的引入，把降低交易费用视为管理创新的目标。

可见，管理创新至今尚未形成统一的定义。伯金肖等指出在定义管理创新之前，有必要明确 3 个基本问题：①明确创新内容。管理创新的内容有抽象性和操作性两个层面。从抽象性层面来看，管理创新表现为管理理念；从操作性的层面来看，管理创新则体现为管理实践、管理过程、管理技能和组织结构等组织内部工作得以顺利开展的规则和秩序。②明确创新的新颖度。关于创新的新颖度，学术界主要存在两种观点，一是在任何领域都未曾出现过的"全新的思想或方法"，即全新创新；二是将已有的方法引进新的组织或领域，即引进创新。③明确管理创新的目的。管理时尚的支持者认为管理创新对组织发展不能产生持久的影响，而组织学习以及其他支持者则认为管理创新对组织甚至整个社会都会产生积极而持续的作用。

从创新内容来看，由于抽象层面的管理理念创新不易于观察，我们偏重操作性层面的管理创新，即关注新管理方法、过程或结构等；从创新新颖度来看，由于全新创新的现有知识有限，与组织具体情景适应度更高，结果的不确定性也更高，因此更有研究价值。然而，考虑到目前国内的大部分企业都是采用引入管理方式的方法进行创新，因此引进创新也同样需要关注。同时，还存在全新创新和引进创新界限不清晰的时候，如企业从管理咨询处获得已成型的实践或方法的同时，自己也提出一些全新的想法。因此，除了全新创新，我们也将通过引进想法并加工改变成新想法的创新列入讨论范围。从创新的目的来看，管理创新的目的是持续更好地完成组织目标，这正是组织愿意承担成本和风险进行管理创新的根本原因所在。

因此，管理创新就是根据组织面临的具体情境和问题，自主创造或引进思想加工成新的管理方法、过程或结构并加以实施，以实现更有效地利用资源和持续提升组织效率与绩效的过程。

【案例 7-1】 王老吉：本草文化的现代化代表

"凉茶"是广东地区一种由中草药熬制、具有清热解毒祛湿等功效的"药饮产品"。在众多老字号凉茶中，"王老吉"最为著名。20 世纪 90 年代，王老吉品牌的经营权被广东加多宝饮料有限公司获得，此后六七年间，红色罐装王老吉饮料市场销售无大起色。

2003 年，一条"怕上火，喝王老吉"的广告突然亮相中央电视台，王老吉开始走出南粤大地。广告推出后销量激增，当年增长近 400%，从 1 亿多元增至 6 亿元。2004 年一举突破 10 亿元，2005 年超过 20 亿元，2006 年罐装加盒装销了近 40 亿元，2007 年销量竟高达 90 亿元。

王老吉饮料的迅速蹿红，个中原因不一而足。若说仗其配料，不过是本草之中一些具有清热解毒祛火功能的"亦食亦药"成分。若说仗其是广东凉茶名气最大的牌子，多数中国消费者却并无服用凉茶的习惯，对广东凉茶，王老吉也不甚了了，只是对传统本草文化讲了几千年的"湿热"、"上火"一类概念耳熟能详，而且颇以为然。首推其功的，应该还是王老吉品牌的重新定位及战略配称规划。王老吉抓住了消费者"担心上火"这一认知和需求，一改过去"清热解毒祛湿"的"药饮产品"面孔，根据现代营销理论将自己重新定位为"预防上火的清凉饮料"。这样，王老吉所面对的竞品主要就只剩下汽水了。汽水虽被称为清凉饮料，却只给人暂时的口感清凉，这是一种假清凉。相反，王老吉却在解人之渴的同时还能防人之火。这样一来，就不是人到上火了才想起喝王老吉去降火，而是只要渴了想喝饮料了就去喝喝王老吉，顺带还能防止上火，又不用担心"是药三分毒"，何乐而不为呢？王老吉的消费群、消费场合和消费量，也就因此新定位大为拓展。

避开中药本草起效较慢的弱项，以远期效应"防上火"去承诺目标消费者，一句"怕上火，喝王老吉"的大白话就让王老吉自己火了起来。当然，王老吉的新定位及从本草中深挖出的"防上火"的商业价值，也只有在本草文化日益受人青睐的大背景之下，才能发挥到极致，才能大奏其效。

王老吉火了，其公关表现出手就成大手笔。汶川大地震发生后，王老吉一举捐款 1 亿元，让可口可乐等世界品牌也不免汗颜，全国市场更因此响起一阵"要捐就捐一个亿，要喝就喝王老吉"的消费呼声，一时间被人称为"爱国饮料"。

资料来源：http://news.91jm.com/2009/0609/14586.html

2．创新的特征

创新具有以下特征。

(1) 创新的不确定性。创新的不确定性表现在：① 市场的不确定性。主要是不易预测市场未来需求的变化，外界因素如经济环境、消费者的偏好都会对市场变化产生影响。当出现根本性创新时，市场方向无从确定，也就无法确定需求。计算机刚出现时，有人估计全美国只有几十台的需求，这显然同实际情况相差万里。市场不确定性的来源，还可能是

不知道如何将潜在的需要融入创新产品中去，以及未来产品如何变化以反映用户的需要。当存在创新竞争者时，市场的不确定性还指创新企业能否在市场竞争中战胜对手。② 技术的不确定性。主要是如何用技术来体现、表达市场中消费者需要的特征；能否设计并制造出可以满足市场需要的产品和工艺。有不少产品构思，按其设计的产品要么无法制造，要么制造成本太高，因此这种构思和产品都没有什么商业价值。新技术与现行技术系统之间的不一致性也是一个重要的不确定性来源。③ 战略的不确定性。主要是针对重大技术创新和重大投资项目而言。它指一种技术创新的出现使已有投资与技能过时的不确定性，即难以判断它对创新竞争基础和性质的影响程度，以及面临新技术潜在的重大变化时企业如何进行组织适应与投资决策。当重大技术创新出现时，战略不确定性常常因严重的战略性决策失误导致产业竞争领先地位的交替。例如，美国钢铁业面临氧气顶吹转炉等重大工艺创新的机会时，他们没有放弃原来的大量投资，没有引入新的工艺技术，而日本则利用这一机会建成了世界上效率最高的钢铁厂。

(2) 创新的保护性和破坏性。不同创新对企业产生影响的范围、程度和性质是不同的。两个极端的情况是：保护性的和破坏性的。具有保护性的创新，会提高企业现有技术能力的价值和可应用性。创新的破坏性则表现在使企业现有的技能和资产遭到毁坏，新的产品或工艺技术会使企业现有的资源、技能和知识只能低劣地满足市场的需要，或者根本无法满足要求，从而降低现有能力的价值，在极端情况下，会使其完全过时。

(3) 创新的必然性和偶然性。必然性是由管理的不可复制性产生的。管理的不可复制性本身就必然要求管理创新，从泰罗制管理到丰田生产方式，再到现代流行的CIMS、虚拟系统、电子商务、网络营销等，可以说任何一种管理的模式、方法都是随着时代的发展和许多科学技术的进步而产生的管理创新。很多情况下，创新是在大量的实验、调研、严谨思考的背景下产生的。然而，另一种创新方式对今天的管理人员来说也是丝毫不能忽视的，那就是偶然。就像牛顿从苹果落地而发现万有引力定律一样，一些偶然的事件可以引发创新。

(4) 创新的被排斥性。创新活动常常受到来自各方面的排斥、压力和抵制。习惯于原有生活方式和思维方式的人们往往不欢迎任何改动和变革。形象地说，创新恐惧症已成为现代组织——企业、学校、政府的一种通病。在一种特定的社会环境中，对于那些公司最高管理层的人们，这里存在着无数条理由来使他们希望这个环境能够延续下去。因为在这种情况下，没有麻烦，没有威胁，也没有紧迫感，一切都显得平平稳稳。不过，这也意味着任何一项新产品的创新就其本质而言，都是一场推进创新力量和排斥、抵制创新力量之间的你争我夺。而管理者所面临的挑战就是如何在这些力量中间保持平衡。另外，我们应该对华而不实的或仅仅是象征意义的新产品的创新，以及与新产品战略目标不相一致的新产品持抵制态度，这种抵制不应受到阻挠。

(5) 创新的复杂性。有人说，创新过程就像一条链条。认为只要增加上游的基础研究的投入就可以直接增加下游的新技术、新产品的产出。但在实际经济活动中，创新有许多的起因和知识来源，可以在研究、开发、市场化和扩散等任何阶段发生。创新是诸多因素之间一系列复杂的、综合的相互渗透而共同作用的结果，创新不是一个独立的事件，而是由许多小事组成的一个螺旋式上升的轨迹，是一个复杂的系统过程。

(6) 创新的时效性。企业创新一般总是从产品创新开始的。一种新的市场需求总是表现为产品需求，因而，在创新初期，企业的创新活动主要是产品创新。一旦新产品被市场接受，随之而来的企业将把注意力集中在过程创新上，其目的是降低生产成本、改进品质、提高生产效率。当产品创新和过程创新进行到一定程度时，企业的创新注意力会逐渐转移到市场营销创新上，目的是提高产品的市场占有率。在这些创新重点的不同时间段上，还会伴随着必要的组织创新。当新产品投放市场一定时间后又会被更新的产品所代替，这种替代也使得创新具有时效性。新产品被更新的产品所替代的原因可能有两方面：一是消费者的偏好发生了变化；二是生产产品的技术得到了更新。正是因为创新具有时效性，所以在进行创新决策时，要考虑三个问题：消费者对创新产品需求的持续时间、该产品被其他产品替代的可能性以及创新所处的时期。

(7) 创新的动态性。事物是发展变化的，不仅组织的外部环境和内部环境在不断发生变化，而且组织的创新能力也要不断积累、不断提高，决定创新能力的创新要素也都要进行动态调整。从企业间的竞争来看，随着企业创新的扩散，企业竞争优势将会消失，这就要不断推动新的一轮又一轮的创新，以便不断确立企业的竞争优势。因此，创新决不是静止的，而是动态的。不同时期组织的创新内容、方式、水平是不同的。从企业发展的总趋势看，前一时期低水平的创新，总是要被后一个时期高水平的创新所替代。创新活动的不断开发和创新水平的不断提高，正是推动企业发展的动力。

(二)创新的意义

企业是科技成果转化为现实生产力的中介环节，推进企业管理创新对于推进科技进步和创新、不断提高我国生产力发展水平具有重要意义。改革开放之初，我国不仅总体科学技术水平比较落后，企业管理也比较落后，这在很大程度上限制了我国生产力的发展。随着改革开放的深入和社会主义市场经济的不断发展，我国科技事业取得长足进步，国外先进的企业管理理论也被陆续引入，我国企业经营管理落后的局面有了较大改观，涌现了一大批管理水平较高、技术研发能力较强、拥有自主知识产权的优秀企业。在新形势下，要提高企业的核心竞争力，应高度重视管理在提高企业自主创新能力中的作用。只有让技术创新与管理创新协调发展，才能真正提高企业的自主创新能力。

1. 创新是适应科技发展和知识经济时代的需要

现代社会，信息高速公路、工业机器人、数控机床、程序式转输设备和监控仪器，组成了一种全新的生产力体系；自动化生产线、计算机辅助设计、管理自动化已成为企业的主旋律；自动柜员机、家庭影院、国际互联网络已成为生活中不可缺少的工具；家庭办公、视频会议、遥控医疗、电子商务已成为议论的热门话题。信息技术的日新月异，正使人们

的生产方式、生活方式和价值观念发生着深刻的变革。现在发达国家已率先进入知识经济时代，这对包括我国在内的还未完成工业化的各发展中国家形成了巨大压力。但知识经济的发展“向世界上最穷国家和最富国家都提供了全新的机会”。因此，只有适时做出管理变革和创新，我国的企业才能抓住机遇和迎接挑战，以适应不断变化和发展的科技和知识经济的新形势的需要。

2．创新是建设创新型国家的需要

胡锦涛同志在十七大报告中明确提出了“提高自主创新能力，建设创新型国家”的战略决策。增强自主创新能力，建设创新型国家，是事关社会主义现代化建设全局的重大战略决策，必将对我国综合国力的提升产生积极而深远的影响。建设创新型国家是一项系统工程，涉及社会的方方面面。大力推进企业管理创新，努力形成具有中国特色的企业管理体系，是增强我国自主创新能力，建设创新型国家的重要保证。所以，加强企业创新管理是建设创新型国家的需要。

3．创新是其自身生存发展的需要

20 世纪 90 年代中期、后期，由于资源及通信科技的发展，因特网的广受欢迎，“创新速度”决定了一切。唯有不断地创新，才能维持企业、产业及国家的竞争力。进入新世纪，市场经济的发展更是一日千里，企业在市场经济的大潮中如逆水行舟，不进则退。经济全球化是当今世界经济发展的特征，各国经济通过商贸往来相互联系、相互依存、相互融合。我国加入 WTO 后，已融入世界经济的大潮之中，现代资源、技术、信息、人才和商品在全球范围内流动，企业竞争日趋激烈。市场经济的法则是优胜劣汰。企业在竞争中要想占据优势地位，出路只有一条，那就是贯彻落实科学发展观，提升管理水平，实现管理创新，适应现代企业管理的要求，在竞争中求得发展。创新是一种理念，更是企业生存发展的内在要求。只有通过创新管理，才能使企业的经营管理和运行机制更加规范合理，实现人、财、物等资源的有效配置，保证和促进其自身的生存和发展。

【案例 7-2】 不拉马的士兵

一位年轻有为的炮兵军官上任伊始，到下属部队视察操练情况。他在几个部队都发现同样的问题：在一个单位操练中，总有一名士兵自始至终站在大炮的炮管下面，纹丝不动。军官不解，究其原因，得到的答案是：操练条例就是这样要求的。军官回去反复查阅军事文献，终于发现，长期以来，炮兵的操练条例仍因循非机械化时代的规则。站在炮管下的士兵的任务是负责拉住马的缰绳(在那个时代，大炮是由马车运载到前线的)，以便在大炮发射后调整由于后坐力产生的距离偏差，减少再次瞄准所需要的时间。现在大炮的自动化和机械化水平很高，已经不再需要这样一个角色了，但操练条例一直没有调整，因此才出现了“不拉马的士兵”。

军官的发现使上级对条例做了符合实际的调整，并使他获得了国防部的嘉奖。因循守旧、墨守成规是管理的大敌，创新则是企业生机勃勃的根本和源泉。

资料来源：http://www.aliqq.com.cn/jcknowledge/zlstory/91890.html

二、创新的过程

发现问题阶段的主要任务是对新问题的识别，即对实际绩效和潜在绩效两者差异的感知。感知的前提是知识的获取，除了通过组织信息系统可以直接获取的知识外，还有大量隐藏于组织惯例和系统中或员工个人身上的隐性知识，如员工对企业薪酬制度、绩效考评制度及用人制度不满，企业内部各部门之间难以协调，企业面临危机、挑战、运行不畅，以及组织结构和机制不适应市场需求等问题。管理者在获取知识的基础上，对知识进行加工整理，完成知识创造过程。

获得灵感阶段，即在外部推动者的协助下，管理者开展问题导向研究活动，通过有意识的计划性活动寻找问题的根源及解决办法。一方面，创新灵感源自知识获取：一是来自组织外部，如其他组织的成功经验，管理思想家、学术专家、管理精英的建议，或管理时尚机构的成熟思想等；二是来自组织内部，包括先前的经验、管理者或个人的自主创新等。另一方面，在获得相关知识的基础上，需对知识进行加工，使其与组织存在的问题相连接，即知识创造和利用过程。

提出并试验创新方案阶段，指在获得灵感的基础上形成具体的方案，并进行试验。一般来说，方案有两个主要来源：一是直接从管理时尚机构获得成型的方案，属于知识获取范畴；二是自主创新解决内部问题，除了知识获取外，还包含知识利用活动。试验过程的目的在于降低方案的风险，在大规模实施前发现方案存在的问题，管理者除了对试验过程知识进行提取外，还需要对知识进行创造。

实施方案阶段本身属于知识利用范畴。管理者在实施阶段有两项主要任务：一是通过观察和监督，发现问题，并及时作出调整和改进，进行知识获取和创造；二是反思实施过程，总结经验和效果，进行知识内化。同时，在实施过程中，方案需要在组织内部进行传播，并获得员工的理解、认可和支持，表现为知识的转移过程。此外，创新外部推动者通过参与组织创新调研获取相关知识，并结合自身的知识和经验对创新过程和结果进行评价。

理论化和标识阶段的目的在于强化管理创新的被接受程度，克服管理创新效果滞后性带来的影响。Binkinshaw 等认为，理论化包括两方面内容：一是在问题和解决方案之间建立逻辑关系；二是解释该关系，获得内部和外部相关人员的认可。标识是指为管理创新选择一个能反映其理论化的名称，它将对增加管理创新的可接受程度产生重要影响。内部推动者往往通过反思或与外部专家沟通的方式将创新的价值理论化，并为创新命名以凸显其价值。外部推动者通过与内部推动者互动和交流获得相关信息，经过反思实现理论化。此过程的知识活动主要包括知识内化和知识创造。

创新扩散阶段，即实现管理创新结果在组织内部和组织外部的传播。管理者首先进行对内扩散和存储，即将创新成果在组织内部进行传播，让更多的部门和员工深入了解与接受，最终达到不断扩大这种成果的社会影响的目的，即完成知识的内化和转移过程。然后，通过经验交流的方式向合作伙伴或同行业其他企业扩散，或通过发表论文或著作以及开新闻发布会等方式直接向外扩散，完成知识的转移过程。外部推动者是管理创新扩散阶段的主力，学术专家通过论文和科研成果的方式在学术界进行传播，管理咨询师将相关成果推荐用于其他企业实践；同时，其他组织的高层还会将创新直接引入所在的组织内部，即知识转移过程。

显然，管理创新整个过程实质上就是知识活动过程，而过程的每个阶段又分别形成由不同知识活动相互依赖构成的较为完整的知识管理过程。也就是说，管理创新参与人员总是处于多重知识管理过程链中，体现了知识管理是一个动态的持续组织现象的特点。由于知识活动与管理创新过程关系密切，我们认为，通过提高知识活动的效力，能够有效提升管理创新过程效力。

第二节 创新者的素质

一、创新者的素质含义

《辞海》对素质一词的定义为：①人的生理上的原来的特点。②事物本来的性质。③完成某种活动所必需的基本条件。创新人才的素质是由人的脑能素质、心理素质和能力素质所构成的，创新人才必须要具备与创新要求和创新活动过程相适应的素质结构。培养创新人才是21世纪的教育者义不容辞的责任，培养创新人才的人也应具备创新者的素质。

【案例 7-3】 鬼谷子与创新思维

相传中国古代著名军事家孙膑的老师鬼谷子在教学中极善于培养学生的创新思维，其方法别具一格。有一天，鬼谷子给孙膑和庞涓每人一把斧头，让他俩上山砍柴，要求“木柴无烟，百担有余”，并限期 10 天内完成。庞涓不加思索，每天砍柴不止。孙膑则经过认真考虑后，选择一些榆木放到一个大肚子小门的窑洞里，烧成木炭，然后用一根柏树枝做成扁担，将榆木烧成的木炭担回鬼谷洞。意为百(柏)担有余(榆)。10 天后，鬼谷子先在洞中点燃庞涓的木柴，火势虽旺，但浓烟滚滚。接着鬼谷子又点燃孙膑的木炭，火旺且无烟。这正是鬼谷子所期望的。

资料来源：http://unosong.blog.hexun.com/8982383_d.html

二、创新者的必备条件

要想成为一个成功的创新者必须具备以下条件。

(一)创新者必备的 6 种思维方式

创新者必须具备以下 6 种思维方式。

(1) 成功的创新者不会为失败的前景而担忧。太阳微系统公司的工程师布赖恩·坎特瑞尔说:“有些曾有成功创新经历的人，总是说自己并不惧怕继续获成功，但他们很可能是在撒谎。其实，人们面对的挑战不是失败的恐惧，而是如何让它成为自己前进的动力。”

(2) 成功的创新者对失败心存感激。星巴克公司首席技术官员耶尔·马居尔认为，如果你在技术开发中没有过失败的经历，那只能说明，你其实还没有将这一技术推至极致。其实，即使一项技术失败了，你仍可以将它收藏起来用于其他目的。

(3) 创新者普遍认为“困难和问题”是创新的限制性资源。哈佛大学神经生物学家爱德华·波伊登(Edward Boyden)表示:“如果我们真正认真地对待什么是意识或如何存储记忆等问题，那么会发现，其实我们并不清楚应如何去接触此类问题。”实际上，正是为了获得这些问题的答案，波伊登利用遗传工程技术，成功地开发出了精确且可靠的神经开关系统，科学家可以利用他的成果研究大脑如何工作，为帕金森病、失明和抑郁症提供了治疗途径。

(4) 创新者要从完全不同的学科中获得灵感。波伊登就是将其早期在计算机科学和电子工程领域的工作汇集起来，然后应用于人类神经生物学而获得成功的。他说，人的大脑本身就是一台高级计算机。

(5) 脆弱是创新的大敌。创新不可能一蹴而就。创新过程中，必须做好经历失败，小有成功，再失败，再成功的痛苦过程。有时，创新者要做好接受上千次失败的心理准备。尤其是为了创新某种产品有可能付出生命的代价。如果创新者遇到困难就退缩、消沉、沮丧、唉声叹气、怨天尤人，那他永远到达不了成功的彼岸。

(6) 真正的创新者提供给人们的正是人们所需要的，创新的目的在于为困难中的人们解决问题。创新者必须明白，创新是为了满足用户的需求，创新是为了解决人们生产、生活中的实际问题，不能为了创新而创新。比如，要想开发新产品就不能闭门造车，不能将自己关在屋子里突发奇想，而是要不断地进行市场调研，不断地研究市场的需求。

(二)创新者必备的脑能素质

思维是大脑的唯一产品，世界上的所有物质财富和精神财富都是人的大脑的产物。创新者必须充分了解自己的大脑、科学训练自己的大脑。

(1) 人的大脑还是一个沉睡的巨人，它蕴涵着巨大的潜能。据著名人类学家菲利浦·拉特默对古人脑颅进行的研究发现，现代人的大脑与几十万年前的古人脑颅进行比较，脑的

总体积虽然不相上下，但它的精密性却十分显著。据科学家估算，人的神经元每秒钟可接收的信息量为 14 比特，最大可达 25 比特，这就是说，一个人的脑海可容纳的信息量大约相当于 5 亿～7.5 亿册书的容量。即使假设 99%被遗忘，只记住 1%，人的一生能记住的信息是 10^{16} 比特，由此可见，人脑记忆容量高于一台普通计算机的 100 万倍。

(2) 人脑有左右脑两个组成部分和 7 个不同的智力中心。人脑可分为左右两个半脑，大体来说，大脑左半部分主要起处理语言、逻辑、数学和次序的作用，即所谓的学术学习部分；大脑右半部分处理节奏、旋律、音乐、图像和幻想，即所谓的创造性活动部分。哈佛大学心理学教授霍华德·加德纳(Howard Gardner)又告诉我们：每个人至少有 7 种不同的智力中心，其中第一种是语言智力，即读写和用词语进行交流的能力；第二种是逻辑和数学智力，即推理和计算的能力；第三种是音乐智力，即领悟音乐和欣赏音乐的能力；第四种是空间和视觉智力，即识别空间关系能力；第五种是运动智力，即身体的动作、协调、运动速度的能力；第六种是人际智力，即与他人相处的能力；第七种是内在或内省智力，即洞察和了解自己的能力。其中前两种智力在传统教育中受到了重视，世界上很多学校的教育都集中在这两种能力上，大多数所谓的智力测试也都集中在这两种智力上，这使我们对学习潜力产生了一种不正常的、有限的看法，影响了自信心和创造力的发挥。其实，人可以有多种学习方式，如：触觉学习者，当他们亲身运动、体验和实验时，会学得最好；视觉学习者，当他们看到学习内容以图像形式出现时，他们学得最好；听觉学习者，通过音乐、谈话的声音而学得最好。假如把各种学习类型以不同的方式加以组合，当我们把大脑许多巨大的能力连接起来时，就能学得更好、更快。

(3) 创新思维活动是人脑神经生理活动结构的最佳功能状态。创新思维活动作为人的认识活动，本质上是人脑活动的机能，一方面源于人脑结构活动功能的特殊性，另一方面也在于自身思维活动的特殊性。就后者来说，完善的人脑生理结构仅仅是创新思维活动的生理基础或前提，而不是创新思维活动本身；创新思维活动是人脑生理结构活动处于最佳运动状态的功能表现。

(4) 认识脑能提升的重要性，掌握各种脑能开发的方法。“脑能制胜”是现代人挑战自我的信念，而量化脑能提升、质变脑能提升、平面脑能和立体脑能提升是开发人的脑能的不可忽视的重要环节。创造力是脑能质变的枢纽，立体化大脑是创造性脑能提升的高级阶段，是知识经济时代人们取得创造成功的基础所在。要想使得大脑的记忆力成倍增强，反应力继续加快，创造能力继续提高，就得积极开发创造性的脑能，学习和掌握一些脑能开发的方法。

三、创新者的素质表现

创新既是一种勇者的精神，同时也是一种优秀的素质。笔者认为，古今中外，那些勇于创新和善于创新的人们，大都具备以下几方面素质。

一是尊重规律、求真务实的科学态度。对于一个有志于创新的人来说，科学的态度是至关重要的。因为只有尊重事实，尊重规律，一切从实际出发，实事求是，才有可能使创新成为现实，为人类贡献出新的理论和发明新的科学技术。否则，违背客观规律，唯书，唯上，唯教条，或者是仅凭良好的主观愿望在那里苦思冥想，闭门造车，是绝对不可能有创新和创新的成果的。我们所说的创新本是指创造性地发现和揭示了事物内部固有的规律性，在认识世界和改造世界的历程中，比前人更进一步，更上一层楼，绝不是指脱离实际，背离客观世界的规律性而胡思乱想，抑或是想当然。现在，我们提倡创新，技术的层面讲得比较多，而对我们的观念和态度是否科学化这个更深层次的东西，则强调的很不够，甚至忽略不提。因此，在大力推崇科普知识和倡导科技创新的今天，千万不要忽视了尊重规律、求真务实的科学态度在国民中的普及与教育。所谓科学的态度，就是一种实事求是的态度，是尊重规律、尊重科学的态度，把追求真理看得高于一切，以务实的态度讲究辩证法，能用联系的观点和发展的观点看问题，能透过现象看本质，不回避矛盾，也不自欺欺人。既能够大胆地假设，又能够小心地求证；既不夜郎自大，也不妄自菲薄。只有具备了这样的科学态度和科学精神，才有可能正确反映客观事物的本来面目，洞见事物内部的规律性，创造出新的理论和技术而造福于人类。

二是严谨的学风和丰厚的知识积累。古今中外历史上凡是有所发明和创造的人，都是具有严谨的学风和丰富的知识积累的人。孔子十五志于学，终身学而不厌。他常对他的学生讲，不懂就是不懂，不要装懂，不懂就应该去虚心学习甚至不耻下问，因为“三人行必有我师”。人要敏而好学，见贤思齐，学思结合，温故而知新。唯其如此，孔子才得以创立儒家学说，成为后人尊崇的一代宗师和万世师表。其他的学者和科学家也是如此。被马克思誉为“古代欧洲最博学的人物”的亚里士多德，常常为科研而废寝忘食的居里夫人、牛顿、门捷列夫和爱因斯坦，积劳成疾而英年早逝的数学家陈景润，还有蒋筑英等，这样的榜样不胜枚举。他们无一不是具备严谨的学风和丰富知识积累的人。严谨的学风和丰富的学识积累成为创新者和发明者必须具备的素质，这叫厚积而薄发。不具备这种素质，即使理想再高远，志向再远大，发明和创造也只能是空想而已。

【案例 7-4】 巧算灯泡容积

一天，发明家爱迪生把一只灯泡交给他的助手——普林斯顿大学的数学系毕业生阿普顿，要他算出玻璃灯泡的容积，阿普顿拿着灯泡琢磨了好长时间，于是用皮尺在灯泡上左右、上下量了一阵，又在纸上画了好多的草图，写满了各种尺寸，列了许多道算式，算来算去还未有个结果。爱迪生见他算得满头大汗，就对他说：“我的上帝，你还是用这个方法算吧！”他在灯泡里倒满了水递给阿普顿说：“把这些水倒进量杯里，看一看它的体积，就是灯泡的容积了。”助手听了顿时恍然大悟，于是照法很快就算了出来。学习知识时，要把书本知识和实践结合起来，才能学得活，记得住，更便于应用。

资料来源：http://ktzy.k12.com.cn/139app/node/3535

三是要有问题眼光和多元的思维方法。所谓问题眼光，就是问题意识，就是要有探求事物奥秘的好奇心和追问“为什么”而坚持求解的精神，这也是一个创造发明者必备的素质。瓦特发明蒸汽机的故事妇孺皆知，他就是从看见开水壶盖被水蒸气冲动后而开始研制蒸汽发动机的，而蒸汽机的发明使人类从农业社会真正进入了工业社会。经典物理学的创始人牛顿，也是从一次偶然地看见苹果落地而开始研究万有引力定律的。像瓦特看见水蒸气、牛顿看见苹果落地这类十分寻常的事情，我们大家几乎都看见过、经历过。但是，为什么我们一般的人没能像瓦特和牛顿那样，去追问进而去探求和发现这些物理规律呢？这正是因为我们一般人缺乏瓦特和牛顿这些科学家们所具备的问题意识。一般人总是习惯于安常处顺，因此，发明和创造也总是与我们失之交臂。

【案例 7-5】 70 分用人观

日本松下公司对某一岗位的人员选择，或对某一项产品选择开发人员，一般不用“顶尖”人才，而是取中等的，可以打 70 分的人才。为什么不选“顶尖”的人才呢？松下认为，有些“顶尖”人才比较自负，他们容易抱怨环境影响自己的发挥，抱怨职务、待遇与自己的才能不相称。有这种心态的人，一般说来会缺乏责任心和工作热忱，干起工作来未必会出色，他有才能，但心理因素影响了其充分发挥。而聘用中等人才，他们没有一流人才的傲气，自视不那么高，也容易满足，甚至有一股子偏要与“一流”人才较较劲，比一比谁干得好的劲头。他们重视公司给予的职位，会努力把自己的工作干得漂亮一些。这正如一辆 100 马力的汽车却能正常全速开动的道理一样。松下公司认为：“公司能雇到 70 分的中等人才，说不定反而是公司的福气，何必非找 100 分的人才不可呢!”

资料来源：于洋. 有感于松下公司的用人观，载中国国防报，2005 年 12 期

四是优秀的情商。情商是心理学的一个重要概念，它是指人的情绪品质，与智商相对，属于非智力的心理范畴。优秀出众的情商是一个创新者必须具备的重要条件。没有优秀的情商，即使智商再高，恐怕在创新上也要大打折扣。古今中外历史上的创造发明者，大凡都是智商和情商都很高的人。一般来说，优秀的情商包括以下几个方面：首先是勇敢和坚强的品质。很多人智商很高，知识面也很广，但是，就是缺乏应有的勇气和胆略，不敢面对挑战，意志力薄弱，遇到困难就打退堂鼓，不能战胜困难去完成任务和实现目标，反而是那些智商不如他们，而意志力比他们强的人成功了。所以，他们很可能满腹经纶，但他们一辈子都没有什么创造，他们所知晓的东西都是别人创造发明的现成东西。其次是敏捷的悟性和灵性。有的人学的知识很多，意志力也坚强、执著，可就是反应迟钝，缺乏灵敏性，没有灵感，不善于发现事物的细微变化，这样的人也不太容易成为发明家和创造者。最后是充沛的情感和丰富的想象能力。有人说，科学家的工作是逻辑推理，不需要太多的情感。笔者不赞成这种观点。科技的创新和理论的发现虽然是严格的逻辑推理过程，但是，它的内在动力应该是科学家们的充沛情感和丰富想象。真正的科学大家，他们都是具有充沛的情感和丰富的想象能力的人，他们登山则情满于山，临海则意溢于海，能够思接千载，

视通万里，他们不仅具有慎重严谨的逻辑思维，而且具有热情活跃的形象思维。历史上有很多既是科学家又是艺术家的例子，黑格尔既是法国古典哲学的集大成者，又是西方美学的顶尖人物。爱因斯坦既是伟大的物理学家，又是小提琴演奏家。很难想象，一个对科学缺乏热爱之情，对人类的命运缺乏关爱之情的人，能为人类创造出物质财富和精神财富。同样也很难推测，一个没有丰富的想象能力，不能对事物产生丰富联想的人，能够有所创造和发明。事实上，几乎所有的发明创造都闪耀着热情的火焰和想象的光芒，都是大胆想象之后的求证结果。在这个意义上，甚至可以说，没有情感和想象，就没有发明和创造。因此，当前素质教育应该强调情商的培养，加强拓展训练与审美训练，使学生的情商与智商同步发展。只有这样，才能为将来培养一大批敢于创新也善于创新的有用人才。

第三节 创 新 行 为

一、创新行为的助力

为引发创新行为，可以采取以下方法。

(1) 引进先进的管理模式，树立“以人为本”的管理思想。企业的成败在一定程度上与员工有关，从根本上说就是人的问题。如果企业不尊重员工的价值和贡献，那么就会对他们产生消极的影响。相反，如果员工的价值和贡献得到尊重，那么他们就会以更大的积极性为企业的发展而努力。管理是一门学问，其中心问题就是知人用人。实行“以人为本”的管理，企业应在计划、安排、组织、监督等一系列生产经营活动中都要让员工参与，不要见物不见人。“以人为本”不单着眼本企业的员工，也要以消费者为本，只有“以人为本”，同时使他们的利益得到最大限度的满足，企业才能更好地发展。

(2) 建立良好的激励机制，提高人们创新行为的兴趣。在提高员工创新行为的兴趣方面，谷歌的做法非常出色。比如，谷歌为员工搭建了成功的技术平台、营造了鼓励创新的工作氛围以及高度重视员工的价值等。

关于谷歌成功的技术平台，美国马萨诸塞州巴布松学院管理与信息技术教授汤姆·达文波特(Tom Davenport)指出，这个平台“让谷歌快速开发并推广自己或合作伙伴的服务”，并让工程师可以“推出原型产品及试用版以测试客户是否喜欢”。这种方法的重点“并非找到完美的产品，而是创造存在多种可能用途的产品并让市场决定。这样谷歌就无须做市场调查并预测趋势，信息已经存在谷歌的数据库里了”。这种独有的数据管理技术，可以让其在浩如烟海的数据中发掘出价值和成功。达文波特称，这个技术平台起到了“创新集成器的作用，第三方可以在平台上分享并创造出融合了谷歌功能的应用。谷歌可以让其产品得到广泛应用，合作伙伴可以开发出主要的产品功能，而把诸如地图显示这种功能留给谷歌”。

关于营造鼓励创新的工作氛围方面，谷歌人有多达20%的时间是在“玩”，以激发出一些他们的客户也可能有兴趣的想法和创意。英国阿什里奇商学院客户主任菲利·安德森(Phil Anderson)说，“他们也有很好的工作环境，Googleplex大楼里有免费的食品、咖啡和‘玩耍区’”。谷歌的一些倾听员工观点和智慧的招数表现在：谷歌内部经营着300个预测市场，即所谓打赌，员工可以对一切事情进行预估，从新产品的需求到未来竞争者的表现都可以作为标的。

关于高度重视员工的价值方面，谷歌将“意见箱”发扬光大，它鼓励员工提交想法，其他同事则可以评论并打分。员工还可以自由提交对其他团队项目的评论，这种评论也纳入考核环节。

谷歌也允许失败。安德森认为，“对未能采用的想法也予以奖励对于人们持续创新很重要”。由于谷歌采用的策略是大量开发产品，寄望其中一部分能大卖特卖，因此必定有很多产品会失败。但CEO施密特鼓励坚持，他甚至希望“请快速失败，这样你可以迅速重来”。

(3) 树立正确的创新观念。企业的创新是全方位的，包括技术的创新、管理的创新、制度的创新、文化的创新等。树立创新观念就是要在企业内外建立起创新体制，并为创新建立良好的发展环境和资源保证。

二、创新行为的阻力

在我国目前市场经济的发展程度、经济发展水平、企业管理水平及社会成员现有的观念和素质等条件下，企业家的创新行为构成了企业创新行为的决定因素。因此，研究企业创新管理，就必须首先研究企业家创新行为。无论是成功的创新行为还是失败的创新行为，都可以进行归因分析。导致企业家进行成功创新的因素往往具有个性特征，而导致企业家创新失败的因素也都具有共同的特点。从我国企业家创新行为过程看，分析其障碍因素比分析其成功因素更具现实意义。这种研究不一定能保证企业家取得创新的成功，但可以帮助企业家减少失误，增加成功的机会和概率。制约中国企业家创新行为的因素主要有如下几个。

(一)创新行为的观念阻力

创新行为阻力的观念因素主要是指管理者自身所具有的观念制约了他的创新行为，这种制约在创新行为之前表现为不能有效激活管理者的创新思维；在创新行为过程中，缺乏系统的协调的观念指导，有可能使进行中的创新行为中断；在成功的创新行为之后，由于“成功综合征”的影响，使后续创新不能有效开展。创新行为观念障碍的表现主要有以下几个方面。

1. 人力资源观念的阻力

以人为本，唯人兴业的观念是一种新型的企业管理观念，20 世纪 80 年代初期在日美等发达国家非常流行，我国企业家也意识到人才对企业发展的决定性作用。但由于传统观念和体制的影响，目前企业家对人才的重视大多数还停留在口头上，在人才的具体使用过程中，还存在着观念障碍。最大的观念障碍就是企业家们还没有真正从传统的人事管理观念转变到人力资源管理观念上来。

【案例 7-6】 “烟囱变布袋”

在多数人印象中，冶炼企业一般是烟囱林立、浓烟滚滚。但是记者在金田铜业集团采访时，满眼却看不到一根烟囱，整个厂区像一个大花园，绿树掩映，十分干净。

一说起这种变化，金田集团高级工程师张学士十分自豪：“这一切都要归功于公司一系列自主创新技术的研发和应用。”

张学士在公司从事“非标设备设计”，也是公司技术创新领导小组的骨干成员。1996 年进入金田，几乎见证了公司自主创新过程中的每一次嬗变。其中，“烟囱变布袋”这个项目最让他感慨不已。

过去，金田集团有一个很有名的标志——公司厂区内矗立着 5 座高达五六十米的“黑烟囱”。去年年初，这些“黑烟囱”被相继拆除，取而代之的是公司自主创新的布袋除尘装置。

张学士说，废杂铜冶炼污染很大，烟气中的杂质难以清除，治理烟尘的传统方法都离不开高大的烟囱。2005 年，公司经过多次试验，首次把脉冲清灰和布袋除尘技术应用到有色金属冶炼中。随后公司投资近 1000 万元将 50 多套熔炼炉上有二次污染弊端的水膜除尘设施，全部改造成布袋除尘装置。这样，熔炼炉排出的气体由乌青色变得透明了，排气筒烟尘排放浓度远低于现行国家大气污染物排放二级标准。

“这一点就连国际知名的大公司也难以做到!”有关专家盛赞，这项技术同时开启了有色金属冶炼行业告别“黑烟囱、大污染”的新时代。目前，这项技术已在国内同行中被广泛采用。

资料来源：佟南. 金田“烟囱变布袋”业内领先. 载中国有色金属报，2548 期第 5 版

2. 商而优则仕观念的阻力

在企业家行为过程中，无论是传统的国有企业，还是新兴的民营企业，企业家们对“官”这一角色都表现出极大的兴趣。国有企业的企业家基本上由政府任命，这迫使他们一方面要追求企业的利润目标，另一方面要体现政府的意志，争取得到上级的赏识。民营企业家的创新行为比国有企业的企业家创新行为受政府的影响要小一些，但从根本上说，他们同样无法摆脱政府的影响。虽然政府并不拥有对民营企业家的考核任免权，但政府控制着企业发展所需的各种资源，所以民营企业家在人格上还是依赖于政府的。再有，由于传统观

念的影响，民营企业家普遍存在着“商而优则仕”的观念，这种观念支配下的创新行为就不完全是以市场为导向，相反，有时他们更在乎政治权力的影响。

3．营销观念的阻力

能否树立现代营销观念是企业经营管理的一个基本导向。很多企业家在市场竞争中还没有真正克服传统的生产观念、产品观念和推销观念，以至于企业创新行为缺乏正确的方向引导。产品观念从本质上讲还是生产什么销售什么，但它更讲究产品的质量、性能、特色和价格方面的因素，比单纯的生产观念多了一些市场意识，这在市场经济不发达的条件下有一定的合理性，但在现代市场经济条件下就暴露出它固有的不足。推销观念是生产观念的进一步发展，也是一种以销售为中心的企业营销观念。持这种观念的企业家信奉的口号是“我推销什么，人们就购买什么”，推销观念所强调的仍然是企业本位，而不是顾客本位。这种观念对企业家创新行为的制约十分明显。

4．战略观念的阻力

在现代企业经营管理中，是否具有战略观念，能否正确制定经营战略并处理好管理问题，是关系企业生存和发展的重大问题。目前我国企业家虽然具有一定的战略观念，执行着一定的企业发展战略，但对企业战略观念的认识上仍存在着障碍。这主要表现在：一是把注意力集中在短期的利润目标上，企业发展没有明确的方向和目标，导致企业家创新行为具有主观随意性，企业内部创新活动缺乏系统性；二是认为只要制定好企业战略规划就可以保证企业持续发展了，忽视战略实施过程中的管理，特别是缺少实施企业战略的制度保证，使企业发展战略对企业的具体经营管理活动缺乏应有的规范性和目标导向性；三是战略观念狭隘，认为只要有资金、有技术、有设备、有产品就能解决一切市场问题，忽视企业内部人的因素和企业外部社会因素的巨大影响。

(二)创新行为的制度阻力

在企业创新过程中，社会因素的影响和制约始终存在，解决不断出现的社会问题以约束人们的合作和竞争方式的制度也始终在发挥作用。恰当的制度安排是企业创新发展实现的基础，也是企业创新发展的动力机制和前提条件。企业创新发展过程实质上是产权体系重新安置的过程，而产权体系重新安置所产生的对于资源配置的效率必须依赖新的合适的制度安排才能得以实现。企业家的创新行为过程必然伴随着一系列的产权再安置，而这就要求有与之相适应的制度保障，否则，其创新行为难以有效进行。同时，企业家创新行为过程还是一个具有很大不确定性的制度经济一体化过程，需要有效的制度保证，才能降低创新行为过程中由不确定性所带来的风险性，以及降低内部交易费用(即创新成本)和保证创新主体收益最大化(即提供创新行为激励)。社会制度对企业家创新行为的影响有三方面：一是制度对企业家创新行为不确定性的控制；二是制度对企业家创新行为过程交易费用的控制；三是制度对企业家创新行为的激励。总之，制度因素既可以成为企业家创新行为的内在激励和外在激励，也可以成为企业家创新行为的内在障碍和外在障碍。

(三)创新行为的人力资源环境阻力

人才环境对企业家创新行为的制约主要表现在三方面：一是人口平均素质低限制了企业家对创新人才的选择空间。人口平均受教育程度低、人力资源流动质量低和人力资源地区分布不合理等是制约企业家创新行为的直接因素。二是现有的人力资本结构不利于企业家创新行为的开展。低级和初级人力资本比例高而中高级人力资本比例过低，是我国人力资本层次低下和结构不平衡的突出特点。我国人力资本在低层次上供应过剩和中高层次上供应不足，严重制约了企业家对创新人才的获取。三是人力资源的市场化配置程度低也制约了企业家对中高级人才的获取。企业的中高级人才基本上都不是通过人才市场得到的，其成本比通过人才市场所支付的成本要高得多。这在客观上增加了企业家获取人才的难度。从人口平均素质、人力资本结构以及人力资源配置等方面分析可以看出，企业家在创新行为过程中必然遭遇人才短缺。企业家创新行为本质上是群体行为，需要其他人的协作和支持。没有一定数量和质量的人才支撑，企业家的创新行为是难以有效开展的，即使有些创新行为取得了暂时的成功，也缺乏持续创新的基本保证。

(四)创新行为的资金阻力

如何获得资金资本，对企业的形成、经营方式、组织结构起着决定性影响。从企业家创新行为过程看，由融资渠道不畅导致的资金供应不足已成为阻碍企业家创新行为的关键因素，特别是在企业的进一步发展过程中表现得尤为明显。中国企业家调查系统的调查结果表明，“创新资金引进渠道不畅”是妨碍企业家创新行为有效开展的第二位因素。熊彼特在论述创新中的企业家时也强调指出，企业家要取得创新成功，有一个必不可少的外在条件就是银行贷款。因为融资是企业家实施创新计划的关键环节，是企业家把握创新机会的前提条件，是企业家创新成功的基本保障，也是企业家持续创新的基本条件。我国不同所有制类型的企业对资金有着同样迫切的需要，原因在于国有企业由于自身优越的条件，形成了长期无偿使用和占用银行贷款的行为习惯，加上自身积累少，从而对银行资金存在着严重的依赖性；民营企业由于体制上和观念上的原因，其向银行融资存在着若干体制上的障碍和包括信用在内的其他障碍，因而也必然导致资金的缺乏。缺乏资金保障，企业家创新行为必然受到制约。

(五)创新行为的角色阻力

角色属于一定职责或地位的一套有条理的行为。企业家创新行为的方向、所采取的路径及其创新活动的范围与企业家对自身工作的理解密切相关。从企业家创新行为过程分析，

企业家对管理过程、特点及规律的认识，对自身职务性质的了解，以及对自身所扮演角色的把握，必然影响企业家创新行为过程及其效率，甚至影响到创新行为的成败。根据企业家工作的性质，明茨伯格认为企业家应扮演10种角色，即人际关系方面的3种角色：挂名首脑、领导者和联络者；信息方面的3种角色：监听者、传播者和发言人；决策方面的4种角色：企业家、故障排除者、资源分配者和谈判者。这10种角色既相区别，有着各自的行为规范，又相互联系，构成系统的企业家行为规范。由角色冲突和角色错位所引起的对角色规范理解的偏差或角色扮演失败，必然影响行为效率。现实管理过程中，企业家要扮演好所有这些角色是相当困难的，特别是对缺少职业训练的企业家而言更是如此。在中国的企业家决策行为过程中，不仅存在着明茨伯格所研究的10种角色之间的冲突和错位，而且还存在着体制方面的原因，使其还不能以真正的企业管理者的身份去管理企业。中国企业家所面临的角色关系远比明茨伯格研究的角色关系要复杂得多，这同时也说明了中国企业家在其创新行为过程中存在着比西方企业家更多的障碍。

第四节　创新力的培养

一、创新力培养的意义

(一)创新与创新力

创新，从经济学层面看，1912年美籍奥地利经济学家熊彼特(Joseph Alois Schumpeter，1883—1950)在其《经济发展理论》一书中提出，在经济过程中，“创新”就是实行生产要素的新的结合。包括5种情形：①引进一个新产品；②开辟一个新市场；③找到一种原料的新来源；④采用一种新的工艺流程；⑤采用一种新的组织形式。创新，从哲学层面看，就是创造出与原来存在的事物相异的新事物的过程，是指主体依据事物发展的客观规律，按照自身的需要，充分发挥主观能动性，对客体进行积极改造的实践过程和结果。

今天所谈到的创新，从纵向来看有三大类：第一类是原始创新，也即创造，是事物从旧的本质向新的本质的突变过程；第二类是系统集成创新，也即组合创新，是将原有资源重新整合而生成新的事物的过程；第三类是借鉴创新，也即模仿创新，是将效仿的事物进行改良而生成新的表现形式的过程。第一类创新是从无到有的质的创新，第二、三类创新是从同一本质出发寻找与现存表现形式不同的新的表现形式的从有到优的创新。创新，从横向来看包括不同领域不同方面的创新，如知识创新、思维创新、观念创新、理论创新、制度创新、体制创新、组织创新、管理创新、科技创新、方法创新、市场创新等。创新，就其本质来说，就是人类实践活动的一种扬弃，一种超越——超越他人、超越自身、超越过去、超越现在。创新力，即实现创新行为的能力，是智能、技能等智力因素和创新意识、创新品质等非智力因素的总和，包含三大要素：创新环境、创新人格、创新思维。

(二)创新力的含义

在人类跨入21世纪的时候，美国哈佛大学的一位教授提出人们应当具备5种能力：付出力、结盟力、创新力、口才力、承诺力。中国人民大学的一位教授提出人们应该具备3种能力：人际关系与沟通力、学习力、创新力。中外学者同时都提出了人们应当具备创新力，可见创新力的培养和开发应是21世纪人类应具备的主要能力之一。

创新力是指面对任何不确定的环境和因素，创造出附加价值的最佳方法。它包含3个方面的问题：①实现你当前和未来的目标；②想别人认为不可能的事；③为了成功，不怕失败。

创新的起点在于发现问题、解决问题、满足需求。

1．问题意识的价值

发现问题是创新之点，解决问题是创新之源，满足需求是创新之基。为了实现创新，就要善于发现问题。为了能善于发现问题，首先就要培养问题意识，有了问题意识，就能够迅速发现问题，寻求解决问题的途径和方法，从而满足社会需求，这是企业在激烈的市场竞争中，求得生存和发展的金钥匙。20世纪90年代末，北方农民在卖场选购海尔洗衣机产品时，向售货员反映，洗衣机好是好，就是不能洗土豆。这个售货员很有问题意识，迅速将农民的这一要求反馈到海尔集团总部，张瑞敏指示科技人员迅速攻关，很快开发了既能洗衣服，又能洗土豆的洗衣机，满足了市场需求。

【案例7-7】 打工妹果皮上淘得百万金

1997年7月，朱金妹来到深圳打工，摆个水果摊做生意。一天，男友到水果店里来帮忙，朱金妹见他闷闷不乐的样子，就问他是不是有什么心事，男友叹了一口气，道："近来茶叶生意越来越不好做。"朱金妹说："打个广告，生意一定会好起来。""可是我们哪有钱做广告啊？"朱金妹突发奇想，可不可以把茶叶的广告做在水果皮上面呢？于是，她把男友的电话和主要业务印成小圆纸片，贴在木瓜、香蕉、苹果、橙子等水果皮上。第二天下午，男友告诉她，已经接了几个顾客的电话，都是找他买茶叶的。在水果皮上做广告是一件新鲜事，能直接进入家庭，不愁没人看。由于费用低廉，传播效果好，很快引起了广告客户的注意，鲜花店、西餐厅、糖果经销商等接踵而来。朱金妹就在深圳市确定了25家水果店铺作为她的广告载体，每贴一个广告标签补贴2分钱，2002年初，朱金妹每个月的广告纯收入已超过了1万元。2004年3月，朱金妹成立了自己的广告工作室，争取将"水果广告"推向全国。

这则案例形象地指出问题意识的重要性，没有问题意识，就会只见树木不见森林，对问题麻木不仁。谁会想到，司空见惯的水果皮，居然成为广告的载体，居然还蕴藏着无限的商机。

资料来源：http://www.taoguba.com.cn/Reply/291869/4187866

2．问题意识与成功的规律

巴尔扎克说过：打开一切科学的钥匙都毫无异议的是问号。简单地说，问题意识就是凡事问个为什么。从科学的角度看问题意识就是不安于现状、积极进取、善于识破问题的一种心态或精神准备。所以科学家们公认，提出问题假设，是一切科学研究的起点。遇事多问几个为什么，就会引导我们认识事物的本质与内在的规律性，减少盲目性，增加主动性。如何看待问题，日本创造性开发委员会提出：①遇到困难、出现问题，要不安于现状，要努力向有利于克服和解决上述问题努力，这样的态度便可产生问题意识。②即使没有遇到困难也会想到问题存在，这时就会想到：照此现状下去将会出现什么问题、矛盾、危机等。③即使没有任何困难，也必须思考解决未来如何生存和发展这个问题。

(三)创新力培养的意义概述

传统的经济增长主要依靠劳动力的增长、土地的扩大、资本的投入，而知识经济增长则越来越依赖于知识的创新、知识的应用。随着科学技术创新的不断深入，国与国、企业与企业之间的经济竞争已由产品形式转变为知识形式。一个国家的经济水平和竞争实力将更多地体现在创造、加工、处理和应用知识的效率和质量上。知识经济对处于实现工业化过程中的发展中国家，是机遇和挑战并存。因为通过学习别国的技术和经济而赶上发达国家的难度将加大“后发优势”的作用将减弱。可以想象，一个没有创新能力的国家，将失去知识经济带来的机遇。正如江泽民同志尖锐指出的，“一个没有创新能力的民族，难以屹立于世界先进民族之林”。所以要实现中华民族全面振兴，必须重视创新能力开发，努力增强国民创新意识，以使我国在 21 世纪国际竞争中立于不败之地。科学技术的发展，社会事业的进步，都要靠不断创新，而创新就要靠人才。纵观世界科学技术发展史，许多科学家的重要发明创造大都产生于风华正茂、思维敏捷的青年时期。因此，我国要发展知识经济，迎头赶上发达国家，就更迫切需要富有创新力的青年人才。

二、创新力培养的方法

人与动物的本质区别在于人有智慧，而人类智慧的核心就是创造。创新力不是与生俱来的，它需要人们持续不断地学习。事实上，创新学习就是发现问题、分析问题和解决问题的学习过程。为了培养创新力，首先应建立创造性思维。创造性思维的概念起源于俄国，形成于美国，丰富于日本，于 20 世纪 80 年代开始传入中国。创造性思维，是指人们为解决某个问题，自觉地、综合地运用各种思维形式和方法，提出具有与众不同的最佳方案的思维过程。这种思维过程一般包括准备、求证、分析、评估 4 个阶段。创新思维不是单一的思维形式与方法，而是各种不同的思维方法的整合。创造性思维是具有新特性的思维方式，它具有与传统思维不同的特征，主要表现为：①思维的敏锐性，这主要体现在发现问题上。一个优秀的人才必须善于有所发现、有所发明，这是创造性思维的源泉。江西省西丰县平岗镇三合村村民苏小明在5年的大棚西红柿种植中，让西红柿斜着长，产量增一成。这就是思维的敏锐性，看到别人看不到的机会、问题、需求。②思维的独创性。创新不是重复，它必须与众人、与前人有所不同而独具远见卓识，有独特的观点和看法。

【案例 7-8】 电器商店老板的创新

1992年，第25届奥运会在西班牙巴塞罗那举行。该市一家电器商店老板，在奥运会召开前夕宣称："如果西班牙运动员在本届奥运会上得到的金牌总数超过10枚，那么顾客自6月3日到7月24日，凡在本商店购买电器，可以得到退还的等额货款。"这个消息轰动了巴塞罗那全市，一时间顾客云集，销售量猛增。然而出人意料的事情发生了，西班牙运动员在那届运动会上获得了10金1银，看来老板非破产不可。然而店老板事先作了巧妙安排，在广告发布之前，他向保险公司投了专项保险，保险公司的专家仔细分析了西班牙可能获得的金牌数，一致认为不可能超过10枚金牌，于是接下了这笔保险。

经商贵在斗智，善谋者胜。现在人们每天都在面对新问题，因此要求做到：第一，探索性。对未知世界有浓厚兴趣。第二，求实性。坚持实事求是，要做到求真务实，不唯众、不唯上、不唯书。第三，应变性。独立而不固执，在变中求生存，在新中求发展。

资料来源：http://info.txooo.com/CarveOut/2-908/1282621.htm

思维的多向性，是指能否学会从不同的角度思考问题。就服务行业来讲，无论是在硬件设施还是软件管理上，只是档次的区别，并无实质上的不同。比如银行，无论是工商银行、建设银行，还是招商银行、民生银行，利率都是统一的。又比如宾馆、饭店，客房里无非都是空调、彩电、电话、地毯、卫生间等。在市场日趋相似的情况下，企业要在激烈的市场竞争中获得生存和发展的空间，就必须研究市场中的差异，必须具有开拓市场的能力，要求思维多向性，包括逆向思维、换位思维、创优思维等。为此要求做到以下几点。

(一)活学活用

学习是为用而学。大凡成功的人士皆可称为活学活用的楷模。毛泽东同志就是创新学习的典范，他提出中国走农村包围城市，最后夺取革命胜利的道路，就是在学习和借鉴列宁主义的伟大思想，具体分析中国革命问题，而解决中国问题的。新加坡旅游局向当时的总理李光耀提交一份报告，在报告中说：我们旅游资源太缺乏了，没有中国的万里长城，没有日本的富士山，除了阳光，什么也没有，要发展旅游业太难了。李光耀认为有阳光就足够了，经过努力，大种树木，养花育草，现在新加坡成为世界著名的"花园城市"，吸引了世界各地无数的游客。

(二)系统思考

系统思考理念是美国麻省理工学院斯隆管理学院的彼得·圣吉(Peter M. Senge)教授在1990年出版的《第五项修炼——学习型组织的艺术与实务》一书中提出来的。系统思考是“看见整体”的一项修炼。中国有一个成语故事“一叶障目，不见泰山”。“一叶障目”比喻被局部的或暂时的细小事物遮蔽而看不见真实世界。1998年，中国长江流域发生特大洪水，经过全国人民的齐心奋战，取得了抗洪的胜利。但洪水的破坏越来越频繁，危害越来越大，分析原因原来是长江上游植被遭到了严重的破坏。为此1999年，国家作出了调整农业产业结构的重大决策，对长江上游沿线，凡是不适合种粮食的地方，全部实行“退耕还林、退耕还草”。武汉长江沿线借整治堤防之机，将其改造为“江滩公园”，成功地举办了两届国际旅游节，借用系统思考的理念，获取了巨大的社会效益和经济效益。

(三)流水不腐

经过二十多年的改革开放，人们的思维观念、行为方式、价值取向都已经发生了巨大的变化。当我们作为地球村村民来看待世界的发展和变化时，你中有我，我中有你，中西文化互为渗透。当国门打开时，外国企业、外国资本大量涌入中国市场，人们一直担心资本主义的侵入会对中国社会主义构成威胁，然而，当中国的企业在学习、消化资本主义企业的先进科学技术和科学管理经验时，也将企业办到世界各地，生意做到世界各地。这在改革开放前，简直不敢想象。只有人员的流动、信息的交流，才能激发创造性；只有面对压力、困难和挫折，人们才会树立忧患意识，才会思考解决问题的方法。创新是社会发展的需要，创新能力的培养是一个永恒的话题。从哲学的角度来思考，问题就产生于需求与满足需求的交会处。有需求，实现不了就是问题；需求被满足了，问题就解决了。由此循环反复，一切创新莫过于此。例如，有了电话后，大家感到极为方便，大大加强了沟通和信息的交流，然而在洗澡做饭时接电话就极为不方便，于是就生产出了无绳电话、移动电话。为了保护生态环境，解决身边环境污染问题，人们研制出了无公害的蔬菜、无氟冰箱、太阳能汽车、电动自行车等。总之每一个需求的满足、问题的发现，都意味着一个产品的开发、一个幸福的降临。它给社会增添了财富，也给人们带来了快乐。

本章小结

关于创新的代表性的定义有以下几种：创新是开发一种新事物的过程。创新是运用知识或相关信息创造和引进某种有用的新事物的过程。创新是对一个组织或相关环境的新变化的接受。创新是指新事物本身，具体来说就是指被相关使用部门认定的任何一种新的思想、新的实践或新的制造物。创新是由新思想转化到具体行动的过程。

创新的特征表现在创新的不确定性、创新的保护性和破坏性、创新的必然性和偶然性、创新的被排斥性、创新的复杂性、创新的时效性及创新的动态性。

培养创新人才的人也应具备创新者的素质，创新者的素质表现在创新者应具备六种思维方式，一定的脑能素质以及相应的综合素质。创新者的综合素质体现在尊重规律、求真务实的科学态度、严谨的学风和丰厚的知识积累、要有问题眼光和多元的思维方法和优秀的情商。要想成为一个优秀的创新者必须正确面对创新行为的阻力和助力。

人们应当具备创新力，可见创新力的培养和开发应是本世纪人类应具备的主要能力之一。创新力的培养方法应当包括活学活用、系统思考、进行人员信息的流动。创新的起点在于发现问题、解决问题、满足需求。创新学习就是发现问题、分析问题和解决问题的学习过程。

复习思考题

一、问答题

1. 如何理解创新的含义？
2. 简述创新的过程。
3. 简述创新者应具备的基本素质。
4. 怎么理解创新行为的助力和阻力？
5. 简述如何培养创新力。

二、分析题

詹天佑的故事

詹天佑，字眷诚，江西婺源人。1861年(清咸丰十一年)出生在一个普通茶商家庭。儿时的詹天佑对机器十分感兴趣，常和邻里孩子一起，用泥土仿做各种机器模型。有时，他还偷偷地把家里的自鸣钟拆开，摆弄和琢磨里面的构件，提出一些连大人也无法解答的问题。1872年，年仅12岁的詹天佑到香港报考清政府筹办的“幼童出洋预习班”。考取后，父亲在一张写明“倘有疾病生死，各安天命”的出洋证明书上画了押。从此，他辞别父母，怀着学习西方“技艺”的理想，来到美国就读。

在美国，出洋预习班的同学们，目睹北美西欧科学技术的巨大成就，对机器、火车、轮船及电信制造业的迅速发展赞叹不已。有的同学由此对中国的前途产生悲观情绪，詹天佑却怀着坚定的信念说：“今后，中国也要有火车、轮船。”他怀着为祖国富强而发奋学习的信念，刻苦学习，于1877年以优异的成绩毕业于纽海文中学校。同年5月考入耶鲁大学土木工程系，专攻铁路工程。在大学的四年中，詹天佑刻苦学习，以突出成绩在毕业考试中名列第一。1881 年，在 120 名回国的中国留学生中，获得学位的只有两人，詹天佑就是其中的一个。

回国后，詹天佑满腔热忱地准备把所学本领贡献给祖国的铁路事业。但是，清政府洋务派官员迷信外国，在修筑铁路时一味依靠洋人，竟不顾詹天佑的专业特长，把他差遣到福建水师学堂学驾驶海船。1882 年 11 月又被派往旗舰“扬武”号担任驾驶官，指挥操练。1883 年，中法战争爆发，第二年，蓄谋已久的法国舰队陆续进入闽江，蠢蠢欲动。可是主管福建水师的投降派船政大臣何如璋却不闻不问，甚至下令：“不准先行开炮，违者虽胜亦斩！”这时，詹天佑便私下对“扬武”号管带(舰长)张成说：“法国兵船来了很多，居心叵测。虽然我们接到命令，不准先行开炮，但我们决不能不预先防备。”由于詹天佑的告诫，“扬武”号十分警惕，做好了战斗准备。当法国舰队发起突然袭击时，詹天佑冒着猛烈的炮火，沉着机智地指挥“扬武”号左来右往，避开敌方炮火，抓住战机用尾炮击中法国指挥舰“伏尔他”号，使法国海军远征司令孤拔险些丧命。对这场海战，上海英商创办的《字林西报》在报道中也不得不惊异地赞叹：“西方人士料不到中国人会这样勇敢力战。“扬武”号兵舰上的 5 个学生，以詹天佑的表现最为勇敢。他临大敌而毫无惧色，并且在生死存亡的紧要关头还能镇定如常，鼓足勇气，在水中救起多人。”从战后到 1888 年，詹天佑几经周折，转入中国铁路公司，担任工程师，这是他献身中国铁路事业的开始。

刚上任不久，詹天佑就遇到了一次考验。当时从天津到山海关的津榆铁路修到滦河，要造一座横跨滦河的铁路桥。滦河河床泥沙很深，又遇到水涨急流。铁桥开始由号称世界第一流的英国工程师担任设计，但失败了；后来请日本工程师实行包工，也不顶用，最后让德国工程师出马，不久也败下阵来。詹天佑要求由中国人自己来搞，负责工程的英国人在走投无路的情况下，只得同意詹天佑来试试。

詹天佑是一个认真踏实的人，他分析总结了三个外国工程师失败的原因后，身着工作衣与工人一起实地调查，精密测量。夜晚，借着幽暗的油灯，又仔细研究滦河河床的地质构造，反复分析比较，最后才确定桥墩的位置，并且大胆决定采用新方法——“压气沉箱法”来进行桥墩的施工。詹天佑果然成功了，滦河大桥建成了。这件事震惊了世界：一个中国工程师居然解决了三个外国工程师无法完成的大难题。 詹天佑初战告捷后，立刻遇到了更为严峻的考验。1905 年，清政府决定兴建我国第一条铁路京张铁路(北京至张家口)。英俄都想插手，由于中国人民的强烈反对，他们的企图没能得逞。英俄使臣以威胁的口吻说：“如果京张铁路由中国工程师自己建造，那么与英俄两国无关。”他们原以为这么一来，中国就无法建造这条铁路了。在这关键时刻，詹天佑毫不犹豫地接下了这个艰巨的任务，全权负责京张铁路的修筑。消息传来，一些帝国主义分子及英国报刊挖苦说：“中国能够修筑这条铁路的工程师还在娘胎里没出世呢！中国人想不靠外国人自己修铁路，就算不是梦想，至少也得五十年。”他们甚至攻击詹天佑担任总办兼总工程师是“狂妄自大”、“不自量力”。

詹天佑顶着压力，坚持不任用一个外国工程师，并表示："中国地大物博，而于一路之工必须借重外人，我以为耻！中国已经醒过来了，中国人要用自己的工程师和自己的钱来建筑铁路。"

1905年8月，京张铁路正式开工，紧张的勘探、选线工作开始了。詹天佑带着测量队，身背仪器，日夜奔波在崎岖的山岭上。一天傍晚，猛烈的西北风卷着沙石在八达岭一带呼啸怒吼，刮得人睁不开眼睛，测量队急着结束工作，填个测得的数字，就从岩壁上爬下来。詹天佑接过本子，一边翻看填写的数字，一边疑惑地问："数据准确吗？""差不多。"测量队员回答说。詹天佑严肃地说："技术的第一个要求是精密，不能有一点模糊和轻率，大概、差不多这类说法不应该出于工程人员之口。"接着，他背起仪器，冒着风沙，重新吃力地攀到岩壁上，认真地复勘了一遍，修正了一个误差。当他下来时，嘴唇已冻青了。

不久，勘探和施工进入最困难的阶段。在八达岭、青龙桥一带，山峦重叠，陡壁悬岩，要开4条隧道，其中最长的达一千多米。詹天佑经过精确测量计算，决定采取分段施工法：从山的南北两端同时对凿，并在山的中段开一口大井，在井中再向南北两端对凿。这样既保证了施工质量，又加快了工程进度。凿洞时，大量的石块全靠人工一锹锹地挖，涌出的泉水要一担担地挑出来，身为总工程师的詹天佑毫无架子，与工人同挖石，同挑水，一身污泥一脸汗。他还鼓舞大家说："京张铁路是我们用自己的人、自己的钱修建的第一条铁路，全世界的眼睛都在望着我们，必须成功！""无论成功或失败，决不是我们自己的成功和失败，而是我们国家的成功和失败！"

为了克服陡坡行车的困难，保证火车安全爬上八达岭，詹天佑独具匠心，创造性地运用"折返线"原理，在山多坡陡的青龙桥地段设计了一段人字形线路，从而减少了隧道的开挖，降低了坡度。列车开到这里，配合两台大马力机车，一拉一推，保证列车安全上坡。詹天佑对全线工程曾提出"花钱少，质量好，完工快"三项要求。京张铁路经过工人们的奋斗，终于在1909年9月全线通车。原计划6年完成，结果只用了4年就提前完工，工程费用只及外国人估价的1/5。一些欧美工程师乘车参观后啧啧称道，赞誉詹天佑了不起。但詹天佑却谦虚地说："这是京张铁路一万多员工的力量，不是我个人的功劳，光荣是应该属于大家的。"

京张铁路建成后，詹天佑又继任了粤汉铁路督办兼总工程师。这时，美国决定授予他工科博士学位，要他亲自去美国参加授衔仪式。为了全力参加祖国铁路建设，他放弃了这一荣誉。辛亥革命后，詹天佑为了振兴铁路事业，和同行成立中华工程学会，并被推为会长。这期间，他对青年工程技术人员的培养倾注了大量心血，他除了以自己的行为作出榜样外，还勉励青年"精研学术，以资发明"，要求他们"勿屈己徇人，勿沽名而钓誉。以诚接物，毋挟褊私，圭璧束身，以为范例"。

詹天佑从事铁路事业三十多年，几乎和当时我国的每一条铁路都有不同程度的关系。到晚年，因积劳成疾，不幸于1919年病逝。周恩来同志曾高度评价詹天佑的功绩，说他是“中国人的光荣”。

资料来源：百度文库，http://wenku.baidu.com/

(1) 詹天佑具备哪些创新人才的素质？

(2) 结合本案例谈谈如何把握培养创新力。

(3) 体会创新的重要性。

第八章　团体行为与管理

【学习目标】

了解团体的含义及意义，理解并掌握具有普遍意义的团体的动力、团体的决策过程，学会处理团体中的人际关系，进行良好的团体沟通。

【关键概念】

团体(groups)　团体行为(group behavior)　团体动力(group dynamics)　团体决策(group decision making)　团体沟通(group communication)

第一节　团 体 概 述

20 世纪 80 年代以来，“团体”成为管理心理学研究的热点。团体工作方式日益成为组织管理的重要内容，同时也是组织不断提高工作效率的一种主要方式。随着团体作用的不断凸显，团体工作正被越来越多的组织所采用。

一、团体的含义

当今社会，随着知识经济时代的到来，各种知识、技术不断推陈出新，竞争日趋紧张激烈，社会需求越来越多样化，使人们在工作学习中所面临的情况和环境极其复杂。在很多情况下，单靠个人能力已很难完全处理各种错综复杂的问题并采取切实高效的行动。所有这些都需要人们组成团体，并要求组织成员之间进一步相互依赖、相互关联、共同合作，建立合作团体来解决错综复杂的问题，并进行必要的行动协调，开发团体应变能力和持续的创新能力，依靠团体合作的力量创造奇迹。

团体是指由两个人或多人组成的群体，其成员相互作用、相互影响，为实现特定的共同目标而承担责任。团体成员之间具有共同的目标，他们彼此间相互依赖，为实现共同目标而紧密合作。团体的含义可以从以下几个方面来理解。

首先，团体人数的要求，即要组成团体必须有两个或两个以上的个体，单独的个体是无法构成团体的。需要注意的是，团体虽然有最少人数的限制，但是没有最多人数的限制。另外，团体人数也是进行团体心理和行为研究的重要变量，它会对团体的心理与行为产生很大的影响。

其次，团体成员之间是相互作用、相互依赖的。换句话说，成员之间必须以某种方式

相互联系，相互沟通，否则就很难成为团体，当然，人们仅聚在一起而不相互联系的情况也是存在的，但是此时这些人是一群人，而不能称为团体。

最后，团体要努力实现共同的目标，并且承担一定的责任。共同目标是团体存在和发展的基础，如果团体没有共同的目标，那么就构不成团体。同时，团体成员之间能够相互意识到这个目标，在目标的实现过程中，他们扮演一定的工作角色，担任一定的工作任务，承担一定的责任，从而使团体的行为不断地朝着共同的目标迈进。

二、团体的类型

(一)正式团体和非正式团体

根据构成团体的原则、方式和团体结构不同，可以把团体分为正式和非正式两种。

正式团体指具有像政党和利益集团这样明确目的和组织结构的团体。正式团体是由管理者创立起来的，它负有完成特定任务以达成组织目标的职责。最普遍的正式团体是命令团体，它是由一个管理者和直接对其负责的下属构成。在一些希望淡化等级色彩的组织里，团体领导者的头衔可能不同，例如命令团体的领导可能被称为“教练”，而团体成员则被称为“同事”。另一种正式类型的团体是委员会。委员会通常存在较长的时间，负责经常发生的问题，并做出有关的决策。例如大学里的学生会委员会的成员经常更换，但委员会总是存在。有些正式团体是临时性的，称为任务团体或者是项目团体。这些团体是为了处理某一具体问题而建立的。当任务完成或问题解决之后，团体通常会解散。

非正式团体指从事经常和直接的交往活动的较小的团体。1924—1932 年在美国西方电器公司霍桑工厂进行的、长达 9 年的实验研究——霍桑试验，真正揭开了作为组织中的人行为研究的序幕。研究证明：企业中存在着非正式组织(非正式团体)。这种非正式组织的作用在于维护其成员的共同利益，使之免受其内部个别成员的疏忽或外部人员干涉所造成的损失，非正式组织中有自己的核心人物和领袖，有大家共同遵循的观念、价值标准、行为准则和道德规范等。非正式团体或者非正式群体产生于人们之间的相互交往和互相联系。

(二)假设团体和现实团体

按照团体是名义上存在还是实际上存在，可以分为现实团体和假设团体。

现实团体又称实际团体，是同假设团体相对应而言的。现实团体是指人们因共同的目的结合在一起或在空间和时间上存在着实际的关系或联系，或借助一定的沟通手段，进行着有规律的直接或间接交往的群体。如家庭、学校、机关、工厂、部队、剧院观众等。现实团体在性质上、交往水平上、团体特征和人数多少上都有显著的差异。

假设团体又叫“统计团体”，是为了进行某种研究而划分出来的团体。假设团体可以根据事物不同的特征来划分，比如年龄团体、性别团体、职业团体、民族团体、文化团体等。如果要研究企业中各类人员的需要特点，可按工人、科室人员、技术员、干部分类调查，分别研究青年员工、中年员工、老年员工的特点及相应的管理办法。青年、中年、老年、工人、科室人员、技术员、干部等就是假设团体。这种团体的成员之间并没有实际联系，甚至彼此从未见面，互不相识，只是为了研究问题的需要，把具有某种类似特征的人在观念上聚集在一起。这种统计团体有利于我们调查研究，了解实际团体的行为特征和情况。

(三)固定性团体和临时性团体

根据团体的任务和团体存在的时间长短可分为固定性团体和临时性团体。

固定性团体是长期存在的一种较为稳定的组织形态，如生产班组、工段或车间、学校班级等，其组织形态、团体结构相对稳定，一般多指正式团体。

临时性团体是指为完成某一临时任务而形成的团体，任务一旦完成，活动宣告结束，团体自行解散。临时性团体可能是正式的团体，如正式组织的临时参观团、技术攻关小组、技术鉴定组、临时突击队等；也可能是非正式的团体，如自愿结合组成的旅游团或排队购物的顾客自动组织编号，推选代表监督协商所形成的团体。临时性团体在企业管理中的作用也是不可忽视的。

(四)其他团体分类

根据团体对成员的定向、导向与榜样作用的状况，可分为参照(标准)团体与非参照(标准)团体，根据规模大小可分为由管理心理学专门研究的、成员宜接触的小型团体与由社会心理学专门研究的、成员间接联系的大型团体；根据职业与角色不同可分为工人、农民、战士、学生、教师团体等。

三、团体的结构

团体的结构是指团体成员的组成成分及这些成分的有机组合。团体成员的结构可根据不同维度进行划分，如年龄结构、能力结构、知识结构、专业结构、性格结构以及观点、信念的结构等。团体结构对于群体成员的工作效率有很大影响。团体成员搭配不当，会使团体涣散，经常发生冲突，降低工作效率。

团体结构根据其成员在团体组成成分的接近性程度可分为同质结构和异质结构。同质结构指团体成员在能力、性格、年龄、知识等方面都比较接近。研究表明，在以下三种条件下，同质团体可以达到最高的生产率：第一，当工作比较单纯，而又不需要许多种类的资源来完成工作时，同质团体有较高效率。第二，当完成某一件工作需要大量合作时，同质团体往往有效。因为，在这样的团体中冲突和竞争较少。第三，如果一个团体在工作时需要连锁反应，那么团体的同质性对群体完成任务较有帮助。

异质结构指团体成员在上述各个方面有很大差别，以下三种情景中异质团体会有较高的生产率：第一，异质团体适合于完成复杂的工作，因为在该团体中有各种能力和各种见

解的人，“仁者见仁，智者见智”，这样有利于复杂问题的解决。第二，当在较短时间就做出解决问题的方案有可能产生不利后果(过于仓促，考虑不周全，不成熟)时，异质团体就有优点，异质团体往往需要从多个角度、不同侧面，通过较长时间争议，最后才能统一思想，做出决策。而同质群体，则会由于意见一致、工作进行得较快而对短时间内所做出的决策论证不足。比如，法庭审判中异质的陪审团要有较长的时间才能做出决定，这样有利于对案件的证据做更加深入的分析。第三，凡需要有创造力的地方，由不同类型的成员组成的群体较为有利，不同的见解有助于提高这个群体的创造力。

管理者应当懂得，为完成某一任务或达到某一目的从事组织工作时，必须注意寻求你所组成的工作团体中，对于这种工作可能会有的那种最适当的同质成员与异质成员对比的平衡。也就是说，如果团体成员过于参差不齐，他们彼此之间就难以和谐地相互作用，因而抑制了生产率的提高；与此相反，如果团体成员过于整齐划一，很快达到一致，听不到不同意见，或有意见也不说，这样团体的智慧就很难充分发挥。总之，管理人员要注意研究工作团体成员的素质结构及其作用。

四、团体的功能

团体不是个体的简单相加，而是有组织、有领导、有规则、有共同目标、相互影响、紧密联系的人群集合体。团体对组织、对个人心理与行为都有深刻的影响，它有利于协调和处理好团体内部的人际关系，调动每个员工的积极性和创造性，达到团体成员的心理平衡，有效地发挥组织的力量，提高企业的经济效率与效益。

(一)团体对组织的作用

团体能完成特定的工作任务，来实现组织的总目标，这是正式团体对组织来说最主要的功能。一个组织为了有效地实现共同的总目标，必须分工合作，划分若干主题或小目标，必须分级、分层地划分若干部门和单位，让其执行自己的职责，完成各自的任务与目标，从而达到完成组织任务、实现组织目标的基本职能。团体是产生新思想、新观念、新办法的手段，有利于促进复杂的决策；团体在各部门之间起联络作用，有利于形成“一条龙”流水作业；它也是有效解决问题、完成任务的途径和手段。

(二)团体对个人心理的影响

团体是组织与个人之间联系的桥梁。它具有融洽人际关系，满足团体成员的合理需要，形成相互激励、相互竞争的有利环境，调动人的积极性的作用。具体来说团体对个人影响有如下心理效应。

1. 团体能使成员个人产生强烈的归属感

团体能够使自己和其他成员保持友谊和紧密联系，心理协调，彼此都体会到大家同属

某一团体。当团体取得成就和荣誉时，伴随有集体荣誉感和自豪感；当团体受到外界压力与威胁时，团体成员团结更紧密，能产生一致对外的动力。这是一种巨大的感情的动力。

2．团体能使成员个人产生认同感

团体内各个成员对一些重大的事件与原则问题，都保持共同的认识与评价，这就是团体的认同感，也称共识心理。团体的认同感往往会相互影响，尤其是个人情绪焦虑不安或对外界情况不明时，团体其他成员的认同感对其影响更大。这是认知的作用。

3．团体对个人能产生强大的支持力量

当个人的心理和行为符合团体规范，就会得到团体的支持、赞许与鼓励，从而进一步强化其行为。团体对个人能起到支持作用，必须有两个先决条件：一方面，该团体在社会上有一定影响、地位和威信，对团体成员有吸引力；另一方面，个人热爱自己的团体，希望得到团体的支持与鼓励。否则，就产生不了多大的支持力量。这是团体支持产生的意向力量。

4．团体引入竞争机制，能促进成员之间相互竞争与相互激励

团体是个体相互竞争、相互促进、相互激励的社会心理环境因素。如果团体本身缺乏活力，成员之间“吃大锅饭”，搞绝对平均主义，那就缺乏激励的作用。团体的竞争机制本身不仅有强大的激励力量，而且团体成员之间的信息交往、意见沟通，能及时发现别人的优点和长处，认识自己的短处和不足，从而增强个人自信心，激发每个成员奋发向上的精神。

5．团体能融洽并协调人际关系

团体能进行各种信息的交流和沟通，因而能促进个人与个人之间的感情交流，促进团体成员之间相互联系、相互了解、融洽彼此的关系等。当团体内部出现某种隔阂或矛盾时，可以利用团体的力量，做好协调促进转化工作。

6．团体可以满足成员的其他心理需要

管理心理学家们认为团体还可以满足其成员的下列心理需求：团体可能使个体免于孤独、恐惧，从而获得心理上的安全感；在团体中，成员之间团结协作，可以取得个人难以取得的成就，受到他人的尊敬，从而满足成员的成就和自尊的需要；另外在团体中可以增强合力与凝聚感，共同面对威胁。

(三)团体对个人行为的影响

团体对个人心理的影响着重表现在行为上，也落实在人的行为上。具体有以下作用。

1．社会助长作用

社会助长作用即由于团体的其他成员在场，消除了单调情境，激发了个人的工作动机，从而提高了工作效率。尤其是对简单熟练的工作，或对具有外向型性格的人来说，会产生更强的社会助长作用。例如，与别人一起从事简单的机械性的工作或受别人赞许，就产生助长作用；而从事复杂的学习任务，解答数学难题，别人在场可能出现减值效应。社会助长作用的机制，主要是由于别人在场，能唤起竞争意识和被评价意识，使自己感到有竞争的压力，从而增强行为的动力。

【案例 8-1】 特瑞普里特的实验

早在 1897 年，心理学家特瑞普里特(Triplett)就通过实验证实了社会助长现象的存在。特瑞普里特发现，个体在独自骑单车的情况下时速是每小时 24 英里，在旁边有人跑步伴随的情况下时速是每小时 31 英里，而在与他人骑单车竞赛的情况下时速是每小时 32.5 英里。

当进行诸如骑车等简单的、熟练的任务时，人们的反应正确率较高，如果有他人在场，就会激发竞争意识，兴奋水平获得提高，人们会更加努力以获得好评。同时，多人在一起也减少了单调感和由于孤独造成的心理疲劳，这样行动效率自然就会增加。

资料来源：http://zhidao.baidu.com/question/56265882.html

2．社会标准化倾向

人们在单独情境下个体差异很大，而在团体中有行为的常模和团体规范的制约和影响，个体行为差异明显变小，使大家对事物有大体一致的看法，对工作有一定标准。人们有意识地趋向同一标准或规范的心理行为倾向，称社会标准化倾向。例如，员工遵守厂纪厂规、学生遵守校纪校规及课堂常规的行为就是一种社会标准化的倾向。

3．社会顾虑倾向

社会顾虑倾向即指个人在大众面前由于心理不自在，其行为表现拘谨踌躇，反应效果下降。这种倾向在性格内向、行为拘谨的人身上表现得更为明显；在没有把握或难度较大的工作任务面前，也常有这种情形。

4．从众行为倾向

从众行为倾向是指个人在团体中，不知不觉地受到团体的“压力”，而在意见判断和行为上表现出与团体中大多数人相一致的现象。

社会从众行为有几种不同的表现形式：①表面从众，内心也赞同。这是表里一致的服从，是个人与团体最理想的关系。②表面从众，内心拒绝。口头上赞成多数人的意见，而内心却不同意，这时将引起个人心理上的不协调。③表面不从众，内心却接受。表面上反对多数人的意见，心理上却是赞同的。④表面不从众，内心也拒绝。这是彻底的不同意多数人意见，个人确信多数人的意见是不正确的，并认为应该改变多数人的意见。

从众行为有积极作用，也有消极作用。从众行为的积极作用，有利于改变个人错误观点与行为，有利于提高工作效率。从众行为的消极作用有以下方面：①容易使人出现人云亦云现象，易埋没人的创造性；②易出现表面一致、貌合神离的局面；③易产生小团体意识，随声附和，导致做出错误决策。

五、非正式团体

非正式团体是西方行为科学中研究团体行为的重要内容，早在 20 世纪 30 年代首先由霍桑试验所发现。非正式团体是指不经官方规定，自然形成的一种无形组织。它的形成，可能是由于某种共同的利益、观点、社会背景，也可能由于有同样的爱好、共同的兴趣等。因此，它是感情、爱好、友谊或共同利害的产物。非正式团体对员工的心理倾向与行为有重要影响，它们与正式团体有时互相补充，有时互相矛盾。

在我国，一提起非正式团体，常常习惯于把它与“宗派活动”、“地下串联”、“削弱党的领导”等非法行为联系起来。这种认识有一定的片面性。因而对管理部门中的非正式团体的研究，也就成了一个“禁区”。事实上，非正式团体与正式团体一样，均为任何一个管理部门中的客观存在。它既可以成为阻碍达到管理目标的破坏力量，但也可能在达到管理目标的进程中发挥建设性的作用。在一定的场合，正确地加以运用，它可以成为管理部门实行有效管理的重要手段。可以从以下几个方面来理解非正式团体的存在。

(一)非正式团体是一种客观存在

管理部门的任何工作人员，除了在正式团体所规定的职责范围内体现着自己的正式身份以外，都还扮演着某种非正式角色。由于个性方面的不同特点(包括性格、爱好、世界观、知识结构、动机、心理特征、气质等)，以及在社会联系方面所处的不同位置(同事、同乡、亲戚、同行、同学等)，人们在非正式范围总是进行着活跃的接触、交流、联系，这些活动间接或者直接构成各种管理行为，这是一些非正式行为。所谓非正式团体，就是非正式行为的各种组合结构。正是非正式团体，把各个非正式角色推向各个不同的地位。因此，通常考察某工作人员在管理部门中的作用，确切些说，应该是指他在正式团体与非正式团体中的地位的总和。

要是没有非正式团体的存在，正式团体的正常运转往往会受到一定的影响。例如，作为管理行为重要组成部分的联络网络，可以看到，有计划的联络渠道只是整个管理部门联络渠道的一部分。从部门领导是否进行了组织工作这一角度看，不少的联络渠道是非正式的。即使是在正式团体的范围内，人们也往往不是完全按照计划好的沟通联络的系统做出反应，而是常常按照经他们修改过的计划程序做出反应。如果将一个管理部门内部的沟通联络渠道用信息流通图表来表示，可以看到，有一些渠道是以连续不断的有规律的形式进行的，如流经分层次的各职位的大多数信息和按部就班的公文报表系统属于这一类；还有一些渠道是经常以间断的形式进行的，这就是发生在各种管理行为之间的非计划的或非正

式的社交相互关系。在特别困难时期，在一些紧急情况下，这种形式往往有不可忽视的意义。它总是以这样那样的消极或积极方式对管理目标产生影响。可以这样说，管理部门的这种非正式的相互关系将是永远不可能消除的，因而也是不可忽视的。

(二)非正式团体是正式团体的补充

人们在社会生活中的联系是较复杂的。正式关系结构反映人们在执行外界赋予的各种职能时的职能联系。其基础是各种工作金额、标准、职责、权利和义务，多存在于正式团体中的业务技术人员之间、员工之间、上下级之间，往往可从条件中得以反映。而非正式关系结构则不同。它虽然也是在团体成员的职能中产生，但它的成员以互相间的吸引力、共同信念、兴趣、个人利益、敬佩感、亲密关系以及同情心等为维系纽带，通常产生于朋友、同志、知己之间，既可能出自正式职能的需要，也可能出自非正式职能的需要，表现为自发而形成的小团体。

社会在进步，人生的内容也在丰富。构成团体正式关系结构基础的职责、权利和义务等科层式的社会联系远远不能满足现代社会的人类自身发展提出的要求。即使在一个团体内活动，人们也不仅需要纵向的联系，而且也需要某些横向的、相对松散的关系来满足结群心理的需求。在社会主义制度下，更有条件利用这种非正式关系结构来增强人们对正式关系的凝聚感、归属感，更有条件放弃那种靠单一的正式关系结构来压抑、束缚人们期望结群的心理的行为管理方式。国外社会学家对劳动团体的研究表明，正式关系结构与非正式关系结构其实是密切联系、相辅相成的。正式结构的存在会引发非正式结群，延缓或加速它的发展过程，赋予此过程一定的方向和社会性质；而非正式结构在其发展过程中也可能渐而获得稳定的性质，积极影响正式结构，进而转化为正式结构。这些结论，对于正确认识社会主义社会中的、企业中的、各种正式团体中的非正式团体的社会性质及其社会功能，是大有益处的。

管理部门在确定机构时，只能对其基本的、主要的职能做出规定，而不可能将各种局部性的细节载入条例。这是因为，如果一个机构企图将各种职责罗列得面面俱到，则其细节很快将过时，机构也就失去了稳定性。在这种情况下，非正式团体能给正式机构一般化的规定做出细致的注脚，使人灵活掌握正式团体没有载明的细节。从控制的观点来看，正式团体一般应规定得尽量宽一些，留有一定程度的自决权利。对管理行为强加过多限制的企图必将引起失控，从而扼杀工作人员的首创精神和依赖自身努力的主动性。一般地说，由于人具有自我指导和自我控制的能力，过于严密的管制只能作茧自缚，适得其反。

(三)非正式团体的社会功能

非正式团体既是心理现象，也是社会现象，它与正式团体之间是存在密切的反馈关系的。今天，在改革和开放的社会环境中，非正式团体不断发挥着其对社会的积极效用，表

现其将有的社会功能。

1．民意功能

团体行为往往能产生个人单独行动时不能产生的效果和影响，历史上，一些反映劳动大众切身利益和被压迫阶级利益的民意，大多是通过非正式的结群形式表达的。一些正常、健康、有益的非正式团体，使健康的民意得以强化，形成了良好的社会舆论气氛，也进一步促成正式团体的产生。

2．补偿功能

我国大多非正式团体是作为正式团体的补充形式而出现的。特别是在人们的业余生活中，娱乐、旅游、艺术欣赏等方面内容的正式团体数量极少，且由于正式团体成员人数多有限制、讲求纪律、领导作风较强等特点，不能满足众多人的结群需求，也一定程度地影响了人们的结群心理。因此，人们只好三五人自我组合，自举首领，以相对松散的形式共同活动，从而弥补了正式团体数量上或质量上的不足。

3．凝聚功能

存在于正式团体内的非正式团体的发展，对正式团体自身的凝聚力有着举足轻重的影响。我国实践证明：在一个企业团体内，由于领导对工人身体的关心、工作环境的改善、几个人的某种信念一致以及爱好、兴趣的共通等原因，常会出现若干非正式的团体，这些团体的正常、有益的活动，往往增强人们对企业团体的归属感。从心理学意义上看，当若干个非正式团体的目标与其成员所在的正式团体目标一致时，成员对正式团体的认识就形成闭谈式的知觉单位，相互间的关系就易于融洽、和谐，正式团体的管理和控制就较为顺利。

4．协调功能

随着现代社会的发展，人们的社会心理也不断变化，任何团体中的个人，都不可能在单一的团体中使自己的各种合理动机得到满足和实现，因而时时产生动机冲突的现象。在我国社会条件下，人们的社会动机的实现多依靠正式团体，而非正式团体只起到辅助的作用。但一般生理性、心理性动机的满足，则多由非正式团体与正式团体来协调完成，前述的各类非正式团体活动，都可以从这种心理功能去协调认识。这种协调功能的实现，有利于人们在德智体三方面的全面发展，有利于人们的理想、行为、动机和生活情趣，在特定的社会条件下统一起来。

第二节　团 体 动 力

团体动力是由莱文(K. Lewin)在 20 世纪 30 年代最早提出的概念，主要目的在于说明团

体成员在团体内的一切互动历程与行为现象，团体动力意味着团体本身也就是一种动力和发展的过程。团体是具有社会互动的组织，并遵循共同的规范。因此，团体的发展是动态的过程，具有目标性。消解团体的冲突，促进团体凝聚力的提升，进而形成团体的动力，将有助于团体达成有效的目标。

团体动力是用来描述和探讨团体内或团体和团体之间的各种行为现象，这些包括团体的形成、结构、关系、成员互动、运作、沟通、目标达成、领导、决策、合作和冲突、绩效、权力等；团体情境是个体现象、团体现象与人类生存发展经验的关系。结合个体、团体、社会情境以及文化脉络的互动接触，产生团体运作的动力。人们是群居性的动物，人类的生活也是团体的本质。团体是社会生活的基础，团体提供成员们相互交流的机会，人与人在团体中不断地发生冲突与和解的现象，而就在此种交互作用中进而形成团体的共识，产生共同的力量，而这种团体的力量，就是一种团体动力。研究团体的动力就是研究影响团体活动的各种因素，诸如团体规范、团体凝聚力、团体冲突、团体士气等。

一、团体规范

(一)团体规范的含义

团体规范是指为了保证团体目标的实现，团体本身必须有制约其成员的思想、信念与行为的准则，这种每个成员都必须严格遵守的思想信念与行为准则就是团体规范。团体规范是影响和约束团体及其成员行为的重要因素。在现实生活中，能起到规范人们行为的因素很多，如价值观念、道德标准、风俗习惯等。对于存在于一定组织中的团体，组织明文规定的制度、条例、纪律等，有明显的规范作用。

但是这里所说的团体规范，其含义指的并不是这些。凡是团体都有每个成员必须遵守的行为准则，包括成文和不成文的行为标准。团体规范是指群体成员必须遵守的，大部分不是明文规定而是约定俗成的，为大家所公认、所接受的行为标准。违反这种标准为团体及其成员所不能容忍。

团体规范与组织的正式规章制度未必一致，它是一种默契，是团体对自己成员以及成员之间的行为量的允许度。它规定了团体成员行为的范围，通过模仿、暗示、顺从等心理因素，利用舆论、疏远等团体压力手段保持团体规范的约束力，使每个团体成员在行动前斟酌是否能被团体接受和允许。

(二)团体规范的形成

团体规范作为一种标准化的观念，所涉及的对象是非常广泛的，内容也是多种多样的。它可以是国家的法律制度，民族的风俗、习惯、礼仪、传统文化，以及人们的知识、观念和信仰等，也可以是机关、工厂、学校里的规章制度、守则和纪律等。

团体规范是与团体的价值观念联系在一起的，是建立在价值观念基础上的。因为任何

团体规范都是在拒绝或接受某种有社会意义的现象的条件下产生的，这种拒绝或接受，就包含着团体的价值观。团体价值观是由团体在社会中的地位以及它们的活动经验所决定的。在此基础上形成的规范，自然也就形形色色。在这形形色色的群体规范中，有的与当时的社会价值观是一致的，从而表现出与社会要求一致的行为来；也有的是与当时的社会价值观相背离的，那么它就会产生违反社会要求的倾向，表现出与社会要求不一致的行为来。

团体规范与社会意识形态的规范不同。意识形态规范是指社会中的法律观念、道德标准、宗教信仰、政治观点等。这些观念对于社会制度的发展变化有较大的作用。它们虽然也可以调节人们的相互关系，但是就个人行为而言，其影响作用都是间接的，其作用需要通过具体的团体才能发挥出来。而团体规范则是直接制约着成员行为的准则，对成员的影响是直接的。

一方面，人们在共同活动中，其心理存在着一种社会标准化的倾向，即人们在对外界事物的共同认知和判断上，发生类化过程，彼此接近，趋于一致，从而导致模式化、固定化，以便于遇到同类事物时做出尽快的反应。另一方面，在团体成员的相互作用下，又会产生模仿、暗示、顺从等心理，这样就形成了团体意见的统一，规范正是在这两种因素的基础上产生的。

团体形成以后，为了保障其目标的实现和群体活动的一致性，就需要有一定的行为准则以统一成员的信念、价值和行为，这种约束成员的准则，就叫团体规范。团体规范是每个成员必须遵守的已经确立的思想、评价和行为的标准。这些标准为团体每个成员所公认，而且是每个成员必须遵守的。团体规范可以是在团体内正式规定的，但大部分是在团体中自发形成的，并且能潜移默化地影响着个人的行为及人格的发展，起着调节成员活动和关系的作用。

【案例 8-2】 暗室光点实验

美国心理学家谢里夫用“暗室光点”实验证明了团体规范的形成过程。实验在一个暗室内进行，先让每一个被试者单独坐在里面，在他面前的一段距离内出现一个光点，几分钟后就消失了。然后，让被试者判断刚才的光点移动了没有，向哪个方向移动，移动了多远，但实际上光点根本没有移动。由于人在暗室里的视错觉现象，所以都感到光点似乎移动了。这样的实验反复进行了多次，结果被试者都很快建立了自己的反应模式，即建立了个人的反应标准。有的认为光点向上移动，有的认为向下移动，还有的认为向左或向右移动等。谢里夫根据这些各不相同的反应标准，又多次让所有被试者同时在暗室里观看光点，其结果所有被试者的反应标准逐次趋于一致，最后形成了共同的反应标准，这就是团体规范的形成。这一实验说明，团体的规范取代了个人的反应标准或模式，而这种规范的形成显然是受了模仿、暗示等心理机能的影响。后来，谢里夫又把这些人分开单独实验，结果所有被试者都没有回到自己原来的反应模式上，仍然一致地保持着团体的反应标准。这说明已经形成的团体规范具有一种无形的压力，约束着人们的行为表现，甚至这种约束力并没有被人们所意识到。因而，团体的规范一旦形成，就会成为团体成员的行为准则，自觉地或被迫地来遵守它。

资料来源：http://www.docin.com/p-93044878.html

(三)团体规范的改变

20世纪60年代后期，美国管理学家皮尔尼克分析了团体规范与企业利益之间的关系，提出“规范分析法”作为改进团体工作效率的工具，这种方法包括三项内容：①明确规范内容。调查、了解团体业已形成的规范的内容，特别要了解起消极作用的规范是什么，并听取对这些规范进行改革的意见。②制定规范剖面图。将规范进行分类，例如分为组织荣誉、业务成绩等10类，列出团体规范剖面图，并给每类定出理想的给分点。这种理想的给分点与实际评分的差距，称为规范差距。③进行改革。改革应从最上层的团体开始，逐级向下。确定优先改革的规范项目时，主要应考虑规范对企业效率影响的大小，不能把规范差距大的项目列为优先改革的项目。

美国一些企业实行规范改革后收到了较好的效果，我国的企业当然应该根据国情列出我们的规范项目，不能机械地照搬。但是，“规范分析法”的基本精神和方法完全可以供我们借鉴和运用。

二、团体凝聚力

团体凝聚力是指团体成员相互吸引并对组织目标认同的程度，还表现在团体对成员的吸引力、成员对团体的向心力这样一个总和。团体凝聚力是一个团体是否有战斗力，是否成功的重要标志，它对团体行为和团体效能的发挥有着重要作用。管理实践表明：有的团体关系融洽、凝聚力强、意见一致、团结合作，能顺利完成任务；有的团体成员之间意见分歧、关系紧张、相互摩擦、凝聚力差、各人顾各人、一盘散沙，不利于任务的完成。因此，研究团体凝聚力不但是管理心理学理论研究的重要内容，而且对实际管理工作具有十分重要的指导意义。

(一)团体凝聚力的含义

团体凝聚力即指团体对每个成员的吸引力和向心力，以及团体成员之间相互依存、相互协调、相互团结的程度和力量。它可以通过团体成员对团体的向心力、忠诚、责任感、团体的荣誉感等以及团体成员众志成城、齐心协力抵御外来攻击或同外来团体的竞争力来表示；也可以用团体成员之间的关系融洽、团结合作和友谊等态度来说明。

研究表明，凝聚力高的团体有以下特征：成员间意见沟通快，信息交流频繁，互相了解较为深刻，民主气氛好，关系和谐；团体对每一个成员有较强的吸引力、向心力，成员愿意参加团体活动，无论是生产还是其他活动出席率都较高；团体成员愿意承担更多的推动团体工作的责任，时时关心团体，并注意维护团体的利益和荣誉；团体中每个成员都有

较强的归属感、尊严感、自豪感。

团体的凝聚力具有重要的意义，它不仅是增强团体效能、实现团体目标的重要条件，而且是团体能否存在的必要条件。如果一个团体丧失了凝聚力，不再能吸引它的成员，那么它本身就失去了存在的意义。

(二)团体凝聚力的测量及其影响因素

团体凝聚力在不同的团体类型和团体过程中是很重要的变项，必须要有系统地去测量每个个别团体凝聚力的母群。长久以来团体凝聚力的测量，始终受到研究者们的争论，团体凝聚力的测量，主要依照研究者对于团体凝聚力的定义，以及团体的特性，而有不同的测量方式。主要包括自填式量表、社会计量法、观察法三种，这三种方法是常用来测量团体凝聚力的，可以单一使用，也可以混合使用。

1. 团体凝聚力的测量

下面介绍测量团体凝聚力的方法。

(1) 自填式量表。问卷是最常被使用的工具之一，通常是以自填的方式，来填写问卷。学者在不同的团体中，会使用不同的量表，来测量团体凝聚力的结果。主要依照不同的团体性质，选择不同测量量表，分为以社交凝聚力为主的量表及以任务凝聚力为主的量表。在社交凝聚力量表方面，以 Gross(1957)的团体凝聚力量表最具代表性(Cota 等，1995)，另外，Yalom(1995)也常被使用测量团体凝聚力，这些量表，都是测量成员在团体中的人际互动关系，包括团体吸引力、归属感等，适用于各种团体，包括治疗团体、成长团体、学生团体等。任务凝聚力量表方面，目前最常使用的是 Carron(1985)的团体情境问卷，测量内容包括人际关系及团体任务两个类别，目前比较适用于运动团体、工作团体、练习团体及音乐团体等。

(2) 社会计量法。此种方式是要求团体成员写出参与不同活动时，他最希望和谁一起参加，将名字写下，或者写出他好朋友的名字，计算出每个人选择的人是团体中的人的数目，以推测这个团体凝聚力的程度。

(3) 观察法。可以分为语言、非语言及行为两种，语言方面，包括在团体讨论中使用“我”或“我们”的次数、自我揭露、回馈、发问或沉默的频率。非语言及行为的范围较广，包括成员的出席率、彼此座位的距离、与其他人说话时眼神的接触、分享、情绪支持及信任等。

2. 团体凝聚力的影响要素

以下介绍的这些测量方法可用于实际测定，当然，团体凝聚力的高低主要还是受以下因素的影响。

(1) 成员的同质性。团体的同质性即指团体成员之间的共同点和相似性。例如，团体成员有共同的奋斗目标、理想、信念；相同的需要、动机、兴趣与爱好；相同的民族及文化

背景；相似的个性倾向性及个性心理特征等都是团体的同质性。一般来说，同质性有相互吸引的作用，同质性越高，团体的凝聚力就越高。但是，有时团体成员之间工作性质相同，工作能力和水平相当，彼此不服气，可能出现嫉妒、“同行是冤家”等现象，这样会破坏团体的凝聚力，造成团体内部的不团结。

(2) 规模的大小。团体存在的必要条件之一是团体成员间的相互交往和相互影响。团体规模小，彼此作用与交往的机会多，其凝聚力就强，但规模过小就会失去平衡，矛盾难以调解；相反，团体规模过大，容易出现意见分歧，信息交流不畅，就不可能有高度的凝聚力。因此，只有适当规模的团体才可以增强凝聚力。

(3) 外部影响。一个团体与外界相对隔离、孤立，这个团体的凝聚力就比较高。如若外部存在压力，则压力越大，凝聚力就越高。例如，一个国家民族矛盾尖锐，受到外来侵犯时，阶级矛盾便趋于缓和，会出现团结起来一致对外的局面；一个企业面临激烈竞争的威胁，为了在竞争中求得生存和发展，也需要团结一致，齐心协力，增强团体的凝聚力。

(4) 成员对团体的依赖性。个人参加某团体是因为他觉得该团体能满足其经济、政治、心理需求。因此，一个能满足其成员个人重大需求的群体，对成员才有巨大的吸引力，其凝聚力才会高。

(5) 团体的地位。某团体在诸团体中的地位、等级越高，其凝聚力就越强。如团体被人尊重，有较快的升迁机会，有更多的经济报酬，有更大的发展可能性等，团体凝聚力就大。

(6) 目标的达成。有效地达成目标会使其成员产生自豪感，增强凝聚力，而凝聚力反过来又会促进目标的达到。

(7) 信息的沟通。信息沟通渠道越畅通，凝聚力越高；相反，相互间越缺乏联系，则凝聚力越低。

(8) 领导者和领导方式。领导者是团体的核心，领导班子自身是否团结一致、齐心协力，是否坚强有力，会直接影响团体的凝聚力。如果领导班子自身不团结，互相扯皮、拆台，团体便失去核心，因而凝聚力将受到很大影响。如果领导班子是团结的、协调一致的，而主要的领导者有较高的权利性和非权利性影响力，众望所归，那么团体成员就会紧密地团结在他们的周围，使团体产生较强的凝聚力。不同的领导方式对团体凝聚力影响也不同。在民主、专制、放任三种领导方式中，民主型领导方式能使全体团体成员有充分表达自己意见的机会，团体成员有较强的参政意识，成员之间团结协作、互助友爱，因而有较高的凝聚力；而专制型和放任型领导方式则往往降低凝聚力。

【案例 8-3】 运输竞赛

“运输竞赛”是一项说明竞争与合作之间关系的经典研究。这项研究是道奇和克劳斯于 1960 年进行的。研究者要求两个被试者想象他们各自正在经营着一家运输公司(A 公司和 B 公司)，并要求每人驾驶一辆货车尽快由一个地点到达另一个地点。两辆货车并非彼此竞争，它们有不同的起点和终点。但两辆货车的捷径是一条单行道，且两辆车是以相反方向行进的。两人走捷径的唯一方式是等一辆车通过后另一辆车再走，每个人在捷径的起点都有一扇控制门，可按按钮使之关闭，以防止对方通过。此外，每辆货车还有一条备用路线，不会与另一辆车发生冲突，但路线要远得多。研究者告诉被试者，他们的目标是尽快到达终点，越快得分越高，但并没有提到要比另一被试者得分更多。两名被试者无疑都十分清楚，最佳方案是相互合作，轮流使用单行道，两个人都走捷径，但其中一人需稍候片刻，等另一人通过。而研究结果是：两名被试者不肯合作，都想抢先通过单行道。在单行道中间碰头后，彼此拒绝让步，最终一辆车退回，关闭控制门，走另一条路。双方都得不到高分。多次实验结果，只是偶尔出现合作行为，大部分行为是在竞争。说明合作与竞争如何影响群体凝聚力。研究者对某一班级的一半学生说，他将以合作为基础给学生打分，全班学生都是同一分数，关键在于大家在辩论时如何成功地击败其他班级。对另一半学生，研究者告诉他们将以竞争为基础打分，谁对所辩论的问题贡献大，谁的得分就高。研究结果表明，合作解决问题的群体要比竞争解决问题的群体协调，合作群体成员比竞争群体成员更能采纳别人的意见，更能友好相处。而竞争群体成员彼此很少沟通，观点重复，容易产生误解，成员间互相侵犯，心情压抑。研究说明，在一般情况下，竞争影响群体内人际关系的协调，破坏群体凝聚力。

资料来源：http://baike.steelhome.cn/doc-view-26187.html

(三)团体凝聚力与生产效率的关系

研究影响团体凝聚力的主要因素，目的在于运用和创造这些因素，增强团体凝聚力，提高工作效率。那么，团体凝聚力与生产效率的关系如何，是否凝聚力越高生产效率也越高？这是心理学家十分关注的一个问题。研究表明，团体凝聚力与生产效率之间并不存在这种正相关的关系。凝聚力高，可能提高生产效率，也可能降低生产效率。其关键在于团体规范的性质和水平，即团体共同制定的生产指标的性质和数量。在一个凝聚力高的团体里，成员的行为高度一致，个人有较强的服从团体规范的倾向。如果这个团体的目标与组织目标不一致，则凝聚力与生产率之间成负相关；反之，团体目标与组织目标一致，则二者成正相关。前者凝聚力越高，生产率越低；后者凝聚力越高，生产率越高。社会心理学家沙赫特通过实验研究了团体凝聚力对生产效率的影响情况。沙赫特在有严格控制条件的情况下，检验了团体凝聚力和对群体成员的诱导对于生产率的影响。实验中的自变量是凝聚力和诱导，因变量是生产率。设 1 个对照组、4 个实验组，分别给予 4 种不同的条件，即高、低凝聚力和积极、消极的诱导 4 种不同的结合。这个实验告诉我们：第一，无论凝聚力高低，积极诱导都提高了生产率，而且凝聚力高的团体生产率更高；消极的诱导明显地降低了生产率，而且凝聚力最高的群体生产率最低。第二，凝聚力高的团体，若团体规范规定的生产标准很低，则会降低生产率。第三，对团体的教育和引导是关键的一环，不能

只靠加强成员间感情联系来提高群体的凝聚力。因此，管理者必须在提高团体凝聚力的同时，提高团体的生产指标的规范水平，加强对团体成员的思想教育和指导，克服团体中的消极因素，以使团体的凝聚力真正成为促进生产力发展的因素。

三、团体冲突

(一)团体冲突的含义及其功能

目前对冲突功能的理解有三种观点。①传统观念认为所有冲突都是有害的，把冲突和暴力、破坏、无理取闹等同起来，20 世纪 30—40 年代，大多数研究群体行为的人持这种观点。即使是在为霍桑实验作结论时，心理学家们也是把冲突单纯视为由于信息交流不善、人际关系不良、管理部门不能满足员工的需要所带来的后果。②人类关系理论认为，冲突是群体心理中客观存在、不可避免的、非常正常的一部分。因此把冲突作为管理心理学研究中一个非常重要的内容加以讨论。③交互作用理论认为，冲突是新事物产生的基础。冲突并不总是坏事，不能一概反对和避免冲突。冲突中有破坏性的，它阻碍群体目标的达成，起消极作用；也有建设性的，它有助于群体目标的达成，起积极作用。根据这种观点，在企业管理中应该促进、发展建设性的冲突，化解、避免破坏性的冲突。

(二)团体冲突的过程

冲突过程可以分为 4 个阶段，即潜在对立阶段、认知与个人介入阶段、行为阶段和结果阶段。潜在对立阶段是产生冲突条件的酝酿时期。这些冲突条件包括不良的沟通、不良的组织结构和不良的个人因素。认知与个人介入阶段指随着各种潜在冲突条件的具备，以及由此而不断产生的恶化，使人形成明显的知觉，并伴有不良的情感体验。行为阶段是指冲突已不可能在第二阶段低水平的较量中得到解决，双方的冲突便开始升级，展开全面公开论战。此时，双方的“脸皮”都撕破了，能用的手段都用上了，冲突达到了白热化。结果阶段是指采取一系列措施处理外显冲突后所产生的结果。各类冲突不外有 4 种结果：一是成功—失败结果，即一方成功，一方失败；二是折中—和解结果，即双方斗了半天和解了，都未受损，也都没有满足自己的要求；三是失败—失败结果，即两败俱伤；四是成功—成功结果，即双方都胜利了，都获得了利益，这是最好的结果，多属建设性冲突。

(三)团体冲突的分类

根据冲突的对象，可将其分为个人心理冲突、团体中人际冲突和团体际冲突。

1. 个人心理冲突

个人心理冲突是指个人在面临互不相容、互相排斥的目标时，便会体验到的内心冲突。比如，一个学生第二天要参加考试，刚好这天晚上有场精彩的国际球赛，是复习功课还是

看球赛，这两个互不相容的目标便会造成他个人的内心冲突。20 世纪 30 年代，心理学家按照接近和回避这两种倾向的不同结合，把个人内心冲突分为 4 种基本类型。

(1) 接近—接近型冲突。当两种或两种以上目标同时吸引着人们，而必须选择其中一种目标时，通常出现接近—接近型冲突。《孟子》中有句话："鱼与熊掌不可得兼"。鱼好吃，熊掌也好吃，两种食物对人都有吸引力，而现在只许选择其中一种，由此引起的冲突就是接近—接近型冲突。高中毕业生选择高考志愿、顾客选择不同的商品时出现的冲突也属于这种类型。

(2) 回避—回避型冲突。当两种或两种以上的目标都是人们力图回避的事物，而他们又只能回避其中的一种目标时，就产生回避—回避型冲突。例如，某人得了虫牙，疼痛难忍，但他迟迟不肯就医，因为他知道让牙科大夫治疗虫牙是一件痛苦的事情。在这种情况下，他或者忍受虫牙带来的苦痛，或者接受牙医的治病。由此引起的冲突就属于回避—回避型冲突。

(3) 接近—回避型冲突。这种冲突是在同一物体或目标对人们既有吸引力，又有排斥力的情况下产生的。在这种情况下，人们在接近目标的同时，又故意回避它，从而引起内心的冲突。例如，孩子们愿意跟随爸爸、妈妈外出，但同时又怕受到约束；学生愿意选修一些新的、难度较大的课程，但又担心考试时失败；外出旅游是件有吸引力的事情，但因耗费时间太多而不愿意去等。在这些情况下引起的冲突都是接近—回避型冲突。

(4) 多重接近—回避型冲突。在实际生活中，人们的接近—回避型冲突，常常以一种更复杂的形式出现。人们面对着两个或两个以上目标，而每个目标又分别具有吸引和排斥作用，人们不能简单地选择一个目标，而回避(拒绝)另一目标，必须进行多重的选择，由此引起的冲突叫多重接近—回避型冲突。例如，现在各用人单位都提倡人员流动。当一个人看到某经济特区招聘员工时，可能引起接近—回避型冲突。他想到去特区工作的许多好处，如工资收入多、住房条件好等，但又担心去一个新城市生活不习惯，子女教育问题难以解决；如果留在原单位工作，工资和住房条件差些，但工作和生活环境早已习惯，也比较安定，子女升学的条件也较好等。由于对各种利弊、得失的考虑，产生了多重接近—回避型冲突。解决这种冲突要求人们对各种可能性进行深入的思考，因而要花费较长的时间。

2. 团体中人际冲突

冲突不仅会在人的内心中产生，而且团体中人与人之间也经常会发生冲突，这种冲突属于团体内人际冲突。团体中人与人之间的冲突是形形色色的，冲突的内容也各不相同，产生的原因也是多种多样的。有的是工作上的分歧造成的，有的是个人恩怨引起的；有的有助于组织的发展，有的具有破坏性；有的是正常的、合乎规律的，有的是不正常的、人为因素造成的。人与人之间在工作过程中所发生的冲突，往往是由于下面原因造成的。

(1) 信息基因的冲突。这是由于人们信息沟通的渠道不同，彼此之间又互不交流而造成的冲突。例如，一个企业在制订生产计划时，计划科长与营销科长发生了冲突。计划科长坚决主张多生产本厂的传统产品，供销科长主张多生产新产品，究其原因，是因为计划科长的信息来源于上级的规则，而供销科长的信息来源于市场调查，这是由于信息来源的不同而造成的冲突。

(2) 认识基因的冲突。由于人们的知识、经验、态度、观点等的不同，对于同一事物会有不同的认识，基于认识不同所造成的冲突就是认识基因的冲突，这种冲突在企业中相当普遍。人们在采用新设备、处理问题、发展企业的方式方法、用人等各方面都会有不同的认识，从而引起冲突。

(3) 价值观基因的冲突。价值观是指人对是非、善恶、好坏的一般概念。由于个人的价值观不同，也会造成冲突。有些管理者认为提高产量是企业的首要任务，有些管理者则认为提高质量才是首要任务；有人认为企业的首要任务是生产，有人则认为在于经营，这都是由于价值观的分歧而造成的冲突。

(4) 本位基因的冲突。企业中的个人都在某一单位工作，因此在处理问题时往往首先考虑本单位的利益。如果不同部门的两个人都只考虑本单位的利益，则往往容易引起冲突，这就是本位基因的冲突。

3．团体际冲突

两个或多个团体之间的冲突是团体际冲突。如工矿企业的各个部门由于任务不清、职责不明所引起的互相埋怨、互相牵制的冲突；企业和企业之间、企业内部各部门之间的冲突等都属于团体际冲突。

【案例 8-4】 郊外露营训练

美国心理学家谢里夫研究了在团体与团体竞争条件下发生冲突的情况。他设计了一项自然条件下的实验，邀请 22 名互不相识的男孩分成两队到郊外露营，两队的营地相距很远，互不来往，经过一周后两队队员各自成为一个团结一致的群体。在实验的第二阶段，安排两队开展竞赛，如拔河、球赛等。在竞赛过程中，因要互争胜负，两队产生对立情绪。在实验的第三阶段，又设计了两队必须合作的情境，例如，郊游的卡车坏了，需要两队齐心协力推动。这样，经过若干次合作，两队消除了隔阂，形成了一个新的较大的群体。此后，谢里夫又对成年人进行类似的实验，得到了相同的结果。

资料来源：http://bm.gduf.edu.cn/kcpt/glxlx/glxlx05/glxlx05_0702.htm

通过上述研究，谢里夫得出了如下结论：

(1) 竞争对每一团体内部的影响：①团体内部团结增强，其成员对团体更加忠诚，内部分歧趋于减少。②团体由一个非正式的、以游戏为主的团体转变为以工作和完成任务为主的团体。对于团体成员个人心理需要的关心逐渐减弱，而对完成任务的关心逐渐增强。③领导的方式逐渐从民主型转为专制型，而且团体成员逐渐心甘情愿忍受专制型的领导。④每一团体都逐渐成为组织严密、纪律严明的团体。⑤团体要求其成员更加效忠和服从，

形成“坚强的阵线”。

(2) 竞争对团体与团体之间关系的影响：①每一团体都把另一团体视为对立的一方，而不是中立的一方。②每一团体都会产生偏见，只看到本团体的优点，而看不到自己的弱点。对于另一团体则只看到它的缺点，而看不到它的优点。③对另一团体的敌意逐渐增加，与对方的交往和沟通减少，结果使偏见难以纠正。④假如强迫他们交往，例如，强制他们听取各队代表就某一问题发表意见时，两队队员都只注意倾听、支持自己队员的发言，对于对方的发言，除挑剔毛病外，根本不注意倾听。

(四)解决团体冲突的原则

解决团体冲突应坚持以下原则：①发展建设性冲突，消除破坏性冲突。建设性冲突，是组织发展的动力，不要消灭它，而是要发展它，最好的办法是引入竞争机制。对破坏性冲突，要旗帜鲜明地加以反对，要把冲突解决在潜伏阶段或认知与个人介入阶段。②加强信息沟通，提倡交换意见，提倡友谊、谅解、信任、支持，以便减少隔阂、缩短心理距离。③分清是非，公正地解决冲突，切莫是非不分，偏袒一方。

(五)解决团体冲突的方法

解决团体冲突可以采取以下方法。

第一，协商妥协。这是解决冲突最常用的方法。当两个部门发生冲突时，双方派出代表进行协商，各自提出自己的困难，阐述自己可以做出的让步，最后本着顾全大局、互谅互让的原则使冲突得以解决。

第二，第三者调解。当一再协商达不成协议时，就需要请第三者出面调解。调解者必须有权威，或者是冲突双方的上级，或者是有地位、有影响的专家、社会贤达。

第三，权威裁决。当调解无效时，只好请有正式权力的上级主管部门或由有关的权力机关做出裁决。如我国近年来设立的经济法庭就是这种机关。权威裁决的实质是强制解决，因此它往往不能消除引起冲突的原因。

第四，拖延下去，不了了之。这是解决冲突的一种微妙而又常常颇为有效的办法。有的冲突一时无法解决，拖着，随着时间的流逝、环境的变化，它会自行消解。

第五，不予理睬。这是拖延的变种。不作决定，不表态，相对于决定拒绝所引起的冲突要小些，对于双方的伤害也轻些。所以，这也是一种应对冲突的有效办法。但是，应该看到，这是一种消极的办法，有时还会使冲突加剧。

第六，和平共处。冲突的双方采取克制态度，互相停止攻击和敌对行动，承认对方的存在，和平共处。这尽管不能解决冲突，但可避免冲突激化。

第七，托马斯的两维模式。托马斯认为解决冲突必须适当地确定解决问题的次序，以此来协调“武断”坐标和“合作”坐标，求得建设性的解决冲突的方式。冲突处理的结果，可以是一方胜利一方失败，或者是双方都有所得亦有所失，但最好的是“胜对胜”的处理结果。这种方法须精心筹划，促使双方协作，共同解决问题，找到一种双方都满意的答案，大家都是胜利者。

【案例 8-5】 处理团体冲突的故事

在团体中常碰到的问题是本位主义难以克服，团体气氛中如果充满着相互批评、指责，将会使每天的上班像进入战场、进入炼狱般的煎熬。

在一次训练活动中，有位主管分享他们公司如何处理团体冲突的故事。他说："以往在我们主管会中，最常听到的话是互相批评、互相攻击，场面热闹。像因为生产部未按时交货，所以业绩没有完成；因质量设计不良，产生顾客抱怨与退货；因业务下单交期太短，中间插单、改造……造成生产不顺。很多的'因为你的……不对，所以造成我的……不能做事'，或者是'都是因为你没有配合，我的……所以无法完成'；每次会议都为相互间没有配合好的事，与这段期间的缺失、问题争辩不休。"

"经过几次的会议，有一天，刚回国接任的总经理终于忍不住了，在会议上当场用力拍桌子，'啪'，把正在争辩中的主管们吓了一大跳。总经理说：'从现在开始大家改变报告内容，不用再报告别人有什么错误或缺失而责备别人，在会议中只能报告两个内容，一是在本周内哪些部门、哪些人对你有什么贡献；二是检查你自己还有哪些未做好或不足之处，接下来你要如何改进。'"

这位主管欣喜地说下去："之后的第一次会议，大家都很不习惯，以往只注意别人有什么缺点不能与我配合，不曾注意别人对我会有什么贡献。而总经理要求在会议上要报告别人对我有哪些贡献，在全场一阵鸦雀无声之后，好不容易有人才挤出来说，'谢谢你陈经理，那一天在会议室，你为我倒茶！'总经理也接受。"

"几次以后，会议的气氛转变了，公司内在的气氛也奇怪地随之改变了。每位主管在会议中报告，注意到别人对他的帮助愈来愈多，表示感谢之外也对自己的不足做检讨，带来了感谢感恩的气氛，也带动了自我检讨、负责的工作态度，团体合作的凝聚力也增强了。"

这位主管得意地说："这是因为在会议上，对别人表示感谢是肯定别人对我实质的帮助，对自己的检讨是对自己不足的激励。但是过了两个月又有进一步的发展，在会议中大家突然发现：如果只有你感谢别人，而没有别人感谢你，那代表什么意思？因此，促动了每个人在注意别人对我有什么贡献之余，也主动去找机会协助别人，找为别人服务贡献的机会，团体凝聚就在这个过程中形成了。"

在这个故事中，只是一个报告方式的转变，却带来整个团队效能与团体气氛的巨大转变。

资料来源：http://bbs.vsharing.com/Management/HRM/569299-1.html

四、团体士气

(一)团体士气的含义

"士气"原用于军队，表示作战时的集体精神，现在也应用于企业中，表示团体的工作精神。士气不仅代表个人需求满足的状态，而且包含以下含义：确认此满足得之于团体，因而愿意为实现团体目标而努力。

在一个企业中，要注意了解士气，了解员工对工作、组织、上级、同事、工作环境的态度，可为人事管理提供重要资料，也是企业进行有效管理的有力手段。企业希望员工既有高昂的士气，又要有高的生产效率。很显然，士气只是提高生产效率的必要条件之一，还不是充分条件。例如，提高员工的工作能力，保证充分的设备与原材料供应等都是很重要的条件。而影响士气的因素很多，主要包括如下几点。

第一，对组织目标的赞同。士气是团体中成员的团体意识，它代表一种个人成败与团体成就休戚相关的心理。这种心理必须是在个人的目标与团体的目标协调一致时才可能产生。这时，个体对组织有强烈的认同感，愿意为达成组织的目标而努力。

第二，合理的经济报酬。金钱不是人们所追求的唯一目标，但金钱可以满足个人的许多需求，有时它还代表一个人在组织中的成就和贡献。同工同酬，以工计酬，公平合理，就能提高员工的工作积极性。反之，不合理的薪资制度，会引起不满而降低士气。

第三，对工作的满足感。对工作的满足感增长有利于提高士气。例如个人对所从事的工作感到合乎他的兴趣、适合他的能力，因而对他具有挑战性、能施展他的抱负。在这种满足感的情况下，士气必然会提高。因此，安排工作时要尽可能考虑员工的智力、兴趣、教育程度和特殊专长，这样做就能施展其长处，鼓励士气。

第四，有优秀的管理人员。一个领导的管理作风对下级的工作精神的影响极大。研究表明，凡是士气高的群体，其领导者都比较民主，乐于接受别人意见，善于体谅员工甘苦。

第五，同事间的关系和睦。一个士气高的群体，其成员间的凝聚力很强，很少出现彼此冲突、埋怨、敌对现象。

第六，良好的意见沟通。领导与下级或下级与上级之间，如果沟通受阻，皆可能引起员工的不满而影响士气。单向沟通只是上级命令下级，而没有给员工反映意见的机会，日久易产生抗拒心理、降低士气。多让员工有参与决策或群体讨论的机会，这种双向沟通的做法，有利于提高员工的积极性。

第七，奖励方式得当。采取个体奖励制度，容易造成竞争式群体，影响群体；如果采取群体奖励制度，以群体成绩计酬分享，那么有利于提高全体成员的士气。

第八，良好的工作心理环境。在工作中心理挫折少、焦虑少，在充满自信、自尊的关系中工作，有利于提高员工的士气。

(二)高士气团体的特征

一个团体的优秀与否首先要看这个团体的士气如何。一个高士气团体的特征如下：

第一，团体的团结来自团体内的凝聚力，而非由外部情境决定；

第二，团体中的成员之间没有分裂为相互对立的小团体的倾向，没有离心倾向；

第三，团体本身具有解决内部矛盾、处理内部冲突和适应外部环境变化的能力；

第四，成员之间彼此理解，对团体具有强烈的认同感，成员对团体有较强的归属感；

第五，团体成员都明确地理解和掌握团体目标；

第六，团体成员对团体的目标及领导者抱信任和支持的态度；

第七，团体成员承认团体的存在价值，并且有维护团体继续存在与发展的愿望。

(三)影响团体士气高低的原因

1．对团队目标的认同

孙子曾说过“上下同欲者胜”。团队管理的首要任务是要有明确的奋斗目标(长期和短期的)，这个目标要和个人的目标结合起来，即实现公司目标的同时，个人的目标也能实现，个人与企业的目标在一定层面上是一致的。而士气是一种团体意识，是团体成员对组织的集体态度，它代表一种个人成败与团队成就高低休戚相关的心理。如果团队成员接受、赞成、拥护团队的目标，认识到团队目标反映了自己的要求和愿望，具有较高的价值，个人就愿意为达到团队目标而努力，那么团体士气就会高涨。

2．利益分配的合理性

人们奋斗所争取的一切，都同他们的利益有关，这是马克思的至理名言。人们为团队工作，总要获得利益，或物质的，或精神的。利益的分配，代表着一个人的贡献和成就。必须公平合理，同工同酬，论功行赏，这样才可以调动员工的积极性，提高团队士气；反之，就会引起员工的不满，挫伤员工的积极性，降低团队的士气。

3．团队成员对工作产生满足感

员工的工作满足感会直接影响到员工的工作行为、工作积极性、劳动效率及工作绩效。世界著名的石油大王洛克菲勒曾经说过：要想充分发挥员工的才能，就要努力提高员工的工作满足感，让员工在工作中获得更大的满足，对工作感到满足就能够提高士气。所谓工作满足，就是员工对本职工作非常热爱、感兴趣；而且工作有利于员工能力及特长的发挥，使员工英雄有用武之地。此外，民主的管理方式，可以为员工提供参与管理的机会、融洽的人际关系等，这些都将使员工产生工作满足感。

4．优秀的领导者及领导集团

俗话说得好，“火车跑得快，全靠车头带”。“一头狮子带领一群绵羊”和“一只绵羊带领一群狮子”的结果绝对不一样。领导者对企业的生存与发展的作用举足轻重。作为管理者，需要从自身做起，改变态度，改变行为，成为士气的风向标。研究表明，领导者和领导集团作风民主，广开言路，乐于接纳意见，办事公道，遇事能同大家商量，善于体谅和关怀下级，则团队士气高涨；反之，遇事独断专行，压抑员工积极性和创造性的领导者和领导集团可能降低团队的士气。

5．团队内部团结和谐

拿破仑曾说过，一支军队的实力3/4靠的是士气。管理者必须想方设法营造一个诚信、和谐的氛围，只有这样大家才能心往一处想，劲往一处使，朝着共同的目标扬帆远航、矢志不移地努力。比如，大家彼此认同并共同愉快遵守各项规章制度，特别是尊重与信任远远胜于一切物质条件。再如，每一个员工能积极参与团队的每一件事，能积极主动地去做事，毫无保留地与大家共享成功经验，能在别人工作遇到困难时主动帮助他，像完成自己的工作一样帮助他人完成工作。这些都会促使团队的团结和谐，从而提高团队士气。

【案例8-6】 和谐的故事

从前，有一个脾气很坏的男孩，他的爸爸给了他一袋钉子，告诉他：每次发脾气或者跟人吵架的时候，就在院子的篱笆上钉一根。第一天，男孩钉了37根钉子。后面的几天他学会了控制自己的脾气，每天钉的钉子也逐渐减少了。他发现，控制自己的脾气，实际上比钉钉子要容易得多。终于有一天，他一根钉子都没有钉，他高兴地把这件事告诉了爸爸。爸爸说："从今以后，如果你一天都没有发脾气，就可以在这天拔掉一根钉子。" 日子一天一天过去，最后，钉子全被拔光了。爸爸带他来到篱笆边上，对他说："儿子，你做得很好，可是看看篱笆上的钉子洞，这些洞永远也不可能恢复了。就像你和一个人吵架，说了些难听的话，你就在他心里留下了一个伤口，像这个钉子洞一样。"

资料来源：http://i.mtime.com/yue19871229/blog/1584220/

6．良好的信息沟通

有效的信息沟通能够消除各种人际冲突，建立人与人之间的良性和谐的人际关系，使员工在情感上相互依靠，在价值观念上高度统一，在工作衔接上清晰明朗，达到信息畅通无阻，改变员工之间的信息阻隔现象，激励士气，减轻压力和忧虑，增强团队之间的向心力和凝聚力，防患于未然，为团队建设打下良好的人际基础。

第三节　团 体 决 策

一、团体决策的含义和类别

团体生活是人类社会生活的基本方式，而利用团体解决问题对人类的进一步发展也是必不可少的。尽管从组成上讲团体是由个体组成的，但实际上团体在问题解决中所产生的

效应以及所使用的方式与个体有着明显的区别。早在 20 世纪 30 年代，著名的工业与组织心理学家勒温提出的团体动力学就开始分析团体活动的特征。随着时代的进步，团体问题受到了越来越多的关注，下面将从社会心理学的角度分析与团体决策有关的一系列问题。

团体决策又称集体决策，指由包括两个以上的人完成的决策。区分是否团体决策的关键在于，决策的诊断活动、设计活动、选择活动是由一个人完成还是由两个以上的人完成。在决策的过程中，只要某一活动阶段是由两个以上的人合作完成的，就可以认为是群体决策。这意味着，团体决策不一定贯穿决策的全过程，只要在决策的某一阶段是由两个以上的人合作参与，就可视为团体决策。

团体决策可分为 4 种类型：权威决策、投票决策、共识决策、无异议决策。

二、团体决策的优势和劣势

(一)团体决策的优势

尽管人们并不一致认为团体决策是最佳的决策方式，但团体决策之所以广泛流行，正是在于团体决策具有以下几个明显的优点。

1．团体决策有利于集中不同领域专家的智慧，应付日益复杂的决策问题

通过这些专家的广泛参与，专家们可以对决策问题提出建设性意见，有利于在决策方案得以贯彻实施之前，发现其中存在的问题，提高决策的针对性。

2．团体决策能够利用更多的知识优势，借助于更多的信息，形成更多的可行性方案

由于决策团体的成员来自不同的部门，从事不同的工作，熟悉不同的知识，掌握不同的信息，容易形成互补性，进而挖掘出更多的令人满意的行动方案。

3．团体决策有利于充分利用其成员不同的教育程度、经验和背景

具有不同背景、经验的不同成员在选择收集的信息、要解决问题的类型和解决问题的思路上往往都有很大差异，他们的广泛参与有利于提高决策时考虑问题的全面性，提高决策的科学性。

4．团体决策容易得到普遍的认同，有助于决策的顺利实施

由于决策团体的成员具有广泛的代表性，所形成的决策是在综合各成员意见的基础上形成的对问题趋于一致的看法，因而有利于与决策实施有关的部门或人员的理解和接受，在实施中也容易得到各部门的相互支持与配合，从而在很大程度上有利于提高决策实施的质量。

5．团体决策有利于使人们勇于承担风险

据有关学者研究表明，在团体决策的情况下，许多人都比个人决策时更敢于承担更大的风险。

(二)团体决策的劣势

团体决策虽然具有上述明显的优点，但也有一些特殊的问题，如果不加以妥善处理，就会影响决策的质量。团体决策容易出现的问题主要表现在三个方面。

1．速度、效率可能低下

团体决策鼓励各个领域的专家、员工的积极参与，力争以民主的方式拟定出最满意的行动方案。在这个过程中，如果处理不当，就可能陷入盲目讨论的误区，既浪费了时间，又降低了速度和决策效率。

2．有可能为个人或子团体所左右

团体决策之所以具有科学性，原因之一是团体决策成员在决策中处于同等的地位，可以充分地发表个人见解。但在实际决策中，这种状态并不容易达到，很可能出现以个人或子团体为主发表意见、进行决策的情况。

3．很可能更关心个人目标

在实践中，不同部门的管理者可能会从不同角度对不同问题进行定义，管理者个人更倾向于对与其各自部门相关的问题非常敏感。例如，市场营销经理往往希望较高的库存水平，而把较低的库存水平视为问题的征兆；财务经理则偏好于较低的库存水平，而把较高的库存水平视为问题发生的信号。因此，如果处理不当，很可能发生决策目标偏离组织目标而偏向个人目标的情况。

三、团体决策的方法

团体决策问题从方法上讲也历经了一个漫长的发展过程，在这一发展过程中先后有 4 种团体决策方法被人们采用。这些方法不仅被广泛地运用于心理学研究，而且在实际生活中也产生了巨大的影响。

(一)头脑风暴法

早期对团体问题解决能力的探讨大多数是以头脑风暴(brain storming)的方式进行的。这种方法是由一个名叫奥斯本(Osborn)的广告经理设计而成的，可以产生新奇思想，且富有创造性的问题解决技巧。这种方法常常给团体一个特定的题目，如为某个商品设计广告词，

要求团体成员在较短时间内想出尽量多的解决方案。

奥斯本还对头脑风暴技巧提出了一些原则性的要求，这些原则包括：禁止在提意见阶段批评他人，反对意见必须放在最后提出；鼓励自由想象，想法越多越好，不要限制他人的想象；鼓励多量化，想法越多的人越可能最终获胜；寻求整合与改进，一方面增加或改正自己与他人的意见，另一方面还要把自己与他人的观点结合在一起，提出更好的决策选择。

但是心理学家泰勒(Taylor，1958)等人通过对一个 5 人团体利用头脑风暴技巧解决问题情况的研究，发现与成员单独解决问题相比，利用头脑风暴技巧的效果并不像人们想象的那样好，如表 8-1 所示。

表 8-1　头脑风暴技巧与个体单独决策创造力比较

组　别	不同意见的平均数	独特意见的平均数
5 人团体	37.5	10.8
5 人单独工作	68.1	19.8

资料来源：http://www.liyu.com/news/558059_4.html

从表 8-1 可以看出，团体决策不论是提出意见的数量还是质量都比不上成员单独决策。那么，能不能据此就否认头脑风暴技巧的作用呢？答案是否定的。后来的心理学家指出，在解决复杂问题，比如需要多学科知识的时候，利用团体的头脑风暴技巧要远远好于成员单独决策。因为团体决策至少给成员提供了互相检验彼此工作的机会，并且成员各自所具有的专业知识对解决复杂问题是必不可少的。

(二)德尔菲法

头脑风暴技巧有助于人们解决问题。但是在处理许多决策问题的时候，由于团体成员在各方面的参差不齐，所以在解决一些问题的时候效果并不好。为了克服这一点，有一种叫做德尔菲法(Delphi method)的专家决策技术被广泛地用于决策领域。德尔菲法又叫专家评估法，它是一种背对背的决策技术，由专家提供反馈，它包括以下几个步骤：要求团体成员对某个问题提出尽可能多的解决方案；专家对团体成员的意见加以整理，并将整理的结果反馈给成员；团体成员在得到反馈之后重新就刚才的问题提出新的解决方案；专家再整理并提供反馈，直到团体就此问题达成一致。

与一般的团体决策方法相比，德尔菲法不需要团体在一起讨论，因而可以避免由于面对面争论而引发的人际冲突，但这种方法比较费时。

(三)具名群体技术法

在团体决策过程中，个体会自觉或不自觉地感受到来自他人的压力，团体思维现象的出现就与此有关。为了克服这些问题，心理学家德尔贝克(Delbecq，1975)提出了他的具名群体技术(nominal group technique)。这种方法主要用在当团体成员对所要解决的问题不太了解，并且在讨论中难以达成一致时。具名群体技术包括 4 个步骤：出主意，由成员单独提方案，越多越好；记录方案，把每个人提出的所有方案都列出，不能选择；对方案加以分类，团体讨论并区分记录下的每个方案；对方案加以表决，每个人从 12～20 个备选方案中选出自己认为最好的 5 个，并选择累计得分最高的方案。

(四)阶梯技术法

上述三种方法对团体决策的效果有一定的作用，但是也存在着一些团体本身就具有的缺陷。这种缺陷有两个方面：一是在团体中人们的讨论是否充分，二是在团体中可能会出现社会懈怠。为了解决这些问题，罗格伯格(S. G. Rogeberg，1992)提出了一种名为阶梯技术(step ladder technique)的团体决策技术。在使用这种方法时，团体的成员是一个一个加入的。比如一个由 5 人组成的团体在利用阶梯技术决策时，先是由两个成员讨论，等他们达成一致后，第三个成员加入。加入之后先由前两个人讲自己的观点，然后再听前两个人已经达成的意见，最后三个人一起讨论，直到达成共识。第四、第五个成员也以同样的方式依次加入，最终整个团体获得一致性的方案。罗格伯格在对德尔菲法、具名群体技术和阶梯技术做了对比之后指出，阶梯技术不仅在实际方案选择，而且在心理感受上均优于另外两种方法。该方法比较费时，所以主要用于大的、重要的决策问题。

第四节　团体中的人际关系

一、人际关系概述

人际关系是指在人际交往中建立和发展起来的人与人之间的关系。任何一种人际关系都包括三个互相联系、互相促进的成分，即认知成分(指相互认识、相互了解)、情感成分(指积极或消极情绪、爱或恨、满意或不满意)和行为成分(指交往行为)。实际上人与人之间的关系(人际关系)就是篱笆与桩的关系。众所周知，没有篱笆，桩则失去存在的意义；没有桩，篱笆也不成其为篱笆。心理学告诉我们，人际关系就是指人与人之间心理上的关系，即人与人之间心理上的距离。

美国心理学家霍妮(Karen Horney，1885—1952)认为，人际关系的形成往往与对他人的基本态度有关，主要有以下三类：受控型，是一种在受他人控制的前提下形成的人际关系；实用型，是一种因为某种利益驱动而形成的人际关系；回避型，是一种以回避的观念和形式而形成的人际关系。

美国心理学家舒兹(W. C. Schutz)认为，所有个体在人际交往中，都有建立人际关系的需要，可分为 3 种类型：①包容的需要。理解和包容他人是人类修养和教育的体现，满足这一需要可以使人产生顶峰体验，并且形成良好的人际氛围。②控制的需要。驾驭和控制别人是部分人为了体现个人价值的平台，他们常常寻找那些依赖性强的人建立关系。③情感的需要。害怕孤独，需要爱是人类的本能，因此人们往往为了避免孤独而与人建立关系，并不完全受理智的支配。

英国心理学家麦独孤(McDougall，1871—1938)认为，人类心理在社会生活中运作的基本倾向是：①好斗本能。这种本能在原始人中的行为表现，在人性进化及人类社会进化中的作用，在维持社会秩序过程中，其行为表现为报复及道德义愤，这是一种把好斗本能转化为竞赛的倾向。②合群本能。这种本能的原始运作若在文明人中使用只会带来消极影响，在决定现代社会结构中需要更细巧的运作。社会运作会派生情绪，派生情绪包括信心、希望、焦虑、沮丧、失望、欢乐、懊悔、悲哀、悔恨，它们与基本情绪有着本质区别，与基本情绪不可同日而语。

二、人际关系的作用

人际关系是组织的成员与组织内外部成员交往过程中形成的一种相互影响、相互依存的联系。良好的人际关系具有交流信息、提供信用机制、交换社会资源、增强组织凝聚力的功能。近年来，改善组织中的人际关系，建立和发挥企业的团体精神成为组织理论中的热点。

人际关系的类型多种多样，按照人际关系形成的原因来划分，可以分为血缘关系、亲缘关系、地缘关系、友谊关系和业缘关系。按照人际关系所连接双方是否组织成员，可以把人际关系划为组织内部成员之间的人际关系、组织内部与组织外部成员之间的人际关系、组织外部成员之间的人际关系三种类型。按照交往双方关系的强弱，可以将人际关系分为强关系和弱关系，强关系和弱关系在人与人、组织与组织、个体与社会之间发挥着不同的作用。

人际关系对组织的发展具有重要的作用。

1. 人际关系充当信息交流的渠道

良好的组织内部的人际关系可以促进领导和员工，以及员工与员工之间的沟通。对于上级来说，可以了解员工的需求，可以改善上下级之间的关系，从而使员工更加自愿地努力工作。对于员工来说，可以尽量地表达出自己的思想和感情，主动发表自己的观点，激发自己的创造性的思维，这样不仅可以使员工增强对管理者的信任感，还可以使管理者从中获取有用的信息，更有效地组织工作。同时，良好的人际关系可以促进员工之间的交流，为组织和个人的交易活动提供一种信用机制。

2. 人际关系成为社会资源的一个网络

良好的组织内部与组织外部成员之间的人际关系，可以扩大企业同社会的联系面，掌握更多的社会资源，以在必要的时候为企业的发展提供必要的支持和帮助。

3. 良好的企业内部人际关系有助于企业目标的实现

员工不是作为一个孤立的个体而存在，而是生活在集体中的一员，他们的行为很大程度上是受到集体中其他个体的影响。良好的人际关系的建立，有利于一种企业文化的形成，培养共同的价值观、创造积极向上的企业文化是协调好组织内部各利益群体关系，发挥组织协同效应和增加企业凝聚力最有效的途径。在这样一种企业环境中，更有利于激发员工的积极性和创造性，有助于企业目标的实现。

三、人际关系的影响因素

究竟是什么原因在影响人与人之间的协调、和睦、轻松的关系呢？心理学家从心理学的角度进行研究，大致分为以下几种。

1. 认知因素

社会认知是一个人对他人的基本心理状态、行为动机和意向做出推测和判断的过程。这一过程，认知者除了依据自己的经验和有关线索的分析而进行外，还要依靠个人思维水平来加工、推理、分类和归纳信息。因此有的人就容易因出现以下问题而影响人际关系：对他人行为分析极端依赖自己的主观经验；因主观因素错误理解他人的表情、行为；第一印象作用；偏见。

2. 情绪因素

人际吸引是情绪因素——喜爱与否的具体表现；接近性——人与人之间的距离(空间和心理)越接近，越容易成为知己，特别是交往早期；相似性——年龄、性别、习惯、社会背景态度相似的人容易产生亲密感；互补性——交往双方的需要若是互补关系就会产生吸引力；能力、特长、仪表——这些特点若比较突出容易使人喜欢。

3. 个性因素

个性是一个人的整个心理面貌，以及具有一定的倾向性的各种心理特征的总和。人际关系问题往往与以下个性因素有着密切的关系：不尊重他人；只关心自己的利益，忽视他人；不择手段，为自己的利益损害他人；过分惧怕而取悦他人；丧失自尊，过分依赖他人；看不得他人优秀，好嫉妒；自卑、缺乏自信；敌对、猜疑、偏激；孤立、不善交往；戒备、报复心强；好高骛远。

四、和谐人际关系技巧

美国著名的心理学家卡耐基认为，未来社会成功源于 30%的才能加 70%的人际协调能力。有资料显示，美国卡耐基教育基金会在对成功人士进行研究时发现："一个人的成功，

15%要靠专业知识，85%要靠人际关系与处世技巧”。由此可见“和谐人际关系”的重要性。和谐的人际关系对我们的生活、工作、学习有着重要的影响。

人际交往大体上可分为语言交往和非语言交往。这两种交往都可以各自发挥达意传情的功能。语言交往通常以达意的功能为主，即主要传递消息性和评价性信息，行为主体通常是自觉的；而非语言交往一般以传情的功能为主，即主要传递情感性信息，行为主体更多的是不自觉的。企业员工掌握了这两种基本的交往技巧，并把这两种技巧结合起来，就会更有效地交流思想，表达情感，密切人际关系。

(一)语言交往技巧

人与人之间的交往主要是凭借着人类特有的最重要、最便捷的工具——语言进行沟通的。语言交往是人际交往的主渠道。在日常工作、学习、生活中进行的语言交往主要是借助口头语言进行的。口头语言交往包括听和说两个方面。善于聆听，乐于交谈，就能使员工在良好的心理气氛中顺利交往，并获得心理的满足。

1．听的技巧

掌握了听的技巧，善于聆听他人讲话的人，往往能顺利地与他人交往。因为聆听表达了对对方的尊重。当员工讲话时，领导认真聆听的行动本身，就在无声地告诉员工：“你是一个值得我听你讲话的人。”员工感觉到这句“潜台词”，无形之中就提高了自己的自尊心，对领导的好感油然而生，双方的心理距离一下子就拉近了。反之，如果员工说话时领导心不在焉，或者员工还没有把想说的话讲完，领导就不耐烦了，这些行动的“潜台词”就容易使对方的自尊心受挫，双方的感情就难以融洽，关系就不易密切。所以，聆听他人讲话时要专心，要用心去听，而不是只用耳朵去听。要暂时忘却自己的想法、期待和成见，与讲话者一起去回顾经历、体验、感悟，不能心猿意马、表情呆滞；要通过目光接触、点头、赞许声等给予积极反馈，增强对方表达的自信心，使他津津乐道。聆听时要耐心，即使对方说的话很落啰嗦，或者不合自己口味甚至对自己有所冒犯，都应耐心地听下去，不要表现出任何不耐烦和不高兴的神情。聆听时还要虚心，当对方讲的情况和道理不如自己掌握得清楚、理解得深刻时，也不要轻易打断他，更不能好为人师，动辄训人。“智者千虑，必有一失；愚者千虑，必有一得。”要善于在聆听中发现对方思想中的闪光点。

2．说的技巧

说是在表达自己思想和感情。说是要给人听的，要使别人对自己说的感兴趣、听得明白，就应当掌握一些说的技巧。一是选择好话题，话题要有积极意义，要适合对方的知识范围、经验和对方当时的心境。二是语言要简练、通俗、生动，话不在多，要说得得体，合时宜。三是善用敬语，对领导，要谦恭有礼，员工之间则要多用亲切友好的词语，推心置腹。四是适当赞扬别人。适时适度、发自内心地赞扬别人，可以造成融洽的交往气氛，强化人际吸引力。但赞扬要真诚适度，不要胡乱赞美、恭维别人，让人感到虚伪。

(二)非语言交往技巧

非语言交往是指交往双方通过服饰、目光、表情、身体的动作姿态、声调等非语言行为和人际空间距离等进行沟通的技巧。在人际交往中，虽然非语言行为通常只是语言行为的辅助和强化手段，但它有时可以代替语言传情达意，还可以微妙地传递语言难以表达的“弦外之音”，产生“此时无声胜有声”的效果。所以，对非语言行为的作用不可低估。要提高员工的交往能力，应当引导他们在人际交往中注意一些必要的非语言交往技巧。

1. 目光技巧

常言道：“眼睛是心灵的窗户。”目光接触，是人际间最能传神的非语言交往。目光的诚挚来自心地的纯真，在交往中通过目光的交流可以促进双方的沟通。目光的方向，眼球的转动，眨眼的频率，闭眼时间的久暂，都表示特定的意思，流露特定的情感。正视表示尊重，斜视表示轻蔑，双目炯炯会使听者精神振奋。柔和、热诚的目光会流露出对别人的热情、赞许、鼓励和喜爱；呆滞的目光表现出对对方讲的话不感兴趣或不信服；虚晃的目光则表示自己内心的焦虑和束手无策；目光东移西转，会让人感到是心不在焉。交往中，适当的目光接触可以表达彼此的关注，通常比较自信的人比缺乏自信的人更主动地进行目光接触，但目光接触过多又会增加对方的心理压力。沉默时，眼睛时开时合，对方就会猜疑你已厌倦谈话。因此，在人际交往中，眼神的作用万万不能忽视，平时应该经常培养自己用眼睛“说话”的能力。

2. 体势技巧

体势包括体态和身体的动作、手势。在人际交往中，人的举手投足，回眸顾盼，都能传达特定的态度和含义。①身体略微倾向于对方，表示热情和感兴趣；微微欠身，表示谦恭有礼；身体后仰，显得轻视和傲慢；身体侧转或背向对方，表示厌恶反感、不屑一顾。②不同的手势也具有各种含义。比如摆手表示制止或否定；双手外推表示拒绝；双手外摊表示无可奈何；双臂外展表示阻拦；搔头皮或脖颈表示困惑；搓手和拽衣领表示紧张；拍脑袋表示自责或醒悟；竖起大拇指表示夸奖，伸出小指表示轻蔑。③有些手的动作容易造成失礼。比如，手指指向对方面部，单手重放茶杯，当着客人的面挖鼻孔、擤鼻涕等。④同样的体势，不同角色的人使用，其含义和给人的感觉是不一样的。比如，战友之间别后重逢，拉拉手、拍拍肩，表示一种亲热的感情；领导、长辈对下级、晚辈拉拉手、拍拍肩，通常表示赞许和鼓励；如果下级、晚辈随便与领导、长辈拉手拍肩，则被人认为是不尊重。

3. 声调技巧

俗话说：锣鼓听声，听话听音。同一句话用不同的声调、在不同的场合说出来，可以表达不同的甚至是相反的意思和情感。比如，员工在圆满完成了任务以后，经理对他说“你真行”，这是一种赞许；如果这个员工没有完成任务，经理对他讲“你真行”，这时的意思就大相径庭了，它是一种责备或嘲讽。所以，在人际交往中，恰当地运用声调，也是保证交往顺利进行的重要条件。在一般情况下，柔和的声调表示坦率与友情；高且尖并略有颤抖的声调表示恐怖或不满、愤怒而导致的激动；缓慢、低沉的声调表示对对方的同情；不管说什么话，阴阳怪气就意味着冷嘲热讽；用鼻音和哼声则往往显示傲慢、冷漠、鄙视和不服，自然会引起对方的不快和反感。员工在人际交往中要细心体会声调的微妙，学会正确运用声调，以加强语言表达的效果。

4．距离技巧

人都有一种保护自己个人空间的需要。这个个人空间如同一个无形的“气泡”，为自己割据了一定的“领土”。有这个“气泡”的保护，就会感到安全。一旦这个“气泡”被人触犯，就会感到不舒服或不安甚至恼怒。这种“气泡”现象是人际交往中常见的心理现象。个人空间距离的大小与交往的对象、内容、场合和情境有关。一般来说，人们之间的关系越密切，他们的人际空间距离就越小。心理学根据不同的交往对象和情境，划分了4种交往距离。

(1) 亲密距离。最小间隔，一般在0.45米以内。这个距离属于家庭成员、亲密朋友等关系最密切的人。在亲密距离交往的人，相互或挽臂执手，或促膝谈心，不拘小节，无话不谈，亲密无间。亲密距离具有排他性，没有达到那种亲密程度的人插足这个区域，会引起对方的反感。

(2) 个人距离。距离在1米左右。这个区域有较大的开放性，朋友或熟人可以自由地进入这个空间。

(3) 社交距离。距离在1～4米，保持这一距离的人们，已超出了亲密或熟人的人际关系，体现出一种社交性的或礼节性的关系，一般出现在工作环境或社交聚会上，谈话的内容也较为正式和公开。

(4) 公众距离。交往距离在4米以上，在这个空间内，人际间的双向交往大大减少，更多的是一种单向交往，如演讲、报告等。员工在交往中了解这些交往距离是很有用的，比如领导与员工谈心，如果平时关系好，谈话的内容不是批评性的，员工当时的心情也不错，就选在亲密距离进行，效果最好；如果两人平时关系一般，或者谈话的目的是批评教育，或者当时员工的心情较差，则选在个人距离效果会好些。

第五节　团 体 沟 通

沟通是人与人之间、人与群体之间思想与感情的传递和反馈的过程，以求思想达成一

致和感情的通畅。沟通包括语言沟通和非语言沟通，语言沟通包括口头和书面语言沟通，非语言沟通包括声音语气(比如音乐)、肢体动作(比如手势、舞蹈、武术、体育运动等)。最有效的沟通是语言沟通和非语言沟通的结合。在现代人类社会中，沟通可以是通信工具(如电报、电话、电影、电视等)之间的信息交流，属于通信技术科学研究的问题；也可以在人和机器之间进行，这是工程心理学所关注的问题。而人与人之间的信息交流则是管理心理学所要讨论的问题。这里主要研究人与人之间的意见沟通。

【案例 8-7】 信息传递须准确

据说，美军 1910 年的一次部队的命令传递是这样的。

营长对值班军官：明晚大约 8 点钟，哈雷彗星将可能在这个地区看到，这种彗星每隔 76 年才能看见一次。命令所有士兵着野战服在操场上集合，我将向他们解释这一罕见的现象。如果下雨的话，就在礼堂集合，我为他们放一部有关彗星的影片。

值班军官对连长：根据营长的命令，明晚 8 点哈雷彗星将在操场上空出现。如果下雨的话，就让士兵穿着野战服列队前往礼堂，这一罕见的现象将在那里出现。

连长对排长：根据营长的命令，明晚 8 点，非凡的哈雷彗星将身穿野战服在礼堂中出现。如果操场上下雨，营长将下达另一个命令，这种命令每隔 76 年才会出现一次。

排长对班长：明晚 8 点，营长将带着哈雷彗星在礼堂中出现，这是每隔 76 年才有的事。如果下雨的话，营长将命令彗星穿上野战服到操场上去。

班长对士兵：在明晚 8 点下雨的时候，著名的 76 岁哈雷将军将在营长的陪同下身着野战服，开着他那彗星牌汽车，经过操场前往礼堂。

资料来源：http://bbs.tiexue.net/，铁血网

一、团体沟通模式

沟通模式是人与人在社会生活中的沟通方式。 沟通模式包括发出者、信息、渠道、接收者等 4 个主要因素。

信息发出者是信息沟通的主体，他不仅有目的地传播信息，还对传出的信息进行编码，即把信息加工组织成便于传递的形式。

信息是指沟通的内容，表达沟通主体的观念、需要、愿望、消息等。

渠道即信息传递的途径，信息必须载入渠道才能存在和传递，声、光、电、动物、人以及报纸、书刊、电影、电视等，都是信息传递的媒介。

信息接收者即接收信息的人。信息沟通的过程是指信息发出者将沟通的内容进行编码后纳入沟通渠道；接收者在接到信息后，将信息译码并接收后，再把收到信息的情况反馈给信息的发出者。这是信息沟通的基本过程。信息接收者接收信息以后，必须经过译码才能理解信息的内容。所谓译码，是人们依据过去的经验对信息的解释，基于双方的共同经

验，将编码还原，并制成新的编码，发送出去，从而构成双向沟通。如果没有新的编码，发送信息则是单向沟通。企业中的信息沟通也是按着这个模式进行的。企业中的信息沟通一般是在两人或多人之间，并主要通过语言(包括文字语言、口头语言和身体动作语言)来进行；信息的内容包括资料、观点、意见或情感；沟通的目的在于获得了解、信任、协作，为共同完成企业目标而努力。信息沟通在企业管理中起着重要作用。它是影响企业内部群体成员行为的一个重要因素，是企业建立和维持良好的人际关系，提高员工士气，促进企业发展的有效途径之一。

二、团体沟通网络

沟通网络是指一群人建立和保持联系，以便相互沟通的一种形式。几乎每个人在组织中都会参与网络，成为其中的一员。沟通网络有助于管理者获得信息，也有助于管理者和员工搞好人际关系。网络的核心是一些有实权的人物，这些人物可能是名正言顺的领导者，也可能是一些位低而作用大的影子人物。沟通网络有正式和非正式两种。现实中团体的沟通不是单一渠道和单一形式的沟通，而是把各种沟通方式组合起来，形成了沟通网络。

(一)正式沟通网络

在正式团体中，人与人之间的信息交流结构称为正式沟通网络。美国心理学家莱维特(H.J.Leavitt)把组织中常见的沟通网络归纳为以下 5 种(参见图 8-1)。

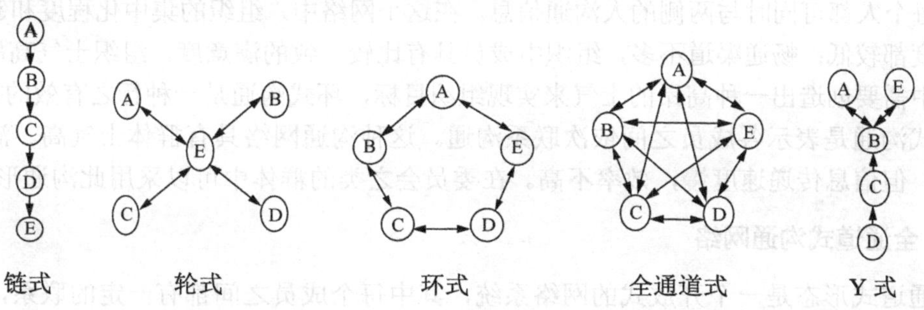

图 8-1　5 种沟通网络

资料来源：http:www.doc88.com/p-91291328639.html

1. 链式沟通网络

链式沟通网络是一个平行网络，其中居于两端的人只能与内侧的一个成员联系，居中的人则可分别与两人沟通信息。在一个组织系统中，它相当于一个纵向沟通网络，代表一个 5 级层次，逐级传递，信息可自上而下或自下而上进行传递。在这个网络中，信息经层层传递、筛选，容易失真，各个信息传递者所接收的信息差异很大，平均满意程度有较大差距。此外，这种网络还可表示组织中主管人员和下级部属之间、中间管理者的组织系统，属控制型结构。

链式沟通的信息传递是逐级进行的，信息可由上而下传递，也可由下而上传递。这种信息沟通具有传递速度快的特点。但是，它没有横向联系，成员的满意程度低，只适合组织庞大、需分层授权管理的企业。

2．轮式沟通网络

轮式沟通网络属于控制型网络，其中只有一个成员是各种信息的汇集点与传递中心。在组织中，大体相当于一个主管领导直接管理几个部门的权威控制系统。此网络集中化程度高，解决问题的速度快。主管人员的预测程度很高，而沟通的渠道很少，组织成员的满意程度低，士气低落。轮式网络是加强组织控制、争时间、抢速度的一个有效方法。如果组织接受紧急攻关任务，要求进行严密控制，则可采取这种网络。

轮式系统表示主管人员居中，分别与若干下级发生联系的沟通。这种沟通传递迅速、易控制。在这种企业中，速度与控制往往比士气、创造性更被重视，居中心地位的主管因情报多，有较大的权力，因而比较自信和有自主性，心理上也比较满足。但是，由于缺乏联系，各下级成员之间互不了解，信息闭塞，成员满意程度低，有利于保密，不利于协作。

3．环式沟通网络

环式形态可以看成链式形态的一个封闭式控制结构，表示5个人之间依次联络和沟通。其中，每个人都可同时与两侧的人沟通信息。在这个网络中，组织的集中化程度和领导人的预测程度都较低；畅通渠道不多，组织中成员具有比较一致的满意度，组织士气高昂。如果在组织中需要创造出一种高昂的士气来实现组织目标，环式沟通是一种行之有效的措施。

环式沟通是表示各成员之间依次联系沟通。这种沟通网络具有群体士气高、满意感强的特点，但信息传递速度慢，效率不高。在委员会之类的群体中可以采用此沟通形式。

4．全通道式沟通网络

全通道式形态是一个开放式的网络系统，其中每个成员之间都有一定的联系，彼此了解。此网络中组织的集中化程度及主管人的预测程度均很低。由于沟通渠道很多，组织成员的平均满意程度高且差异小，所以士气高昂，合作气氛浓厚。这对于解决复杂问题，增强组织合作精神，提高士气均有很大作用。但是，由于这种网络沟通渠道太多，易造成混乱，且又费时，影响工作效率。

全通道式沟通表示组织内每个人都可以与其他成员直接地、自由地沟通，并无中心人物，所有的成员都处于平等地位，但由于缺乏中心人物，没有权威，信息传递速度也慢。委员会开会时即属于这种沟通网络。

5. Y 式沟通网络

Y 式沟通网络是一个纵向沟通网络，其中只有一个成员位于沟通内的中心，成为沟通的媒介。在组织中，这一网络大体相当于组织领导、秘书班子再到下级主管人员或一般成员之间的纵向关系。这种网络集中化程度高，解决问题速度快，组织中领导人员预测程度较高。除中心人员外，组织成员的平均满意程度较低。此网络适用于主管人员的工作任务十分繁重，需要有人选择信息，提供决策依据，节省时间，而又要对组织实行有效的控制。此网络易导致信息曲解或失真，影响组织中成员的士气，阻碍组织提高工作效率。

Y 式表示逐级传递，最上层有多主管。这种沟通网络传递信息速度较快，但成员满意程度不高，尤其是多头领导，要求不一，不利于下级正常开展工作。

上述沟通网络的研究虽然是在实验条件下进行的，而且主要是小型团体的沟通类型，但在企业管理实践中具有不可否认的启发意义。沟通网络代表一个组织的结构系统。事实上，一个组织要达到有效管理的目的，应采取哪一种网络，须视不同的情况而定：如要速度快、易于控制，则轮式较好；如果组织庞大，需要分层授权管理，则链式较有效。

(二)非正式沟通网络

团体中的信息传播，不仅是通过正式渠道进行，还通过非正式渠道传播。美国心理学家戴维斯曾在一家皮革制品公司专门对 67 名管理人员进行调查研究，发现非正式沟通途径有 4 种传播方式。

- 单线式：通过一连串的人，把信息传递到最终接收者。
- 流言式：一个人主动地把信息传递给其他许多人。
- 偶然式：按偶然的机会传播小道消息。
- 集束式：把小道消息有选择地告诉自己的朋友或有关人。

戴维斯还发现，小道消息传播的最普遍的形式是集束式。在一个单位里，大约只有 10%的人是小道消息的传播者，而且多是固定的一群，其余的人往往姑且听之，听而不传。总之，一个群体里，有的人是小道消息的“制造者”，有的人是小道消息的“传播者”，有的人是“夸大散播者”，而大多数人是只听不传或不听不传者。

戴维斯的研究表明，小道消息有 5 个特点：第一，新闻越新鲜，人们议论越多；第二，对人们工作越有影响，人们议论越多；第三，越为人们熟悉的，人们议论越多；第四，人与人在生活上有关系者，最可能牵涉到同一谣传中去；第五，人与人在工作中常有接触者，最可能牵涉到同一谣传中去。小道消息由于均以口头传播为主，故易于形成，也易于迅速消失，一般没有永久性的结构和成员。对小道消息的准确性，有人曾做了统计。赫尔希对 6 家公司的 30 件小道消息作了调查分析，发现有 16 件毫无根据，5 件有根据也有歪曲，9 件真实。在怎样评价非正式沟通渠道的问题上，有着不同的见解。一些人认为传播小道消息是散布流言蜚语，应该加以禁止。另一些人则认为小道消息的传播可以满足组织内成员的需要，而且有助于弥补正式沟通渠道不灵活的缺陷。

一般来说，在一个企业里小道消息盛行是不正常的，会破坏企业的凝聚力，不利于企业的管理。研究表明，小道消息盛行常常是大道消息不畅的结果。因此，完善和疏通正式沟通渠道是防止小道消息传播的有效措施。另外，由于小道消息常常是组织成员忧虑心理和抵触情绪的反映，所以管理者应该通过谣传间接地了解员工的心理状态，研究造成这种状态的原因并采取措施予以解决。

三、团体沟通有效性及障碍

(一)团体沟通有效性

团体的有效沟通须具备两个必要条件：首先，信息发送者清晰地表达信息的内涵，以便信息接收者能确切理解；其次，信息发送者重视信息接收者的反应并根据其反应及时修正信息的传递，免除不必要的误解。两者缺一不可。有效沟通能否成立关键在于信息的有效性，信息的有效程度决定了沟通的有效程度，信息的有效程度又主要取决于信息的透明程度和信息的反馈程度。

此外，合理的信息应与团体目标相一致。或者说，与团体目标冲突的信息会令团体内个体左右为难。同时，在冲突目标下的个体的不同行为会发生矛盾，甚至可能相互破坏。

(二)团体沟通障碍

阻碍团体沟通的因素是十分复杂的，可大致归纳为以下 4 个方面：物理方面的沟通障碍、管理方面的沟通障碍、心理方面的沟通障碍和语言方面的沟通障碍。

其中，物理沟通障碍是指在人们沟通的环境中存在的障碍。一个典型的物理沟通障碍是突然出现的干扰噪音盖过了说话的声音。当物理干扰出现时，人们通常会意识到，并会采取措施予以补偿。物理沟通障碍要转换为积极的因素，可以通过生态控制，发送者使环境发生改变从而影响接收者的感受和行为。比如说，整洁的环境、开放式的办公环境等都会影响来访者的知觉。典型的物理沟通障碍包括沟通渠道障碍和距离障碍。其他的障碍很好理解，就不详细叙述了。

(三)团体沟通障碍的消除

在团体里，要进行有效沟通，必须明确目标。对于团体领导来说，目标管理是进行有效沟通的一种解决办法。在目标管理中，团体领导和团体成员讨论目标、计划、对象、问题和解决方案。由于整个团体都着眼于完成目标，这就使沟通有了一个共同的基础，彼此能够更好地了解对方。即便团体领导不能接受下属成员的建议，他也能理解其观点，下属对上司的要求也会有进一步的了解，沟通的结果自然得以改善。如果绩效评估也采用类似办法的话，同样也能改善沟通。

要消除团体沟通的障碍必须坚持以下原则。

(1) 明确沟通的目标：沟通，作为一种有意识的自觉行为，必须在沟通之前，规定明确的目标。

(2) 具备科学的思维：思维是沟通的基础。只有正确的思维，才会有有效的沟通，否则就不可能有成功的沟通。

(3) 管制信息流：要对所沟通的信息进行科学处理，提高信息的质量；同时要对信息进行必要的过滤，去掉无关紧要的信息。

(4) 选择恰当的沟通渠道与方式方法：要根据沟通目标、沟通内容和沟通对象等方面的需要，正确地选择沟通渠道、媒介及相应的沟通方式与方法，从而保证在传递过程中提高沟通效率和质量。

(5) 讲究语言艺术：讲究语言艺术，提高沟通语言的简练性、准确性、针对性和趣味性，以提高沟通的有效性。

(6) 了解沟通对象，增强沟通针对性：沟通对象的需要、心理、知识、个性等因素对沟通效果影响也是很大的。

(7) 及时地运用反馈：反馈可以排除噪声和信息失真，增强沟通的有效性。

本章小结

团体行为日益成为企业管理的重要内容，同时也是企业不断提高工作效率的一种主要方式。团体是指由两个人或多人组成的群体，其成员相互作用、相互影响，为实现特定的共同目标而承担责任。根据构成团体的原则、方式和团体结构不同，可以把团体分为正式团体和非正式团体两种。团体行为对员工的心理倾向与行为有重要影响。

团体决策又称集体决策，它是由包括两个以上的人完成的决策。团体决策方法有头脑风暴法、德尔菲法、具名群体技术法和阶梯技术法。团体决策方法对人们的实际生活产生了巨大的影响。

团体动力是用来描述和探讨团体内或团体和团体之间的各种行为现象，研究团体的动力就是要研究影响团体活动的各种因素，诸如团体规范、团体凝聚力、团体冲突、团体士气等。

团体的人际关系是组织的成员与组织内外部成员交往过程中形成的一种相互影响、相互依存的联系。良好的人际关系具有交流信息、提供信用机制、交换社会资源、增强组织凝聚力的功能。近年来，改善组织中的人际关系，建立和发挥企业的团体精神成为组织亟待解决的重要问题。

沟通网络是一群人建立和保持联系，以便相互沟通的一种形式。正式团体中，人与人之间的信息交流结构称为正式沟通网络。主要包括：链式沟通、轮式沟通、环式沟通、全通道式沟通和 Y 式沟通。

复习思考题

一、问答题

1. 团体的含义、特征是什么？
2. 简述非正式团体的重要性。
3. 如何提高团体的凝聚力？
4. 怎样解决团体中的冲突问题？
5. 团体决策的优势和劣势是什么？
6. 如何处理团体中的人际关系？
7. 团体沟通中的障碍是什么？如何解决？

二、分析题

红旗轻工设计院二室主任任命的风波

红旗轻工设计院是我国一所历史较长的大型设计单位，拥有800多名工程技术人员。该院二室共有15位成员，室主任张池是位经验丰富的高级工程师，他手下还有3名高工和11名较年轻的工程师与助理工程师。张池知识渊博，为人正派，深受室内同事的爱戴，在室里享有极高的威信。在他的带领下，室里同志团结协作，各方面的工作一直都较好，多次受到院部的表扬和嘉奖。

不久前，老张被市里调到开发区一家正在建设中的大型企业，负责引进技术和设备。至此，二室主任一职暂告空缺，亟待填补。室内的同志们都纷纷猜测，相信新任室主任准从室内选拔。有的人提出，是否可以在室内公开选聘？多数人认为，室内有这样的人选，大家都相互了解，是否可以通过选举产生？究竟哪一个人担任此职呢？当然是三位资深的高工之一了。

室内舆论普遍认为高工王甦的希望最大。王工45岁，是三人中最年轻的，符合“年轻化”的要求，他是美国麻省理工学院的博士毕业生，业务能力很强，而且很富有创新精神，回国5年多来，设计工作一直很出色，以他为首所搞的设计项目中有三项已获得部里颁发的优秀奖，有一项已获得市里的特等奖。他尊重室里的同事，并能主动与大家协作，成功地组织过多个公关项目，室里同志认为他是最理想的人选。但个别同志也担心，他直言不讳，对院里领导的一些作风提过不少意见，可能“得罪”过院里的某些领导。

室里的另一位高工李祖德的竞争力也不容忽视。李工今年49岁，虽业务平平，但和院长私交颇深，他们是同乡，同时调来本院，平时交往密切，这一优势是王工无可比拟的。室里同志认为第三位高工刘仰机会最小。他已54岁了，来院工作已近30年，业务能力尚

可，但没有什么创造性。此人四平八稳，从不与人争吵，是位有名的“老好人”。不过，他对各级领导都恭顺谦卑，只要领导叫他干的，他总是一声不响去干，因此，他与院里领导的关系都较好，在领导的眼里，他是“听话”的人。

好几天不见院里有什么动静。在这期间，李工和刘工表现得特别卖劲，对室里的人也特别和气，并经常设法打听别人对室主任人选的猜测和议论。而王工则无任何异常表现，他一如既往地工作着。有人跟王工开玩笑说：“老王，您升官后一定要请大家吃一顿啊！”王工谦逊地说：“工作是大家干的，我有何德何能配当室主任？当然，如果大家和领导要我干，我也会尽力的。”

一周后，院里下达了正式的任命，任命刘工为二室的主任。这实在大出室里同志们的意料，在室内引起了很大的震动。刘工当然喜形于色。他认为这不仅是自己运气好，而且是他一贯“听话”、“敬上”的努力所致。王、李两位虽也面露微笑，但总觉得不太自然，而其余的人则多表示：“不可理解，不可思议！”

过了没几天，院长把刘工召去，布置给二室一项为内地某省设计一家中型造纸厂的任务。这厂地处穷乡僻壤，设备又全是国产的，显然属于一项没“油水”的苦差。老刘思索良久，才去找老李，说：“老李，院里下达这个任务很重要，我看你就接了吧，反正你手头的任务马上就完了。”老李说：“对不起，这活我可干不了。我手头的这个项目虽快结尾了，但还有不少问题，一时还难以解决，你还是让老王去干吧。”

于是，老刘又硬着头皮去找王工：“老王，院里下达了一项支援内地建中型造纸厂的任务，这任务紧迫，独立性又强，我想非你才能担任此任了！”老王不假思索地说：“刘主任，您知道，我手头的一项任务也是十分紧迫的，而且只干到一半啊，我怎么能离开呢？您叫老李去吧。”老刘面有难色地说：“老李说他尚有许多扫尾的工作要解决。”王工也不客气地说：“那么，老刘，那就只好劳您老兄自己了，您身为室主任，理当身为表率，您目前手头又没有任务，只有您自己去担此重任了。”老刘语塞，不声不响地走了。几天后，老刘召开室里全体同志会议，宣布院长的一项新指示：“我从院长那里知道，给我室一个新的项目，设备要从美国引进，项目开始和进行过程都要到美国去，院长和我商量，决定由李工担任，并给李工专门配备一位外语学院毕业的英文翻译。”这时室内不禁一片哗然，几个青年业务尖子按捺不住了，纷纷质问：“你们为什么不让王工去？王工业务能力最强，英语没说的，他对美国又熟悉，如让他担此任务，出国不用翻译，又节省了国家外汇……”老王本人也感到不可理解，转身拂袖而去，把门“砰”一声带上。接连三天，王工和几位较年轻的业务尖子均告病未来上班。

待到王工和几个年轻的业务尖子来上班时，刘主任搬来了院长，院长对他们不但不问生病后身体情况，劈头就大声批评：“你们也真不像话，都一起生病了，是真生病还是假生病，都一律扣一个月的奖金。”不等院长说完，王工第一个站起来说：“院长，不用扣奖金，工资我都不要了，此处不留人，自有留人处。这是我的辞职报告。”紧接着，几个业务尖子也一起纷纷递交了辞职报告。随后他们便离开，到了一家乡镇企业。他们在那里均得到了重用，心情非常愉快，一个月的收入比原来高出三倍多，搞出的几项设计连红旗轻工设计院都望尘莫及！

资料来源：窦胜功，张兰霞，卢纪华. 组织行为学. 北京：清华大学出版社，2009

(1) 试用本章所学知识分析红旗轻工设计院二室主任任命的风波，如果你是二室的设计人员，你希望谁担任主任工作？

(2) 结合本案例谈谈如何处理团体中的人际关系。

(3) 谈谈团体行为的重要性。

第九章　领导行为与管理

【学习目标】

了解领导的概念和构成要素，以及领导的功能；理解并掌握领导影响力的构成和提高领导影响力的途径；了解领导的经典理论和新的发展。

【关键概念】

领导(leadership)　领导者(leader)　领导功能(leading function)　领导影响力(influence of leadership)　领导理论(leadership theory)

一个组织的成功与失败，受许多因素的影响，其中，领导与领导行为起着决定性的作用。领导在一个组织运行系统中处于中枢与核心的地位，领导行为是否科学、有效，直接影响着组织系统的运行和目标的实现。领导和领导行为问题在管理心理学研究中的重要性是毋庸置疑的。

第一节　领导概述

一、领导的含义

领导的产生同人类社会的发展存在着紧密的联系。当人类结为群体改造世界的时候，便有了领导的身影。在现代社会中，大到国家、政府，小到企业、学校，凡是由两人以上组成的群体要开展有目的的活动，实现某种预期目标，都离不开领导。对于一个组织来讲，领导对群体的稳定和绩效的提高起着重要作用。可以讲，领导者的领导能力与水平对组织的兴衰成败事关重要。

(一)领导的定义

在汉语的日常用语中，领导通常有两种含义：一是指在组织中处于主导和领袖地位的个人或群体，他们的行为对组织产生着重要的影响；二是指一种管理行为或管理过程的一个功能，其中涉及领导者、被领导者和组织环境三者之间的互动关系。管理心理学中领导概念指的是第二层含义。

什么是领导呢？不同学者给出的定义不尽相同。

马克斯・韦伯(Max Weber，1864—1920)认为，有效的领导有一种能力，其具有的某种精神力量和个人特征，能够对许多人施加个人影响。

布兰查德(Blanchard)认为，领导是一项程序，使人在选择目标及达成目标上接受他的指挥、引导和影响。

哈罗德·孔茨(Harold Koontz，1908—1984)把领导定义为影响力，认为领导的本质就是影响追随者，使之心甘情愿、满怀热情地为实现群体目标而努力的艺术和过程。

狄德(O. Tead)认为，领导是影响他人并使其合作无间，共同趋向于所期待的目标和行动的一种力量。

斯蒂芬·罗宾斯(Stephen P. Robbins)的领导概念是，领导是一种影响一个群体实现目标的能力。

实际上，领导是人们谈论最多、研究最多的管理话题之一。管理学家巴斯和斯托克蒂尔在其合著的《领导手册》一书的序言中写到：领导的定义至少有 12 种，包括领导是团队工作进程中的核心，是一种个人能力的贡献，是诱使他人服从的一种艺术，是一种施加影响的过程，是一种特殊的行为过程，是劝说的一种形式，是一种强有力的联系，是达到目标的指令，是一种相互作用的效果，是一种与众不同的角色，是建立组织的第一步，是组织结构的建立者。

尽管这么多的领导定义看上去令人困惑，但在本质上我们认为，无论如何定义，领导这一社会现象都包括以下几点不争的事实。

第一，领导的发生必须有领导者、被领导者以及领导行为发生的特定环境，三者缺一不可，领导的过程也就是领导者、被领导者(追随者)及特定环境相互作用的动态过程。

第二，领导是影响力行使的过程。在领导的过程中，领导者通过影响力的行使，影响和改变了其他群体成员的心理活动和行为方向。

第三，领导的目的是实现组织目标。这种目标是根据组织使命和其所处的内外环境确定的，是领导者和被领导者合作共事的基础。衡量领导行为成功与否的标准也是通过目标实现的程度来体现的。

因此，我们将领导定义为，领导是领导者或领导群体在特定情境下，通过影响力的运用，使被领导的个人或群体去努力实现群体或组织目标的过程。

(二)领导与管理

人们倾向于将管理与领导以及管理者与领导者这两对术语交互使用。而实际上，它们之间的含义是不同的。管理的外延要比领导大，领导仅是众多管理职能之一(计划、组织、领导、控制等)。管理者也可能处于非领导者的位置。有许多管理者并不是领导者，因为他们没有影响他人的能力。同样，一些卓越的领导者也不是管理者，非正式领导者虽然仅仅是群体中普通一员，但他往往能够影响很多人。

美国著名学者约翰·科特(John P. Kotter)在《变革的力量》一书中将管理与领导进行了这样的对比：

组织中的管理过程一般主要由三个环节构成。一是计划和预算，它为未来，特别是为下一个或下一年的目标，确定达到这些目标的详细步骤，包括日程安排和指导方针，并为完成计划进行资源分配。二是企业组织和人员分配，它为完成计划要求确立一套企业组织体系和工作安排，为这些工作配备称职的人员，将计划告知这些人员，并由这些人员负责执行这些计划，建立检测体系监督执行情况。三是控制和解决问题，它对计划执行结果通过报告、会议等正式或非正式地进行监控，找出偏差点，然后制订计划并组织力量解决问题。

领导由这样三个环节组成：一是确定企业经营方向。它对未来，通常是遥远未来的情况高瞻远瞩，并为实现远景目标而制定变革战略。二是联合群众。它对需要其合作的人表明这一既定经营方向，以形成联盟，对远景目标达成共识并投身于实现这一目标。三是激励和鼓舞。它通过唤起人类基本而又未得到满足的需求、价值和情感，来使群众战胜阻碍变革的主要政治、官僚和资源障碍，沿着正确的方向前进。概言之，管理与领导的不同体现在基本功用上，管理的基本功用是为了维持秩序，使事情高速运转，产生有序的结果。领导的基本功用则在于它能够常常带来有用的变革，而科特认为这些对团体和组织的整体成功都是非常重要的。

【案例 9-1】 管理者正确地做事，领导者做正确的事情

管理者关心正确地做事情，通过处理日常事务，维持控制以最有效率的方式实现既定目标。但不幸的是，有时管理者虽然有效率地处理事情，但由于环境已经发生改变，这些事情不再是正确的。另外，领导者更关心如何有效处理问题：做正确的事情以完成组织使命，这意味着有必要做出调整以适应环境的发展。

通用电气公司前 CEO 杰克·韦尔奇(Jack Welch)就是这样的一个典型，即在高效的组织犯错时，领导者是如何推动组织进行变革的。1981 年，当韦尔奇出任 CEO 时，通用电气年收益 272 亿美元的一半来源于已经僵化且发展缓慢的业务。韦尔奇认为继续发展那些不可能成行业领先者的业务是对公司资本的浪费，所以他剥离出 162 亿美元的边缘业务，并且将 530 亿美元用于兼并发展公司。韦尔奇提出来的简化的口号是公司必须成为“公司所处的每一行业的第一或者第二，否则，将进行调整、关闭或者出售”。

资料来源：[美]理查德·哈格斯. 领导学——在经验中提升领导力. 北京：清华大学出版社，2004

二、领导的要素

(一)领导者

领导者是在组织中处于主导和领袖地位的个人或群体，是领导活动的主体。领导者可以通过组织授予的正式职位权力或者依靠基于自身的技能、人格魅力等形成的非正式影响力来影响他人的心理和行为。领导者在激励组织成员、鼓舞组织士气、实现组织目标等方面起着决定性作用。

(二)被领导者

有领导者必然要有被领导者，即追随者与之相对应。领导者与被领导者之间实质上是一种相互依存、相互影响、相互支持、相互制约的关系。真正决定一个组织命运的力量来源于占大多数的被领导者。因此，领导行为的有效性依赖于领导者本身的能力与水平，更依靠被领导者的广泛支持与自身素质。罗宾斯认为作为追随者必须具备一定的素质才能成为一个合格的追随者。这些素质主要包括：①能够管理好自己，能够自我思考和独立工作；②能够对组织目标作出承诺；③能够掌握对组织有价值的技能并为达到最佳效果而付出努力；④具有诚实、敢于承担责任的勇气，值得信赖的道德标准和良好品质。

【案例 9-2】 追随者(被领导者)的类型

人们对领导存在不同类型的观念都相当熟悉了，但追随者也存在不同类型还是个相当新的观念。对很多人而言，追随者这个词本身就存在消极的含义，令人想到的是行事像绵羊一样温顺的人们，他们需要他人告知该做些什么。然而，罗伯特·凯利(Robert Kelly，1992)相信，与其把追随者看成领导者的对立面，不如把他们视为领导者在组织工作中的合作者。

凯利相信，大致可以用两个维度来描述不同类型的追随者。在其中一个维度中，一端是独立、批判性思维，另一端是依赖、非批判性思维。根据凯利的说法，最优秀的追随者独立思考，提出创造性建议甚至创造性的解决方案。在凯利提出的另一个维度中，根据人们在工作中的参与程度划分，一端是积极的追随者，另一端是消极的追随者。凯利认为，最优秀的追随者是那些主动做事的人，他们自觉自发地工作，而最差劲的追随者是消极的，甚至可能逃避责任，因而需要持续不断的监督。

凯利根据这两个维度将追随者划分为 5 种基本类型。

(1) 疏离型追随者(alienated followers)。这种人习惯于向他人指出组织中的所有消极方面。尽管疏离的追随者认为自己仅仅是不随大流，对组织所持的态度也属正常，但领导者往往认为这些人愤世嫉俗、消极、敌对。

(2) 顺从型追随者(conformist followers)。这种人在组织中总在说“是的”。尽管他们在组织工作中总是表现得很积极，如果他们所接受的指令与社会行为标准、组织政策相违背，这种人也可能给组织带来危险。这种类型的追随者多半是因苛求、独裁的领导者，或者过于僵化的组织结构而造成的。

(3) 实用型追随者(pragmatist followers)。这种人很少对自己所属群体的目标有高度的认同感，但他们学会了不去捣乱。因为实用型追随者不愿意引人注目，他们往往在组织中表现平平，阻塞了组织大动脉的顺畅。由于很难洞悉他们对问题的态度和意见，他们给人的印象总是相当模糊，既有积极的一面，也有消极的一面。在组织中，实用主义者可能是精通官僚规则的专家，能利用这种规则来保护自己。

(4) 消极型追随者(passive followers)。这种人不具备楷模型追随者表现出的任何一种特质。他们依赖领导者为自己设计好的一切。此外，他们对工作缺乏热情。消极的追随者缺

乏对工作的积极主动性和责任感，因而需要对他们进行不断的指导。领导者可能把他们看成偷懒的、无能的甚至是愚笨的人。然而，有时人们成为消极的追随者，仅仅是因为领导者预期他的下属会以这种方式行事。

(5) 楷模型追随者(exemplary followers)。领导者和同事对楷模型追随者的一贯印象是独立、积极主动并愿意向领导提出异议。即便是在面对官僚制度的绊脚石，或者持消极的、实用态度的同事时，他们仍将自己的才华用于对组织有益的事情上。有效的领导者深知这种楷模型追随者的价值。

楷模型追随者在追随者的两个评定维度上得分都很高，对于组织的成功很关键。因此，领导者应该挑选具有这类特质的人作为下属，并且，可能更重要的是，创造条件来鼓励下属的这类行为表现。

资料来源：[美]理查德·哈格斯. 领导学——在经验中提升领导力. 北京：清华大学出版社，2004

(三)环境

在现代社会，任何一个组织都是一个开放的技术系统，都处在特定的环境之中，而环境的变化常常对人们的行为产生很大的影响。领导行为发生的环境是一个受时间、空间限制而又具有成就导向的复杂的组织环境。领导者的领导行为在于适应外部环境的要求，并尽可能地改变组织内部的环境。

实际上来讲，领导作为一种动态过程，是领导者、被领导者以及他们所处的环境三个因素所决定的复合函数。这三个因素存在着内在联系，共同地影响和制约着领导功能的有效发挥。领导的有效性既取决于领导者的人格素质、领导艺术，还取决于被领导者的素质与接受领导的程度，同时还取决于领导与环境条件相互制约、相互适应的状况。因此，有效的领导行为必须要处理好这三个要素之间的有机关系。

三、领导的功能

领导行为的影响和作用表现为领导的功能。领导主要包括4个方面的基本功能。

(一)导向功能

领导的导向功能就是由领导者通过施加影响力，引导组织下属努力工作以实现组织的目标。领导的导向功能是通过一些具体的行为措施来实现的，这其中包括制定组织的发展战略，决定组织的发展目标，建立和执行组织规范，选择行动方案，对下属进行考评与奖惩等。

(二)组织功能

领导的组织功能就是建立组织管理机构，科学地组织作业活动，达成组织目标。领导

的组织功能的有效发挥和实现依赖于合理的组织机构配置，对组织机构的要求是：清晰的职位层次，流畅的信息沟通，有效的合作系统，强有力的指挥中心，合理的授权，高效的执行机构等。

(三)激励功能

对组织成员进行有效激励是领导的主要功能，通过运用各种手段，最大限度地调动组织成员的积极性，以保证组织目标的顺利实现。领导的激励功能主要体现在两个方面：一是提高被领导者执行目标的自觉性。领导者要善于将组织目标和成员个人需要结合起来，进而提高组织成员接受和执行组织目标的自觉程度。二是激发被领导者实现组织目标的热情。领导者必须要真正理解、帮助以及最大限度地满足组织成员在物质和精神方面的合理需要，只有这样，员工才能迸发出极大的热情，追随领导者实现组织目标。

(四)凝聚功能

领导者是组织的核心和灵魂，领导的主要功能之一就是凝聚人心。领导者的知识经验、领导能力、人格魅力、领导方式等都是领导者凝聚功能发挥的重要因素。有效发挥领导的凝聚功能，就要求领导者在制定组织目标和任务时，必须考虑下属的切身利益和实际需求，发扬民主，鼓励下属参与。正确处理好组织的人际关系，化解人际矛盾和冲突，倡导组织协作，努力形成合力。

【案例 9-3】 张伯伦的领导艺术

有一部电影《葛底士堡》，讲述美国内战时的葛底士堡战役。其中有一个片段描写张伯伦上校如何对待他的一批逃兵。一个逃兵代表向张伯伦抱怨，觉得自己已经做了很大的贡献，但却受到很多虐待，因此很厌恶战争。张伯伦的下属劝他运用手中的权力，惩罚甚至枪毙这些动摇军心的家伙。但张伯伦却诚挚地和这些逃兵对话，跟他们讲述这场战争的重要历史和现实意义——如果北方失败，那么最宝贵的自由将在这个国家失去。他承诺给他们选择去留的自由，同时又用自己的亲身经历和感悟来劝说他们，晓之以理，动之以情。最终这些逃兵都心甘情愿、斗志昂扬地跟他重返战场，取得了战役的胜利。

资料来源：[美]理查德·哈格斯. 领导学——在经验中提升领导力. 北京：清华大学出版社，2004

第二节　领导的影响力

一、领导影响力的概念

所谓领导影响力，就是指领导者在领导活动过程中，有效影响和改变被领导者心理与

行为的能力，即领导者的意愿与行为在被领导者身上产生的心理效应。

任何领导活动，都是在领导者与被领导者的相互作用中进行的。在领导者与被领导者的关系中，领导者起着主导作用。如果领导者不能有效影响和改变被领导者的心理和行为，就很难实现领导效能，组织目标也难以达到。所以，领导的影响力是领导者实现领导功能的基础，是直接决定领导效率和效能的核心因素。如果一个组织中的领导者对下属员工没有影响能力的话，就很难去动员、说服以及激励员工完成组织任务，进而实现组织目标，领导的功能也就无法实现。因此，西方学者认为，领导的实质是一种影响力。

二、领导影响力的构成

国内学者根据影响力产生的基础、性质以及发挥作用的方式将领导影响力分为权力性影响力和非权力性影响力。

(一)权力性影响力

权力性影响力是由于某人在组织处于特定地位、担任特定职务、具有特定职权而产生的影响力。

1．权力性影响力的特点

权力性影响力具有如下特点。

第一，法定性。权力性影响力是由国家的法律或者组织的制度明确赋予某人的影响力。

第二，强制性。权力性影响力是以外推力的形式发生作用，对他人的影响带有明显的强迫性和不可抗拒性，否则就要受到惩罚。

第三，时限性。权力性影响力持续的时间与领导者居于领导职位时间相同。

第四，特定性。权力性影响力只与组织中某一特定领导职位有关，而与领导者本人无关。

第五，有限性。权力性影响力能够产生影响和改变他人心理和行为的程度是有一定限度的，被领导者的心理和行为更多表现为被动的服从。

2．权力性影响力的内容

权力性影响力包括如下内容。

(1) 法定性影响力。法定性影响力是指领导者具有指挥下属并使之服从的权力，员工有义务服从这种权力。法定性影响力取决于个人在组织中的职位，这种职位是组织正式或官方明确规定的权威地位。拥有法定性影响力的个人凭借与其职位相当的权威来施加影响，并且只有在其担任该职位，且在适当的职责范围内行使时才拥有这样的权威。拥有法定性影响力并不意味着有效地领导，成功的领导者不能仅仅依靠法定性权力。

(2) 强制性影响力。强制性影响力是指通过负面处罚或剥夺积极事项来影响他人的能力。换句话说，这种影响力就是利用人们对惩罚或者失去他们所重视的事物的恐惧来控制他人。人们为了惧怕和避免惩罚而服从。强制性影响力虽然在很多时候因为威慑力而有效，但绝对不等于领导能力。美国前总统艾森豪威尔曾说过："你不能用击打他人脑袋的方式来领导，那是攻击，不是领导。"

(3) 奖赏性影响力。奖赏性影响力是指某人控制着对方所希望得到的资源而能够对其施加影响的能力。包括给予加薪、津贴的权力，晋升职务的权力，分配资源的权力，予以表扬的权力等。为了得到这些奖赏，人们遵从领导者的意愿。通过运用奖赏方式来获得影响他人的能力，是领导者、被领导者和情境三者共同作用的函数，领导者所给予奖赏的类型和频率要具体考虑到被领导者的需求以及不同的情境。

(二)非权力性影响力

非权力性影响力，也称自然性影响力，是与权力性影响力相对应的。

1. 非权力性影响力的特点

非权力性影响力具有如下特点。

第一，自然性。非权力性影响力既没有法律、制度的规定，也不是来自上下级的授予，而是由于领导者自身原因而成的。

第二，基础广泛性。形成非权力性影响力的因素很多，诸如品质、才能、知识、作风，甚至于人的相貌、举止等都有可能成为一种影响力。

第三，影响深刻性。非权力性影响力影响和改变的不仅是人的外在行为，更重要的是人的内在心理的改变，是发自内心对领导者的服从和追随，并且改变程度更深刻。

第四，时间持久性。非权力性影响力所发挥的影响作用，不会因为领导者领导地位的变化而减弱，甚至在领导者离开了该组织依然会产生相当大的影响力。

第五，服从主动性。非权力性影响力对被领导者的影响不带有任何强制性的色彩，被领导者产生服从的心理和行为都是主动的、自觉的、由衷的。

2. 非权力性影响力的内容

非权力性影响力的产生和发挥作用是基于领导者自身的品质、知识、情感和现实行为等方面的因素，这种影响力可以分为专家性影响力和参照性影响力两类。

(1) 专家性影响力。专家性影响力就是知识的影响力，即指领导者拥有某种专长或知识，人们因为信任、能够学习或能够从这种专长中获得收益而遵从。有些人能够通过他们在特殊领域的专长来影响他人，即使这些人在组织中没有高于他人的正式职权，但是其他组织成员要依赖于他的知识、技能、经验和判断力，他就能够影响他人。因此，作为领导者必须多学多问、增长知识、提高技能、积累经验、增强判断力，努力使自身的专家性权力大

于其他组织成员，为此才能够更加有效地影响和改变他人的心理与行为。古希腊哲学家苏格拉底曾经这样描述过具有知识的人所产生的影响力：“无论在什么情况下，人们总是最愿意服从那些他们认为是最棒的人。”

(2) 参照性影响力。参照性影响力是指由于领导者与被领导者之间的关系强度而产生的潜在影响能力。甚至有人认为组织中的权力就是由关系产生出来的能力。具有参照性影响力的领导者拥有吸引别人的个性特点，人们因为喜欢、尊重、赞同以及期望像领导者一样的愿望而服从。当组织的领导者，受到组织成员广泛欢迎和尊重，那么他就拥有很强的参照性权力，他的建议和要求会得到组织成员的正面回应和广泛支持。很多人在领导和指挥时不是因为对工作和任务的熟悉和了解，而是因为对领导者的信任和了解。具有优秀品质的领导者的参照性权力无疑会很大。这些优秀品质包括诚实、正直、自信、自律、坚毅、刚强、宽容、专注等。

(三)权力性影响力与非权力性影响力在领导过程中的地位与作用

通过上面的分析，可以看到，权力性影响力与非权力性影响力之间在本质上有着根本的区别，因而决定了它们在实现领导功能的过程中所处的地位和所发挥的作用也是不同的。

权力性影响力是领导者在组织中开展领导活动，发挥领导功能的前提和基础。权力性影响力是领导者进行组织、协调、沟通、指挥活动，带领组织成员实现组织目标的重要基础。如果没有权力性影响力作为基础，那么就无法使组织成员统一目标，统一意志，统一行动，组织目标也就无法实现。

非权力性影响力直接关系到领导效能的高低。一般说来，领导者的权力性影响力是一个常数，影响力的大小和作用范围都是特定的。而非权力性影响力则是一个变量，高效领导者和低效领导者之间的差距也就在于非权力性影响力的强弱上面。并且，非权力性影响力对于权力性影响力具有增强或减弱的作用：如果一个领导者的非权力性影响力很强，那么他的权力性影响力也会有所提升；如果他的非权力性影响力很弱，那么他的权力性影响力也会降低。因此，一个成功的领导者无一不是更重视非权力性影响力的提升和运用。

三、提升领导影响力的途径

(一)正确使用权力性影响力

权力性影响力是领导者在组织中开展领导活动，发挥领导功能的前提和基础。领导者要依靠但必须正确行使权力性影响力。

第一，领导者要谨慎地运用权力性影响力。权力性影响力多数是以指示、命令、强制、威胁、惩罚等消极的方式出现，这就要求领导者一定要态度谨慎，按章行事。如果过分强调强制性、惩罚性的手段，只能使组织成员产生短期的、表象上的服从，不会收到良好的效果。

第二，领导者要公正严明，以身作则。领导者在客观上拥有行使权力性影响力的合法地位，但不能炫耀权力、滥用权力，更不能以权谋私，做到公正严明，赏不避仇，罚不避亲。只有这样才能使权力性影响力发挥最好的作用，不会导致组织成员的抵制和反抗，不会降低领导者的威信。

第三，领导者要善于合理授权。敢于授权并善于授权，既是一个领导者成熟的表现，又是他取得成就的基础和条件。领导者要将自己的法定权、强制权以及奖赏权合理地授予下属，不必事必躬亲，使自身拥有更多的时间和精力去发挥关键的领导功能。同时，也能够激发下属的积极性和工作热情。管理学家卡尼奇认为，当一个人体会到请别人帮他一起做一件工作，其效果要比他单独干好得多时，他便在生活中迈出了一大步。

(二)努力提升非权力性影响力

在领导的影响力中，非权力性影响力起着举足轻重的作用。提升领导的影响力的关键就是提高非权力性影响力。领导的非权力性影响力包括专家性影响力和参照性影响力。这两种影响力的构成来源概括起来主要包括品格因素、知识因素、能力因素、情感因素等方面。因此，提升领导的非权力性影响力主要从这 4 个方面入手。

第一，领导者要不断加强自身的品格修养。领导者的品格因素主要是指领导者的品行、人格和作风，体现在领导者的领导行为之中。具有高尚品格的领导者容易使组织成员产生敬佩感，从而产生巨大的号召力、说服力和动员力，进而促成组织目标的实现。正如孔子所言："其身正，不令而行；身不正，虽令不行。"

第二，领导者要努力学习专业知识、管理知识和科学知识。领导者的专家性影响力的大小与其掌握的专业知识、科学知识、管理知识等成正比。具有精深的专业知识、丰富的管理知识以及渊博的科学知识的领导者会使组织成员产生高度的信赖感，并赋予领导者一种威信，进而自觉地服从和执行领导者的命令和指挥。"知识就是力量"也包含了这层含义。

第三，领导者要持续增强自身的领导能力。领导者的能力是影响其影响力大小的主要因素，包括技术能力、人际能力和概念能力。有能力的领导者会引导组织走向成功，能使组织成员产生敬佩感，进而形成"理智信从"，即基于充分的理由和证据，确信领导者有足够的能力，从而心甘情愿地服从领导者的心理倾向和行为导向。

第四，领导者要真正关心下属，融洽相互关系。情感是人对客观事物好恶倾向的内心反映，领导者与下属建立起良好的情感关系，便能够使下属对领导者产生亲切感，容易形成认同并产生吸引力，领导者的影响力就会增强，组织成员就会愿意接受领导。孟子所言，"天时不如地利，地利不如人和"，也正是情感因素所造就的和谐氛围对于领导活动重要作用的不二箴言。

【案例 9-4】 "请叫我元庆"

1999—2000 年，杨元庆开始在联想集团公司实施亲情文化，以加强部门与公司员工之

间的信任与沟通。当时电脑公司带“总”的级别有两百多人。杨元庆干脆让公司采用“无总”的称呼，“请叫我元庆”顿时成为他最著名的语录之一。

资料来源：陈国海. 组织行为学. 北京：清华大学出版社，2006

第三节　领导经典理论

通过长期的管理实践，人们逐渐认识到领导对组织发展的重大作用，不少学者开始重视领导理论的研究。不过，人们对于领导理论的形成似乎没有一个普遍的共识。因此，伯恩斯(J. M. Burns)说：“领导是世界上观察得最多却理解得最少的现象之一。”20世纪之前有关领导的著述大部分都是建立在观察、评论和道德说教基础上的。20世纪初期，人们开始越来越多地使用科学的方法和技术来衡量人的行为，改变了人们审视领导问题的方式。从20世纪以来关于领导研究的成果来看，领导理论的变迁大致经过了领导特质理论、领导行为理论、领导权变理论等几个发展阶段。

一、领导特质理论

特质是指一个人的行为中重复发生的趋势和规律性。早期的研究者采用的最直接的研究方式就是特质途径。这种理论着重研究领导的人格特质，以便发现、培养和使用合格的领导者。领导特质理论侧重于通过比较领导者与被领导者、高层领导者与基层领导者、成功的领导者与失败的领导者之间具有什么样的人格特质差异，进而确定具有什么样特质的人适合做领导者，在此基础上确定进行什么样的训练能够培养出胜任领导工作的人才。这种理论的研究重点是要概括出领导者所必须具备的人格特质。

根据研究者对领导特质的来源所做的不同解释，特质理论可以区分为传统特质理论和现代特质理论。

(一)传统特质理论

传统特质理论认为，领导才能是天生的，领导者的素质是与生俱来的。20世纪初期有很多领导理论研究者坚持认为，领导者和追随者在人格特征上是有差异的。他们试图探究人的人格、智力、能力甚至身高、相貌是否会帮助一位领导者影响一个群体，他们在研究和回答这些问题过程中形成了最早的领导特质理论——伟人论。

早期研究领导理论的代表人物吉塞利(E. Ghiselli，1963)提出了有效领导者应具备8种个性品质：①语言才能；②首创精神；③督导能力；④较高的自我评价；⑤与员工关系密切；⑥决断能力；⑦兼备男性或女性的优势；⑧高度成熟等。美国心理学家吉普认为天才的领导者应具备以下7个条件：①善言；②外表英俊潇洒；③智力过人；④具有自信心；

⑤心理健康；⑥有支配他人的欲望；⑦外向而敏感。斯托格蒂尔(R. Stogdill)认为，个人的先天特性、品质，对于区分领导者与非领导者、有效领导与无效领导具有一定意义。他进一步概括出一个领导者所拥有的一些特质。这一结论对其他领导理论具有一定的影响。

(二)现代特质理论

现代特质理论认为，领导是个动态过程，领导者的人格特征和品质是在实践中形成的，是可以通过训练和培养加以造就的。不同的社会文化条件下，不同的组织，对于一个合格领导者的个性特征要求也是不同的。美国普林斯顿大学教授鲍莫尔(William J. Baumol)认为一个企业家应具备10项条件：①合作精神；②决策才能；③组织能力；④精于授权；⑤善于应变；⑥勇于负责；⑦敢于求新；⑧敢担风险；⑨尊重他人；⑩品德高尚。

【案例9-5】 日本企业重整之神高家猛

在日本企业界被称为企业重整之神的高家猛，其经手的企业个个都能从困境中起死回生，人们对他的评价是：洞察力非常敏锐，对于人的喜怒哀乐都能有自己的深刻感受。专家指出：进入知识经济时代的企业领导者，最重要的就是感知力，也就是对人、对事物的关爱和信赖的能力。有人总结高家猛具有4个领导特质：①注重人性导向。他从不制造敌人，而且能使敌人转化为朋友。②建立强势人脉。③善于激励。④精于判断和利用数字。仅从字面上看，令人推崇的重整之神似乎也没有什么秘密武器。但是，要真正能做到这几点却很不容易。

资料来源：陈国海. 组织行为学. 北京：清华大学出版社，2006

二、领导行为理论

领导特质理论，尤其是伟人论没有产生足够的说服力，在人际关系组织理论的影响下，研究者开始将考察的重点转移到领导者的行为和风格上。领导行为理论认为，领导者不是天生造就的，而是经由后天培养的，可以通过一些精心设计的培训项目将有效的领导模式复制到他人身上。

领导行为理论是继梅奥的人际关系学派之后发展起来的，侧重研究领导者在领导过程中所采取的行为方式，以及不同的行为方式对下属的影响，以便找到最佳的领导方式的理论。最具有代表性的领导行为理论有4种。

(一)领导风格理论

行为理论认为，领导者最重要的方面不在于领导者的个人特质，而是在各种不同环境中做些什么，有效的领导者以他们特殊的风格区别于那些不成功的领导者。美国衣阿华大学教授、心理学家科特·勒温(Kurt Lewin)与其同事合作实验对领导行为进行研究，并提出

来领导风格理论。勒温的研究以权力定位作为基本变量把领导者在领导过程中表现出的行为划分为三种极端的风格。

第一种风格为专制式领导。权力定位于领导者个人，领导者趋向于集中权力，习惯于作出所有决策，认为权力来源于他们所处的职位。领导者只从工作和技术层面来考虑管理问题。他们认为人的本性天生懒惰、不可信赖，必须加以监督和控制方能提高工作效率。

第二种风格为放任式领导。权力定位于成员个体，领导者只是充当着组织成员中消极一员，他们认为权力来源于被领导者的信赖。领导者仅仅从福利方面考虑管理问题，并没有进行大胆的管理。

第三种风格为民主式领导。权力定位于群体，认为权力来源于他所领导的群体。领导者从人际关系方面考虑管理问题，追求的是基于群体讨论和决定的行动。被领导者受到激励后会自我领导，并富有创造力。

勒温最后得出这样的结论：民主式领导风格的工作效率最高，不但能够完成工作任务，实现组织目标，而且群体关系融洽，工作积极主动。

虽然这三种领导类型在理论上可以明确地界定，但该研究却无法判断哪一种类型的领导是最有效的，或在什么环境下应该采取哪种领导方式。实际上，在现实工作中三种极端的领导风格并不常见，大多数领导者的领导风格往往是介于某两种风格之间的混合体。

(二)领导行为的“四分图模式”

最初的领导行为研究很大程度上是美国俄亥俄州立大学和密歇根大学研究完成的。俄亥俄州立大学的多个研究集体开发出一系列问卷来分析工作环境下不同的领导行为。在分析来自上千名下属的问卷后，对所有不同题目的回答的统计模式表明，可以用行为的两个独立维度来描述领导者，即关怀维度和结构维度。

所谓关怀维度，是指领导者对下属的友善、关心与支持程度。高关怀维度的领导者会采用多种不同的行为来表现他的关心和支持。例如：尊重下属的想法和感情，倾听下属的意见和问题，代表下属利益讲话，关心下属的个人情况，对下属工作进行表扬等。

所谓结构维度，是指领导者对达成工作目标和完成任务的强调程度。高结构维度的领导者会做出多种不同的与工作目标和任务相关的行为，例如：指明工作方向，要求下属服从，确定绩效标准，调整绩效水平以及指定完成任务的最终期限等。

俄亥俄州立大学的研究者们根据这两个维度将领导行为分为 4 种类型：①低结构—高关怀型；②低结构—低关怀型；③高结构—低关怀型；④高结构—高关怀型。大量研究表明，高结构—高关怀型的领导行为常常比其他三种类型领导行为更能使下属产生高绩效和高满意度，如图 9-1 所示。

在俄亥俄州立大学进行研究的同时，美国密歇根大学采用了不同的方法进行了类似的研究。但密歇根大学的研究者没有试图去描述领导者在工作环境下表现的多种行为，而是设法找出对有效的团队绩效有贡献的领导行为。他们直接将高效率和低效率领导行为进行比较，确定了两类领导行为与团队绩效密切相关：一是以员工为中心的领导行为，二是以工作为中心的领导行为。以员工为中心的领导者更为重视人际关系，总会考虑下属的需要，承认员工间的个体差异。以工作为中心的领导者更强调澄清工作角色，如何获取和分配资源，群体任务完成情况，将群体成员看做实现目标的工具和手段。

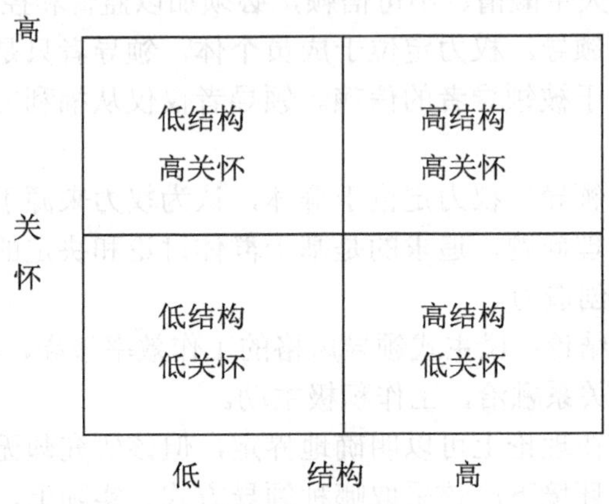

图 9-1　领导行为四分图

资料来源：苏东水. 管理心理学. 上海：复旦大学出版社，2005

(三)管理方格理论

管理方格理论是研究企业的领导方式及其有效性的理论，是美国得克萨斯大学的行为学家罗伯特·布莱克(Robert R. Blake，1918—2004)和简·穆顿(Janes. S. Mouton)在 1964 年出版的《管理方格》一书中提出的。他们的研究继承并拓展了领导行为四分图理论，在“关心人”和“关心生产”两个维度上说明领导者的行为。管理方格图以九等分的横坐标表示领导者对生产或结果的关心程度，用纵坐标表示领导者对人员的关心程度，领导者在两个维度行为水平的交叉点，表现出领导者的领导行为类型。布莱克和穆顿列举了 5 种典型的领导行为类型。

1.1 型：贫乏型领导。这是一种极端的领导类型，领导者对员工和生产几乎都不关心，放任自流，忽视组织目标、工作任务和员工的需求，只用最小的努力来完成工作。这种领导行为类型的绩效非常低。

9.1 型：任务型领导。这种领导者高度关心工作及其效率，注重目标、任务与方法，使人的因素影响降到最低程度。领导者并不关心员工的心理、情感和士气等心理需求，这种领导行为类型的领导绩效较低。

1.9 型：乡村俱乐部型领导。这种领导特别关心员工的感受和心理需求，乐于沟通交流，领导者与员工之间气氛友好、关系融洽，但往往忽视组织目标、工作效率以及任务完成情

况，这种领导行为类型的领导绩效也很低。

9.9 型：团队型领导。这种领导者既高度关心员工的成长，又高度关心生产任务的完成。领导者致力于建立一个关系融洽、密切配合、士气高涨的工作团队。同时，对工作进行严密的计划、组织和实施，顺利达成组织目标。这种领导类型绩效通常是最高的。

5.5 型：中间型领导。这种类型的领导者在工作任务与员工关系之间保持适度的中间水平，领导对人的关心度与对生产的关心度能大致保持平衡，领导者只追求正常的工作效率和正常的员工士气。这种领导类型的绩效表现一般。

布莱克和穆顿根据自己的研究得出结论：团队型领导(9.9 型)是最有效的，在实际的管理情景中，也是最为理想化的模式。但是关于这一理论的实证依据不多。事实上，何种领导行为更为有效的问题还要取决于下属特征、任务特点和管理情景的要求，如图 9-2 所示。

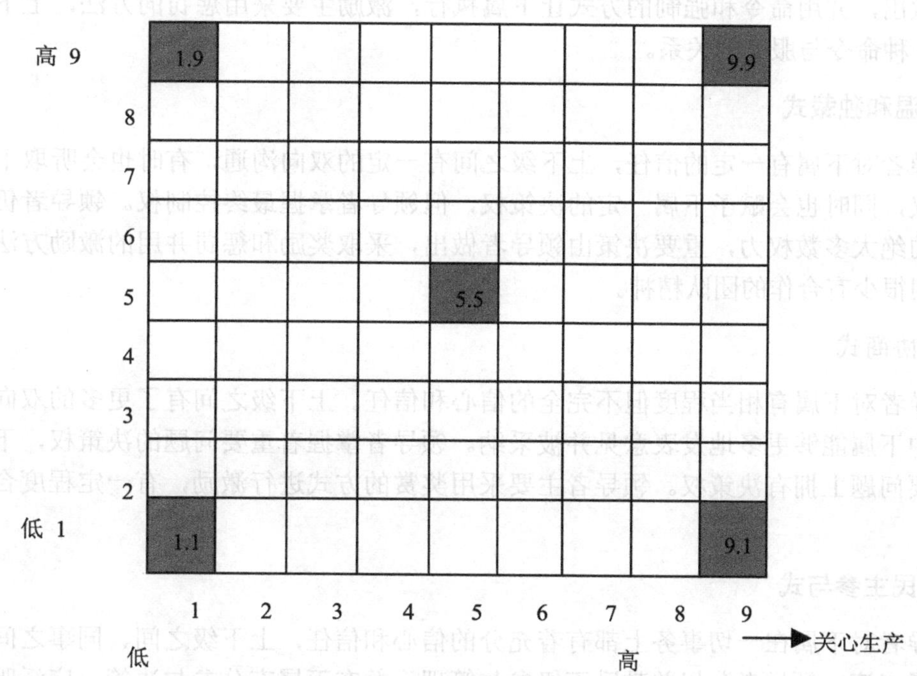

图 9-2　领导方格图

资料来源：陈国权. 组织行为学. 北京：清华大学出版社，2006

(四)领导系统模式

美国密歇根大学社会研究中心的教授利克特(Rensis Likert，1903—1981)在 25 年里，通过一系列问卷调查，对不同的领导行为类型和管理类型进行了系统研究，提出了与俄亥俄州立大学理论类似的两个维度：生产导向和员工导向。生产导向的领导者关心的是目标、

任务、工作、技术，把员工视为实现目标、完成任务的手段。员工导向的领导者关心的是领导与下属之间的关系、相互之间的信任程度以及员工发展等问题。利克特进一步研究结论是：提升群体的生产效率和员工满意度最为重要的是员工导向的领导行为；而生产导向的领导行为与低群体生产效率和低员工满意度相关。因此，利克特将员工导向的领导行为做进一步研究，并在1961年提出了领导系统模式理论，他将领导方式归结为4种系统模式，并对此做了全面的阐释。

1．专权独裁式

领导者对下属缺乏信心和信任，上下级的沟通只是采取自上而下的方式。在进行决策和处理问题时很少会听取下属的意见和看法。领导者集中了几乎所有权力，所有决策都由领导者做出，并用命令和强制的方式让下属执行，激励主要采用惩罚的方法，上下级之间完全是一种命令与服从的关系。

2．温和独裁式

领导者对下属有一定的信任，上下级之间有一定的双向沟通，有时也会听取下属的意见和建议，同时也会赋予下属一定的决策权，但领导者掌握最终控制权。领导者仍然掌握着组织的绝大多数权力，重要决策由领导者做出，采取奖励和惩罚并用的激励方法，但上下级之间很少有合作的团队精神。

3．协商式

领导者对下属有相当程度但不完全的信心和信任。上下级之间有了更多的双向沟通，在决策中下属能够更多地发表意见并被采纳。领导者掌握着重要问题的决策权，下属也能够在次要问题上拥有决策权。领导者主要采用奖赏的方式进行激励，有一定程度合作的团队精神。

4．民主参与式

领导者对下属在一切事务上都有着充分的信心和信任，上下级之间、同事之间有着广泛的沟通交流。领导者分权并鼓励下级参与管理，并在下属充分参与决策、广泛听取他们意见的前提下，由最高领导者做出最终决策。组织中充满着强烈的合作团队精神。

三、领导权变理论

领导作为一个行为过程，涉及领导者、被领导者和环境三者之间的相互作用。对于这三者任何一个因素的忽视，都会对领导研究的真实性与准确性产生巨大的影响。领导理论从特质理论、行为理论到权变理论的演进，无疑反映出领导科学的成熟和完善。

领导权变理论所关注的是领导者与被领导者的行为与环境的相互影响，特别是各种领

导方式如何适应各种不同的环境条件。权变理论研究的重点是分离出影响领导有效性的情境因素。这方面影响较大的、具有代表性的研究有：菲德勒的领导权变模型、赫塞和布兰查德的情境领导理论、豪斯的路径—目标理论、弗鲁姆和耶顿的领导参与模型、格仁和德塞的领导者—成员交换理论。

(一)菲德勒的领导权变模型

领导权变理论研究中，影响最大的是由美国华盛顿大学教授、心理学家弗雷德·菲德勒(Fred E. Fiedler)提出的菲德勒权变领导模型。从1951年起，经过十几年的调查研究，菲德勒提出了一个随机制宜领导理论。菲德勒认为，传统的领导行为理论只是对领导行为类型进行了研究，并力图确定某种适合一切情境下“最佳”的领导风格，这明显不符合领导工作实际。不同的情境变量会有着不同的领导风格需求，各种领导风格只有在与其相对应的情境下才最有效。菲德勒权变模型的基本前提是：领导效果是领导风格和领导情境配合作用的产物。如果领导风格与领导情境相容，那么领导就是有效的；如果领导风格不能满足情境的需要，那么领导将失去有效性。

菲德勒认为，领导风格主要有两类：任务导向型和关系导向型。那么一个人属于哪种领导风格呢？经过研究，菲德勒开发出一个“最不愿与之共事者”(least preferred coworker, LPC)的问卷，用来评估和判断一个人的领导风格。所谓的LPC问卷，就是要求被测试者针对现在或曾经的同事利用16对极端相反、程度不一并带有分值的形容词去描述此人，然后将这16项分值相加，得出的总分，就是被测试者的LPC得分。LPC总分高于72分，属于关系导向型领导风格；LPC总分低于64分，属于任务导向型领导风格；介于64～72分之间的人的领导风格则难以确定，如图9-3所示。

用LPC问卷评估和判断个体的领导风格后，需要再对领导情境进行评估，只有领导风格与领导情境相容才会获得最佳的领导效果。菲德勒认为，领导的有效性与三个情境变量有关：一是领导者与被领导者间的关系；二是工作任务结构；三是职位权力。

(1) 领导者与被领导者间的关系。这种关系主要包括：领导者对下属吸引力的大小，对下属信任和尊重程度；下属对领导者喜爱、信任、忠诚以及愿意追随的程度。凡是下属对领导者喜爱、信任、忠诚以及愿意追随程度越高，领导者的权力和影响力就越大。

(2) 工作任务结构，就是指分配下属承担的工作的明确化和结构化程度。任务明确、程序化程度高，工作的质量就比较容易控制，每个组织成员的工作职责也容易描述清楚。

(3) 职位权力，是指领导者在组织中所处的职位所拥有的权力以及领导者能够从组织中获得支持的程度。一个具有明确且相当高职位权力的领导者更容易得到他人的追随。

菲德勒研究发现，三个情境因素对于领导者来讲重要性并不相同，上下级关系最重要，任务结构次之，职位权力相对来说并不十分重要。

通过LPC问卷确定了个体的领导风格，评估了领导情境之后，菲德勒指出，只有当二者相互匹配和相容才会达到最佳的领导效果。菲德勒研究了1200个工作群体，在8类情境下分别对比了关系导向型和任务导向型两种领导风格，得出的结论是：在情境非常有利(情境 1、2、3)或非常不利(情境 7、8)的情况下，任务导向型领导风格比关系型领导风格更加有效，而在中等情境(情境 4、5、6)下，关系导向型领导则更有效。

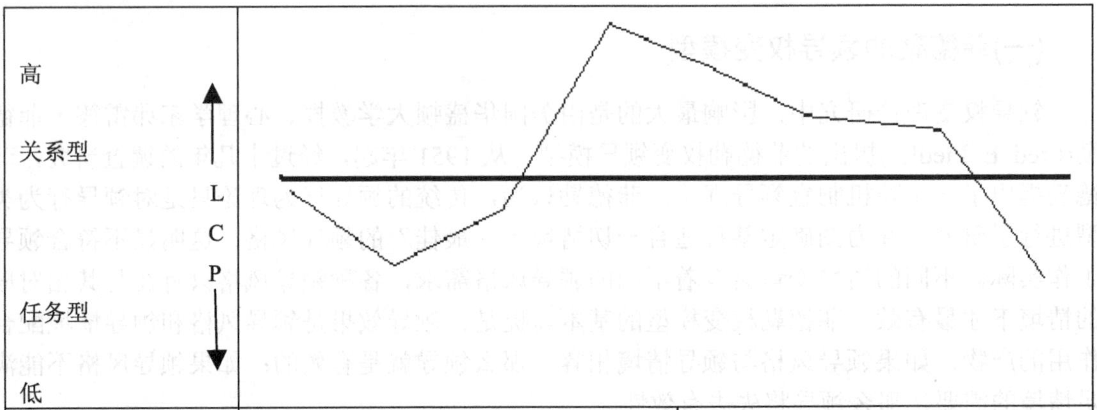

高

关系型

LCP

任务型

低

上下级关系	好				不好			
任务结构性	高		低		高		低	
职位权力	大	小	大	小	大	小	大	小
	1	2	3	4	5	6	7	8

有利 ←—— 情境 ——→ 不利

图 9-3　菲德勒的权变领导模型

资料来源：苏勇，何智美. 现代组织行为学. 北京：清华大学出版社，2007

【案例 9-6】　罗宾斯领导风格的改变

阿兰·罗宾斯故意把自己的工厂修建在俄亥俄州阿克伦市一个多砂的市郊。他认为自己是一个很开通的老板，总是愿意给人，甚至包括那些曾经犯过严重错误的人，以证明自己的机会。他的塑料加工公司将废旧的塑料奶瓶与苏打瓶转化为仿木制品。该公司雇用了大约 50 名员工。

罗宾斯刚开始经营这家公司的时候，他希望能同时当员工的老板和朋友。有时，他为轮班的每位员工提供冰镇啤酒，还给经济拮据的员工提供私人贷款。他强调团队合作，并花费大量的时间让员工在车间里交流思想。他反对对员工进行毒品检测，一方面因为他不想花这笔钱，另一方面担心员工认为他不信任他们。再说，他也不会相信，员工们会在明知要从事危险工作时却酗酒或者吸毒以后出现在工作场所。

可惜他错了。在罗宾斯所处的环境中，人际关系导向型的领导风格不起作用。因为那些技能水平低的员工多数来自收入水平低且毒品泛滥的地区，他们还不习惯于罗宾斯给予他们的自由空间。他们经常不打招呼就旷工或者迟到，酗酒或者吸毒以后上班，甚至在车间里打架斗殴。当一位员工手里拿着铁管，在工厂里四处游荡、寻衅滋事时，罗宾斯认为转折点到了。现在，罗宾斯已经放弃了要与员工们交朋友的想法。“光是为了保证他们每天都来上班我就够忙活了。”他说。

罗宾斯在塑料加工公司的领导方式是不成功的，因为他在不利的环境中使用了以人际关系为导向的领导方法。因为生活环境原因，他所雇用的许多员工天生就是不能充分信赖的，因而他们之间的上下级关系是恶化的。尽管罗宾斯具有较高的权威，但是很多员工的职业道德很差，也不懂得尊重权威。在这些员工们看来，罗宾斯因为没有制定规则、指南和准则而削弱了自己的权威。刚开始的时候，员工们甚至因为罗宾斯的随和而以为他们可以为所欲为。现在，罗宾斯已经开始采用更侧重任务导向型的领导方式，包括制定了一系列的规则和政策，对每个新员工进行毒品检测等。

资料来源：[美]加里·尤克尔. 组织行为学. 北京：中国人民大学出版社，2004

(二)豪斯的路径—目标理论

加拿大多伦多大学教授豪斯(Robert House)在弗鲁姆的期望理论和俄亥俄州立大学的领导行为四分图理论基础上，于 1971 年提出了路径—目标理论。该理论的核心观点是：领导者的作用就是通过选择适当的领导方式帮助和激励下属达成个体目标和组织目标，并在实现组织目标的过程中满足下属的需求和成长发展的机会。为此，领导者的工作任务是：第一，识别每位下属的个人目标；第二，建立合适的报酬体系，使个人目标的实现与工作绩效的提高联系在一起；第三，通过帮助、支持、指导以及奖励等方式排除下属通往高绩效道路中所遇到的各种困难和障碍，使之达到满意的绩效水平。领导者在这些方面发挥的作用越大，越能提高下属对目标价值的认识，越能激发下属的积极性。

根据特殊环境的客观需要，豪斯还提供了可供选择的 4 种领导方式。

(1) 指令型领导。这种领导方式下的领导者首要的是让下属明白期望他们做什么、如何去做以及什么时候应当完成以及他们的工作与他人所做的工作的关系。这一领导方式也会包括确定时间安排、建立规范，并提供下属将坚持的既定程序与规则。这种领导类型与俄亥俄州立大学研究的结构维度相近。

(2) 支持型领导。这种领导方式下的领导者对下属很友善，持开放、易于接近的态度以及平等对待下属；领导者会真正关心下属的现状、福利和需求。这种领导类型类似于俄亥俄州立大学研究的关怀维度。

(3) 参与型领导。这种领导方式下的领导者倾向于与下属共同解决工作问题，乐于与下属进行磋商，鼓励下属推荐问题解决方案，在决策前充分考虑下属的意见和建议。

(4) 成就导向型领导。这种领导方式下的领导者被视为既严格要求，又与下属建立支持性互动关系。领导者通常为下属设立具有挑战性的目标，不断寻求多种途径来提高各阶段的工作绩效；领导者会通过表现出持续不断的高度信心来支持下属，激励他们发挥最大限度的潜能，达到他们预期的目标和实现自己最佳的工作绩效水平，在未来工作中承担更大的责任。

豪斯认为，实际上不会有一个任何情境下都能够激发下属的工作动机和满足感的领导方式。领导方式的选择还要根据特殊情境下权变因素的客观需要。

豪斯认为关于情境主要有两个方面的权变因素。

(1) 下属的个性特点。当下属认为自己能力很强的情况下，他更喜欢接受参与型或成就导向型领导方式；否则，更倾向于接受指令型或者支持型领导方式。当下属属于内控型时，他会较喜欢参与型领导方式；否则会接受指令型领导方式。当下属自以为经验丰富时，他将谋求成就导向型或者参与型领导方式，否则，他会接受指令型或者支持型领导方式。

(2) 工作环境的特点。主要包括工作任务结构、正式的权威制度、主要工作群体成熟度。工作任务结构是指工作任务明确化、结构化程度。正式的权威制度是指组织内已经建立起来的控制体系。主要工作群体成熟度主要是指工作群体是否已经掌握了与大家在一起协同工作的技巧与能力。这些因素会影响或者缓和领导者行为对下属的态度、行为的影响效果。例如，工作任务结构化程度越高，越应采用支持型领导方式；反之，则应采用指令型领导方式。

(三)弗鲁姆和耶顿的领导参与模型

1973 年，美国管理学家维克多·弗鲁姆(Victor H.Vroom)和菲利普·耶顿(Phillip Yetton)在《领导与决策》一书中提出领导参与模型这一权变领导理论。该模型将领导行为与下属参与决策联系在一起，认为有效的领导者应根据不同的情况让下属不同程度地参与决策。领导方式主要取决于下属参与决策的程度。由于认识任务结构的要求随常规活动和非常规活动而变化，研究者认为领导者的行为必须加以调整，以适应这些任务结构。

弗鲁姆和耶顿的领导参与模型是规范化的，它提供了不同情境下应遵循的一系列原则，以确定参与决策的类型和程度。这一复杂的决策树模型包含了 5 种可供选择的领导风格和 7 项权变因素，这些权变因素可以通过“是”或“否”选项进行判定。他们提出了 7 个诊断性问题，以帮助确定在不同情境下应该如何有针对性地选择从参与到独裁专制的不同领导方式。这 7 个诊断性问题中有 3 个是决策质量原则(是否有更好的方案，是否已经掌握了充分的信息，是否有章可循)，另外 4 个是决策可接受性原则(是否需要下属接受，如果领导者独自决定下属是否能够接受，下属目标与组织目标是否一致，下属之间是否会有矛盾)。针对这些问题，领导者只要能够回答是或否，就可以确定其参与的恰当程度，从而能够迅速

地选择下属可以接受的领导方式和方法。

总体上来讲，弗鲁姆和耶顿的领导参与模型可以帮助领导者诊断他们要解决的问题类型，还可以指导他们选择应当采用的下属参与的程度，而且经验研究也证明了这一模型的有效性。

第四节　领导理论的新发展

在经济、政治、技术等外部环境变化日趋频繁的今天，领导在应对环境变化和组织变革中的作用也愈加重要，需要对领导行为进行更加深入、更加全面的研究。从 20 世纪 70 年代起到现在，领导理论又发生了新的发展，出现了许多新型的领导理论。

一、魅力型领导理论

20 世纪 70 年代中期，领导研究中出现了一次重大改变，这就是魅力领导理论的建立，并且这一理论在 90 年代又获得了很大发展。“魅力”一词是指神赐的或受神感召的才能。魅力是一种领导者个人具备的带有鼓舞性的人际吸引力，包含个性、能力、经验和坎坷经历中形成的综合素质。

早在 20 世纪 20 年代末，德国社会学家马克斯·韦伯就提出了“魅力型领导”的概念，韦伯的研究兴趣是探讨权威、宗教、经济力量如何随着时间推移而影响整个社会。韦伯认为，社会中的权威可以分成三种类型：传统型权威、法定型权威和魅力型权威。韦伯认为魅力型权威获得是因为领导者具有超人的素质或者神授的权力，这将他们与普通的凡人区别开来。魅力型权威存在于这些非凡素质的人们之中，是其杰出素质的产物，而非来自长子继承权(传统型权威)或法律规定(法定型权威)。根据韦伯的观点，魅力型领导者产生于社会边缘，在重大的社会危机时期以领导者身份出现。与传统型领导和法定型领导不同，魅力型领导的生命期很短，为使下属相信自己拥有超越常人的素质，领导者必须建立起成功的形象；任何失败都将使追随者质疑领导者拥有的超凡权力，进而侵蚀领导者的权威。

马克斯·韦伯的思想在 20 世纪 40 年代末开始广泛传播于美国，并对领导理论研究产生深刻的影响，一些研究者试图探寻魅力型领导者的个性特点。

罗伯特·豪斯首先基于一系列的社会科学研究提出了魅力型领导理论。豪斯提出了魅力型的领导者三个方面的特点：一是极高的自信；二是极强的支配力；三是对自己的信仰具有坚定的信念。这些领导者不仅经常对其追随者的工作提出期望，而且坚信他们能够成功地达到其期望。

沃伦·伯恩斯系统研究了 90 位美国最杰出和最成功的领导者，发现他们有 4 种共同的个性特点：一是令人折服的远见和目标意识；二是能够清晰地表述目标，使追随者明确理解；三是对目标的追求表现出一致性和全身心的投入；四是了解个人的实力并以此作为资本。

在此类研究的基础上，一些学者开始探讨魅力型领导的行为模式。纳德勒(Nadler)和图斯曼(Tushman，1990)提出了魅力型领导行为的三个阶段模型。该模型认为，魅力型领导的三种行为是构思愿景、激发下属、支持下属。首先，魅力型领导者需要运用其号召力形成组织未来发展的愿景，设置高水平的具有挑战性的工作期望，完成它是激动人心的；其次，魅力型领导者通过表达个人对该愿景的信心和激情，鼓动追随者奋发向上的精神和热情；最后，魅力型领导者会表达对追随者坚定的支持，不断为其创造和提供必要的条件，坚定实现目标的信心，如图 9-4 所示。

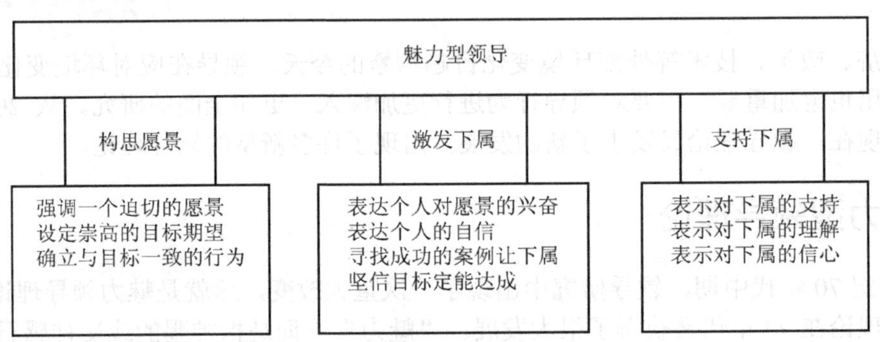

图 9-4　纳德勒和图斯曼魅力型领导的三阶段模型

资料来源：[美]理查德·哈格斯. 领导学——在经验中提升领导力. 北京：清华大学出版社，2004

麦吉尔大学的康格尔和坎南格对魅力型领导进行了最全面的分析和研究，他们认为魅力型领导者具有以下特点：一是他们有一个希望达到的目标；二是为此目标能够全身心地投入；三是他们反对传统；四是非常固执而自信；五是他们都是作为激进变革的代言人出现，而不是维护传统和现状的卫道士。康格尔和坎南格在此基础上提出了魅力型领导行为的四阶段模型(图 9-5)。第一阶段，领导者不断地评价环境、适应性，形成理想的目标，建立愿景。第二阶段，领导者运用其修辞技能，采用合适的方法与下属沟通其观点，将理想的目标形成共同愿景。第三阶段，与下属构建信任关系，建立起对领导者和愿景实现可能性的信心。第四阶段，魅力型领导者努力成为下属的角色模范。

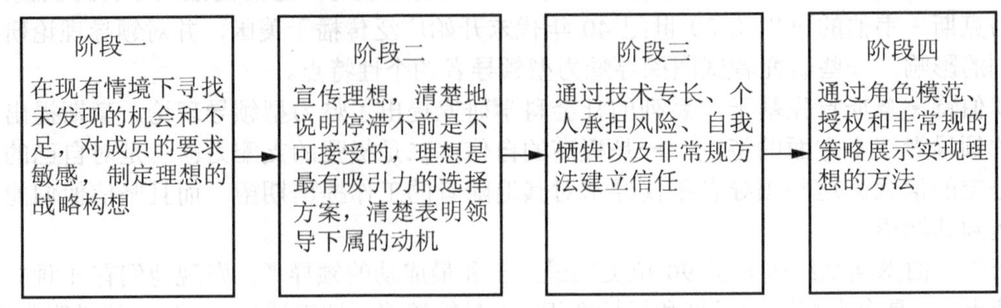

图 9-5　康格尔的四阶段魅力领导模型

资料来源：彼得·诺思豪斯. 领导学：理论与实践. 南京：江苏出版社，2002

【案例 9-7】　张瑞敏的梦

海尔集团最初的技术是从德国利勃海尔引进的，后来人们问利勃海尔的老板，为什么中国海尔作为学生会后来居上呢？他非常简单地回答，因为海尔有个梦，而我们没有。梦就是梦想，就是远大的抱负。张瑞敏的这个梦就是敬业报国、振兴中华。有了这个理想，就有了远大的目标，就有了努力的激情，就有了不竭的动力，就有了顽强的意志。海尔的成功之处就在于张瑞敏能够给员工一个梦想。

资料来源：陈国海. 组织行为学. 北京：清华大学出版社，2006

二、交易型领导与变革型领导理论

当组织改变了传统上的、只是被动地去应对巨大变革的挑战方式时，确认领导的魅力型特征就变得非常重要。当一个组织的领导者出现频繁更迭，其主要原因就是，他们在组织面对新的环境下不能实现领导所必需的成功变革。变革型领导理论将成为 21 世纪的新兴组织发展和进步中重要的理论基础。

1978 年，政治社会学家詹姆斯·麦格雷戈·伯恩斯(James MacGregor Burns)出版了其经典著作《领导学》，在该书中，伯恩斯在对政治型领导人进行定性分类研究的基础上，提出领导过程应包含交换型和变革型两种领导行为，这一分类为领导理论的研究开辟了新思路。1985 年巴斯(Bass)正式提出了交换型领导行为理论和变革型领导行为理论。它比以往的理论采取更为实际的观点，并在实践中得到了广泛应用。

(一)交易型领导理论

交易型领导理论的基本假设是领导者与下属之间的关系是以一系列的交换和隐含的契约为基础的。当下属完成特定任务后，便给予先前承诺的奖赏，整个过程就像领导者与下属之间进行的一项交易活动。20 世纪 80 年代以前创立的领导行为理论和权变理论都是以交易性质的领导行为为基础的。

概括地说，交易型领导的特征主要表现在以下几个方面。

第一，交易型领导者通过明确角色和任务要求，指导和激励下属向着既定的目标活动。领导者向员工阐述绩效的标准，意味着领导者希望从员工那里得到什么，如满足了领导的要求，员工也将得到相应的回报。

第二，交易型领导者依赖奖赏性、合法性及专家性的权力源。以组织管理的权威性和合法性为基础，完全依赖组织的奖惩来影响员工的绩效。

第三，交易型领导强调工作标准、任务的分派以及任务导向目标，倾向于重视任务的完成和员工的遵从。

根据伯恩斯的理论，交易型领导行为建立在一个交换过程的基础上，主要包括权变与非权变性两种奖励行为和权变与非权变性两种惩罚行为、实施不同的奖励和惩罚会导致不同的结果。所谓权变性奖惩是指根据下属的绩效进行奖励和惩罚；非权变性奖惩是指领导进行奖罚时不依据下属的绩效。

伯恩斯则将交易型领导行为分为权变奖励领导行为和例外管理领导行为两种，并随着领导者活动水平以及员工与领导相互作用性质的不同而不同。

所谓权变奖励领导行为是指领导和下属间的一种主动、积极的交换，领导认可员工完成了预期的任务，员工也得到了奖励。领导者把实现目标与获得报酬、澄清期望、交换承诺、提供资源、筹划相互满意的协议、进行资源谈判、能力上相互帮助以及为成功的绩效提供奖赏联系起来。例外管理领导行为则指领导借助于关注员工的失误、延期决策、差错发生前避免介入等，与下属进行交换，并按领导者介入时间的不同分为积极的和消极的两种类型。积极的例外管理领导者，一般在问题发生前，在员工开始工作时，就向员工说明具体的标准，并以此标准监督差误，持续监督员工的工作，以防止问题的发生。一旦发生问题，立即采取必要的纠正措施。同时也积极寻找有可能发生的问题或与预期目标偏离的问题。领导者监控追随者的绩效，如果有偏离原则的行为发生，则对其采取强制性措施，并强化规则以防止过失。消极的例外管理领导者，则往往在问题已经发生或没有达到规定的标准时，以批评和责备的方式介入。当问题变得严重的时候领导者进行干预，但等到失误引起了他的注意时才采取措施。一般情形下，领导者一直等到任务完成时才对问题进行确认，并以此提醒员工，也往往在错误发生后才说明自己的标准。

(二)变革型领导理论

变革型领导理论是西方研究的热点问题，近年来关于变革型领导理论的研究取得了较为丰富的研究成果。

伯恩斯认为，变革型领导是领导与下属之间彼此互相提升成熟度和动机水平的过程。伯恩斯给变革型领导的定义为：通过让员工意识到所承担任务的重要意义，激发下属的高层次需要，建立互相信任的氛围，促使下属为了组织利益牺牲自己的利益，并达到超过原来期望的结果。

变革型领导行为是一种领导向员工灌输思想和道德价值观，并激励员工的过程。在这个过程中，领导除了引导下属完成各项工作外，常以领导者的个人魅力，通过对下属的激励、刺激下属的思想、对他们的关怀去变革员工的工作态度、信念和价值观，使他们为了组织的利益而超越自身利益，从而更加投入于工作中。变革性质的领导方式可以使下属产生更大的归属感，满足下属高层次的需求，获得高的生产率和低的离职率。变革型领导理论探究的是领导者是如何影响下属与工作有关的——他们的自尊、价值、自信、对领导者的信任以及责任感所诱发的绩效动机等。这些理论从表达愿景和使命、创立与维护积极的下属与上级关系的角度重新审视领导者，描述了领导者是如何在顾及整个组织的目标的同时通过自己的行为增加对下属的指导来达到自己预定的目标的，主要说明引起下属改变其价值、目标、需要与志向等的领导者的行为，领导—下属关系影响着下属的绩效、满意度、动机等。

变革型领导行为的前提是领导者必须明确组织的发展前景和目标，下属必须接受领导的可信性。其主要待征为：①超越了交换的诱因，通过对员工的开发、智力激励，鼓励员工为群体的目标、任务以及发展前景超越自我的利益，实现预期的绩效目标；②集中关注较为长期的目标，强调以发展的眼光，鼓励员工发挥创新能力，并改变和调整整个组织系统，为实现预期目标创造良好的氛围；③引导员工不仅为了他人的发展，也为了自身的发展承担更多的责任。变革型领导行为拓宽了领导行为的研究范围。

【案例 9-8】 变革型领导者的典范：纳尔逊·曼德拉

南非在过去的 200 年间由一个少数人群的白人政府统治。尽管黑人占全部人口的 75%，但白人拥有大部分财产，经营大多数企业，并且控制着几乎全国所有的资源。此外，黑人没有选举权，往往为没有甚至是很少的工资在可怕的条件下工作。纳尔逊·曼德拉看到了他的人民的困苦，他花费了 50 年的时间致力于推翻白人少数派的统治。他在一开始组织了一个非暴力的组织——非洲国民议会，用停工、罢工和暴乱来抗议白人的统治。在早期的暴动中有几位白人被杀死，接下来在 1960 年，警察在沙佩维尔的行动中造成 250 余名黑人的死伤。因沙佩维尔事件带来的动荡局面，使 95%的黑人劳动者罢工两周，整个国家宣布处于紧急状态。曼德拉接下来组织了员工怠工来进一步向南非政府施压，要求其改变。这一组织的目标在于政府和经济设施，并特别当心不要在投炸弹的运动中出现人员伤亡。1962 年，曼德拉被捕，其后的 27 年他一直被羁押在监狱中。在狱中，他继续大力促进民间的不满和多数人决定原则，他的事业最终得到了国际认同。1985 年他获得了以某种条件被释放的机会，但他拒绝了。在巨大的国际和国内压力下，南非总统 F. W.德·克拉克“批准”了 ANC 的存在，并无条件释放了曼德拉。但是，南非仍处于骚乱状态下，1992 年有 400 万名工人罢工，抗议白人的统治。由于这一压力的存在，曼德拉迫使德·克拉克签署了一份文件，列出了多党选举的要点。曼德拉赢得了 1994 年的全国大选，并成为该国首位真正意义上的民主选举的领导者。

资料来源：http://www.google.co.in/profiles/chnttlp

(三)基于价值观的领导理论

基于价值观的领导理论是由“目标—途径理论”的提出者罗伯特·豪斯在综合了 20 世纪 70 年代以后的领导理论后率先提出的，代表了新的领导理论进展。领导者唤起成员们共同的价值、理想、愿景或者信念，给予下属信心的行为是一个企业走向成功的不可缺少的要素。

罗伯特·豪斯将基于价值观的领导定义为：持有明确而崇高价值观的领导者向组织注入核心价值观，并以此作为种子因素孕育组织文化，在此文化中通过沟通信仰、传递愿望和从事所有组织实践，强化领导者提出的核心价值观，使下属认可并内化组织核心价值观，以形成持久工作的行为动机，激励下属做出岗位要求以外的努力。这种领导方式就是基于价值观的领导。

基于价值观的领导理论认为领导过程包含以下 4 个阶段。

1．领导者注入价值观

领导者的价值观是种子因素，组织变革的成功与否关键取决于领导者的价值观的优劣。如果领导者的价值观不具备某些优秀的品质，那么领导者根本不能发挥任何作用，相反倒有成为旧组织文化俘虏的可能。

2．价值观共鸣激发下属的动机与情感

领导者价值观需要同下属的价值观存在一定的共性，否则就失去形成组织共同价值观和共同愿景的前提。

3．共同价值观的形成

组织共同价值观是领导者价值观的衍生因素。领导者价值灌输目的是在组织当中形成一套为所有人共同认可的行为模式和价值体系。在这个共同基础之上，产生能够让组织成员自愿接受并自觉奋斗的共同愿景。

4．对共同价值观的强化

对共同价值观强化的目的在于保持组织价值观的生命力，使它成为维护组织使命的一个重要组成部分，而不至于受到领导者变更的影响。

基于价值观的领导理论与以往的许多领导理论的很大不同之处还在于：它衡量激励效果的指标是以下属的归属感，他们眼中的高层管理者的有效性、工作积极性和满意程度为尺度的。以往的领导理论，在激励效果衡量方面要么是以任务或工作为导向的，要么是以员工的满意程度为导向的，而基于价值观的领导理论则更加综合。

(四)服务型领导理论

服务型领导理论是在实践中发展出来的一种领导理论和模式。服务型领导主张领导者通过提供服务而不是控制下属，帮助员工成长、发展，并为他人取得物质和精神上的成功提供机遇。为他人服务是服务型领导者的主要目的。

服务型领导完全颠覆了传统权力模式。要求领导者能够牺牲个人利益，“同意担当服务员的领导者愿意对大型组织的正常运转承担责任。对领导者负责的下属，领导者愿意接受作为一名服务者的职责”。

世界著名跨国企业壳牌石油公司就是按照服务型领导模式的基本概念进行领导行为改造的。壳牌石油公司鼓励组织内部推行服务型领导，并将服务型领导者定义为具有如下特

征的人：①能够认识到个人不能回答所有的问题；②展示出谦虚和弱点；③促进个人以及他人和组织的改革；④具有构建组织和个人的能力。

服务型领导者除了要具有上述特征外，还要按照下述4种方式采取行动。

第一，服务比个人利益更重要。服务型领导利用手中的权力和影响力帮助个人和组织成长，而不是谋求个人利益。他们认为，组织是为了给员工提供有意义的工作而存在，而员工的存在是为了组织而工作。服务型领导意味着做对别人有益的事情，尽管这不能给自己带来经济利益。

第二，在支持别人之前进行认真的倾听。服务型领导者应该清楚自己不能解决所有的问题，因此，他必须认真倾听他人的意见。通过认真的倾听，他们可以更好地认识其他人面对的问题，并能够采取符合他们需要的行动。

第三，通过值得信赖而提倡信任。服务型领导者通过履行诺言、对他人完全诚实、放弃控制以及关心他人利益来建立信任。他们分享所有的信息，不论是好是坏，并且为群体而不是个人利益作出决策。另外，相信他人所作出的决策也可以巩固信任。服务型领导者可以获得信任，因为，他们放弃所有一切——权力、控制、奖励、信息和赞誉。信任促进了一切。

第四，培养他人并帮助他人成长。服务型领导者帮助其他人接受他人的责任和自我实现。也就是说，帮助他人成为有能力的人。这需要愿意并乐于分享他人的痛苦和难题。和他人保持密切联系意味着领导者是软弱的，并愿意公开自己的痛苦和博爱。

本 章 小 结

领导是领导者或领导群体在特定情境下，通过影响力的运用，使被领导的个人或群体去努力实现群体或组织目标的过程。领导在一个组织运行系统中处于中枢与核心的地位，领导行为是否科学、有效，直接影响着组织系统的运行和目标的实现。领导作为一种动态过程，是领导者、被领导者以及他们所处的环境三个因素所决定的复合函数。

领导行为的影响和作用表现为领导的功能，领导的基本功能包括导向功能、组织功能、激励功能、凝聚功能。

领导影响力是指领导者在领导活动过程中，有效影响和改变被领导者心理与行为的能力，即领导者的意愿与行为在被领导者身上产生的心理效应。领导的影响力是领导者实现领导功能的基础，是直接决定领导效率和效能的核心因素。因此，要发挥领导的功能就必须要提升领导的影响力。

领导理论是研究领导有效性的理论，是管理心理学理论研究的热点之一。从20世纪以来，领导理论的变迁大致经过了领导特质理论、领导行为理论、领导情境理论、领导权变理论等几个发展阶段。

随着领导在应对环境变化和组织变革中有着日益凸显的作用，领导理论又有了新的发展，出现了许多新型的领导理论。具有代表性的理论主要有魅力型领导理论、变革型领导理论、基于价值观的领导理论、服务型领导理论等。

复习思考题

一、问答题

1. 什么是领导？领导活动包括哪些要素？
2. 领导的基本功能有哪些？
3. 领导影响力的内容包括哪些？
4. 简述如何提升领导的影响力。
5. 论述基于价值观的领导理论。

二、分析题

玛利凯化妆品公司

20 世纪 60 年代初，45 岁的玛利·凯·阿希用积攒的 5000 美元创办了玛利凯化妆品公司。30 年后，玛利凯公司的年销售额达到 61 亿美元，销售人员达 30 万人。现在，玛利被公认是美国最伟大的工商界领袖之一。

公司的成功很大程度上归功于玛利的领导方式。她通过为员工提供成功的机会并认可他们的成功，激励、鼓舞着每一位成员。例如，在一年一度的庆功会上，销售代表将得到各种形式的奖励，如卡迪莱克轿车、豪华环球旅行、黄金钻石首饰等。庆功会上选出 4 个销售王后还会有机会得到玛利亲自送的玫瑰、拥抱，这种个人触摸方式很重要。

玛利对员工的幸福表现出真诚的关心。一位普通员工说："她会让你觉得你能做好任何事情，她无微不至地关心你的生活。"这种关怀感染了每一位员工，许多销售代表用同样的方式对待顾客，如寄送生日卡片等。

资料来源：[美]乔恩·L. 皮尔斯，约翰·W. 纽斯特特罗姆. 领导者与领导过程. 北京：中国人民大学出版社，2003

(1) 描述一下玛利的领导风格。

(2) 可以用哪些领导理论来分析玛利的领导行为？

盖瑞的领导管理理念

1997 年盖瑞担任 WD-40 公司的首席执行官，那时，WD-40 公司并未陷于困境，而是连续 40 年有着稳定利润的行业巨头。WD-40 公司的经营理念和企业文化非常保守，预警机

制运作良好。然而盖瑞认为，这并不完美。因为盖瑞明白，WD-40公司尚未到达顶峰。

盖瑞打破常规，推陈出新，并大获成功。他们所做的变革之一是：建立绩效评估系统，将合作绩效提升至新的层次，而绩效是《更高层面的领导》一书涉及的重要方面。这使得WD-40公司一举成为华尔街的宠儿。

盖瑞担任首席执行官之后，建立了“与其挑剔我，不如帮我得A”的绩效评估系统。此后盖瑞亲眼见证了公司的年销售额比往年增长了3倍多——从1亿美元涨至2008年的3亿美元。此前国内销售额仅占销售总额的30%，而2008年国外销售额占销售总额的47%，销售比例更加均衡。在这期间，公司总价值增加了将近一倍，从3亿美元上升至6亿美元。在WD-40公司，每位雇员所创造的销售额高达110万美元，效率极高。

值得一提的是，盖瑞及其同事不仅在财务上创造了奇迹，而且还为WD-40公司创造了良好的工作环境。2008年WD-40公司雇员民意调查显示，94%的员工认为自己完全地投入到工作中，这一比率高得超乎想象。

盖瑞·瑞基在认识到“与其挑剔我，不如帮我得A”这一经营理念之后，便将其作为WD-40公司的座右铭。为什么？原因在于，这一理念非常符合盖瑞·瑞基的领导理念，即他对领导与激发下属的认识。盖瑞非常重视这一理念，如果他发现某个经理没有能力帮助下属获得A时，他会解雇这个效率低下的经理，而不是效率低下的员工。

并非每个领导者都像盖瑞·瑞基这样。盖瑞是现实中“卓越的领导”在绩效合作领域的最佳典范。

资料来源：刘建军. 领导学原理：科学与技术. 上海：复旦大学出版社，2001

(1) 盖瑞的领导管理理念核心是什么？

(2) 如果你是领导，你将如何对待下属？

第十章 组织行为与管理

【学习目标】

了解组织的概念、构成要素、类型以及组织理论的各种流派，掌握组织结构和组织设计的一些基本内容，理解组织变革与组织发展的阶段与措施。

【关键概念】

组织(organization) 组织理论(organization theory) 组织结构(organization structure) 组织设计(organization design) 组织变革(organizational change) 组织发展(organization development)

第一节 组织概述

组织是人类活动协调与合作的形式，目的在于克服人类个体体能和智能的限制，达到某些群体的共同目标。组织的作用在人类文明发展中极为重要，在一定意义上讲，没有组织，就没有人类社会和人类社会的进步。尤其是现代社会，已经成为了一个高度组织化的社会，作为现代社会基本的实体单元，组织无处不在，无时不有。在我们周围，组织举目即是。我们每一个人都是特定组织的一部分；同时，我们日常生活中都必然要与各种各样的组织发生联系，接受它们为我们提高产品和服务，我们的一生实际上都是由组织填满的。彼得·德鲁克因此说："社会已经成为一个组织的社会。在这个社会里，不是全部也是大多数社会任务是在一个组织里或由一个组织完成的。"

一、组织的含义

关于组织的概念可谓林林总总，纷繁复杂，莫衷一是。国内外不同的专家学者从不同的学科视角、文化背景给出了很多相近或相异的组织定义。

从词源学上来考证，组织一词来源于希腊文 organization，意思是"工具"、"手段"。在1873年以前，组织一词主要被用来说明生物的组合状态。1873年，英国哲学家斯宾塞将组织一词引进了社会科学，他在提出"社会有机体"这一概念的同时，将组织看成已经组合的系统或社会。

美国组织行为学家格罗斯(E. Gross)与埃策尼(A. Etzioni)将组织定义为：组织是人类为了达到某些共同的目标而特意建构的社会单元，企业公司、军队、学校、教会、监狱等都是

组织。那些自然形成的群体，如部落、阶级、宗教团体以及家庭，则不包括在内。现代化组织具有以下特征：①在劳动、权力以及沟通责任上有所分工，分工的方式既不是任意的，也不是传统的，而是围绕某一特定目标加以精心设计的；②具备一个以上的权力核心，用以指挥组织成员的行为，以促进组织目标的实现，这些权力核心要不时地考核组织的绩效，必要时调整组织结构以增加效率；③实行成员的淘汰，对不胜任的成员通过轮训、降职、撤职的方式加以更换。

卡斯特(Fremont E. Kast)与罗森茨韦克(James E. Rosenzweig)将组织定义为："组织是：①有目标的，即怀有某种目的的人群；②心理系统，即群体中相互作用的人群；③技术系统，即运用知识和技能的人群；④有结构的活动整体，即在特定关系模式中一起工作的人群。"

理查德·L.达夫特(Richard L. Daft)的组织定义是："所谓组织，是指这样一个社会实体，它具有明确的目标导向和精心设计的结构与有意识协调的活动系统，同时又同外部环境保持密切的联系。"

在众多的组织定义中，我们更倾向于美国管理大师切斯特·巴纳德(Chester I. Barnard，1886—1961)的组织概念："组织就是指由为了实现某个目标而展开合作活动的，两个或更多的人员所构成的系统。""组织的基础是合作，以及拥有有意识、深思熟虑的目的。"该定义不仅拓宽了组织研究的群体范围，而且指明了要注意研究组织的协调活动。

从这个基本概念出发，可以概括出组织所包含的4层含义：

(1) 组织是由两人或两人以上的个体或群体集合而成。

(2) 组织是为了实现某种目标有意识地建立起来的。

(3) 组织是人们相互协作的表现，是通过分工和协调来实现目标的。

(4) 组织是一个系统，一个开放的系统，要随着组织环境的变化而有机发展。

二、组织的构成要素

(一)组织目标

目标是社会赋予组织的使命和职责。组织都是为了实现某个目标而建立起来的，它决定组织行为的方式与组织发展的方向，是组织成员认为可以追求并达到的某种实现的状态或条件。一个组织如果不能履行和实现自己的使命和目标的话，也就失去了存在的理由和价值。

(二)组织成员

组织是由人群构成的，没有人群就没有组织。离开了人组织就不复存在，所以组织最本质的特征就是由个人集合而成的。任何组织都是以人为核心，组织是为人服务的，而不是人为组织而存在的。

(三)组织结构

当人们为了实现某一目标而在一个组织共同工作时，他们需要建立某种正式的关系，扮演不同的工作角色：领导者与追随者、管理者与员工、决策者与执行者等，这些人必须以某种结构化的方式联系起来，以便有效地协同工作，这就形成了各种各样的组织结构形式。组织结构决定了组织内部人与人的关系和每个人的角色。

(四)组织技术

技术是指组织将投入转换为产出所使用的工具、工艺方法和机械装置。人们需要依赖技术来完成工作任务，实现组织目标。技术赋予人类借以工作的资源，影响人们工作的内容与方式，同时也深刻地改变着人们的工作关系。

(五)组织环境

组织环境是指存在于组织内外部并影响组织绩效和目标实现程度的各种力量和条件的总和。组织作为一个系统，都是在内部环境和外部环境中运作的。任何组织都要受到环境的影响，同时又反作用于环境，孤立的组织是不存在的。组织要清醒地认识内外部环境，抓住机遇，减少和避免威胁，这样才能够使组织良性运行和健康发展。

【案例 10-1】 组织问题的重要性

前美中管理协会副主席哈罗德·科斯曾经这样说过：“人们向管理咨询工程师提出的问题中，有 70%～80%是由于组织结构方面的缺陷而产生的。”斯佩里公司副总经理基尔摩也曾讲到：“根据我四十多年在政府部门和工业界的实际经验和观察，我深信，人们在精神和能力上的最大浪费是由于组织不良而造成的。”

资料来源：[美]约瑟夫·尚普. 组织行为学：基本原则. 北京：清华大学出版社，2004

三、组织的分类

(一)根据组织目标和与受益者关系进行分类

1. 公益组织

公益类组织以整个社会成员为服务对象，以提高社会公共利益为目的和宗旨。如政府组织、慈善机构、研究机构等。

2. 互益组织

互益类组织以本组织成员为服务对象，满足的是组织成员之间的利益，而不是社会中其他人群。如工会、行业协会、职业协会、俱乐部等。

3. 私益组织

私益类组织在本质上仅为少数人利益服务，以追求个人利益最大化为目的和宗旨。例如私人工商企业。

(二)根据组织成员的顺从程度进行分类

1. 强制型组织

强制型组织是指以惩罚、威胁等高压强制手段来控制成员的组织，如监护性精神病院、监狱、战俘营等。

2. 功利型组织

功利型组织是指以金钱、物质等经济性的、功利性的手段来控制其成员的组织，如各类工商企业。

3. 规范型组织

规范型组织是指以内在价值、精神激励等来吸引和控制成员的组织，如政党、学校、社会团体等。

(三)根据个人参与组织活动的程度进行分类

1. 疏离型组织

疏离型组织的成员在心理上并不融入组织，个人也不会积极参与组织活动，而是在强制力量下成为组织成员。

2. 精打细算型组织

精打细算型组织的成员参加组织活动的目的是获得个人利益，行为原则是以自身所获得报酬为前提而付出等量的工作努力。

3. 道德涵养型组织

道德涵养型组织的成员内心认同组织目标和价值，积极参与组织活动，自愿完成组织任务，个人与组织目标基本一致。

(四)按照组织是否以营利为目的进行分类

1. 营利性组织

营利性组织以追求利益最大化为目的，组织的宗旨具有很强的逐利色彩，出资人享有利润分配权和剩余索取权。例如，各类私人工商企业组织。

2. 非营利性组织

非营利性组织是以服务社会部分公众为宗旨，而不以营利为目的，具有志愿性和自治性的社会组织。组织盈余不得在成员或出资人之间进行分配，也不享受剩余索取权。例如，各类基金会、慈善组织、医院、博物馆等。

3. 政府组织

政府组织是一种公共服务组织，价值取向是公共利益，即全体公民的共同利益，把全体公民当成自己的服务对象，政府组织行为是提供公共物品和公共服务，而不是以营利为目的。包括立法组织、司法组织和行政组织等。

(五)根据组织形成的方式进行分类

1. 正式组织

正式组织是经过精心设计的、为了达到某个目标而按一定程序建立的、具有明确的职责关系和协作关系的群体。孔茨认为，正式组织具有严密的组织结构，主要表现在指挥权、职权与责任的关系以及功能、作用等方面。

2. 非正式组织

非正式组织是基于成员共同的理想、爱好，在长期的相互交往、相互影响基础上，自发形成的，能够满足成员心理需求和社会需求的组织。非正式组织缺乏一个严密的结构。巴纳德认为在没有自觉地制定共同目标的情况下所进行的任何个人联合的行动，都可以算做非正式组织。非正式组织对正式组织来讲，具有正反两方面的功能。需要组织管理者正确对待非正式组织的地位和作用。

此外，还可以根据组织的规模大小、组织的产权性质、组织的社会功能对组织进行分类，在此不再赘述。

第二节　组 织 理 论

组织理论就是研究和解释组织的结构、职能和运转及组织中群体行为与个人行为等现象，并指出其中的规律的理论和知识体系。组织理论通过帮助管理者认识组织是如何运作的，从而使他们增长能力和影响力，组织理论不仅提供了思想和概念，还使管理者养成思维和解释问题的正确方式。组织理论作为一种对组织的本质及其运行规律进行科学概括的理论与知识体系，经历了一个产生、发展和逐步完善的过程。系统的组织理论是从20世纪

初逐渐形成的，历经百余年的发展与完善，形成了许多典型的理论学派。按照组织理论形成与发展的历史进程，整个组织理论的发展历史大体上可以划分为古典组织理论、行为科学组织理论和现代组织理论三个历史阶段。

一、古典组织理论

自工业革命以后，社会生产力空前发展，如何通过改进组织的管理制度和管理方法来进一步提高生产效率，发挥技术革命的潜能，成为社会生产的重要课题。特别是 19 世纪末 20 世纪初的美国和欧洲，资本主义企业取得了一定的发展，对有效的组织管理要求日益强烈。在这一过程中，形成了以泰勒(有的资料也将其译为泰罗)的科学管理理论、法约尔的行政原理理论和韦伯的官僚组织理论为代表的古典组织管理理论。

(一)泰勒的科学管理理论

被誉为科学管理之父的美国人弗里德里克·泰勒(Frederick Winslow Taylor，1856—1915)是科学管理学派的主要倡导者和奠基人。泰勒以自己在基层工厂的经历为基础，归纳出了改进管理制度和管理方法的一整套理论，他的理论被称为“泰勒制”(也称“泰罗制”或“泰勒主义”)。泰勒的科学管理的组织理论主要包括以下内容。

1．强调组织的职能化、专业化

泰勒指出，科学管理法的特点是对组织成员按照职业工作的性质进行分工，使工作专门化以提高组织内部的效率。他主张把组织中的计划职能和执行职能分开，计划职能由专门的部门在科学研究的基础上制定，工人则专门从事执行职能。计划职能与执行职能相分离，使得组织中的管理也必然专门化。他提出将整个管理工作按照不同的职能划分为若干个较小的方面，每一个方面的职能工长负责管理，并加以强化专业化职能人员在组织中的作用。

2．强调组织工作的计划性、标准化和程序化

泰勒认为应加强组织的计划性，并提出设置专门的计划部门。计划部门的职能包括：第一，进行科学事实的发现和调查研究；第二，规定基于科学调查的“标准”或“指标”；第三，决策计划和发布必要的指令；第四，通过对指标和实际成绩的比较进行控制。他认为加强专业性计划工作的好处，不仅可以形成组织的标准化、程序化的工作流程，增进组织的稳定性和有效性，而且可以改善工厂行政领导处理例外事件的效率。

3．实行组织控制的例外原则

所谓例外原则，就是高级管理人员应该把例行的一般日常事务交给下级管理者去做，自己只保留对例外事项的决定权、控制权，以便集中精力去处理最主要的事情。

(二)法约尔的行政原理理论

公共关系法国管理学家亨利·法约尔(Henry Fayol，1841—1925)在近30年的组织管理工作实践中，建立起一整套组织理论，提出了适用于公私企业，也同样适用于行政、军事和宗教等各种组织的管理理论。与泰勒相比，法约尔注重的是“管理人员的管理方式的改进”，而泰勒则注重“基层人员的工作改进”。法约尔的一般组织管理理论的主要观点体现在他的代表作《一般管理的原则》(1908)一文和《工业管理与一般管理》一书中。法约尔的组织理论思想体现在以下几个方面。

(1) 组织与管理密切相关。法约尔把组织当做管理职能的一个要素加以研究，明确指出没有组织就无法发挥管理功能。法约尔在论述管理职能时引入了社会体(组织)的概念。他认为，管理的基础是组织，没有组织，管理职能就不会存在，而离开了管理，组织也无法形成并得到维护。

(2) 提出组织管理的14条一般原则，即劳动分工、权力与责任、纪律、统一指挥、统一领导、个人利益服从整体利益、人员的报酬、集中、等级制度、秩序、公平、人员的稳定、首创精神、人员的团结。

(3) 提出了组织管理5项要素或基本职能，即计划、组织、指挥、协调和控制。这5个要素或基本职能构成了一个系统而完整的管理过程。

(4) 讨论了构成组织的因素。法约尔在其组织理论中着重讨论了组织的构成因素，包括组织的外部形态因素和内部形态因素。法约尔指出组织的外部形态是由组织人员的数目决定的。当组织的人员增多时，组织的管理层次也就必然会随之增加，从而就会逐渐变成金字塔的结构。组织内部形态因素决定了组织的效率，其中最为关键的在于组织的成员素质和创造力，尤其是管理人员的素质。

(三)韦伯的官僚组织理论

马克斯·韦伯(Max Weber，1864—1920)是德国著名的社会学家，是一位在其去世后很久其组织研究的伟大思想才被人们发现的学者。直至今天，他仍然被很多人推崇为组织理论的先驱，被视为古典组织理论的创始人、组织理论之父。马克斯·韦伯提出的官僚制组织理论奠定了现代组织理论的基础，对整个20世纪乃至更久远的未来产生了深刻的影响。他的主要思想和理论集中体现在其著作《社会组织与经济组织理论》一书中。韦伯的官僚制组织理论又称为科层制理论或理想的行政组织体系理论。

官僚制指的是一种权力依职能和职位进行分工和分层，以规则为管理主体的组织体系和管理方式。也就是说，它既是一种组织结构，又是一种管理方式。作为一种管理方式，官僚制为现代社会的组织管理提供了有效的工具。马克斯·韦伯将官僚制的组织模式视为与工业化大生产相适应的最为理想的组织形态，并预言人类在以后的发展中将普遍采用这

种组织结构。官僚制组织具有以下基本特征。

1．专门化

在官僚制组织中，作业是根据工作类型和目的进行划分的，具有很清楚的职责范围，它科学地划分了每一工作单元，删除了那些无用的重复工作，并考虑到职能交叉的必要。各个成员将接受组织分配的活动任务，并按分工原则专精于自己岗位职责的工作。

2．等级制

官僚制组织拥有一大批官员，其中对每个人的权威与责任都有明确的规定。这些官员的职位按等级制的原则依次排列，部属必须接受主管的命令与监督，上下级之间的职权关系严格按等级划定。

3．规则化

官僚制组织的运行，包括成员间的活动与关系都受规则限制。也就是说，每位成员都了解自己所必须履行的岗位职责及组织运作的规范。因此，官僚制组织所采取的手段能最有效地实现既定的目标，领导人一时产生的错误想法或已经不再适用的程序，都不大可能危害组织的发展。

4．非人格化

在官僚制组织中，官员不得滥用其职权，个人的情绪不得影响组织的理性决策；组织成员都按严格的法令和规章对待工作和业务交往，以确保组织目标的实施。这样一来，官员的人身依附关系由于内部关系的程序化而弱化了，因为官员在体制内的流动和升迁不再主要由他的上司的好恶决定，而是由制度所规定的程序化、客观性的量化标准来决定。韦伯预言，官僚结构将要越来越没有人情味，没有人情味且被视为一种美德。

5．技术化

官僚制组织中的成员凭自己的专业所长、技术能力获得工作机会，享受工资报酬。组织按成员的技术资格授予其某个职位，并根据成员的工作成绩与资历条件决定其晋升与加薪与否，从而促进个人为工作尽心尽职，保证组织效率的提高。

6．公私分明化

官僚制的设计把官员与其管理的物资和生产资料完全分开，官员和职员自己不实际占有管理物资和生产物资。实行“职务机关的财富(以及资本)与私人的财富完全分开，以及职务运作场所(办公室)与住所完全分开的原则”。官僚制的组织形式避免了任性专断和感情用事，其基本精神与价值就是理性。韦伯明确指出：“体制官僚是‘理性’性质的：规则、目的、手段和‘求实的’非人格性控制着它的行为。”正像伯恩斯所指出的：“官僚制举起理性和逻辑的旗帜，批判和否定了产业革命初期个人专制、裙带关系、暴力威胁、主观武断和感情用事进行管理的做法。”官僚制能够稳定地运转，并且呈现出等级制的权力体系关系，也正是建立在理性的基础之上的。

二、行为组织理论

行为组织理论又称新古典组织理论，在早期被称为人际关系学说，出现于 20 世纪 20 年代，以后发展为行为科学理论。50、60 年代，发展为管理心理学和组织行为学。行为组织理论综合运用心理学、社会学、人类学等学科的理论与方法来研究工作环境中个体和群体的行为。因此，行为学派组织理论的研究内容主要包括对人际关系、人的本性和需要的研究以及对行为动机的研究等。

(一)人际关系理论

乔治・埃尔顿・梅奥(George Elton Mayo，1880—1949)是人际关系学说和行为科学的创建者。他通过领导和参与著名的“霍桑实验”，将社会—心理的因素引入了工业组织管理领域，对组织中的人的行为进行了实证性的研究。梅奥主要著作有 1933 年发表的《工业文明中人的问题》和 1945 年出版的《工业文明的社会问题》。

1. “社会人”理论

古典组织理论将组织成员看成“经济人”，认为金钱刺激是唯一的工作动力。而梅奥通过霍桑实验后认为组织中的人是“社会人”，不仅有金钱等物质方面的需求，而且还有社会和心理等多方面的需求，例如，人际交往、安全、归属感、尊重与自尊等。因此，社会因素和心理因素的满足应该成为激励组织成员提高工作效率的根本途径。

2. “非正式组织”理论

梅奥指出，在正式的组织结构里还存在着“非正式组织”。他通过霍桑实验发现，只要组织中成员在一起活动，就会自发地形成一种相对稳定的非正式组织。非正式组织影响着组织的运行和组织成员的心理和行为。因此，组织管理者应该重视非正式组织的积极的和消极的作用，在正式组织与非正式组织之间保持适当的平衡，避免冲突发生。

3. 组织协作关系理论

梅奥认为，在科学管理理论的作用下，人们片面追求效率，工作日益专门化，劳动机械化，导致组织成员之间联系纽带的断裂。组织中不愉快的人在增加，社会的组织水平下降，人们不再热切地期盼合作，取而代之的是相互戒备和敌视。科学管理时代的组织理论把人与人的合作彻底遗忘了。梅奥进一步指出，社会与其说是个人之间的竞争，不如说是个人在与他人进行协作劳动；各个个人与其说在追求一己私利，不如说是在维护团体的地

位而劳动；各个个人与其说在“合理地”行动，不如说是非合理的感情在逻辑地支配他们的行动。因此，要推进人类社会进步、组织发展，必须要发挥人类合作的本能。

(二)人力资源理论

20 世纪 50 年代后期，美国出现了经济衰退，理论界对动机、需要、群体动力等研究也趋于深化，加上科学技术突飞猛进，员工的需求与期望正发生着深刻的变化。这些客观因素促使行为科学家重新探讨激励员工积极性的途径，于是从人际关系学派中发展出一个新的理论学派——人力资源学派。人际关系理论率先提出了组织管理的“乳牛场”观点——高兴的奶牛产奶多，满意的员工工作好。人力资源理论在这一观点基础上，把工作任务设计程序和激励理论综合起来，探寻如何更加有效提高员工工作积极性和效率。根据人力资源理论的观点，工作设计应该使员工能够把个人的全部潜能发挥到极致，而不是把工作看成泯灭人性或毫无意义的。主要代表的理论有阿吉里斯的“成熟—不成熟”理论、麦格雷戈的“X 理论—Y 理论”等。

1. 阿吉里斯的“成熟—不成熟理论”

美国行为科学家克里斯·阿吉里斯(Chris Argyris)在其代表作《个性与组织》(1957)一书中从组织角度分析影响员工发挥潜力的原因：刻板的组织设计、僵化的规章制度、唯命是从的等级制度、依赖成性的上下级关系不仅束缚了员工的积极性和创造性，又阻碍了个性的成熟发展。因而，阿吉里斯呼吁组织管理者要从组织上进行改革，要扩大员工的工作范围，使员工具有多种工作经历；鼓励员工积极参与组织管理，自我指挥、自我控制，多承担责任，让他们从不成熟走向成熟，发展其健康的个性。

2. 麦格雷戈的“X 理论—Y 理论”

美国麻省理工学院的道格拉斯·麦格雷戈(Douglas McGregor)在 1957 年发表《企业的人性方面》一文，提出了著名的“X 理论—Y 理论”。他将传统的组织管理理论称为 X 理论，这种理论对人性的基本假设是：一般人生性好逸恶劳，只要有机会就会逃避工作；人生来就以自我为中心，漠视组织的目标和要求；一般人缺乏进取心，逃避责任，甘愿听从指挥，安于现状，没有创造性；人通常容易受骗，易受他人煽动；人天生反对改革。基于 X 理论对人性的认识，管理者应采取集权式的管理模式，对大多数人都必须进行强制、监督、指挥或者惩罚，才能使他们付出足够的努力去完成工作任务和组织目标。麦格雷戈根据自己担任管理者和咨询师的经验、作为心理学家的培训经历提出了 Y 理论。他指出，传统的组织管理理论的人性假设是错误的，Y 理论认为：一般人热爱工作而非好逸恶劳；员工能够自我确定目标、自我指挥和自我控制，外来的控制和监督不是有效的管理方法；适当的条件下，人们愿意主动承担责任；大多数人具有一定的想象力和创造力，但在现代社会只是得到部分的发挥。基于 Y 理论的人性认识，管理者应该采取以人为中心、宽容的、民主的管理原则，发挥员工的潜力，即可以开发出难以想象的人力资源。

三、现代组织理论

无论是古典组织理论还是行为学派组织理论，都把组织看做一个封闭的系统，没有考虑到环境对组织的影响。第二次世界大战以后，人们开始把组织看做一个开放的系统，认识到外部环境对组织的内部结构和管理起着非常重要的作用。诸多学者从不同的学科、不同的视角出发，运用不同的方法对组织管理展开了一系列研究，形成了各种各样的现代组织理论。具有代表性的理论有巴纳德的组织平衡理论、西蒙的组织决策理论、卡斯特和罗森茨韦克的系统与权变理论、伯恩斯的组织发展理论、沙因的组织文化理论等。

(一)巴纳德的组织平衡理论

美国人切斯特·巴纳德(Chester I. Barnard，1886—1961)既是一位优秀的管理专家，又是一位积极的社会活动家。巴纳德主要运用社会学的观点来研究和看待组织与管理问题，用系统的观点来描述组织，把组织中人们的相互关系看做一种协作的社会系统。他奠定了现代组织理论或管理理论的基石。在西方，被公认为现代管理与组织理论之父。他的代表作《经理的职能》也被视为组织理论的经典著作之一。巴纳德组织理论的主要观点如下。

1. 组织是人与人的合作系统

对于组织的本质特征和构成因素，巴纳德不满足传统组织理论的解释。他不是从物质或人员的角度，而是主要从人与人之间的协作关系的角度来考察组织。他给组织所下的定义是：组织不是集团，而是协作关系，是相互作用的系统；或者说，是有意识调整了的两个或两个以上的人的行为或各种力量的系统。他认为组织具有以下特点：第一，组织是人与人的行为关系，而不直接地是物质系统；第二，组织是一个开放的系统；第三，组织构成整个“协作系统”的核心部分；第四，组织成员不仅包括组织内部的人员，而且还应包括那些与本组织有关系的外部人员。

巴纳德进一步将组织分解为三个基本要素：一是共同的目标。巴纳德把组织目标作为组织的一个首要因素，共同的目标对于组织的形成及其结构起着决定性作用。组织的个人采取什么样的行动，做出何种决策，都是由组织的目标决定的，并且各个个人的行动和决策也是通过组织的目标而统一起来的。二是协作的意愿。巴纳德将协作的意愿看做个人为组织目标贡献力量的愿望；协作的意愿意味着个人的自我克制，交出对个人行为的控制权；协作的意愿所产生的效果是各个个人努力的凝聚。三是信息的沟通。信息的沟通是实现前两个要求的条件和基础。巴纳德认为，组织的有效活动必须依靠明确而可靠的信息沟通渠道，各级管理职位是信息沟通的各个中心。巴纳德在强调管理部门必须建立、维持和强化信息沟通职能的同时，还突出了“非正式群体”作为信息沟通又一渠道的重要性。

2．权力接受理论

巴纳德认为，权力不是来自自上而下的行政授予，而是取决于下级是否接受和接受的程度。在巴纳德看来，“权限是正式组织传达命令以支配组织成员行动的。它具有被组织成员接受的性格。”当命令被部下接受时，管理人员的权限就得到肯定，或者说管理人员有了权限；反之，当组织成员不服从命令时，管理人员的权限就不存在。命令是否具有权限并不取决于下达命令的管理人员，而取决于被命令的部下，取决于命令能否为部下接受。这是一种权限接受理论。权限接受理论认为权限的决定因素存在于被领导者之中，只有当被领导者愿意服从命令时，领导才具有了权限。因此，组织权限的决定权不在领导和管理者那里，而在普通的成员之中。

巴纳德分析了管理者具有权威性的条件。首先，管理者领导的命令必须能让人们理解。凡是无法让人理解的命令不可能具有权威性。其次，命令必须与组织的目的一致。如果管理者的命令与组织的目的不相符，命令就无法得到执行。最后，命令必须照顾组织成员的利益。如果命令被认为会损害组织某些成员的个人利益时，下属就会缺乏执行的积极性。

3．组织平衡理论

巴纳德认为组织是由两个过程构成的：一是使组织作为一个整体持续适应环境变化的过程；二是创造诱因并把这些诱因分配给成员个人的过程。因此，组织平衡相应地划分为组织的对外平衡和对内平衡两部分。所谓的对外平衡是指通过组织和外部环境保持平衡，以提高组织效率的过程。在这里，巴纳德对组织理论的贡献在于，他强调组织效率的提高不仅仅是内部效率问题，而且也依赖于外部环境的适应性，这些观点对后来的经营战略理论的形成有着重要的影响。

组织的对内平衡是指组织通过把制造出来的经济的和非经济的诱因有效地分配给其成员，保持诱因和贡献的平衡，以保证组织成员为实现组织目标而进行协作的积极性。经济的诱因是作为受雇佣的机会或作为对贡献的报酬而提供给组织成员个人的货币、物品或物质条件。非经济的诱因是超越最低限度物质诱因的，确保个人为协作而努力的主要诱因，包括职位晋升、荣誉、威信、权力欲望与理想的满足、参与的感觉、团结的状态等。巴纳德认为经济诱因固然很重要，但如果没有其他诱因配合，或超出生理学上必要的标准，就会失去激励的作用。因此，管理者必须充分重视和发挥非经济诱因的作用。

组织平衡问题是巴纳德理论中的一个特别引人关注的课题，甚至有些学者干脆将巴纳德的组织理论看做组织平衡理论。

(二)西蒙的组织决策理论

美国卡内基-梅隆大学教授赫伯特·西蒙(Herbert A. Simon，1916—2001)是一位组织理论发展史上举足轻重的学者。西蒙继承了巴纳德的组织理论，他在对传统的格言式的组织管理理论进行科学批判的基础上，提出了自己的组织理论主张：有限理性的“行政人”假说、组织决策理论、组织影响理论、组织设计理论等。他的著述颇丰，最主要的代表作是《行政行为》(1947)、《组织》(与马奇合著，1958)、《管理决策新科学》(1960)等。基于对组织决策过程的卓越贡献，西蒙获得了 1976 年的诺贝尔经济学奖。

1．“行政人”假说

西蒙认为，客观理性或完善理性实际上是古典经济学理论及统计决策论所发展起来的概念。而“经济人”假设就是在这种理性概念上形成的。“经济人”假设所依据的理性原则必须包含 4 个先觉条件：第一，存在着多种可以相互替代的行动方案；第二，每一个行动方案都能够计算出明确的结果；第三，行动主体拥有充分的信息和情报；第四，有一套确定的程序表，以便根据需要选择适当的行为。西蒙指出，所谓的客观理性或完善理性在实际行为中根本不会存在，也不存在绝对理性的“经济人”，而只能是建立在有限理性基础上的“行政人”。理由是：第一，知识的不完备性，人们对行为后果的了解和预见总是不全面的；第二，困难的预见，结果产生于未来，对其预见只能是不完整的；第三，可能的行为范围，人们可供选择的行动方案也只有少数几个，而非全部。西蒙在《行政行为》一书的导言中将“行政人”与“经济人”的区别概括出最主要的两个方面：一是经济人寻求最优，即在一切备选方案中选择最好的；而行政人则寻求满意，即寻找一个令人满意的或者足够好的行动方案。二是经济人与现实世界中一切复杂事物打交道，而行政人认为只与自己头脑中已知世界中的简单事物发生联系，因此在决策过程中就不用寻找全部备选方案，用相对简单的经验方法做决策。西蒙用“行政人”假设取代“经济人”假设，扭转了古典经济学对人类行为的假定，对人类行为做出了更接近现实的描述，这是他获得诺贝尔经济学奖的重要原因。

2．组织决策理论

对决策过程、种类以及技术的分析构成了西蒙组织决策理论的重要部分。西蒙在《行政行为》一书中认为理性决策的任务，就是要选出一个能够产生令人满意的结果的行动方案。他在《管理决策新科学》一书中将制定决策的过程分为 4 个阶段：第一，找出决策的理由；第二，找到可能的行动方案；第三，在诸个行动方案中进行抉择；第四，对已进行的抉择进行评价。这 4 个部分加在一起就构成了管理人员所做的主要工作。

西蒙在《行政行为》、《组织》以及《管理决策新科学》等著作中都阐述了组织决策的种类和技术的问题。西蒙认为，决策可以分为常规决策和解决问题的决策、程序化决策和非程序化决策。进而西蒙又将决策技术分为程序化决策的传统技术和新技术、非程序化决策的传统技术和新技术。西蒙关于决策过程、种类以及技术的论述是非常深刻的，他的理论观点对当代的组织理论、决策科学研究有着举足轻重的影响。

3. 组织影响理论

西蒙的组织影响理论主要回答的是组织何以使个人行为适应一个整体模式——何以影响个人决策的问题。在他看来，所谓组织影响，就是指为了克服对个人合理地进行决策的制约，同时把个人决策统一为一个整体，从而通过个人的决策以影响组织机能。西蒙将组织影响区分为外部影响和内部影响两大类。外部影响是指组织为影响个人提供的刺激因素；内部影响是指决定着对刺激所作反应的心理定势。在西蒙看来，组织是一个充满决策过程的复杂行为系统，所有的组织成员都是决策者。任何一个组织成员都必须作出两类决策：一类是参加组织的决策；另一类是组织内部与工作绩效有关的决策。因此，组织影响其成员的方式主要是两类：一类是培养组织成员的态度、习性和精神状态，以此引导组织成员作出最有利的决定，主要途径是组织培训；另一类是迫使组织成员接受别人的决策，主要途径是行使权力、提供信息、进行劝说等。

4. 组织设计理论

西蒙认为，组织是为人类解决问题而存在的，是人类行为的放大；为了达到组织目标，一方面要尽量使组织目标明确化，另一方面需要有一组精心设计的运行程序，使之朝向组织目标而发展。因此，组织设计就十分重要了。西蒙的组织设计理论包含了层级组织结构、组织的专业分工、集权与分权三个基本方面。首先，西蒙认为，任何组织都可以分成三个层次，最下层是基本的作业层，履行操作功能，中层为程序化决策层，履行协调功能，上层为非程序化的决策层，履行决策功能。西蒙认为，层级组织结构有利于制定工作目标和分配工作，有利于组织内的协调和解决冲突。其次，西蒙从组织中的个人分工观点出发，将专业分工分为三个层次：一是个人与机械之间的分工；二是个体与群体之间的分工；三是工作群体与大的组织单位之间的分工。西蒙认为，组织的专业分工不仅影响组织成员的成长，而且也会由于分工方式不同，将产生不同的结果。最后，西蒙认为，在过去一段时期，集权和分权出现了两种近乎矛盾的趋势：集权趋势和分权趋势。西蒙强调应使集权和分权保持平衡，集权是指最终决策权的相对集中，分权是指一部分决策权的下放。集权和分权都有一个程度的问题。

实际上，西蒙的组织理论还包含了其他很多内容，例如组织平衡问题、组织冲突问题、组织发展问题、组织社会责任问题等。

(三)卡斯特和罗森茨韦克的系统与权变理论

美国华盛顿大学教授弗里蒙特·E.卡斯特(Fremont E. Kast)和詹姆斯·E.罗森茨韦克(James E. Rosenzweig)创立了一种新的组织理论——系统与权变理论。权变理论学派主要是从系统的观点来看待组织与管理，认为在组织管理中应当根据内外条件的变化而随机应变。他们将传统的、行为科学的各种组织理论加以综合，对组织的目标与价值、技术在组织中的地位、组织的结构、组织的社会心理系统、组织决策过程等作了全面的论述。他们的主要著作是1979年出版的《组织与管理》。系统与权变理论的主要观点体现在以下两个方面。

1．系统组织理论

卡斯特与罗森茨韦克首先提出组织是一个开放系统。他们指出，任何一个组织都处在一个开放系统与环境的持续相互作用之中，并时刻努力达到动态的平衡。其次，卡斯特与罗森茨韦克强调了组织的整体系统观。他们将组织不仅看成一个开放系统，而且看成一个开放的社会技术系统，它由许多的分支系统组成，包括组织的目标和价值系统、组织技术系统、社会心理系统、结构系统、管理系统等5个分系统。

2．权变组织理论

组织的系统观念为人们理解组织提供了广泛的基础，也为研究组织提供了宏观范例。卡斯特和罗森茨韦克在此基础上又提出了组织的权变理论。他们对权变理论作了如下的说明："组织是个系统，它由各分系统组成，由可识别的界线与其环境超系统区别开来。权变观点所要研究的是组织与其环境之间的相互关系和各分系统之间的相互关系，以及确定关系模式即各变量的形态。权变观点强调的是组织的多变量性，并力图了解组织在变化着的特殊环境中运营的情况。权变观点最终目的在于提出最适宜于具体情况的组织设计和管理行动。"

权变理论认为，不同类型的组织根据不同的条件都有适当的模式。一类是采取"稳定—机械式"的组织模式；另一类是采用"适应—有机式"的组织模式。权变观点致力于在组织与其环境之间以及在各个分系统之间寻求最大的一致性。只有追求并通过设计达到这种一致性，才能保证组织具有高效能和高效率，并使组织成员和参与者具有满足感。

此外，卡斯特和罗森茨韦克还提出他们自己的组织目标理论、组织结构与设计理论、组织计划理论、组织控制理论、组织变革理论等。

(四)本尼斯的组织发展理论

美国著名的组织理论家沃伦·本尼斯(Warren G. Bennis)对组织理论进行了深入的研究，对机械、刻板的组织结构与管理理论特别是韦伯的官僚制组织理论进行了批判，提出了组织与环境变化的关系，可以说是他开了组织理论研究中权变理论学派的先河。本尼斯认为，任何组织都有内部协调和外部适应问题，提出了组织内部协调理论和组织外部适应理论，同时还研究了未来组织的发展趋势。主要著作有《超官僚制》(1965)、《组织发展与官僚体系的命运》(1966)、《未来的组织》(1967)。

1．组织内部协调与外部适应理论

本尼斯对官僚组织及其理论的建立与发展过程作了概括，并指出这一适应于产业革命需要的理论在现代工业时代受到了挑战。这一挑战既来自内部的协调方面，也来自外部的适应问题。本尼斯认为，组织是一种复杂的、寻求着自己目标的社会单元。组织只是社会这个大的组织系统中的一个构成部分。组织既与社会结合为一体，同时，它又是独立的单元。正是从社会的大系统中来观察具有一定独立性的组织，本尼斯必然要涉及组织的环境问题：内部的环境与外部的环境。本尼斯指出，组织要生存下去，必须要完成两项互相关联的任务：一是要协调成员之间的活动，维持内部系统的正常运转；二是要协调组织与外部环境的关系。前者是通过复杂的社会过程，在组织内部协调成员之间的关系，这是一种"内协调"或"内适应"；后者则是将组织作为一个整体，在组织外部协调双方关系，这是一种"外协调"或"外适应"。

2．组织发展理论

本尼斯认为，20 世纪 60 年代，组织所面临的情况发生了巨大的变化：一是科学技术获得了飞速发展；二是产生出大批智能技术；三是研究开发活动有了空前的增长；四是管理者的行为发生了变化。正是这些变化从许多方面重塑了组织的外部环境。在新的变化和新的问题面前，组织的发展面临 5 个方面的新任务：一是组织的整合性任务。组织应当研究个人的动机，调节个人的需要，并对个人加以适当的激励、奖励。只有个人需求与组织需求达到使双方都满意的比率时，组织才能发展。二是组织合理配置权力的任务。组织中的权力问题必须重新进行考虑。在一个剧变的形势下，完全将领导权委托给一个"伟人"，不仅是"不好的"，而且是不切实际的。三是组织解决内部冲突的任务。组织内部的冲突很容易形成，且难以控制和解决。组织内部充满着非正式组织、专家队伍，他们通过独特的方式进行认同，同时又以猜疑心和不信任看待其他非正式组织。因此，管理者必须找出更多的办法来解决组织内部的冲突。四是组织适应外部环境的任务。对于权力高度集中的金字塔式的官僚组织来说，可以把一条铁路管理得很好，这种组织方式也对管理 19 世纪和 20 世纪初的社会产生过作用。但是，当今这个社会已变得捉摸不定，组织对外部环境的适应就成为大问题。五是组织自身革新的任务。一个社会只有不畏惧变革才是自由的，一个组织只有不断变革，才能产生出活力。能产生出活力的组织必须通过变革具备这些能力：吸取经验的能力、学会学习的能力、自我分析的能力和掌握自己命运的能力。

本尼斯对未来组织发展进行了预测，提出了未来 20～30 年内对组织的生存产生决定性的一些条件，包括外部环境、人口特征、工作价值观、任务与目标、组织结构、激励等。在伯恩斯看来，未来的不同于官僚制体系的组织主要是一种有机的、适应性的结构形式。人们忠诚于他们的专业，人际关系不断调整，组织结构具有更多的自由度，能及时地适应环境的变化。要对这种组织加以管理，就必须认真培养未来的管理者。这种培训必须体现以下要求：一是训练管理者善于对付各种变化；二是训练管理者成为一个具有系统观念的人；三是通过训练产生新的激励；四是通过培训实现成人社会化；五是通过培训建立和发展合作解决问题的团体；六是通过培训形成总的组织目标。

(五)沙因的组织文化理论

组织文化理论是 20 世纪 80 年代中期出现的。组织文化学派提出了与组织理论的主流文化完全不同的假设。他们认为，组织成员的行为并不是受正式的规则、权威、理性标准制约的，相反，是由文化的规范、价值、信念所约束的。在组织文化学派看来，真正能调节和控制组织行为的恰恰是强有力的组织文化。因此，要了解组织的行为，仅仅了解组织的结构、信息系统、战略计划是不行的，还要研究它内部的文化。

组织文化学派所讲的组织文化具有两方面的含义。一方面，它是特指存在于组织内的文化。这种文化也是由诸如价值、信念、假设、观念、行为标准、人造物、行为模式等看不见、摸不着的难以确定的因素构成的。组织文化总是隐藏在组织的公开活动的背后，它是一种社会活力，指引着组织成员，并让他们作出具体的行动。另一方面，组织文化又是一种有关组织的实在与关系的假设所构成的组织理论。它是另一种观察、思考、研究和试图理解组织的方法与途径。

埃德加 •沙因(Edgar Schein)是组织文化研究的奠基人。组织文化学派创立的标志是 1985 年沙因的著作《组织文化与领导》的问世。在沙因看来，一个组织中最为基本的东西是它的文化。当我们要彻底改变一个组织的行为时，必须改变它的文化，而真的要这样做时，实际上是在毁掉一个组织，而重新建构一个新的组织。

沙因将组织文化区分为三个层次。第一个层次是人造品。组织文化的最高层次是人造品和创造物，它们构成了物质的和社会的环境。在这一层次上，人们可以看到物理空间、群体输出的技术、书面的和口头的语言、艺术作品和组织成员公开的行为。组织文化的第二个层次是价值。在某种意义上，所有的文化知识最终都反映了某些人的基本价值，他们关于同“是什么”相区别的“应当是什么”的感觉。组织文化的第三个层次是基本的潜在假设。当解决问题的方法被反复运用后，就会成为理所当然的。也就成为了基本的潜在的假设。这种潜在的、实际上对人的行为起着指导作用的假设影响着组织成员如何去观察、思考和接受事物。沙因认为，这种基本的潜在假设一旦形成，在一个文化单位中就是不可对抗、不可争论、不可改变的。

以沙因的组织文化理论为代表的组织文化学派在 20 世纪 80 年代以后才出现，但是，其理论基础完全是新的，组织文化学派正是看到了主流文化的缺陷，才另外开辟研究途径的。

【案例 10-2】 戴姆勒与克莱斯勒并购案

组织文化由于受到民族文化的影响，同时员工构成情况、组织价值观、组织所处位置、组织制度等方面的因素不同会造成组织文化的冲突。戴姆勒与克莱斯勒并购案就突出反映了这一问题。这两家公司在并购前都是经营良好的企业，多数人认为它们的并购将是两者的优势互补，利益相关者均持相当乐观的态度。然而，数月后，公司股票跌至一半，克莱斯勒业绩下滑，员工大量被解雇，究其原因是二者的企业文化冲突，导致管理层与运作层

没有能够成功地融合。戴姆勒－奔驰的企业文化强调制度化和规范化的管理风格，而克莱斯勒更注重放任的、自由主义的管理方式。结果是两个公司员工之间彼此不满意，克莱斯勒关键的管理者大量离职，因此公司业绩下降也就不足为奇了。

资料来源：陈国海. 组织行为学. 北京：清华大学出版社，2006

第三节　组 织 结 构

在当今变化迅速的社会中，一个组织是否能够根据环境的变化选择相适应的结构排列方式，将直接影响到组织的效能和其管理与服务功能的正常发挥；而组织结构的选择有赖于组织设计工作科学开展。自管理理论创立以来，组织设计就一直是管理理论的核心。有效的组织管理依赖于组织结构的合理性。组织结构是否合理，对于组织运转的效率影响极大。机构臃肿、冗员充斥、职责不清、推诿扯皮、效率低下无不与组织结构条件相关。这些问题很大程度上是由于组织结构性失调造成的。

一、组织结构的含义

结构是使组织实现其目标的基本管理工具，是组织躯体的骨架。组织结构是组织内部各成分的排列组合方式以及各要素之间相互关系的模式。

美国著名心理学家、诺贝尔经济学奖金获得者赫伯特·西蒙说过："有效开发社会资源的第一个条件是有效的组织结构"。因此，组织结构是组织学家和组织管理实践者们一直研究和思考的基本对象。关于组织结构的含义，美国著名管理学家弗里蒙特·卡斯特在他的著作《组织与管理》中指出，可以把结构看做一个组织内各构成部分之间确立的关系形式。我国学者邹再华则将组织结构定义为，组织结构就是一个组织内各构成要素之间所确定的关系形式。或者说是一个组织内各要素的排列组合形式。①组织结构决定了组织中的正式报告关系，包括职权层次的数目和主管人员的管理幅度。②组织结构确定了将个体组合成部门、部门再组合成整个组织的方式。③组织结构包含了确保跨部门沟通、协作与力量整合的制度设计。前两个要素涉及了组织的纵、横方向。具体地说，前两个要素决定了组织的结构框架，第三个要素则决定了组织成员之间的相互作用关系。

组织结构反映在组织图上。人们不可能像观察制造设施、办公室或产品那样看清楚组织的内部结构，想要切实弄清组织活动后面的结构则需要借助于组织图。组织图是对组织的一整套基本活动和过程的形象化的表现。组织图对于了解一个组织如何运行有着很大的作用，它不仅说明了组织的各构成部分和相互关联的方式，而且也展示了各职位、各部门如何整合为一个整体。

【案例 10-3】 耐克公司的组织结构

耐克公司是世界上最大的运动鞋制造商，但是它自己却没有生产过一双鞋。耐克公司成立于 1964 年，它由美国俄勒冈大学的长跑运动员费尔·纳特和他的教练员比尔·波曼创立。耐克公司发展特别迅速，到 1994 年，公司的年销售额已经达到 38 亿美元，产品打入世界 81 个国家的市场。但是耐克公司自己本身并不生产运动鞋，它将生产实行 100%的分包。从耐克公司最初发展到后来的快速增长，97%以上的运动鞋都是在发展中国家生产的。耐克采用合同承包的形式进行发包，然后公司将收购来的运动鞋在全世界进行独家销售。耐克公司共雇佣了约 9000 名员工，主要从事设计、开发、营销、管理等高附加价值的活动。而设在不同国家的独立分包商却雇佣了 75 000 名工人。耐克公司从这种经营模式中受益匪浅。重要的原因就是，耐克公司自己已经掌握了关键的产品世界和专利等资源，而把其他基本职能分包给比自己运作得更好、成本更低的外部组织。

资料来源：苏勇，何智美. 现代组织行为学. 北京：清华大学出版社，2007

二、组织结构的维度

组织结构的维度主要包括专业化维度、标准化维度、正规化维度、复杂化维度、集权化/分权化维度等 5 个方面。这些维度是管理者在设计、评价以及选择组织结构时必须综合考虑的要素。

(一)专业化维度

专业化维度也就是组织中的劳动分工程度，是指组织结构图中所能体现的、组织将工作任务分解细化成单个工作的程度。专业化程度越高，每个员工所从事的工作面就越窄、越专业、越具体。如果专业化程度越低，员工从事的工作面就越宽泛。

(二)标准化维度

标准化维度是指组织将类似的工作活动规定以相同的方式来执行的程度。标准化程度越高，同类型的工作在不同领域和部门就越需要以同样的方式来进行。

(三)正规化维度

正规化维度是指采用正式文件的形式来描述工作的标准、职责、流程、规章、制度等经营管理系统的程度。正规化程度越高，组织中的规章制度就越多。

(四)复杂化维度

复杂化维度是指由组织结构的纵向高度、横向宽度和地域广度综合起来形成的复杂程度。组织人数越多，结构中纵向层次就有可能越多，横向部门越多，分布地域越广泛，组织结构的复杂性程度就越高。

(五)集权化/分权化维度

集权化/分权化维度是指组织中决策权集中或分散的程度。组织中权力越集中于上层或某一管理者，说明组织集权化程度越高；组织中权力越是分散于各个层次和部门，则说明分权化程度就越高。

三、组织结构的基本模式

经过长期的实践和发展，组织已经形成了一些基本的模式，并且伴随着不断变动的环境，组织结构在当前又发展出一些新的模式。

(一)直线制结构

直线制结构是一种最早期的和最简单的组织结构形式，又称为单线制结构。在直线制的组织结构形式下，是沿着命令链进行各种作业的。每一个人只向一个上级负责，必须绝对服从这一上级的指挥和命令。在这种组织结构模式下，组织机构简单，权力相对集中，决策迅速，指挥统一，执行顺畅；这种组织结构模式要求管理者是“全能”式人才，特别是高层管理者更是如此；这种组织结构模式适用于规模小、作业过程简单的组织，不适合组织规模较大、工作任务复杂的组织，如图 10-1 所示。

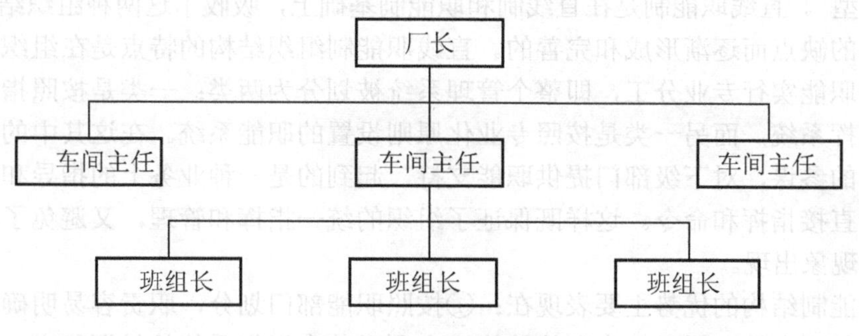

图 10-1 直线制结构图

资料来源：张德. 组织行为学. 北京：高等教育出版社，2008

(二)职能制结构

采用职能制结构的组织从上至下按照相同的职能将各种活动组合起来。现代企业中许多业务活动都需要有专门的知识和能力。通过将专业技能紧密联系的业务活动归类组合到一个单位内部，可以更有效地开发和使用技能，提高工作效率。职能制结构最早是由泰勒提出的，他主张在整个管理领域里，必须废除军队式的组织结构，进而代之以职能制结构。

职能制结构的优势主要体现在：①促进职能部门的规模经济；②促进深层次知识和技能提高；③促进组织实现职能目标。职能制组织结构的劣势主要体现在：①对外界环境变化反应较慢；②会引起高层决策堆积、纵向科层超负荷；③导致部门间缺少横向协调；④缺乏创新；⑤对组织目标的认识有限。职能制结构如图 10-2 所示。

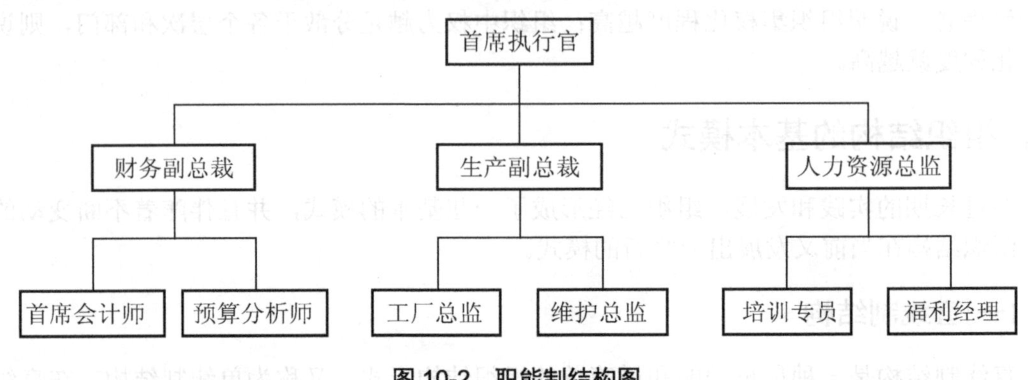

图 10-2　职能制结构图

资料来源：陈春花等. 组织行为学. 北京：机械工业出版社，2009

(三)直线职能制结构

直线职能制结构是 20 世纪初，由法约尔所建立的组织结构形式，因此，又有人称之为“法约尔模型”。直线职能制是在直线制和职能制基础上，吸收了这两种组织结构的特点，克服了它们的缺点而逐渐形成和完善的。直线职能制组织结构的特点是在组织的第二级机构按照不同职能实行专业分工，即整个管理系统被划分为两类：一类是按照指令统一原则而设置的指挥系统，而另一类是按照专业化原则设置的职能系统。在这其中的管理人员只是直线领导的参谋，对下级部门提供职能支持，起到的是一种业务上的指导和服务作用，而不能进行直接指挥和命令。这样既保证了组织的统一指挥和管理，又避免了多头领导和无人负责的现象出现。

直线职能制结构的优势主要表现在：①按照职能部门划分，职责容易明确规定；②每个管理人员都固定地归属于一个职能结构，有利于整个组织系统的长期稳定；③部门实行专业分工，有利于提高工作效率；④管理权力高度集中，便于高层管理者对整个组织的有效控制。直线职能制劣势主要表现在：①高度分工使各职能部门片面强调本部门工作的重要性，容易产生本位主义，造成部门间的摩擦，横向协调差；②专业分工，不利于培养素质全面、能够熟悉全面情况的管理人才。直线职能制结构如图 10-3 所示。

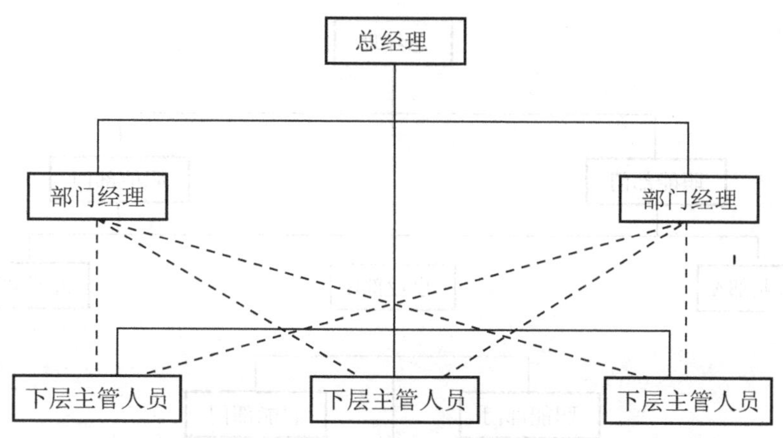

图 10-3 直线职能制结构图

资料来源：苏勇，何智美. 现代组织行为学. 北京：清华大学出版社，2007

(四)事业部制结构

事业部制结构又称分权制或部门化结构，是一种分部型组织。最早是由美国管理学家斯隆在 20 世纪 20 年代提出的，美国通用汽车公司率先采用了这种组织结构形态，并依靠这种组织结构形式顺利地度过了 20 世纪 30 年代的经济大危机。事业部制结构的核心特征是“集中决策，分散经营”。一般是按照产品类别、地区或经营部门分别成立若干事业部。这些事业部有相对独立的市场、相对独立的利益、相对独立的自主权。各事业部在公司统一领导下实行独立经营、单独核算、自负盈亏，是总公司控制下的利润中心。各事业部拥有相对独立的充分的自主权，高层管理部门则实行有限的控制，以便摆脱行政管理事务，集中力量研究和制定经营方针，并通过经营方针来控制绩效和统一调度资金，对各事业部加以协调和管理。

事业部制这种组织结构形式的优势主要体现在：①各事业部职权明确、独立自主，因而能够适应市场变化，积极灵活地开展生产经营活动；②各事业部之间由于相互独立，因而可以相互比较、竞争，促进各事业部的积极性和创造性的发挥；③总公司高层管理者能够摆脱日常烦琐事务，集中精力于重大决策的研究与制定；④清晰的产品责任和联系环节可更好地实现顾客满意。

事业部制组织结构形式一般适用于经营规模大、产品种类多、区域分布广、市场变化快、适应要求高的企业组织。事业部制结构如图 10-4 所示。

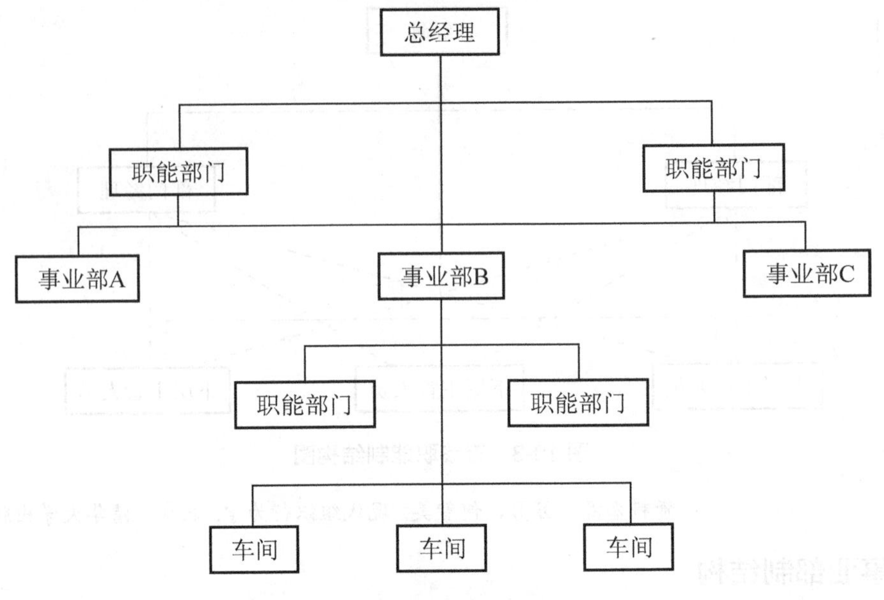

图 10-4　事业部制结构图

资料来源：苏勇，何智美．现代组织行为学．北京：清华大学出版社，2007

(五)矩阵制结构

矩阵制结构，又称为规划目标结构，它是在纵向职能系统的基础上，增加一种横向的目标系统，构成管理网络。这种结构一般是为了达到一定目标或完成一个项目，在已有的直线职能结构中，从各职能部门抽调专业人员，组成临时的或长期的专门机构，这种专门机构领导人有权指挥参与机构的成员，并同有关部门进行横向联系与协调。参与专门机构的成员同自己原来部门保持隶属关系，即各部门既同垂直的指挥系统保持联系，又与按产品或项目划分的小组保持横向联系，形成一个矩阵形式。

矩阵制结构的优势表现在：①这种组织结构能够把不同部门、不同专业的人员汇集在一起，密切协作，相互配合，有利于棘手问题的顺利解决；②集权与分权相结合，组织的机动性和适应性强，能够充分适应因技术、竞争加剧而使产品系列不断变化的不稳定状况，以及组织规模庞大、产品繁多、技术复杂的状况。

矩阵制结构的劣势也十分突出：①部分组织成员会面对双重职权领导，常常会感到困惑和无所适从；②横向关系如果处理不当，就会造成意见分歧、工作扯皮，责任不清的情况；③耗费时间，需要经常性地解决冲突，化解矛盾；④对于高层管理者更需要很大精力来维持权力的平衡。因此，矩阵制结构适用范围有限，比较适用于设计、研发、科研教学等创新性工作。国内外一些企业在新产品生产中就多采取矩阵制结构。矩阵制结构如图 10-5 所示。

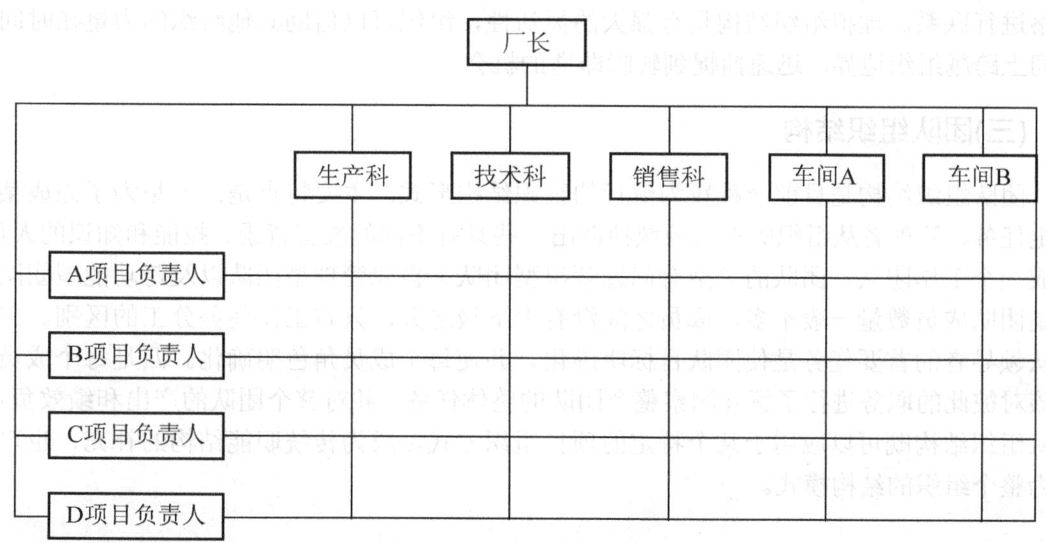

图 10-5　矩阵制结构图

资料来源：苏东水. 管理心理学. 上海：复旦大学出版社，2004

四、组织结构的未来模式

(一)多维立体组织结构

多维立体组织结构是事业部结构和矩阵结构的混合，实质上是事业部结构中引入矩阵结构而形成的立体组织结构。多维立体组织结构是由美国道-克宁化学工业公司首先创立的。这种组织结构主要包括三方面的管理系统：把事业部作为利润中心，把职能部门作为成本中心，把各个地区作为利润中心和成本中心，并制订长远的计划，随着时间的推移而不断地对组织进行调整，以适应变化的环境。这种组织结构适应了跨国公司多元化经营的需要，并且在多变、复杂环境中具有较强的生存能力。但是这种组织结构也存在着机构庞大、费用很高、协调困难的不足。

(二)虚拟组织结构

虚拟组织结构，是以市场模式组织取代传统纵向层级组织，以合同为纽带与其他组织进行经营活动的组织结构。虚拟组织是为实现某一经营目标，依靠信息技术网络组成的功能形态虚拟化的合作组织联合体。虚拟组织结构强调网络结构中的成员贡献自己的核心力量、分担成本、共享技能以及进入市场的通路。每一个合作伙伴的命运都依赖于其他合作者。虚拟组织不再强调单个组织的单打独斗，而是强调商业生态链上的价值创造最大化。虚拟组织结构中的各个成员间的关系通常是一种契约关系。组织的管理者主要通过计算机

网络进行联系。虚拟组织结构具有强大的灵活性，组织可以借助其他组织的力量在时间和空间上跨越组织边界，迅速捕捉到转瞬即逝的机会。

(三)团队组织结构

团队组织结构是目前一种较为流行的组织结构形式。主要特点是：一是为了完成某一特定任务，管理者从组织的不同领域抽调出一些具有不同的教育背景、技能和知识的人员，组成一个工作团队。团队的类型有问题解决型团队、自我管理型团队以及跨功能型团队。二是团队成员数量一般不多，成员之间没有上下级之分，只有工作任务分工的区别。三是团队领导者的首要任务是使团队目标明确化，并使每个成员角色明确化。四是每个成员都应该对彼此的职务进行了解并洞察整个团队的整体任务，并对整个团队的产出和绩效负责。团队组织结构既可以应用于某个特定的项目组织方式，成为传统职能结构的补充，也可以成为整个组织的结构模式。

第四节 组 织 设 计

一、组织设计的含义

组织设计是指对一个组织的结构进行规划、创新、再造，使组织保持灵活性和适应性，以确保组织目标实现的过程。或者说，组织设计就是将组织的有关要素，诸如战略任务、责任与职权、工作流程等合理组合并加以制度化的动态设计过程。一个健全的、合理的组织结构必然要求动态的组织设计。

组织设计包含三个层面含义：

第一，组织设计是根据组织的需要，即根据组织的目标和任务，规划出必须完成的全部任务，然后分配到组织的群体和个人，并与职责权限、工作流程合理地配置起来，建立有效的相互关系。

第二，组织设计既要考虑组织内部的各个要素的协调，又要考虑外部环境的影响，并随着环境的发展变化而变动，这样，组织才有生命力。

第三，组织设计的结果，主要是形成组织结构，并同组织的信息沟通、控制系统、激励制度等密切联系。

二、组织设计中的权变因素

影响组织结构选择的因素包括外部环境、组织战略、组织规模、内部工作关系、组织技术、组织政治、组织文化、人员素质等。

(一)组织环境

所有的组织都在一定的环境下生存和发展，组织的行为必须顺应环境的变化和要求。组织结构的设计与选择必须充分考虑环境因素的影响。一个组织的外部环境可以根据与组织的相关程度分为任务环境和一般环境。以企业为例，任务环境是指将对某一组织构成直接影响的因素总和。这些因素与企业相互作用并直接影响着企业实现目标的能力。主要包括供应商、竞争者、合作者、顾客、政府管理部门、社会利益集团等。这些环境因素直接地影响到企业的利润率，以及企业所在行业的投资吸引力。组织的一般环境，又称组织的宏观环境，是指可以对这个组织的一切经营活动产生影响的周围环境因素总和，这些因素所产生的影响通常是间接的。主要包括经济体制与发展因素、技术变革与发展趋势、社会文化因素、政治法律因素、国际竞争因素等。

(二)组织目标与战略

组织结构是组织高层决策者为实现组织目标和战略而建立起来的信息沟通、权力和职责分工与协作的正式关系。因此，组织结构设计的起点应是企业的目标和实现目标的战略。根据美国管理学家钱德勒的研究，组织目标与战略对组织结构设计起着决定性的作用。组织的目标和战略决定了一个组织的经营范围、资源分配、行动计划以及组织与员工、客户以及竞争者间的关系。为了生存与发展，不同的组织确定的组织目标和采取的组织战略往往有所不同，因此，组织结构的选择也将有所区别。彼得·德鲁克指出，组织结构是一种用以实现目标的方式。因此，关于组织结构的一切工作都必须以组织的目标和战略为出发点。

(三)组织规模

组织规模大小是组织结构设计必须考虑的一个基本和重要的要素，不同规模的组织表现明显不同的组织结构特征。一般说来，组织规模大直接增加了组织结构的复杂性。美国组织学家彼得·布劳(Peter M. Blau，1918—2002)在长期研究后指出，规模是影响组织结构的最重要的因素，组织规模的扩大促进了组织结构差异化程度的增加。英国 Aston 大学的研究也发现组织规模是组织结构的决定性因素：组织规模越大，工作专业化程度越高，其标准化程度和规章制度的健全程度就越高，其分权化的程度也就越大。美国组织理论学家马歇尔·W. 迈耶(Marshall W. Meyer)认为，组织规模和专业化、规范化成正相关关系，而与集权成负相关关系。规模影响组织结构无处不在，而这种影响关系是单向性的，即规模决定结构，而不是结构决定规模。

(四)技术流程

技术流程的复杂程度将会对组织结构产生一定的影响，企业往往会随着高新技术的应

用而重新构造自身的组织结构。美国管理学家琼·伍德沃德认为：①技术复杂程度的增加，导致其组织结构复杂程度的增加。随着技术的复杂性增加，组织结构中的纵向差异程度(即纵向管理层次)也增加，管理人员与生产工人的比例也要增加。②组织效益是组织所采用的技术与其组织结构有机组合的函数，对某种技术类型的组织来说，它应该建立与其技术特点相符的组织结构体系，才能取得成功。

(五)组织文化

组织文化是指组织内各成员所共同分享、共同认同的价值观、理念、规范、行为模式和行为习惯。这些文化因素会影响到组织结构的设计与选择。不同的组织文化要求不同的组织结构与之相适应。如果一个组织的文化强调信任、参与和授权，那么，它的组织结构更多倾向于分权结构。反之，则相反。

三、组织设计的基本原则

(一)目标战略原则

任何一个组织都有其特定的目标和战略，每一个组织及其每一部分都应当与其特定的目标和战略相关联；组织的调整、增加、合并或取消都应以是否对其实现目标和战略有利为衡量标准；不能有效完成和实现组织目标和战略的组织结构是设计不合理的。组织设计的最终目的就是为了更好地实现组织目标和完成组织战略。

(二)分工协作原则

组织设计要坚持分工与协作相结合的原则。在结构设计中要做到分工合理、协作明确，对于每个部门和每个员工的工作内容、工作范围、相互关系、协作方法等都必须有明确的规定。

(三)命令统一原则

命令统一原则就是要求在组织结构设计中体现统一领导，建立起严格责任制，消除和避免多头领导和无人负责的现象，保证组织全部活动的有效领导和正常进行。

(四)管理幅度适度原则

管理幅度又称管理跨度，是指一个管理者直接而有效地领导与指挥下属的人数。合理的组织结构要求管理幅度保持一个适当的限度，否则，既会影响领导和管理的有效性，又会限制下属的积极性。

(五)集权与分权相结合原则

集权与分权是辩证统一的，在组织设计过程中应根据不同情况和需要来确定集权和分权的程度。集权应以不妨碍基层员工积极性的发挥为限度；分权应以上级不失去对下级有效控制为限度。从当前组织结构设计的现实情况来看，分权结构成为了主要发展趋势。

(六)精干高效原则

精干高效既是组织设计的原则，又是组织运转的要求。精干与高效相辅相成，组织结构精干是提高组织效能的前提，高效是保持组织结构精干的保证。

(七)稳定性与适应性相结合原则

组织结构是保证组织正常运行的基础，应当保持相对稳定性，避免组织处于混乱状态。同时，组织内外部环境又是不断变化的，组织结构不能一成不变，要保持必要的灵活性和适应性。因此，稳定性和适应性要恰当地统一起来，在保持稳定的基础上进一步加强和提高组织结构的适应性。

四、组织设计的程序和步骤

组织设计是一个动态的、持续的过程，它包括一系列程序和步骤。

(一)组织基本要素分析

组织基本要素分析就是根据组织的任务、目标以及组织的内部条件和外部环境，确定进行组织设计的基本思路，规定一些组织设计的主要原则和主要维度，这些都是进行组织设计的基本依据。概括地说，需要进行分析的基本要素包括组织的目标与战略、组织的外部环境、组织的内部因素等。

(二)明确和分解基本职能

组织的基本职能是组织系统在特定的环境中保持正常运转、保证组织生存和发展所必须具备的功能。明确组织职能就是要解决三个关键问题：一是组织应该具备哪些基本职能；二是各种职能之间的相互关系；三是在各种职能中，关键职能是什么。

分解组织职能就是对已经确定的基本职能和关键职能逐级细分为各部门、各职位的职能。通常按照组织业务活动性质、技能的相似性以及专业化原则，将组织中的工作和活动进行分类。

(三)组织结构的框架设计

组织结构的框架设计是在组织纵向部门的层层划定、横向协调方式确定的基础上，统筹考虑组织权限与责任划分关系，结合现有的组织结构和实际情况，合理地设计组织结构的总体框架。框架设计可以先划分管理层次，再设定职能部门，最后确定职务和岗位的自上而下的设计方法。

(四)进行职务分析

在分解目标、划分职能基础上，确定相应职能机构并设置职务，进而分析机构职务。职务分析又称工作分析，是全面了解一项职务的管理活动，也是对该项职务的工作内容和职务规范的描述和研究过程，即制定职务说明和职务规范的系统过程。职务分析首先要了解工作内容是什么，责任者是谁，工作岗位、工作时间、如何操作以及如何去完成等内容，然后再将该职务的任务要求进行书面描述、整理成文的过程。

(五)管理规范设计

组织要明确各项管理业务的工作程序、达到的工作标准以及相应的管理方法等。管理规范体现了组织对其成员的行为要求，规范组织成员的工作态度，发挥稳定和巩固组织结构的作用。需要注意的是，设计管理规范要从组织和组织成员的实际出发，要切合实际，不流于形式。

(六)组织文件形成

组织文件的作用在于表明组织原则，显示组织结构和组织关系，便于了解组织的结构和流程。与组织设计有关的组织文件主要有组织结构图、组织手册以及标准工作规程。

(七)反馈与修正

组织设计是一个动态过程，在组织结构运行的过程中，由于组织环境的不断变化、新情况的不断出现，会出现许多不完善的地方。因此，在组织运行过程中，需要对组织结构进行必要的修正和完善，将组织结构运行中的各种信息反馈到组织设计前期环节之中，定期或不定期地对原有组织设计做出修正，使之不断完善，不断适应新环境。

【案例 10-4】 思科公司的组织设计

2001 年初，思科公司(Cisco System Inc.)的战略侧重点发生了转变，这就要求在组织设计上也相应地进行一些改变。这家公司原先的设计是以顾客的三个领域为关注焦点：小型商务、大型商务和电信业务。工程师群体拥有 11 个技术领域，每个领域都有着其自身的侧重点。这些技术领域的例子包括互联网交换技术和服务、互联网声音技术和无线技术等。市场营销群体所要关注的是所有技术领域和所有类型的顾客。为了帮助企业保持以顾客要求为中心，思科公司采用了新的组织设计。

资料来源：[美]理查德·L. 达夫特. 组织理论与设计. 北京：清华大学出版社，2003

第五节　组 织 变 革

经济的全球化，科技的迅猛发展，新技术、新产品大量涌现，使任何一个组织都面临着空前的竞争压力，为了生存与发展，组织必须致力于提高组织整体绩效，提升组织的反应速度，增强组织的适应能力。因此，变革与发展就成为了组织必不可少的一个时代特征。组织变革与发展是组织管理的一个重要组成部分，是组织应对内外部环境而做出的反应，使组织管理更符合组织存续和发展的目标。

一、组织变革的含义

组织变革是指组织为了适应内外环境的变化，通过有效的系统方法和措施，使自身从当前状态到将来状态或目标状态的转变过程。

组织总是面临着来自内外环境的各种压力，包括来自组织外部环境的变化引发的压力，也包括源自组织内部的变化引发的压力。这都需要组织变革的推动者采取积极、主动的变革措施，使组织转变状态，以适应和化解这些变化所带来的压力与危机。因此，从本质上说，组织变革是组织为了适应环境的变化以更好地生存和发展而有目的、有计划地改变组织活动的方式和形态，对组织所拥有的人力、物力、财力、权力等资源以及收益所进行的重新组织和分配，调整组织内部结构、行为方式以及技术手段，更好地实现组织目标的管理过程。

组织变革对组织生存和发展具有重大的影响和作用。通过组织变革，组织的目标更加明确，组织成员的认可和满意度提高，组织更加符合社会发展的要求；通过组织变革，组织的任务更加明确；通过组织变革，组织完成任务的方法更加明确；通过组织变革，组织机构的管理效率提高；通过组织变革，组织作出的决策更加合理，更加准确；通过组织变革，组织更具稳定性和适应性；通过组织变革，组织的信息沟通渠道畅通无阻，信息传递更加准确；通过组织变革，组织的自我更新能力增加。

【案例 10-5】　达能集团公司的组织变革

法国的达能公司长期以来一直都是欧洲饮食业的巨人，它生产的达能牌酸奶和已经成为名牌的埃维安牌(Evian)矿泉水在美国享有极高的知名度。但是，当弗兰克·李邦德(Franck

Riboud)在1996年从他父亲手中接过首席执行官职务后，公司的利润开始下滑，投资者都怀疑年轻的李邦德没有他父亲那样卓越的领导能力。当他被任命为公司首席执行官的消息传出后，达能的股票价格迅速地大幅下跌。

尽管明显感到自己的能力受到了怀疑，可年轻的李邦德并不在意，他开始着手实现自己将达能从欧洲第一流企业发展成为全球领先企业的远景目标。实际上，李邦德从1992年掌管公司国际业务发展工作时起，就已经向这一目标努力了。在那个时候，达能在欧洲以外的销售额仅占公司总销售额的5%。成为公司首席执行官后，李邦德为公司制定了如下具体目标:

(1) 将公司业务重点调整到核心产品上，剥离非核心的资产，以提高公司的赢利能力；

(2) 减少公司对欧洲市场的依赖，力争到2000年将达能在欧洲大陆外的销售额提高到33%;

(3) 在新兴的亚洲和拉丁美洲市场上确立良好的公司形象。尤其要加强对这些地区的营销力度以克服其固有饮食习惯对公司产品进入的障碍，如酸奶就不是其传统餐饮食品；

(4) 在全世界范围收购当地的矿泉水企业，以便在低价位的瓶装水市场上进行竞争。

到目前为止，李邦德的战略已经产生了良好的绩效，成功的战略使公司处于有利的竞争地位，投资者开始欢欣鼓舞。达能的利润下滑局面已扭转过来，股票价格近乎翻了一番。李邦德将公司约12亿美元的非核心资产出售了，同时购进了几乎等价值的资产，这主要是在亚洲和拉丁美洲进行的收购。他将公司经营范围缩小到达能在全球市场取得主导地位的3个业务领域，即奶制品、瓶装水以及小甜饼和薄脆饼干。李邦德最近收购了一批瓶装水公司，包括印度尼西亚的阿奎公司(Aqua)、中国的健康公司(Health)、美国的阿奎佩公司(Aquapenn)。

然而，李邦德领导的公司转型才刚刚开始。达能面临着与可口可乐公司、百事可乐公司这样的巨型企业的一场生死之战，因为这些企业也将目光投向了全球瓶装水市场。在新兴市场上，诸如雀巢、联合利华等食品公司也明显领先于达能公司。然而，李邦德深信自己制定的公司目标和战略是正确的。大多数分析家也持有同样的看法，他们预测李邦德将会实现其公司在2000年实现欧洲以外的市场销售额占总销售额的33%以及公司总利润提升12.7%的目标。

资料来源：[美]理查德·L. 达夫特. 组织理论与设计. 北京：清华大学出版社，2003

二、组织变革的类型

组织变革可以根据不同标准的划分方法分为不同的类型。

(一)主动变革与被动变革

按照变革管理者控制的程度可以分为主动变革和被动变革。主动变革是有计划的变革，

是管理者洞察环境中可能给组织带来的机遇与挑战，考虑到组织未来发展趋势与变化，以长远发展的眼光，主动地制定对组织进行变革的计划并分阶段逐步实施。被动变革是指管理者缺乏长远的战略观念，当环境发生变动时，要么变得束手无策，要么在环境的逼迫下被动地匆匆做出对组织进行变革的决定。成功的变革应是有计划的主动变革。

(二)渐进变革与激进变革

按照变革的范围可以将组织变革分为渐进变革和激进变革。渐进变革代表了一系列持续的改进，这些改进维持着组织的一般平衡，并且通常只影响组织的一部分。与之相反，激进变革打破了组织的原有框架，通常产生一个新的平衡，因为整个组织都进行变革。一般而言，渐进式变革发生在已经建立的结构和管理流程之中，例如采用了新技术。激进式变革包括创建新的组织结构、管理流程以适应不断变化的需求。当今不可预测的动荡的外部环境要求组织必须不断地变革其结构和管理流程以适应不断变化的需求。

(三)结构中心变革、技术中心变革与成员中心变革

按照变革的内容来划分，组织变革可以分为以组织结构为中心的变革、以技术为中心的变革和以组织成员为中心的变革。

当环境的变化要求组织结构也发生相应的变化，当组织结构影响组织的生存与发展时，就要着重进行组织结构的变革。组织结构变革一般包括：合并职能部门，整合部门职责，减少管理层次，扩展管理幅度，改变组织结构类型，制定新的程序和规则，重新进行工作设计等。

当行业内部竞争加剧，科学技术出现重大革新，常常需要组织变革的管理者着眼于技术变革。大多数技术变革通常包括引进新设备、新工具、新方法，以及实现生产与管理的信息化、自动化、网络化等。

当组织成员的素质和能力不能满足组织需要，当组织成员的态度和行为阻碍了组织的发展，组织就需要以成员为中心进行变革。包括要改变组织成员的观念和态度，矫正个体和群体的行为方式，提高组织成员的素质和能力等。

(四)内外稳定型变革、内部推动型变革、外部推动型变革与内外推动型变革

按照变革的原因划分，组织变革可以分为内外稳定型变革、内部推动型变革、外部推动型变革、内外推动型变革。内外稳定型变革是指组织的内部环境变化小，外部环境也比较稳定，组织变革的目标是自身发展保持在一定的规模和水平上。内部推动型变革是指组织自身在不断发展扩张，而外部环境稳定。此时变革主要是因为自身内部成长的需要。外部推动型变革是指组织外部环境变化大，自身的发展维持在一定规模和水平上，此时组织变革主要是因为外部环境的变化所致。内外推动型变革是指组织自身不断发展，规模和水

平等不断提高，而外部环境也在不断改变。这属于内外推动型，是最为复杂的情况。

三、组织变革的外部环境和内部环境

组织变革往往受到多种动力因素或压力来源的驱动，大致可以分为两类：一类是来自组织外部环境的变化，另一类是来自组织内部因素的变化。一般说来，影响组织变革的各种因素比较复杂：一方面，各种因素都是同时而不是单独起作用的，由此要区分每个因素影响力的大小就相当困难。另一方面，面对同一因素，不同组织对其的敏感性存在很大差异，某一因素的存在会推动某一组织发生变革，而其他组织则毫无反应。

(一)影响组织变革的外部环境

任何组织的外部环境都是一个动态的环境，影响组织行为的因素复杂多变，具有很大的不确定性。外部环境中的因素以对组织目标实现是否有利为标准可以划分为外部威胁和外部机会。因此，组织管理者对组织进行变革就是重新安排和组织各种资源，以充分利用外部机会，回避外部威胁或减轻这些威胁对组织的影响。一般说来，影响组织变革的外部环境主要包括经济环境、政治法律环境、社会文化环境、人口环境、技术环境、自然环境、市场竞争环境等。这些因素都将成为组织变革的外部动因，对组织变革提出更多的要求。

(二)影响组织变革的内部因素

影响组织变革的内部因素很多，概括说来，对组织变革影响较大的因素主要有组织目标和战略的调整、组织规模的变化、组织结构的变更、组织运行机制改变、组织管理方式与方法的改进以及组织生命周期阶段的更替等，这些因素自然都要成为组织变革的内部动因。这些内部因素的改变往往会产生一定矛盾，进而驱使组织进行变革。

四、组织变革的阻力与克服对策

组织变革意味着一个原有状态改变、目标状态形成的过程，是一个破旧立新、除旧布新的过程。面对变革，组织内部和外部的利益相关者将深受变革的影响，就会产生不希望和阻挠组织变革的各种力量。因此，组织变革不可能一帆风顺，势必遇到来自各个方面的阻力。充分认识和了解这些阻力，并设法寻找有效的对策来克服和排除阻力是组织成功变革的基本条件。

(一)组织变革的阻力

组织变革的阻力既可能来自组织内部，也有可能来自组织外部，例如组织的供应商、销售商、股东、顾客、金融机构、政府、工会、行业协会等外部利益相关者都可能制约组

织进行变革。相对而言，组织内部的各种因素是阻碍组织变革更直接的力量，因此，主要分析组织变革的内部阻力。

在组织内部，人们抵制和反对组织变革的原因有技术上的因素，例如，技术的进步和更新会迫使组织进行变革，以适应生存与发展的需要。但也有更多的原因是人性、利益、文化等社会性因素。这些阻力来源主要概括为以下几个方面。

1．人的惯性与惰性

组织变革的阻力一部分是来自人类本性的惯性和惰性。因为，作为人类，我们都是有习惯的动物，人们往往依赖于习惯和模式化的反应来应对现实生活的复杂性。同样，在组织中，组织原有的制度、机制约束着组织成员的行为，并形成相对稳定的行为模式和行为习惯，人们也不希望改变它，而增加改变的成本。任何变革都会使人们感到不习惯、不适应，甚至很痛苦。当面对变革的时候，这种习惯和惰性的倾向，就成为抵制组织变革的阻力源头。

2．既得利益的维护

一般而言，当组织变革不触及自身既得利益，甚至可能会增加利益，人们都会支持和拥护组织变革。但是，如果组织变革会威胁、损害某个人或某个群体的既得利益时，就会有人反对、阻挠变革的进行。组织变革可能会损害和威胁的个人既得利益包括权力地位、经济报酬、职业安全、专业知识与技能等。因此，那些从组织原有状态获取既得利益的个人或群体往往会极力反对组织变革。

3．变革的恐惧与怀疑

组织变革是用未知的、模糊的和不确定的东西替代已知的、明确的、确定的东西，对未知的事物的恐惧时正常人的心理特征，任何的不确定都可能会威胁到组织成员的安全感、平衡感，内心就会产生恐惧和焦虑，进而产生对组织变革的抗拒心理和行为。未知的、模糊的和不确定的事物也往往令人产生怀疑心理，因此，对变革缺乏信心、带着疑虑，本能地有一种排斥的倾向，宁愿维持现状而抵制变革。

4．组织文化与群体规范的制约

组织文化和群体规范具有一定稳定性和惯性，一经形成则很难在短时间内得以改变，这种稳定性和惯性反映在，当组织内外环境发生变化时，组织成员的认知和行为在相当长的时期内不能发生同步改变。因此，即便组织变革已成为共识，但有可能由于组织文化和群体规范的约束作用而受到严重制约。

5．组织资源的限制

组织变革需要资金、技术、人员、时间、信息等多种资源的支持和配合。而组织变革实质上也是对组织所拥有的人力、物力、财力等资源所进行的重新整合的过程。如果资金短缺、技术落后、人员不齐、时间短促、信息闭塞的情况下，组织变革也就不得不推迟或放弃。

(二)克服组织变革阻力的对策

组织变革往往是内外环境共同作用的结果，是大势所趋，而不以某个人或某些人的意志为转移，即便存在着各种各样的阻力，也必须进行变革，这是组织生存与发展之道。但要注意组织变革的策略性，加强组织变革的计划性和实施的正确性。因此，选择科学有效的措施与方法就显得十分重要。具体来讲，克服变革阻力的对策主要包括以下几个方面。

1. 沟通与教育

组织变革的管理者要与员工进行有效的沟通，使员工了解组织内外环境的变化情况，说明组织变革的必要性和理由，阐明怎样进行组织变革，以及解释变革所产生的影响，接受变革进而支持变革。如果员工了解了全部事实并消除了误导的信息，变革的阻力就会自然消失或减小。

2. 鼓励参与变革

组织成员很难抵制和反对他们自己参与决定的组织变革，因此，组织变革的管理者在变革决策之前，应把持反对意见的人吸引到变革决策中来，具有专业知识的员工不仅有助于提高决策质量，而且会获得支持变革的承诺，增强员工的责任感，减少变革阻力。

3. 促进与支持

组织变革的管理者可以通过提供一系列支持性措施来减少组织成员对变革的恐惧和忧虑，进而减少阻力。这需要管理者给员工提供必要的心理咨询和疏导、新知识和新技术的传授和培训等，使员工尽快适应组织变革的新要求。

4. 谈判换取支持

具有一定权力的组织成员成为潜在或现实的变革阻力或阻力源的时候，组织变革的管理者可以通过与其进行谈判，用一定的利益满足他们的需要，换取他们的妥协和支持。但这种策略也将存在一定的风险，其他组织成员也会效仿，而致使组织付出更高的变革成本。

5. 操纵与收买

组织变革的管理者可以封锁不受欢迎的信息，歪曲事实使变革更具吸引力，制造信息使员工接受变革等。组织变革的管理者还可以通过增选变革阻力群体的领导者在变革决策中担任重要角色，而收买他们接受变革计划。很显然这种策略的初衷不是为了寻求高质量变革方案的决策参与，这是一种间接的、政治的手段，是一种非常规的策略，其内在的风

险性不言而喻。

6．强制推行

当组织变革的管理者除了将变革强加给成员外，别无选择，而变革必须迅速加以实施的情况下，管理者只能直接对抵制者实施威胁和压力，强制推行变革。这种方法一般不能单独使用，应尽可能结合其他方法，以避免更大的变革阻力的产生。

【案例 10-6】 钢板下料的变革措施

上海某船厂船体车间改革钢板下料的措施曾经遇到阻力。该车间原来采用各种冷作组钢板分散下料的办法，后来发现这种办法存在很多问题，于是决定成立全车间的钢板下料小组。对于这一改革措施，这个车间存在两种截然对立的意见：一种是赞成，另一种是反对。

为此，工厂领导和车间主任通过分析看到赞成改革的员工认为这种改革，第一，节省人力；第二，提高钢板利用率；第三，有利于了解监督返工现象；第四，有利于劳动力的适当安排。这些员工形成了支持成立下料小组的力量，成为变革的驱动力。

反对变革的员工认为，第一，原来 20 人的工作现在 8 个人做，担心任务太重，多劳不多得；第二，改革后，下料小组要露天作业，工作条件差，十分辛苦；第三，车间内会出现多余的切割工，这些人不得不改行。

根据这些因素，工厂领导和车间主任没有强制推行改革办法，而是对员工进行了耐心的分析，并承诺要改善工作条件，增加防护措施避免露天作业的危害，最后反对改革的员工越来越少，改革顺利实施了。

资料来源：陈国海. 组织行为学. 北京：清华大学出版社，2006

第六节 组织发展

组织发展致力于建立一个具有灵活性的组织，从而使得组织可以根据自身的任务和外部环境的性质，改变自身的设计。组织发展的目标是：①增强组织结构、过程、战略、人员和文化之间的相合性；②制定新的、有创造力的解决方案；③培养组织自我更新的能力。

一、组织发展的含义

组织发展(organizational development，OD)是一个歧义纷呈的概念，综合各类代表性的定义，我们认为，组织发展是指利用行为科学的知识和实践，帮助组织获得更广泛的有效性的过程，包括提高经济效益和改善工作生活质量。组织发展的关键在于培养组织评估其当前功能并实现其目标的能力，而且组织发展面向的是改善整个组织系统，以及受更大环境范围影响的组织的各部分。

第一，组织发展应用在一个完整系统的战略、结构和过程中，更强调的是组织整体性的转变。尽管组织发展也会关注组织中某个单一的子系统、一个部门或一个团队，但它采用的是系统的、全局的视角，把组织看做一个复杂的社会和技术系统。而组织变革仅仅关注某些方面的改变。

第二，组织发展是建立在行为科学知识和实践的基础上，依赖于行为科学知识、原则和研究成果的应用。这种知识基础跨越了组织心理学、组织社会学、组织行为学以及人力资源管理学的相关理论和成果。

第三，组织发展涉及对计划变革进行管理，包括诊断组织变革的必要性，制定解决问题的行动方案，预测特定行动计划的结果，介入工作有效性的评价等。

第四，组织发展既包括对变革的创造，又包括随后的巩固。在实施变革初期努力的基础上，它将注意力长期集中在组织中巩固新行动和使其制度化的工作上。

第五，组织发展致力于提高组织的有效性。这体现在两个方面：一是组织发展要帮助组织成员掌握工作必要的知识和技能，以有效地解决组织自身的问题和实现主要的目标；二是组织发展要提高组织的绩效，这种高的组织绩效不仅要满足外部的股东、顾客、供应商的需要，而且，组织的绩效还要能够吸引和激励组织的员工，使他们能够更高水平地发挥潜能。

二、组织发展的过程

组织发展的实践是按照一系列阶段而逐步展开的，主要包括以下 7 个阶段。

(一)进入组织发展

在进入组织发展阶段主要有三个方面的任务。

第一，明晰组织的问题。组织发展所要解决的问题既有可能是具体的问题，例如，市场份额的缩减，员工缺勤率增高，也有可能是一些潜在的问题。组织面临的这些问题必须在进行组织发展初期明确，以便正确进行随后的诊断和干预活动。

第二，确定相关当事人。进入组织发展关系的第二件事是确定组织问题的当事人。一般说来，相关的当事人包括那些直接影响变革问题的组织成员。

第三，挑选组织发展专家。这些人员必须具有组织发展方面的专长和工作经验。具体来讲，也包括：有形成健全的人际关系的能力，对组织问题有足够的关注程度，拥有需要解决问题的相关技能，能够对参与组织发展的成员进行清晰的指导，有参与组织发展活动的经历和背景等。

(二)签订组织发展合同

如果组织一方与组织发展专家都认为进入阶段的判断是成功的话，接下来就是双方签订组织发展合同阶段。组织发展合同既可以是口头形式的，也可以是具有较强法律约束力的书面形式的。组织发展合同提出要包括三个方面的关键内容。

第一，说明双方对组织发展的期望。作为客户的组织一方需要说明所需要的服务和结果是什么；作为具体执行者的专家要明确他们所要获得的报酬、采取行动的权力以及对结果的认可等。

第二，确定组织发展所需的时间和资源。要想获得组织发展过程的成功，组织一方和专家都必须尽力用好时间和资源。

第三，制定组织发展的基本规则。组织发展合同最后要明晰组织一方和专家方对怎样进行合作的要求，例如，专家一方有保护商业秘密的义务，如何结束双方合作关系等。

(三)进行组织诊断

组织诊断是评估组织、部门、群体和职位功能的过程，目的在于找到具体问题产生的原因和有待提高的领域。组织诊断通常在三个层次上展开。

一是组织层次上的诊断。这个层次的诊断需要采用宏观的、系统的视角来进行分析。在这个层次上需要诊断的问题包括：组织的一般环境，行业结构或工作环境，组织的战略，组织的技术、结构、评价体系以及人力资源系统，组织的文化，组织的绩效，生产力的水平以及利益相关者的满意度等。

二是群体或部门层次上的诊断。在这个层次上需要诊断的问题是目标清晰程度、任务结构、群体构成、群体运行性质绩效标准以及成员工作生活质量等。

三是个体层次上的诊断。在这个层次上需要诊断的问题有技能的多样性、任务的重要性、任务的同一性、职位的自主性、工作结果的反馈、工作满意度以及工作的质量等。

这三个层次上的诊断既可能限定于某一层次上进行，也有可能在所有层次上同时发生。

(四)诊断信息的反馈

在整个组织诊断过程中将获得大量的信息，适量、准确、清晰的信息反馈对于组织发展来说是一个十分重要的环节。有效的信息反馈过程具有以下 9 个特征：①相关性，反馈的信息要与组织发展密切相关；②可理解性，反馈的信息简易地表达，让人更容易理解；③可描绘性，反馈的信息可以通过例子或细节进行展示；④有效性，反馈的信息必须精确和有效，能够再现组织的时间和状态；⑤及时性，收集和整理后的数据必须及时反馈给组织成员；⑥限制性，反馈的信息量应该限定在一定时间内能够处理完毕；⑦有用性，反馈的信息应限于组织成员有所作为的问题上；⑧可比性，反馈的信息应有一个参考的基点，否则，信息就很模糊；⑨促进性，反馈的信息应能够刺激和促进以后的诊断和问题的解决。

(五)设计干预措施

组织发展中的干预是通过一系列有计划的活动，来帮助组织提高其成绩和效率。组织发展中有效的干预应符合三个主要标准：①对组织有着很强的适用程度，是基于组织需要而设计的；②建立在对结果的预期和认识上；③能够很大程度上提高组织成员的变革管理能力。设计出有效的干预措施还要充分考虑组织变革的意愿、组织变革的能力、文化环境以及组织发展专家的能力等条件性因素。此外，在设计干预措施时要首先找到干预想要解决的组织问题，以及干预活动对个体、群体、组织乃至于跨组织不同层次所产生的影响。

(六)进行有效干预

组织发展专家和组织一方针对所要解决的组织问题共同采取实质性干预行动。主要包括：①人际过程干预，这是针对组织中的人以及他们之间相互影响的过程，旨在通过提高人的能动性和改进组织的发展过程来提高组织的效率；②技术结构干预，针对的是把人和技术联结起来的组织技术和结构，希望通过适当的作业设计和组织结构来实现组织的效果；③人力资源管理干预，针对的是如何成功地将个人整合到组织中去，希望通过向组织提供个人服务来提高实践活动效率，进而提高组织的效率；④战略干预，其目标是组织怎样运用自身拥有的资源，在一个较大的环境下取得有力的竞争优势。

(七)组织发展的评估与制度化

对组织发展进行评估的目的是给组织成员和评估人员提供反馈信息，判断干预措施和方案是否需要进一步弥补、修改、完善，以及干预是否获得了令人满意的成果。组织发展的制度化就是将组织变革项目实施直到成为组织日常运作的一部分，演化成共同遵守的行为规范，内化成组织文化的一部分的过程。制度化程度依次表现为：①认知，即组织成员对组织变革与发展相关的行为模式的认知程度；②表现情况，即组织成员在实际活动中具体实施变革行为的情况；③变革偏好度，即组织成员对组织变革与发展的接受程度；④标准的共识，即组织成员对组织变革与发展的正确性达成共识的程度；⑤共同的价值观，即组织成员形成了采取某种行为模式或不应采取某种行为模式的信仰。评价组织发展制度化水平，就是达到的指标体系越高，意味着制度化程度就越高。

三、组织发展的干预措施

组织发展的干预措施是从行为科学中得出的一些系统的方法。组织发展的实践者可以从多种干预措施中进行选择，帮助组织实现变革与发展的目标。可以根据组织发展变革目标和影响的不同组织层次，将组织干预措施分为人际过程干预措施、技术结构干预措施、人力资源管理干预措施以及战略干预措施等四大类型。

(一)人际过程干预措施

人际过程干预措施是组织发展领域最早设计出来的一些组织发展方法。这种类型的干预措施主要关注人际过程、群体内过程和群体间过程，旨在改善人与人之间的关系，降低导致组织功能性紊乱的冲突，帮助团队成员评价他们之间的相互作用并且找到更有效的在一起共同工作的途径。

1．T 型团队

T 型团队(training group)又称敏感性团队(sensitivity group)，是现代组织发展方法的先驱。这种干预措施是让组织成员参与 T 型团队以便了解他们的行为是如何影响别人的，帮助个人提高对人际行为和人际互动关系的敏感性，并找到更有效的与人相处的方法。

2．过程咨询

所谓过程咨询，是指创造一种关系，以便允许当事人认识、理解并作用发生于他的环境内外的过程事件，从而按照当事人的意愿改善环境。过程咨询致力于改善人际关系、关注个人和团队的动向、帮助他们诊断任务实施的方式，并且帮助他们学会如何更有效地开展工作。

3．第三方干预

第三方干预措施是致力于组织中人际关系功能失调的过程诊断的一种形式。现实中大量的问题导致人际冲突，比如工作方法的争论、信息错误传达等。第三方干预有助于人们通过解决问题、商讨、安抚等方法来解决矛盾和冲突。与过程咨询不同的是第三方干预更专注于同一组织内部两个或两个以上个体之间在社会关系领域的功能失调的人际关系，目的是直接解决个体之间的直接冲突。

4．团队建设

团队是由一群相互独立的人组成，但有着共同的目标、共同的工作方法而且彼此负责。团队建设是目前非常流行的组织发展的方法。它的特点是鼓励交流、尊重组织成员为团队利益工作的愿望，倡导团队成员相互配合、相互依赖，强调团队目标建设、责任明确，注重团队行动的灵活性等。团队建设的目标在于提高群体的有效性和改进团队成员在一起共同工作的方式。

5．组织碰面会

组织碰面会是一种专门用来动员整个组织的资源的变革措施，以便发现问题、确定优先次序和行动目标以及着手解决发现的问题。这种方法是由贝克哈德最早提出来的。组织碰面会在所有场合都能够使用，尤其是当组织中存在效率低下或者组织的高层与非高层之间存在隔阂时，更是如此。典型的组织碰面会包括以下具体步骤：

(1) 安排组织会议，所有相关人员参加，任务是查找组织存在的问题。

(2) 确定一个或多个能够代表所有部门的小组。

(3) 强调小组成员必须诚实、努力以及开诚布公地探讨问题。

(4) 确定一定的时限要求每个小组识别组织问题。

(5) 所有小组重新聚集，分别报告他们所发现的问题和解决方案。

(6) 将所收集到的问题进行分门别类，形成问题目录。

(7) 根据问题目录划分解决问题小组。

(8) 每个解决问题小组对组织问题进行分类、形成行动方案、确定解决问题时间表。

(9) 每个解决问题小组向管理层汇报问题解决的优先次序和行动计划。

(10) 建立阶段性的跟踪会议安排表。

6. 群体间关系变革

对于一个组织发展的管理者来说，准确诊断并有效变革群体间关系是一个非常重要的问题。一是任何一个群体都是需要与其他群体联系并通过其他群体来实现他们的目标；二是组织目标的实现需要群体之间的协作；三是群体之间关系质量直接影响组织目标实现程度。群体间关系变革的措施主要有：运用缩微群体的方法和解决群体间冲突的方法。

7. 大群体变革

大群体变革又称为搜寻会议、空间开放会议、未来探索等。大群体变革是由数量较多的组织内部和外部的人员参加，通常是不少于 50 人，但不多于 200 人，这些人员包括高层管理者、普通组织成员、工会领导、外部供应商、消费者以及政府官员等。通过举办会议的形式来讨论影响整个组织或者某个大的部门的问题，或为组织建议未来的发展方向。

【案例 10-7】 通用电气公司的大群体变革

通用电气公司的“解决方案”(Work Out)以大规模的、不在工作现场的会议开始，这些会议是由最高领导者、外部顾问和人力资源专家主持的。在每个经营单元，基本的模式都是一样的。领取计时工资的员工和领取固定薪酬的员工从组织的许多不同部门来参加为期 3 天的非正式会议，讨论并解决问题。慢慢地，Work Out 活动参与者不但有员工，而且还开始有了供应商和顾客等外部的利益相关者。今天，Work Out 已经不是一项活动，而是一种作业流程，这样，通用电气公司的问题就得以解决了。

“解决方案”包括 7 个步骤：

(1) 选取供讨论的作业流程或者问题。

(2) 选择适当的跨职能团队，要包括外部的利益相关者在内。

(3) 委派一位“监督执行者”，完成提案工作。

(4) 开几天会议，提出改进流程或者解决问题的建议。

(5) 与领导者碰面，要求领导者当场对建议方案表态。

(6) 再次开会(如果需要的话)，实施建议方案。

(7) 遇到新流程或者新问题时，重复上面的程序。

通用电气公司的 Work Out 流程不但解决了公司存在的问题和提高了生产率，而且还使员工亲身经历了在不顾及纵向或者横向差别的情况下的公开而坦诚的交流。这种办法有助于建立“无边界的文化”，这对持续的学习和改进是极为重要的。

资料来源：[美]理查德 · L. 达夫特. 组织理论与设计. 北京：清华大学出版社，2003

(二)技术结构干预措施

1. 组织重建

日益增加的全球化竞争和快速的技术、环境变化正迫使每个组织进行重建工作，从原来僵化的官僚组织演变成更加灵活、更加精细的组织。组织重建作为组织发展措施又包括组织结构设计、组织规模消减和组织流程再造等具体的发展方法。组织结构设计是把组织从传统的工作组织形式转变成更加综合、更加灵活的组织形式。组织规模消减旨在通过缩小组织规模来达到降低成本和简化官僚体系的目的。组织流程再造是从根本上重新设计组织的核心工作流程，在不同的任务之间给予紧密的联系和协调这种工作流程的整合导致了更快、更灵敏的工作表现。

2. 员工参与

组织面临着对较低的成本、更高的绩效及更大的灵活性方面的竞争性要求，组织越来越强烈地依赖雇员参与来提高其成员的参与、承诺和生产率的提高。雇员参与的干预措施是为了促进组织决策制定权的下移，以改善组织的反应和绩效并提高成员的积极性、承诺和满意度。主要的雇员参与方法有平行结构、高度参与、全面质量管理等。

3. 职务设计

职务设计主要是指通过创造不同的职位和工作团队，激发员工更高水平的满足感和积极性。职务设计干预措施又包括三种不同的方法。一是工序设计。工序设计是以科学的方法分析员工的工作、改进工作程序，实现员工工作的专门化和做到以最少的能源、资源投入来获得最大的产出。这种方法的核心是效率和精简。二是激励方法。这种方法把提高组织行为的效能和实现员工需求和满意度看做同一过程，进而寻求利用丰富职位来提高员工的表现和满意度。三是社会技术系统方法。这种方法通过建立自我管理团队，支持员工参与和革新性职务设计，团队成员拥有多重技能、自主权以及必要的信息，并且进行自身任务行为控制，而来自外部的控制很少，以满足当代员工高发展和高社会需求。

【案例 10-8】 Autodesk 公司的组织变革与发展

贝兹在担任 Autodesk 公司 CEO 的时候，该公司经营状况不是很令人满意，为此贝兹被赋予了较大的变革与发展的权力。经过一番分析后，她认为在严格推行组织变革和发展的同时，必须要与员工进行有效的沟通，并鼓励员工参与进来，所以公司高层管理者都应该迅速采取相应的措施，减少公司变革和发展的阻力。

资料来源：陈国海. 组织行为学. 北京：清华大学出版社，2006

(三)人力资源管理干预措施

1. 绩效管理

绩效管理是一个整合过程，包括目标设定、绩效评价及其激励机制等内容。

目标设定是使管理者及其下属共同来设定和明晰员工的绩效目标。目标设定一是要求目标必须具有挑战性，但又同时具有现实性，组织成员能够高度认可和愿意接受。二是要求设定的目标必须具体化、明晰化，具有可操作性。

绩效评价是一种反馈机制，包括由上级主管、同行或同事对个人或团体的绩效进行直接评价。绩效评价向员工和管理者提供了可用来改进工作成果的信息，客观、及时的绩效评价有助于提高组织绩效。

科学、合理的激励机制对改善员工和工作团队绩效有着强大的激励作用，能够产生并维持组织所期望的工作绩效。在激励是可以得到的、持久效果的、等价的、及时的、可见的以及与绩效保持同步的情况下，激励机制中各个环节能够支持强化组织目标、工作发展以及员工参与。由工资、额外福利以及职务晋升等构成的激励机制在提高员工绩效和满意度方面都特别有效。

2. 员工开发

员工开发是指通过职业生涯设计、职业生涯发展、劳动力多元化措施、员工保健措施、压力管理等来开发和增进组织中成员的多种福利。

职业生涯设计帮助员工在不同的职业阶段选择职业、职位以及组织；职业生涯发展帮助员工实现职业生涯目标。

(四)战略干预措施

1. 调整组织与环境关系

组织是一个开发的系统，它必然与环境发生联系。调整组织与环境之间的关系可以帮助组织对其所处的环境有一个全面的了解，同时针对外部需求采取适当的应对措施。调整组织与环境关系具体包括三种措施：整合战略变革、跨组织发展和合并与兼并。

整合战略变革是一种全面的组织发展措施，要求组织战略和组织设计必须根据内外环

境的变化而变化，有助于组织成员适应由当前战略方向到未来战略方向的转变。

跨组织发展是战略变革计划的一种形式，旨在帮助组织和其他组织发展共同战略或合作战略。

合并与兼并是指两个或更多的组织联合在一起以实现组织目标和战略。有许多原因会引发组织兼并或与其他组织合并，包括多元化或垂直一体化、进入全球市场、技术和其他资源、实现经营效率、提高创新性和资源共享。

2. 组织转型

组织转型是组织任何层次上都可能发生的变革，最终目的是改变整个系统。组织转型的发生通常是为了应对或者是预期有重大环境、技术或内部变化，主要在于改变组织的文化、视野和思维方式。

组织转型不是指现有组织的改进和功能提升，而是组织对于自身职能和如何与外部环境沟通的基本假设的根本变革，这些根本变革将导致三个方面的重大变革，即经营哲学、价值观和形成成员行为的结构以及组织安排。

因此，组织转型包括了文化变革、自我设计以及组织学习与知识管理三个方面。

(1) 文化变革，一是要诊断组织现存的文化、变革文化的风险；二是要勾画出清晰的变革蓝图；三是获得高层领导的支持变革承诺和象征性的领导地位；四是选择和吸纳变革所需的新成员；五是文化变革还要注意法律和道德问题。

(2) 自我设计可以帮助一个组织获得内在动力，设计和完成自己的组织转型。自我设计涉及组织各个层面，包括一系列的行动：获取知识、评价价值、诊断、设计、实施和再评价。

(3) 组织学习与知识管理可以帮助组织发展和运用新的知识并且不断提高自己。组织学习着重于组织如何设计才能促进高效的学习过程以及这些学习过程本身如何改进。一个组织经过设计能够促进组织持续不断地学习，这样的组织被称为学习型组织。而知识管理着重于如何整理知识、运用知识以提高组织的绩效。

本 章 小 结

组织是指为了实现某个目标而展开合作活动的，由两个或更多的人员所构成的系统。

任何组织都包括组织目标、组织人员、组织结构、组织技术以及组织环境五个因素。在现实生活中，组织可以按照组织目标和与受益者关系、组织成员的顺从程度、个人参与组织活动的程度、是否以营利为目的、组织形成的方式等不同标准划分出很多种类型的组织。

组织理论大体上可以划分为古典组织理论、行为科学组织理论和现代组织理论三个历史阶段。

组织结构是组织内部各成分的排列组合方式以及各要素之间相互关系的模式。组织结构包括一些基本的模式：直线制结构、职能制结构、直线职能制结构、事业部制结构以及矩阵制组织结构等。目前，组织结构又发展出一些新的模式，主要有多维立体组织结构、虚拟组织结构、团队组织结构等。

组织设计是指对一个组织的结构进行规划、创新、再造，使组织保持灵活性和适应性，以确保组织目标实现的过程。一个健全的、合理的组织结构必然要求动态的组织设计。

变革与发展就成为了组织必不可少的一个时代特征。组织变革与发展是组织管理的一个重要组成部分，是组织应对内外部环境而做出的反应，使组织管理更符合组织存续和发展的目标。

复习思考题

一、问答题

1. 什么是组织？组织的构成要素有哪些？
2. 论述巴纳德的组织平衡理论。
3. 组织设计的程序和步骤有哪些？
4. 简述克服组织变革阻力的对策。
5. 组织发展的干预措施有哪些？

二、分析题

美的集团的组织结构变化

创业于 1968 年的美的集团在 1981 年开始使用“美的”这一品牌。目前，美的集团共有员工近 8 万人，拥有美的、威灵等十余个品牌。在顺德、广州、中山、芜湖等建有生产基地。在美国、德国、英国等地设有 13 个海外机构。

1. 创业阶段(1969—1979 年)

1969—1979 年是美的集团的创业阶段。美的集团从最开始生产加工塑料瓶盖、刹车阀起步，再后来为一家电风扇厂加工电风扇零配件度日。这一时期，我国还正处于计划经济年代，市场竞争不激烈。当时美的的企业规模小、人员少，在组织结构上非常简单。在这 11 年里企业没有多大的发展。

2. 单一业务时期和直线职能结构(1980—1996 年)

改革开放以后，美的正式进入了家电行业并拥有自己的厂房，生产出第一台金属电风扇并正式投产。企业迅速扩大，美的生产的电风扇获得了市场和消费者的认可，产量连年

翻番，并开始打入国际市场。这一阶段，由于产品种类单一，美的选择了高度集权的直线职能制的组织结构，并发挥很大的作用，为美的高速增长和以后的进一步扩张打下了坚实的基础。

3. 相关多元化与事业部制结构的创建(1997—2000 年)

1997 年前后，美的的规模得到迅速扩张，产品类型急剧增多。在短时间内进入了电饭煲、空调电机、饮水机等领域。随着美的经营的产品和业务越来越多，直线职能制已经不再适用了。美的高层管理团队经过反复调研和论证决定对组织开始变革，1997 年进行了事业部制改造。美的集团当时成立了空调事业部、压缩机事业部、家用电器事业部、厨具事业部和电机事业部 5 个事业部。美的在经历了事业部改造后，整个组织重新焕发了活力，从 1998 年开始了井喷式发展。

资料来源：http://baike.baidu.com/view/535562.htm

(1) 影响美的组织结构变化的因素有哪些？

(2) 美的组织结构变化的实质是什么？

(3) 美的组织结构的变化给我们带来了哪些启示？

第十一章　压力与管理

【学习目标】

了解压力的概念、基本模式以及压力的相关学说。理解并掌握工作压力的来源、工作压力的影响以及工作压力管理的策略。

【关键概念】

压力(pressure)　压力学说(pressure theory)　压力源(stressor)　工作压力(working stress)　压力管理(stress management)

第一节　压力与压力学说

在今天高节奏的社会生活中，人们的生活、学习以及工作日程日益紧凑，压力越来越大，人们进入了一个情绪多变的时代。对于组织管理者和组织成员来说，当今的工作环境越来越具有这样一些特征：更加沉重的工作负担、更长的工作时间、更少的资源支持、更多的不确定性以及更少的工作保障。面对着这种计划赶不上变化的情况十分迷茫，工作压力陡增，从而可能造成许多不良的后果，给个人和组织都会带来严重的危害。因此，压力管理成为组织管理必须面对的尖锐问题。

一、压力概述

(一)压力的概念

所谓压力，是指当人意识某种要求可能对其自身的舒适感产生威胁时，其身体所表现出的一种生理、心理以及行为上的综合反应。压力是由大量相互交织的因素产生的，这些因素普遍存在于工作、学习以及人际交往中，对我们实现自己的目标产生威胁。虽然压力有时候可以激发我们挑战自我、挖掘潜能，以发挥出更高的能力和水平，但是一次持续过长时间的过大压力，对于我们的工作质量和个人生活都会产生负面影响。事实上，无论生活压力、学习压力，还是工作压力都是不可能完全消除的，但是可以控制它来减轻其所造成的不良结果。

【案例 11-1】　彼得·兰德尔的压力

彼得·兰德尔从一个小镇到一个大城市工作，他的上下班往返时间将近一个小时，他

不喜欢城市噪音、交通堵塞以及拥挤的人群。他感觉到上下班就是在浪费时间，并且新工作的责任越来越大。几个月以后，彼得·兰德尔就患上了肠道疾病，医生检查表明，他的问题不是生理的原因，于是就让他去看一位心理咨询师，但问题还是没有多大改观。最后，他的咨询师与医生一起建议他去一个小城市工作。他的公司安排了他的工作变动，很快他的症状就消失了。

资料来源：[美]伊夫·阿达姆松. 压力管理. 哈尔滨：黑龙江科学技术出版社，2008

(二)压力的基本模式

压力是个体对各种刺激做出的生理、心理以及行为方面的反应，这一反应过程包括压力源、个体对压力源的认知、紧张状态和产生的后果，如图 11-1 所示。

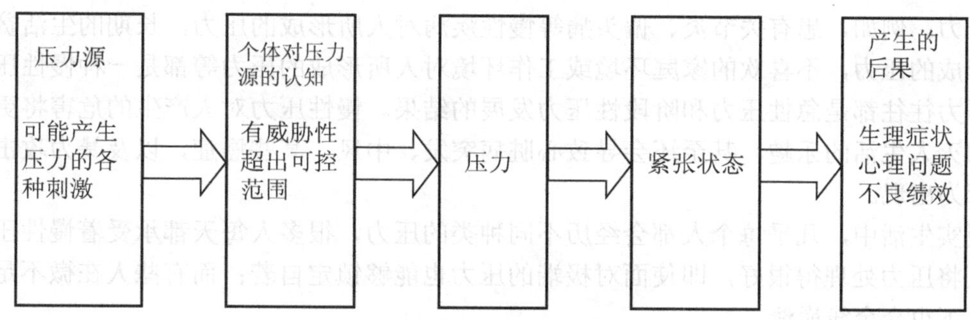

图 11-1 压力的基本模式

资料来源：[美]伊夫·阿达姆松. 压力管理. 哈尔滨：黑龙江科学技术出版社，2008

各种有可能使个体产生压力的刺激都是压力源。例如，繁重的工作负担、紧张的人际关系、一次即将到来的考试都会成为压力源。有压力源只是意味着有产生压力的可能性，而实际上能否真正产生压力，还要受到个体对压力的认知和评价的影响。只有当个体认为压力源对自己构成威胁时，或者用自己现有的能力难以应付时，才会产生压力。紧张使个体在持续的压力影响下可能会带来各种生理和心理症状以及绩效水平低下等行为后果。

(三)压力的类型

根据压力形成的阶段以及对人生理、心理以及行为影响的程度，可以将压力分为急性压力、阶段性压力和慢性压力。

1. 急性压力

急性压力是最显著的压力形式。当个体自身或所处环境发生变化时，就会产生一定的压力。而无论是生理变化、情绪变化、工作变化、生活习惯变化，还是人际关系变化，只要目前的状况发生改变，平衡就会被打破，个体的身体和情绪都被迫离开了预期的轨道，变化之后就会产生压力，这种压力就是急性压力。人类的习惯意识非常强烈，因此，急性压力对身体和情绪的影响也非常大。

2. 阶段性压力

阶段性压力就是很多急性压力，或者说很多生活变化，在一段时间内同时发生。遭受阶段性压力的人都有某些悲痛的经历，他们常常处于劳累之中，会出现各种症状，在生理上可能会产生心悸、口干、呼吸困难、肌肉疼痛、倦怠；在心理和情绪上会显得紧张、恐惧、急躁、愤怒、焦虑和抑郁等。

3. 慢性压力

慢性压力和急性压力很大。慢性压力与变化无关，而是长期持续地对身体、情绪和精神的压力。例如，患有关节炎、偏头痛等慢性疾病对人所形成的压力，长期的生活贫困对人所形成的压力，不喜欢的家庭环境或工作环境对人所形成的压力等都是一种慢性压力。慢性压力往往都是急性压力和阶段性压力发展的结果。慢性压力对人产生的危害将更大，不仅磨灭人生活的乐趣，甚至还会导致心脏病突发、中风、某些癌症，以及暴力攻击、自杀等行为出现。

现实生活中，几乎每个人都会经历不同种类的压力，很多人每天都承受着慢性压力。有些人将压力处理得很好，即使面对极端的压力也能够镇定自若；而有些人在微不足道的压力之下也会全线崩溃。

(四)压力反应的阶段

每一个人对压力反应都是不一样的，有的人对压力的反应很强烈、很消极，而另一些人则比较能够经得起压力的考验。一个人对压力产生反应通常会经历三个典型的阶段：警告阶段、反抗阶段和精疲力竭阶段。

1. 警告阶段

当个体处于压力反应的警告阶段时，会呈现出这样一些特点：如果压力源是某种威胁，人的恐惧感和焦急感就会大大增加；如果压力源是某种损失，人的抑郁感和悲伤感会大大增加；如果压力特别大，人就会慌乱、不知所措甚至休克。从生理角度看，此时，整个人就会处于非常紧张的状态，心跳加速，血压升高，警觉性加强。如果压力为时不长的话，个人可以进行自我调整，压力感会逐渐消失。但是如果压力持续下去，个人对压力的反应就进入反抗阶段。

2. 反抗阶段

当压力反应处于反抗阶段时，个人的自我防卫机制开始发挥作用。大多数人在经历持续的压力时，都会形成一定的自我防卫机制。通常会有 5 种典型的自我防卫机制：①攻击。

可能是直接攻击压力源，也有可能是攻击其他人或物，甚至是自己。②退化。在经历压力的早期时，很多人会选择退化这种反应。③压抑。个人会否认压力的存在，忘记或者重新解释压力。④逃避。个人漠视压力源或者故意遗忘压力源，也有可能逃离压力的情境。⑤固执。个体会重复同一种反应而不管结果如何和是否有效。这些自我防卫机制在一定程度上会减轻一个人对压力的反应。然而，当压力发展到超过了自我防卫机制的时候，就到了精疲力竭阶段。

3. 精疲力竭阶段

一个人如果对压力的反应处于精疲力竭阶段时，就会产生慢性压力，导致病理后果，可能是生理上的疾病(如心脏病)，也可能是心理上的疾病(如严重的抑郁症)，或者人际间关系的解除等。

(五)影响压力感的因素

研究发现，有些人似乎比其他人更容易感受到压力的存在，进而影响其心理和生理健康。这往往是由于每个人的人格特征、能力、经历以及态度等方面存在差异所造成的。

1. A型人格与B型人格

美国医生梅·弗里德曼(Melvin Friedman)和瑞·罗森曼(R. H. Rosenmon)通过对与压力有关的心脏病患者的研究发现，具有A型人格的人精力非常充沛，具有极端的竞争性和好胜心，喜欢紧张、快节奏的工作环境，追求迅速完成工作任务，工作十分投入并且标准高，具有很强的紧迫感，并且常常对他人带有攻击性。研究结果表明，具有A型人格的人由于长期处于压力之下，使其更易于患上心脏病和其他疾病。而具有B型人格的人相对来讲不会带有上述A型人格的人的行为特征，习惯过着一种平稳而轻松的生活，他们与他人发生的冲突较少，他们也很少感受到太多的压力。研究结果也显示，这类人格的人患上心脏病的概率很低。

2. 经验、认知能力与态度对压力感的影响

个人的能力与压力感也有密切关系，能力越强，感受到的压力越小。如果个体面临着一个高要求的任务而自己的控制能力较低时，会感受到一定的压力。而对压力的态度越积极，感受到的压力也越小。对压力的积极态度，可使压力变为动力，而对压力的消极态度可使压力变为阻力。

个体对环境的感受可能是压力较大或较小，这取决于这个人对环境的熟悉程度和以前对有关的特定紧张性刺激的经验。过去的习惯或培训可能会使得一个组织中的某个员工冷静地应对压力，而对缺乏经验或未受过充分训练的员工来说，这些刺激会使他们更加胆怯。

另外，对即将面临的压力事件是否有心理准备，也会影响压力的感受。心理学家曾对

两组接受手术的患者进行实验。对其中一组在术前向患者讲明了手术的过程和后果，使患者对手术有了准备，对手术可能带来的痛苦视为正常现象并坦然接受。对另一组则不作相应的介绍，患者对手术一无所知，对手术的成功与否、手术可能带来的后果深感忧虑。结果手术后有准备组与无准备组相比止痛药用得少，而且平均提前三天出院。

认知评估在增加压力和缓解压力中有着重要作用。当个体面对压力时，在没有实际的压力反应之前会先辨别和评价压力。若把压力的威胁估计过大，对自己应对压力的能力估计过低，那么压力反应就会增大。

因此，个体由于在经验、认知能力和态度方面的差异，对压力的感受及作用的反应就不同。一个人认为是压力产生的主要根源的东西，另一个人可能几乎没在意。

(六)压力源

现实生活中，很多因素都会产生对人的某种压力。这些因素一些时候单独地导致压力问题，更多情况下是相互交织在一起而形成各种各样的压力。这些因素称为压力源。对于个体来讲，普遍存在的压力源包括时间性压力源、遭遇性压力源、情境性压力源和预期性压力源，如图 11-2 所示。

压力的关键来源	
时间性压力源	**情境性压力源**
工作过载	令人不适的工作环境
缺乏控制	迅速的变革
遭遇性压力源	**预期性压力源**
角色冲突	令人不快的期望
问题冲突	担忧
交往冲突	

图 11-2 压力的关键来源

资料来源：[美]伊夫·阿达姆松. 压力管理. 哈尔滨：黑龙江科学技术出版社，2008

1. 时间性压力源

要做的事情太多而时间却很少，这是一个人，尤其是组织管理者最寻常和最普遍的压力源。强烈的时间意识更加重了时间压力的产生。许多研究表明，时间性压力源与工作不满意、紧张、知觉到威胁、心率失调、胆固醇水平以及其他因素之间存在着显著关系。暂时性的时间压力可以成为更快、更好完成任务的动力，然而，持续的时间压力状态通常是

有害的。

2. 遭遇性压力源

遭遇性压力源是由于人际交往而产生的压力。大多数人都有过与家人、朋友或同事发生争吵的经历，都会有可能在一个缺乏信任感和凝聚力的团队中去完成任务，或者要努力与曾经发生冲突和矛盾的上级或下属一同工作等情况，这些会形成个体的压力源。这些压力源都产生于某种冲突性的人际关系，尤其在组织管理活动中更为普遍。遭遇性压力源包括三种冲突：一是角色冲突，这是由于团队成员担任的角色不相容所引发的；二是问题冲突，这是起因于团队成员在完成或解决问题过程中出现的意见分歧；三是交往冲突，成员之间相互对抗、存在矛盾而不能很好地相处。

3. 情境性压力源

情境性压力源产生于个体生活的环境。在当今世界各国，情境性压力几乎是普遍性地增加。嘈杂的居住场所、恶劣的工作环境、长时间的紧张劳动、变化太快的生活环境、与家人相互隔绝等情况都会导致个体压力的增加。

4. 预期性压力源

预期性压力源是指那些潜在的、还没有发生但有可能发生的令人不愉快的事件或者威胁。这类压力来自对事件或威胁的预感或恐惧。预期性的压力不一定是非常严重或令人非常不愉快才会导致压力，比如，担心明天的考试，担心更换同事，担心在朋友面前出丑等也都会产生压力。还有面临退休，或者即将步入中年后丧失活力的焦虑，也是普遍存在的预期性压力源。

(七)压力区域的识别

根据压力的大小的不同，可以将压力分为 5 个区域。当个体处于不同的区域的压力下时，会呈现出不同的心理状态和行为特征。

1. 无力区

当压力处于无力区时，人们的心理状态和行为特征表现为不知为什么而努力，进而没有做任何事情的动力。显现出本能上的惰性，处于一种迷茫、无助、乏力的状态。

2. 舒适区

舒适区中的压力，个体似乎感觉不到，或者即使感觉到了但可以轻轻松松地应付得了。此时，个体一般没有太大的改变欲望，因此采取的行动仅仅是维持现状，不需要更多的付出和努力。

3. 发展区

当压力进入发展区，个体会明显地感受到压力的存在。人们为了追求生理、心理上的舒适，“逃离痛苦”，必须要付出努力，人的行动力得以迅速提升。对于大多数人来讲，面临的压力处于发展区时，进步是最快的，能够使人较明显地看到努力的希望。

4. 潜能区

当压力持续增大时，人的一般性现实能量已经无法有效应对这些压力，需要调动潜意识下的潜能。当人们的潜能没有及时开发出来时，人们应对此时的压力更多的是本能反应：急中生智、狗急跳墙、临时抱佛脚等。如果潜能一旦被激发出来，一个人就会迸发出令人不可思议的行动力。

5. 破坏区

当压力超过了一定程度进入破坏区时，个体就会感到绝望，再也无力支撑和承受下去，人的意识和潜意识会同时选择放弃。此时，人的精神状态和行动力会突然遭到极大的破坏，甚至会有人经受不住巨大的压力而出现精神失常等现象。

【案例 11-2】 压力对年轻人的危害

近年来，许多科学研究结果表明，压力大可导致心脏病的发生。但是，很少有人具体地知道，压力大可以直击年轻人的动脉血管，使其在很早的时候就开始变厚。芬兰科学家最近公布的一项研究成果显示，沉重的压力可以使 30 多岁的年轻人的动脉出现增厚。芬兰科学家对 1020 位年轻人的工作及其血管健康状况进行了调查。调查结果发现，与压力不大的年轻人相比，压力大的年轻人的动脉容易在较早的时候就开始出现变窄的情况。研究人员表示，这说明，压力大对动脉硬化有着前期作用。动脉硬化会使血管内的块状物越积越多，最终影响血液的正常流通，并导致心肌梗死或中风的发生。

资料来源：陈国权. 组织行为学. 北京：清华大学出版社，2006

二、压力学说

很多学者从不同的学科背景对压力问题进行了系统的考察和研究，提出一些关于压力问题的观点和主张，形成了几个较为典型的压力学说。

(一)内部平衡说

美国哈佛大学教授沃尔特 · B. 坎农(Walter Bradford Cannon，1871—1945)是较早发现压力现象的生物学家，他将压力称为“紧急反应”或“军事反应”，并解释其来源于“战斗情绪”。坎农考察了人们处于寒冷、缺氧、失血状态下表现出来的战斗或逃跑的生理反应，

认为此时个体处于压力之下。这一反应包含了一个复杂的交互作用，是交感神经的唤醒与肾上腺分泌的激素之间的交互作用，以使有机体在面临压力时保持平衡。坎农认为，当外部环境的需求搅乱了一个人本来的生理内部平衡时，压力就产生了。坎农指出，人体有天生的防御机制，用来保持生理的内部平衡。

医学和心理学研究表明，人体的某些激素与压力之间存在着密切的关系，这些激素主要有三种：①血清素。血清素是一种具有安眠作用的激素，产生于大脑深处的松果体。24小时之内，血清素转变成褪黑素，然后再变成血清素，从而达到控制生物钟的目的。压力是造成血清素紊乱的根源之一，处于压力之下的人常常出现不正常的睡眠周期和严重的失眠。②去甲肾上腺素。去甲肾上腺素是由肾上腺分泌的激素，与肾上腺素相对应。去甲肾上腺素在身体感到压力的时候被释放，有助于克制压力。但是，如果压力过重会干扰去甲肾上腺素的分泌，导致能量和动力的严重缺乏。这种感觉就像在很多重要事情需要完成的时候，你却只想坐在沙发上看电视，完全没有兴趣和力气去做任何事情。③多巴胺。多巴胺是一种与大脑释放胺多酚有关的激素，具有止痛的作用。多巴胺会使一个人对喜爱的事物产生美好的感觉，也会让一个人产生幸福感。如果压力过大，多巴胺分泌过少的结果是乐趣和愉悦感的锐减，人生变得平淡而压抑。

(二)认知评价说

美国心理学家阿诺德·拉查勒斯(Arnold Lazarus)不再从人的生理方面或医学方面分析人的压力问题，而更强调心理认知方面。与坎农一样，拉查勒斯把压力看做一个人与环境相互作用的结果。他强调个体在将人与事区分为有压力和没有压力的过程中认知评价。个体在评价人与事时是各不相同的。对一个人有压力的人或事并不一定会对另一个人形成压力。知觉和认知评价在决定什么是有压力或没有压力方面非常重要。拉查勒斯进而提出了两种处理压力的方法：问题导向的处理方法和情绪导向的处理方法。问题导向的处理方法强调对紧张性刺激的管理，而情绪导向的处理方法则强调对个体反应的管理。

(三)个体与环境匹配说

罗伯特·卡恩(Robert Kahn)是从社会心理学角度关注压力问题。卡恩的压力理论强调个体的社会角色中模糊和冲突的期望是如何给该个体制造压力的。他将这个理论扩展到测量个体与环境的匹配程度上。当个体的技能和能力与角色期望相匹配时，就会出现良好的个体与环境匹配。此时，个体就感觉不到压力。当角色期望模糊和冲突时，或者当个体的技能和能力不能达到社会角色的要求时，就会产生压力。经历一段这样的压力之后，该个体就可能会体验到紧张状态。

(四)精神分析说

哈利·莱文森(Harry Levinson)是从弗洛伊德的精神分析理论对压力展开研究的。莱文

森认为压力是由于人格中的两个元素之间相互作用导致的。一个元素是自我理想，即一个人完美自我的化身；另一个元素是自我意象，即这个人对自己的真正看法，它包括积极方面和消极方面。压力来自理想化的自我与现实的自我意象之间的差异，这个差异越大，个体体验到的压力也就越大。精神分析理论可以帮助人们理解无意识人格因素作为个体内部来源的作用。

第二节 工作压力及其影响

根据研究表明，组织中员工普遍认为，工作是他们压力的主要来源，并且随着市场竞争的加剧、工作节奏的加快、工作压力持续地增长，工作压力问题已经越来越成为组织中面临的重要问题。工作压力以及带来的影响可能会涉及各个层面，包括个体的、群体的、组织的甚至社会的层面。

一、工作压力的含义

工作压力通常被定义为由于工作特征和个体特征交互作用而使个体产生生理上、心理上以及工作行为上的反应。

组织管理者需要关注员工行为表现，如原本可以信赖、勤劳、友善的员工开始频繁迟到、旷工、心不在焉、工作效率下降、易怒以及不合作等。如果出现持续不良的变化，都可能是一个警告的信号：这些员工可能正处于太大的工作压力之下。适当的工作压力有时能够提高员工的工作绩效，但是如果工作压力超出个体所能承受的范围，就会造成不良的后果。

纽约州居民压力协会的报告：

(1) 平均每一个工作日，估计 100 万人因为与压力有关的疾病而缺勤。

(2) 将近一半的美国工人感到精疲力竭，或者因为严重的压力无法正常工作。

(3) 工作压力给美国工业界带来的损失每年高达 3000 亿美元，主要问题是缺勤、生产力耗损、员工离职、直接的医疗、法律和保险费用。

(4) 60%～80%的工伤事故与压力有关。

(5) 曾经罕见的工人压力赔偿金现在已经很普遍了。仅仅对加利福尼亚一个州的员工就支付了 10 亿美元的与工人压力赔偿金相关的医疗和法律费用。

(6) 九成的工作压力诉讼能够获胜，其平均费用是伤害诉讼的 4 倍多。

二、工作压力的来源

工作压力的来源不简单等同于一个普通个体的压力源。引起人们工作压力的原因多种多样，主要包括三个方面的来源：环境压力源、组织压力源和个人压力源。

(一)环境压力源

一般来讲，绝大多数在个人和组织之外的事情是人们无法控制的。由于经济、政治以及技术变革等因素都会直接或间接影响到一个人的工作和生活，这些外部环境因素的不确定性都可能引起个体担忧和关注的对象，成为一种工作压力的来源。

1. 经济衰退

严重的经济动荡和经济衰退是引发焦虑的潜在因素。持续存在的经济衰退可能会引发高的失业率或工资福利水平的下降，低迷的股市行情会威胁很多人的投资，严重的经济动荡会使更多的人担心退休后的晚年生活没有保障等。

2. 政治动荡

由于存在政治动荡和社会不稳定，工作于政府部门的人以及与政府进行合作的人都会担心失业或随时毁约。更多的社会公众会对政府未来提供的社会福利感到担忧。

3. 技术变迁

信息技术、互联网技术、自动化技术等快速发展，使得它们能够替代更多的工人成为了现实。同时，人们为了能够胜任不同的工作职位不得不重新学习这些新技术，这些显然会导致工作压力的产生。

(二)组织压力源

工作压力更多的是来源于组织内部的一些原因，繁重的工作任务、复杂的工作要求、矛盾重重的人际关系、恶劣的工作环境都将是一个人产生工作压力的原因。这些原因可以概括为 4 个方面。

1. 任务要求

当组织分配给一个人的工作任务太多，工作标准太高，而又没有足够的时间、资源以及更多的支持，就会产生压力，通常称为工作超载。研究普遍认为工作超载或工作太辛苦是组织成员工作压力的重要根源。同时，研究还发现，如果组织分配给一个人的工作缺乏挑战性或者工作任务很少、标准太低，也会对组织成员产生一定压力。无聊、乏味、过于轻松的工作对于成就感要求高的员工压力会更大一些。

2. 角色要求

人们在组织中通常会遇到两类由于角色要求而产生压力的问题，一个是角色冲突，一个是角色模糊。角色冲突是由对一个人的角色的不同期望或要求而产生的。作为部门经理，当他遇到贯彻组织决策与满足部门员工合理需求不相容的时候，他就出现了角色冲突，进而会产生一定的压力。角色模糊是指当人们对组织所分配的任务的性质、期望的结果、更好的实现方式和责任后果不清楚、不明确的情况。这种情况下对于一个人来讲就会产生压力。

3. 人际要求

在组织中，与上级、同事、下属建立和维持良好的人际关系是一个人顺利完成工作任务和保持良好工作状态的重要因素。如果与上级、同事、下属的关系不融洽，甚至矛盾和冲突很大，一个人的压力就会产生。特别是遭遇到歧视、排挤、打压等组织政治行为时，会导致更大的压力。

4. 工作条件

工作场所的噪音过大、温度过高或过低、辐射与污染过重、精神高度紧张以及从事危险性工作时会给人们带来很大的工作压力。当工作场所出现这些紧张性刺激时，人们情绪会发生变化，工作绩效会降低。

此外，组织结构、组织领导风格、组织的生命周期等也都是组织员工工作压力的来源。

(三)个人压力源

组织成员在组织中工作时间远没有在组织外的时间多，个人在工作之外所遭受到的压力也会渗透到工作之中。这些压力主要来源于家庭、健康以及个人的经济方面的问题。

1. 家庭问题

现实生活中每个人都难免会遇到来自婚姻、子女、父母等方面的问题。例如夫妻双方为工作无法平衡照顾孩子的矛盾，子女上学、就业、婚姻问题，父母赡养、疾病问题以及婚姻矛盾等都将是家庭压力。

2. 健康问题

个人的身体、心理健康问题也是个人压力的主要来源，并且由健康问题引发的压力会导致循环的困境，因为压力本身就是引发健康问题的主要原因之一。健康问题直接影响到了员工的工作能力和工作效率。

3. 财务问题

事实上，无论个人的经济收入水平如何，许多人由于理财不善都会面临财力紧张、入不敷出、需求超出经济能力等问题，这些也都会在一定程度上形成压力，进而影响一个人的工作效率。

三、工作压力的影响

工作压力无论对个人还是对组织都有很大的影响，一般而言，工作压力会产生积极和消极两方面的影响。坎农认为压力反应可以帮助士兵更好地为战斗做准备，在求生和战斗情绪中，压力会变成必要的推动力，使人能够成功地应对环境的变化。耶尔克斯-多德森定律也揭示出适宜的工作压力会导致工作绩效的提高。因此，对于组织来讲，健康范围内的良性压力是非常必要和有益的。但大量研究工作都重点考察工作压力对人的消极影响方面。这些影响主要体现在三个方面。

(一)生理方面的影响

工作压力对员工的身体健康有着很大的不利影响。生理学和医学研究表明，压力会引起身体各个系统的问题。有些问题会立刻表现出来，比如消化系统疾病、心率紊乱；有些问题可能在长期承受压力的情况下才会发生，比如体重不正常变化、频繁的轻微病症等。

第一，较大的工作压力常常使人的大脑无法正常工作。压力可以促使大脑皮层释放某些激素，使身体做好处理危险的准备，但是当大脑承受压力处于临界点之后，就会影响正常工作，表现出来的症状是：忘记事情，丢失东西，不能集中精力，严重的还会丧失意志力，沉迷于酗酒、吸烟、暴饮暴食，甚至吸毒。

第二，长期的阶段性压力和慢性压力会引发消化系统疾病和心脑血管系统疾病。一个长期经受压力、焦虑和紧张的人会感到身体不适，恶心、呕吐、溃疡、慢性肠炎等。较强的工作压力会造成高血压，由于压力而表现出紧张、焦虑、易怒悲观的人遭遇心脏病突发的可能性更高。研究表明，长期重压之下的人，高血压、心脏病患病概率要比常人高出数倍。

第三，长期经受工作压力的人还会引发皮肤疾病和慢性疼痛，易患头痛、关节炎、疲倦以及睡眠困难等身体问题。工作压力也是一些重病的诱发因素。还有确凿证据表明，工作压力将缩短人的寿命。如果工作压力不能消除和缓解，后果将更为严重，结果是“压力——疾病——更多压力——更多疾病”的恶性循环，导致身体受到严重损伤。

【案例 11-3】 25 岁白领过度加班致死

“用生命加班，哀悼华为员工胡新宇”，这个帖子现身著名网络“天涯杂谈”首页头条。不到一天点击率过万，回帖近千。25 岁的白领突然“过劳死”，引起网上热议白领过度加班问题。

2006 年 5 月 28 日晚，年仅 25 岁的华为公司员工胡新宇在广州中山医科大学第三附属医院病逝。他因工作任务紧迫持续加班近 1 个月，导致过度劳累，全身多个器官衰竭。

胡新宇 2005 年毕业到深圳华为公司从事研发工作。他的日常作息习惯从此改变：晚上 10 时，坐上公司班车，颠簸到家已过 11 时，第二天早上 7 时准时起床上班。2006 年 4 月

初，他所在部门封闭研发新项目。项目启动后，他几乎天天在公司过夜，长期蹲点实验室，不管加班到多晚，早上依旧按时上班。4月28日，胡新宇因身体不适入院，一个月后，他静静地离开了人世。据他的同学在网上留言说，胡新宇生前曾是运动健将，在校时是班级乒乓球和足球队主力，因长期超负荷工作，削弱了免疫系统，才使他的生命变得如此脆弱。

华为在创业时有一个传统，叫"床垫文化"——几乎每个研发人员都有一张床垫。午休时，席地而卧；加班晚了不回家，与垫相伴。累了睡，醒来再干，一张床垫相当于半个家。"床垫文化"是华为精神的象征。在华为，加班很普通。获得好的绩效考评，正是胡新宇长期超负荷加班的动力。

胡新宇死后，华为公司提醒员工要劳逸结合，健康才是一切事业的基础。目前，华为针对这一事件已调整了公司制度，要求每个员工不得在办公室打地铺过夜；晚上10时以后加班必须经公司批准。

资料来源：苏勇，何智美. 现代组织行为学. 北京：清华大学出版社，2007

(二)心理方面的影响

工作压力可能会对个体的身心造成一种紧张状态，而过度紧张使得个体感到疲惫、焦虑、压抑、工作能力下降，甚至感到心力交瘁，这种由于压力影响的心理状态就是工作倦怠的表现。工作倦怠是近些年来管理心理学界有关工作压力研究的一个重要课题。学者们从三大类典型症状上来描述工作倦怠。

1. 情感耗竭

情感耗竭是工作倦怠症状的一个最主要的表现，是指个体感到自己有限的心理资源过度透支，产生过度疲劳、心力交瘁的感觉；丧失工作兴趣、快乐和动力；产生持续的消极想法，生活目标迷失等。

2. 人格解体

人格解体是工作倦怠在人际交往方面的表现，主要是指以冷淡、疏离、刻薄甚至冷漠的态度对待工作中的服务对象和交往对象；情绪容易激动、易怒、对人不耐烦或缺乏情感投入；悲观厌世，渴望自我封闭等心理问题。

3. 成就感降低

个人的成就感降低是工作倦怠者在自我评价方面的特点。工作倦怠的个体对自己往往产生消极评价，通常是在工作方面，感到自己无能、缺乏成就感，对工作和环境产生失控感。因此，工作倦怠者对环境的应对能力大大降低。

工作倦怠不但会影响个体的身心健康、人际关系，而且还会使个体对工作产生消极情绪，造成工作绩效低下，与他人关系恶化，从而对组织造成不良后果。

(三)工作行为方面的影响

【案例 11-4】 心理压力大主队容易输球

全国性球类比赛按地区分配比赛时，就会有主队和客队的差异。按一般人的想法，主队占天时地利人和之便，赢球的机会应该大于客队。但从心理因素影响工作效能的观点看，未必如此。曾有心理学家收集了 1924—1982 年共 59 届的美国棒球队参加全国大赛的记录和 1976—1982 年共 16 届的美国篮球协会举办全国大赛的记录，并分析各队输赢次数与其当时身为主队或客队的关系。研究结果发现：无论是棒球队还是篮球队，在初赛阶段，主队赢球机会较大；到复赛阶段，主队变得输多赢少；到了决赛阶段，主队的处境就变得更为不利。此外，研究者对成绩进行比较后发现，每次变成主队时，棒球队员的失误就会增加，篮球队员的罚球命中率就会降低。所以，在势均力敌的决赛情境下，如按概率推估，主队的胜算将在 50%以下。原因是，本来的地缘和人缘关系，变成了心理压力；观众的过度期望，加重了球员的心理负担，以致表现失常影响了成绩。

资料来源：陈国海. 组织行为学. 北京：清华大学出版社，2006

1．工作绩效下降

工作压力与工作表现之间关系呈现出一种倒 U 型曲线关系。工作压力好像一根小提琴的琴弦：取得最好演奏效果的关键是琴弦最优的弹性度，琴弦太松或太紧都不会产生好的效果。想取得好的工作绩效也是同样道理。研究表明，工作压力很低会导致员工厌倦、冷漠以及工作动力不足；工作压力太大，明显超出一个人承受能力，则会产生焦虑、紧张、烦躁不安，最后心力交瘁，结果是工作效率的下降。

2．缺勤、离职率升高

研究表明，较高的缺勤、离职率都与工作压力大密切相关。一项研究以访谈的方式测定了一家航空公司人员的压力程度，然后把工作压力的测量结果与工作满意度的测量结果加以对照，发现高度压力的管理人员在工作性质、与同事关系、工作士气这三个方面的满意度都很低，这种低满意度导致了缺勤率和离职率的升高。

3．决策失误增多

从一些实践中观察到，当人们处于强烈压力的状态下，往往会拖延或回避作出决策，在决策过程中忽视一些重要信息，而且不愿意收集有助于做出更好决策的新信息。在面临多种备选方案时犹豫不决，结果是决策及时性降低、决策质量难以保证，甚至出现决策失误。工作压力模型如图 11-3 所示。

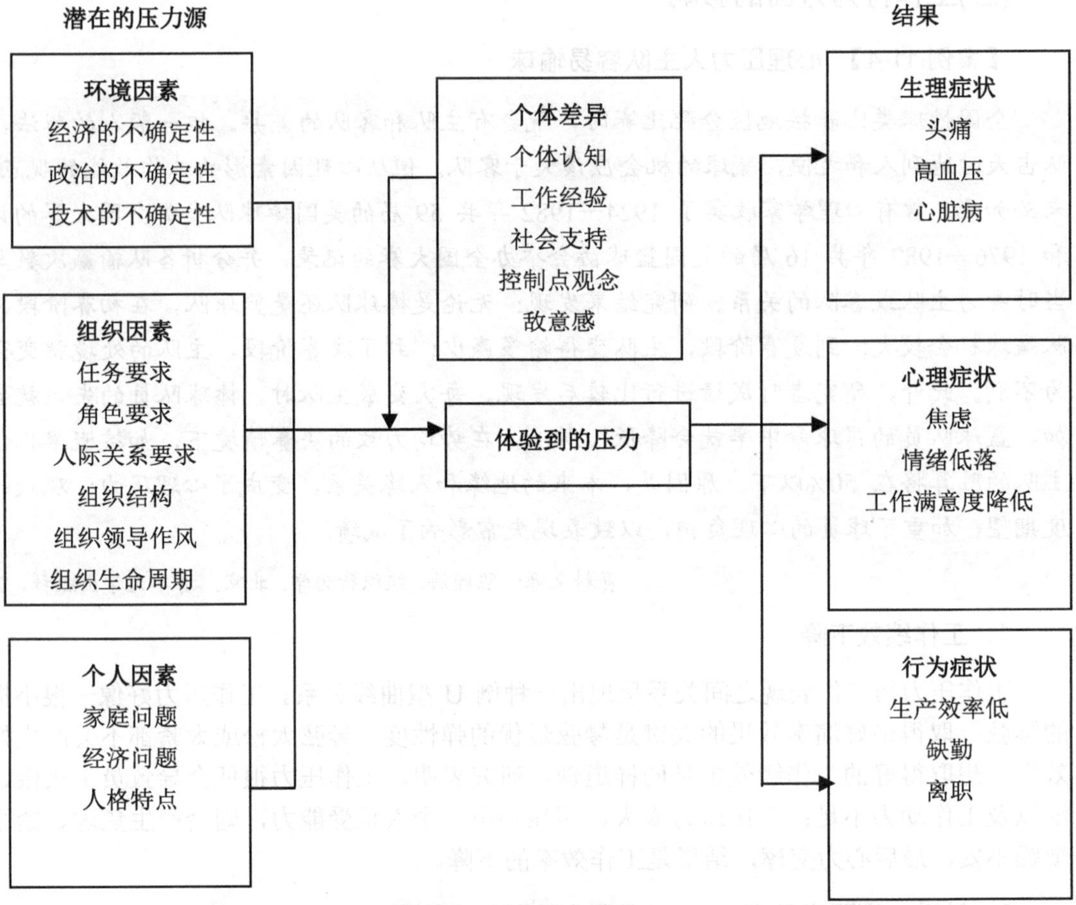

潜在的压力源

环境因素
经济的不确定性
政治的不确定性
技术的不确定性

组织因素
任务要求
角色要求
人际关系要求
组织结构
组织领导作风
组织生命周期

个人因素
家庭问题
经济问题
人格特点

个体差异
个体认知
工作经验
社会支持
控制点观念
敌意感

体验到的压力

结果

生理症状
头痛
高血压
心脏病

心理症状
焦虑
情绪低落
工作满意度降低

行为症状
生产效率低
缺勤
离职

图 11-3　工作压力模型

资料来源：[美]伊夫·阿达姆松. 压力管理. 哈尔滨：黑龙江科学技术出版社，2008

第三节　工作压力的管理

虽然适当的压力有助于提高工作效率，激发员工的积极性。但是压力过大，会损害身心健康、削弱工作能力、磨灭工作热情，进而导致工作绩效的下降。所以，面对工作压力，不论是个体还是组织都应采取各种策略消除或控制压力的消极影响。

一、个体的工作压力管理策略

(一)时间管理

现实生活中一些工作压力是由于员工不会合理安排工作和生活时间造成的，尽管一些人整天都是紧张忙碌、疲于奔命，但也无法有效地完成工作任务。因此，科学合理地利用时间，消除时间压力，是个体的工作压力管理非常重要的策略。

消除时间压力，科学地管理时间包括两个方面的内容：一是在很长的时间内有效地利用时间；二是高效率地使用每一天的时间。

1. 有效的时间管理

有效的时间管理要求：第一，个体要把时间用于重要的事情上，而不是紧急的事情上；第二，要能够清楚地区分什么是重要的事情，什么是紧急的事情；第三，结果而非方法是时间管理策略的重点；第四，要能够拒绝对自己工作时间产生影响但又不重要的事情和人。

时间管理专家设计出一个时间管理矩阵能够帮助人们弄清工作的重要和紧急的情况，如图 11-4 所示。

重要性 \ 紧急性	高	低
高	1 雇员抗议 顾客投诉 机器出现问题	3 发展的机会/改善品质和服务 发明创造 规划/培养接班人
低	2 邮件 电话铃响 未列入计划的干扰	4 例行公事 争论

图 11-4 时间管理矩阵

资料来源：[美]伊夫·阿达姆松. 压力管理. 哈尔滨：黑龙江科学技术出版社，2008

时间管理矩阵将工作活动按照相对重要性和紧急性进行分类。重要的工作是指那些能够产生预期结果的活动，它们可得到有价值的结果。紧急的工作是指那些需要立即被注意的，需要马上处理的，与他人需要相联系的事情。根据这两个维度，将需要时间处理的工作分为 4 种类型。

第一类是重要又紧急的事情。这些都是一些要求马上处理并且不得不做的事情。比如，参加会议、解决雇员危机、回应顾客抱怨，都是重要且紧急的工作。这些工作必须是安排

在工作日程表前面的，否则会产生更强的时间压力感。

第二类是不重要但很紧急的事情。这是一些满足他人的需要，但是会打乱自己工作日程的事情。这些事情并不一定有意义、有价值，对它们的处理会加重个体的时间压力感，这些工作可以交给他人帮助去做。

第三类是重要但不紧急的事情。这是一些能够抑制工作问题发生或者建立消除问题制度或是措施的工作，而不仅仅是单纯地应付问题。这类工作对于组织长期发展十分重要，因此，这类工作应该被置于时间管理安排的首要位置。通过保证这些工作得到优先处理，可以减少遭遇到的紧急问题，时间压力感可以被消除。

第四类是既不重要也不紧急的事情。例如，整理文件、规整物品等。这类工作完全可以安排在工作日程表的最后位置。

2. 高效率的时间管理

时间管理不仅要从有效的观点看，也要采用高效率的方法来管理。因此必须要运用一些方法和原则帮助我们高效率地利用每一天。

高效率的时间管理原则如下：

(1) 列出一天的任务清单。

(2) 把每一件工作确定优先顺序。

(3) 对于重要事情要集中精力一件一件处理。

(4) 将大的工作进行分割处理。

(5) 规定完成期限，不拖延。

(6) 为重要的事情节省出时间。

(7) 不要将每天工作安排得太满。

(8) 合理授权和委托他人帮助处理一些不重要的问题。

(9) 对工作活动使用时间进行记录。

(10) 坚持让下属提出解决问题的意见和建议。

【案例 11-5】 维克托·米尔克："现在就办"

维克托·米尔克是世界上屈指可数的现代化大食品公司墨西哥城推销中心的技术总监。他的工作直接或间接地受到公司 5000 雇员中 3000 多人的影响。他总是忙得不可开交，想找点时间度假非常困难，可是他的工作却从来也没有干完过。他因此参加了在墨西哥城举行的一次时间管理研讨会，并取得了很大的收获。

米尔克说："现在我不再加班工作了。我每周工作 50 至 55 个小时的日子已经一去不复返，也不用把工作带回家做了。我在较少的时间里做完了更多的工作。按保守的说法，我每天完成与过去同样的任务后还能节余 1 个小时。

"我使用的最重要的方法是制订每天的工作计划。现在我根据各种事情的重要性安排工

作顺序。

“首先完成第一号事项，然后再去进行第二号事项。过去则不是这样，我那时往往将重要事项延至有空的时候去做。我没有认识到次要的事项竟占用了我的全部时间。现在我把次要事项都放在最后处理，即使这些事情完不成我也不用担忧。我感到非常满意，同时，我能够按时下班而不会心中感到不安。

“我认为，研讨会后出现的一个最重要变化是，我更明确地确定了各项目标。过去我从未迫使自己写出要做的事和将它们排列出优先次序。我发现，这样做使我对各项目标有了明确认识，把需要做的事交给别人，自己则可集中精力去处理那些需亲自做的事。

“对我有极大帮助的另一点是‘现在就办’的概念。我有意识地尽力克服工作上的拖拉现象。我在困境中抓住一件事情就努力一次性给以处理，这使我乱七八糟的办公桌上出现了极大的变化。实际上，推销中心参加研讨会的50名管理人员已经把杂乱无章的办公桌和人为的混乱列为第二号浪费时间因素。”

资料来源：[美]伊夫·阿达姆松. 压力管理. 哈尔滨：黑龙江科学技术出版社，2008

(二)平衡饮食

饮食平衡在压力和压力管理中也十分重要。含糖高的食物会刺激和延长压力反应。高胆固醇的食物则会改变血液中的化学成分，也会在生理上增加人的压力感。良好的饮食习惯有利于人体健康，使人们能够承受更大的压力。具体的建议是：一是尽可能吃接近自然状态的食物，比如用鲜橙替代橙汁。二是选择营养丰富的食品，少吃仅含热量的垃圾食品。三是每天的饮食从蛋白质和复杂碳水化合物开始，也以蛋白质和复杂碳水化合物结束，比如全麦面包。少吃简单碳水化合物的食品，比如食糖。四是早餐要丰盛，午餐要适量，晚餐要清淡。

(三)体育锻炼

研究表明，身体健康的人比那些身体不健康的人能更好地应对压力。科学的体育锻炼可以使一个人面对压力时，拥有充沛的体能、快速反应能力以及持久的耐力。有规律地锻炼身体有三个方面的益处。

第一，保持合适的体重。研究表明持续的压力往往会使人发胖，当一个人遇到压力的时候身体内一些多余的脂肪被释放出来，当这些脂肪没有被消耗掉的时候，往往会堆积在身体的中部，再加上久坐的工作方式，一个大腹便便的体形就形成了。超重的人在心脏和自我形象上体验到的紧张更容易使他们产生压力。

第二，提高身体健康水平。有规律的体育锻炼不仅美化体形，也改善心理健康，增强一个人的自尊心，降低人的焦虑感，抑郁的发生率更少。通过体育锻炼使人一天精力更加旺盛、体能更加充沛、注意力更加集中、反应更加迅速、耐力更加持久。

第三，改善心血管系统。有氧运动，例如慢跑、走路、骑车或者爬楼梯等，可以促进人的血液循环、增强心脏功能、降低心率，也可以预防心脏病的发生。

(四)放松训练

很多压力研究专家都认为，放松训练是一种有效应对紧张、焦虑、不安、气愤等压力反应的治疗方法。最常用的是逐步肌肉放松法。这种方法最初是在 1939 年由心理学家雅各布森发明的，以后他人又加以完善逐步流行起来。放松训练主要是利用交感神经系统和副交感神经系统相互制约的特点，设法让副交感神经系统处于控制状态，从而使交感神经系统安静下来，以达到降低人的压力感。除了肌肉放松法之外，还有想象放松法和深呼吸放松法。想象放松法是指让人在大脑中呈现出某种舒适、惬意、轻松的假象情境，以达到转移对压力的注意力，进而实现放松的方法。深呼吸放松法是指通过调整呼吸的节奏来抑制交感神经系统的作用来减轻人的压力感。

(五)社会支持

当一个人压力感过强的时候，可以通过与家人、朋友、同事甚至陌生人聊天来排遣压力。因此，扩大社交网络，与他人建立良好的人际关系是一种有效的减轻压力的手段。向他人倾诉自己所感受到的压力，如果需要也可以寻求他们的帮助。这些方法会在一定程度上缓和压力源对人们产生的影响。因此，花费时间去建立和维护支持自己的人际关系十分重要，既可以避免人际关系压力源的产生，同时也有助于帮助个人减轻压力。

(六)专家帮助

当一个人的压力感过强，也可以直接寻求心理专家的帮助。心理咨询、职业咨询、物理疗法、药物疗法、手术介入治疗等专业手段可以减轻和缓解人的压力感。

二、组织的工作压力管理策略

(一)进行工作再设计

职业健康方面的研究专家发现紧张的工作与压力密切相关，与工作有关的因素主要包括任务要求的水平、工作的有趣程度、个人对工作的控制能力等。研究还发现，拥有更多决策权的人所体验到的时间压力、关系压力、期望压力则很低。而没有决策权和参与权的个体显著地体验到更高的压力。因此，工作再设计的主要关注点是提高员工控制力、决策权和参与权，以降低忧虑和紧张。这种预防和消除压力的管理策略，可以通过很多途径来实现：

一是展现技能的多元化，使员工有能够在工作中使用多种技能的机会。

二是完善任务的完整性，让员工有完成一个整体性的任务的机会。

三是明确任务的重要性，让员工有看到工作产生的影响的机会。

四是增强决策的自主性，让员工有选择工作完成时间和方式的机会。

五是畅通反馈渠道，让员工有得到任务完成的信息的机会。

(二)减少角色冲突

角色冲突和角色模糊是造成工作压力的主要原因之一。因此，从组织的角度来看，为避免和消除角色压力源，组织应该明确每位管理者和员工的职责范围、工作任务性质、期望的工作标准和结果、更好的实现方式以及没有有效完成工作任务的责任后果，这样能够最大限度地避免角色冲突和角色模糊，有助于降低和减轻工作压力。

(三)员工帮助计划

员工帮助计划起源于 20 世纪 50 年代，最初的对象是二战老兵，70 年代被应用到企业之中，帮助员工解决酗酒行为。目前，员工帮助计划已经成为组织进行压力管理的重要手段。具体措施包括以下几个方面：

第一，利用来自组织内部和外部专业人员提供的免费的压力咨询服务，安排老员工教授新员工如何进行工作，并在新员工要发泄心中不满时给予安慰。

第二，因为工作压力往往与个人因素密切相关，当员工在健康、家庭以及财务方面遇到问题时，组织还可以提供有关的援助。

第三，组织还应该提供大量的健康服务，包括身体检查、咨询服务以及指导如何戒烟、控制饮酒、合理减肥、科学膳食。

第四，组织要提供周期性的休息日，组织员工进行户外活动和定期旅游。

【案例 11-6】 写作减压

“把烦恼写出来。”美国心理协会倍加推崇写作减压这种方式，写作的内容是什么呢？你的压力体验，你生理、心理上的一切烦恼。早在 1988 年，美国就有一些心理学家做过测试，一组人员专写压力和烦恼；另一组人员则只写日常浅显的话题。每 4 天一个周期，持续 6 周后，结果前一组人员心态更加积极、病症较少。1994 年的另一项测试则是将失业 8 个月的白领分成 3 组，第一组只写对失业的想法以及失业对个人生活带来的负面影响；第二组写今后的计划以及如何找新工作；第三组什么也不写。结果在连续 5 天每天 30 分钟的写作试验之后，在接下来的 1 个月内，研究者发现那些写自己如何不幸的失业者更容易找到新工作。

这些测试都说明了一个道理：写作是一种效果显著的减压办法，只要一支笔一张纸走到哪里都可以实行。在美国，不仅医院大夫鼓励病人记病床日记，就连一些书店也开始卖空白病历日志，甚至还有专门的书籍和杂志指导病人如何操作。

资料来源：[美]伊夫·阿达姆松. 压力管理. 哈尔滨：黑龙江科学技术出版社，2008

(四)加强组织沟通

强化与员工正式的组织沟通，有助于减轻角色冲突和角色模糊，进而减少不确定性。研究发现，尽管员工对压力的认知有差异，但是组织管理者通过有效的沟通，对工作任务要求、性质、标准、责任后果进行全面客观的分析和诠释，能够改变员工对工作压力的正确认知，进而减轻恐惧、紧张、忧虑的心理。同时，有效的组织沟通还有助于营造良好的组织氛围，促进员工产生更强的归属感和整体感，当遇到工作压力时，会更多地寻求组织的支持和帮助。

【案例 11-7】 压力与组织沟通的关系

越南战争和海湾战争中最重大的心理学发现就是，压力与小型的独立工作团队相联系。与海湾战争不同，在越南战争中，并没有形成长时间在一起相处的关系紧密的士兵团队。不断有新兵调入，不断有士兵从一个地点调到另一个地点，这使得士兵感觉孤立和没有忠诚感，而且容易受到与压力相关的疾病的侵袭。相反，在海湾战争期间士兵在整个战争中都被留在同一个单元中，前往海湾时在一起，战役结束后有很多时间可以相互谈论。人们发现紧密联系的团队和社会支持可以最有效地防止战争结束后的创伤。Walter Reed 军队研究所的首席精神病专家 David Marlowe 指出："我们鼓励同一个战斗单元的战友在从战区回家的途中谈论他们的战争经验，这有助于他们排遣心中的不良情绪。这就是我们让他们成队地从海湾地区回来的原因。我们知道这样做是有效的。"

资料来源：[美]伊夫 · 阿达姆松. 压力管理. 哈尔滨：黑龙江科学技术出版社，2008

本 章 小 结

压力是个体对各种刺激引起的生理、心理以及行为做出的反应，这一反应过程包括压力源、个体对压力源的认知、紧张状态和产生的后果。

压力主要分为急性压力、阶段性压力和慢性压力。一个人对压力产生反应通常会经历三个典型的阶段：警告阶段、反抗阶段和精疲力竭阶段。

个体对压力的感受往往会受到每个人的人格特征、能力、经历以及态度等方面差异的影响。对于个体来讲，普遍存在的压力源包括时间性压力源、遭遇性压力源、情境性压力源和预期性压力源。

关于压力学说，产生了内部平衡说、认知评价说、个体与环境匹配说、精神分析说等。

工作压力的来源不能简单等同于一个普通个体的压力源。引起人们工作压力的原因多种多样，主要包括环境压力源、组织压力源和个人压力源。

工作压力影响更多体现在它的消极方面，这包括对员工的生理方面、心理方面以及工作行为方面的影响。适当的工作压力有时能够提高员工的工作绩效，但是如果工作压力超出个体所能承受的范围，就会造成不良的后果。因此，无论组织还是个人都需要采取一系列措施来管理工作压力。这主要包括个体的工作压力管理策略和组织的工作压力管理策略。

复习思考题

一、问答题

1. 简述什么是压力以及压力的类型。
2. 简述压力的反应阶段。
3. 一个人的主要压力源有哪些？
4. 工作压力的影响因素有哪些？
5. 论述工作压力的危害以及管理措施。

二、分析题

皮尔逊的改革

尽管百事可乐公司一直以发展速度、竞争力强而自豪，但公司总裁皮尔逊最近仍为公司各级员工之间的勾心斗角而忧虑。调查表明，80%的公司员工曾经因工作不和而烦恼。许多员工抱怨他们没有得到关怀，不知道公司正在发生的事情，也没有人告诉他们工作绩效如何。

在百事可乐公司，工作职责划分不太明晰，这导致内部竞争十分激烈，管理人员常常分配给员工太多的任务并要求按时完成。那些能够圆满完成任务的员工晋升很快，其他人则常常离职。平均来说，每人在一个职位上仅仅工作18个月。除离职率高外，管理层还过分强调短期结果。快速晋升的允诺吸引了不少有抱负的年轻人，但大多数人在百事可乐公司呆不久。大家都说，百事可乐公司有许多职位，但鲜有事业。

皮尔逊要求各级主管给予下属更多的绩效反馈，并要表现出对下属利益与成长的真正关心。公司今后将告知每位员工有关晋升的具体标准与途径，管理人员的晋升与工资也将部分取决于他们指导、培训下属的情况。此外，公司要求各级主管认真评估员工的绩效，及时反馈给员工，并详细解释奖金分配的依据。

资料来源：苏勇，何智美. 现代组织行为学. 北京：清华大学出版社，2007

(1) 百事可乐公司员工的工作压力来源有哪些？
(2) 皮尔逊总裁减轻员工压力的措施是否可行？为什么？

缓解工作压力方法

据说在法国有一家“减压餐馆”，用餐客人可以任意掀翻桌子、摔断椅子。北京一家外企办事处的办公室角落里也堆着各式各样的流氓兔，专供员工们拳打脚踢。另据一项在北京的调查，84%的男受访者观看了上一年的足球世界杯比赛，而女观众居然也超过了女性居民中的半数。可见这类让情绪尽情释放的比赛，越来越受到欢迎。

一项最新医学研究发现，某些食物可以非常有效地减少压力。比如含有 DHA 的鱼油，鲑鱼、白鲔鱼、黑鲔鱼、鲐鱼是主要来源。此外，硒元素也能有效减压，金枪鱼、巴西栗和大蒜都富含硒。维生素 B 家族中的 B2、B5 和 B6 也是减压好帮手，多吃谷物就能补充。工作的间隙，可以来一杯冰咖啡，能够很好地舒缓心情。在饮食上下点工夫，可谓举手之劳。不过专家们指出，靠食物或者维生素减压，必须要持之以恒，每天形成习惯，1 个月之后就能慢慢见到成效。

资料来源：[美]伊夫 · 阿达姆松. 压力管理. 哈尔滨：黑龙江科学技术出版社，2008

(1) 归纳以上两种缓解工作压力的方法。

(2) 介绍日常工作、生活中减压的好方法。

参考文献

[1] 王雁. 普通心理学. 北京：人民教育出版社，2003
[2] 张明. 学会人际交往技巧：人际关系心理. 北京：北京科学出版社，2006
[3] 张孝芹. 建设一支高素质职工队伍. 济宁日报，2009 年 08 期
[4] 刘英陶，陈晓平，赵中利. 管理心理学. 北京：中国人民公安大学出版社，2004
[5] 李磊，马华维. 管理心理学. 天津：南开大学出版社，2005
[6] 孙非. 组织行为学. 大连：东北财经大学出版社，2003
[7] 程正方. 管理心理学. 北京：北京师范大学出版社，2004
[8] 刘永芳. 管理心理学. 北京：清华大学出版社，2008
[9] [美]托马斯·卡明斯，克里斯托弗·沃里. 组织发展与变革. 第 7 版. 北京：清华大学出版社，2003
[10]孙明书. 管理心理学. 北京：北京邮电学院出版社，1992
[11]历尊. 别让自己的提醒晚到一步. 北京：中国纺织出版社，2004
[12]伍大勇. 对组织管理工作中态度转变工作的思考. 中国冶金教育，2008 年 02 期
[13]刘永安. 态度理论在现代管理中的应用. 东莞理工学院学报，2002 年 02 期
[14]李剑锋. 组织行为管理. 北京：中国人民大学出版社，2001
[15]吴晓义. 管理学. 大连：东北财经大学出版社，2005
[16]戚冬伟. 纽科曼 ABX 论战的意义. 中国论文下载中心，2009
[17]费斯汀格. 认知失调理论. 杭州：浙江教育出版社，1999
[18]王重鸣. 管理心理学. 北京：人民教育出版社，2000
[19]黄维德，刘燕，徐群. 组织行为学. 北京：清华大学出版社，2005
[20]邓宪亭. 浅谈创新力的培养. 武汉冶金管理干部学院学报，2005 年 03 期
[21]袁勇志. 企业家创新行为与障碍研究. 中国博士学位论文全文数据库，2002 年 12 期
[22]蒋永忠. 管理学. 合肥：安徽工商职业学院
[23]张兰霞. 新管理理论丛林. 沈阳：辽宁人民出版社，2001
[24]杨洪兰，张晓蓉. 现代组织学. 上海：复旦大学出版社，1997
[25]戴维·R. 汉普顿. 当代管理学. 北京：北京新华出版社，1986
[26]芮明杰. 管理学——现代的观点. 上海：上海人民出版社，1999
[27] [美]约瑟夫·尚普. 组织行为学：基本原则. 第 2 版. 北京：清华大学出版社，2004
[28]綦振海. 如何对待企业中的非正式群体. 北方经贸，1998 年 02 期
[29]姜皓. 如何构建团体、团体类型及构建思维. 上海经济研究，2007 年 05 期
[30]王垒. 组织管理心理学. 北京：北京大学出版社，1993
[31]徐联仓，卢盛忠. 管理心理学. 北京：科学出版社，1986

[32]孙健敏，李原. 组织行为学. 上海：复旦大学出版社，2010
[33]张德. 组织行为学. 北京：高等教育出版社，2008
[34]里基・W. 格里芬，唐宁玉. 组织行为学. 北京：中国市场出版社，2010
[35]孙耀军. 西方管理学名著提要. 南昌：江西人民出版社，2005
[36]史璞. 管理学哲理：系统、愿景、人本和权变的管理. 北京：机械工业出版社，2006
[37][美]乔恩・L. 皮尔斯，约翰・W. 纽斯特罗姆. 领导者与领导过程. 北京：中国人民大学出版社，2003
[38][美]加里・尤克尔. 组织领导学. 北京：中国人民大学出版社，2004
[39]刘建军. 领导学原理：科学与艺术. 上海：复旦大学出版社，2001
[40]彭向刚. 领导科学概论. 北京：高等教育出版社，2009
[41]窦胜功，张兰霞，卢纪华. 组织行为学教程. 北京：清华大学出版社，2005
[42] 苏东水. 管理心理学. 第4版. 上海：复旦大学出版社，2004
[43][美]约翰・W. 纽斯特罗姆，基斯・戴维斯. 组织行为学. 北京：经济科学出版社，2000
[44][美]大卫・A. 威坦，金・S.卡梅伦. 管理技能开发. 北京：清华大学出版社，2004
[45]陈国权. 组织行为学. 北京：清华大学出版社，2006
[46][美]菲利普・L. 亨塞克著. 管理技能与方法. 第2版. 北京：中国人民大学出版社，2007
[47]陈振明，孟华. 公共组织理论. 上海：上海人民出版社，2006
[48][美]理查德・L. 达夫特. 组织理论与设计. 第7版. 北京：清华大学出版社，2003
[49]苏勇，何智美. 现代组织行为学. 北京：清华大学出版社，2007
[50] [美]伊夫・阿达姆松. 压力管理. 哈尔滨：黑龙江科学技术出版社，2008
[51]朱国云. 组织理论：历史与流派. 南京：南京大学出版社，1999
[52][美]西蒙. 管理决策新科学. 北京：中国社会科学出版社，1982
[53][美]彼得・德鲁克. 后资本主义社会. 上海：上海译文出版社，1998
[54]贺得峰. 从林黛玉进贾府探析王熙凤的性格. 青年文学家，2010年02期
[55]林海芬，苏敬勤. 管理创新过程效力提升机理探析：基于知识治理视角. 科技进步与对策，2010年08期
[56]康丽. 88位世界富豪的成长记录. 北京：中国戏剧出版社，2004
[57]陈晨. 你的世界你来造. 北京：蓝天出版社，2008
[58]陈书凯. 101个给青年商人的忠告. 北京：中国民航出版社，2004
[59]张一纯. 组织行为学. 北京：清华大学出版社，2006
[60]宋镇照. 团体动力学. 台北：五南图书出版股份有限公司，2000
[61]吴运友. 成功人生的123个锦囊. 北京：金城出版社，2006
[62]王耀廷，王月瑞. 改变生活的68个心理学故事. 长沙：湖南人民出版社，2009
[63][美]理查德・哈格斯. 领导学——在经验中提升领导力. 北京：清华大学出版社，2004
[64]陈国海. 组织行为学. 北京：清华大学出版社，2006
[65]彼得・诺思豪斯. 领导学：理论与实践. 南京：江苏出版社，2002

[66]陈春花. 组织行为学. 北京：机械工业出版社，2009
[67]http://blog.sina.com.cn/u/1290078955
[68]http://dsam.imwot.cn/detail.asp?newsid=205
[69]http://baike.baidu.com/view/3379401.htm
[70]http://zhidao.baidu.com/question/146309586.html
[71]http://blog.sina.com.cn/o/blog_47222e610100emiw.html
[72]http://www.3158.cn/news/20110106/14/74-16576954_1.shtml
[73]http://blog.luohuedu.net/blog/101927.aspx
[74]http://www.em-cn.com/chuangye/2006/67713.shtml
[75]http://tieba.baidu.com/f?k2=677060147
[76]http://www.tianya.cn/publicforum/content/no100/1/15720.shtml
[77]http://edu.qq.com/a/20090121/000086_1.htm
[78]http://www.docin.com/p-19568985.html
[79]http://learning.sohu.com/20070330/n249067893_9.shtml
[80]http://www.cnblogs.com/allenlooplee/archive/2005/01/08/88548.html
[81]http://www.candocoo.com/news/20091130/200911301337511519940_n2.html
[82]http://bbs.liyueer.com/viewthread.php?tid=1009
[83]http://i.mtime.com/liliqi41/blog/1448953/
[84]http://www.17xing.com/class/diaoy/det
[85]http://www.360doc.com/content/05/0925/21/965_14777.shtml
[86]http://www.qyglzx.com/zyjl/zyrlzy/107952.html
[87]http://www.bioon.com/master/company/345908.shtml
[88]http://www.emkt.com.cn/article/82/8276-3.html
[89]http:/zx.zjnu.net.cn/2006/show.aspx?page=z&id=2850
[90]http://www.cckc.gov.cn/cckc/rcgz/news_view.php?id=8
[91]http://www.jobif.com/readingroom_168.htm
[92]http://joy.pps.tr/g/94/133615.html
[93]http://www.360doc.com/content/11/0110/08/2669875_85370696.shtml
[94]http://www.chinavalue.net/biog/386194.aspx
[95]http://xinli.zjpx.org/html/msg/2122.html
[96]http://baike.baidu.com/view/485.htm
[97]http://baike.baidu.com/view/1213245.htm
[98]http://amuseum.cdstm.cn/AMuseum/perceptive/page_1_organ/page_1_5d.htm
[99]http://baike.baidu.com/view/1790.htm%232
[100]http://www.xwyx.cn/Article_Print.asp?ArticleID=6652

[101]http://cn.jokes.yahoo.com/061201/55/27eo3.html
[102]http://news.sina.com.cn/c/2002-03-09/0601501231.html
[103]http://blog.sina.com.cn/u/1614961795
[104]http://baike.baidu.com/view/28167.htm
[105]http://www.cer.net 2002-08-06 人民网
[106]http://www.100guanli.com/detail.aspx?id=224097
[107]http://www.people258.com/NewsDetail-24000.html
[108]http://baike.baidu.com/view/109007.htm
[109]http://www.xxdoc.com/view-all-zbcze0zd3zfczd4zf5zc3zb4zd1zf9-p0-o10.html
[110]http://jpkc.ecnu.edu.cn/0502/BBS/discuss/1.1.pdf
[111]http://www.cnki.com.cn/Article/CJFDTotal-GjXW802.008.htm
[112]http://www.langziniu.com/gl/yg/2009/1116/1348_8.html
[113]http://www.cqvip.com/content/citation.dll?ID=24441223
[114]http://yazhe.blog.hexun.com/15156052_d.html
[115]http://www.360doc.com/content/10/1206/13/1800_75479514.shtml#
[116]http://yingyu.bokecn.net/html/57/1007/49911.html
[117]http://www.3158.cn/news/20110112/12/87-49926193_1.shtml
[118]http://www.job5156.com/hr/21745/819/
[119]http://www.google.co.in/profiles/chnttlp
[120]http://baike.baidu.com/view/535562.htm
[121]http://jpkc.henu.edu.cn/glxlx/uppic/07151229237.doc
[122]http://www.100xinli.com/HP/20100825/DetailD1396098.shtml
[123]http://www.xici.net/d32490278.htm
[124]http://www.cxyu.com.cn/201006/1275596235602.html
[125]http://info.txooo.com/Work/2-1339/1283061.htm
[126]http://book.qq.com/s/book/0/19/19361/64.shtml
[127]http://baike.baidu.com/view/508847.htm
[128]http://news.91jm.com/2009/0609/14586.html
[129]http://www.aliqq.com.cn/jcknowledge/zlstory/91890.html
[130]http://unosong.blog.hexun.com/8982383_d.html
[131]http://ktzy.k12.com.cn/139app/node/3535
[132]http://info.txooo.com/CarveOut/2-908/1282621.htm
[133]http://zhidao.baidu.com/question/56265882.html
[134]http://wenku.baidu.com/view/b9ff5468011ca300a6c390cb.html
[135]http://baike.baidu.com/view/1358944.htm

[136]http://www.docin.com/p-93044878.html
[137]http://ndxl.csbentang.cn/News_51.aspx
[138]http://bm.gduf.edu.cn/kcpt/glxlx/glxlx05/glxlx05_0702.htm
[139]http://bbs.vsharing.com/Management/HRM/569299-1.html
[140]http://www.iliyu.com/news/558059_4.html
[141]http://bbs.tiexue.net/post_2146029_1.html
[142]http://i.mtime.com/yuel9871229/blog/1584220/
[143]http://www.mtwcorp.com
[144]http://www.qg68.cn/
[145]http://www.qg68.cn/managetool/detail/82388.shtml
[146]http://china.toocle.com
[147]http://bbs.kaoyan.com/t2043421p1
[148]http://www.jobif.com/readingroom_168.htm
[149]http://www.jobif.com/readingroom_209.htm
[150]http://crystal761220.blog.sohu.com/144722207.html